"十二五"普通高等教育本科国家级规划教材

U0787034

工程经济学

ENGINEERING ECONOMICS（第三版）

李忠富　张明媛　杨晓冬　主编

科学出版社
北京

内 容 简 介

本书以培养应用型、创新型人才为目标，对原有教材体系进行较大修改，划分为原理、方法与应用三个部分，阐述工程经济理论与方法，并对建设工程的全生命周期进行经济分析应用。本书内容包括工程经济学概论、资金的时间价值、工程经济分析的基本要素、工程经济评价的指标、工程经济评价的多方案比选、工程项目财务评价、工程项目国民经济评价、不确定性与风险分析、价值工程、工程投资的经济分析、工程设计的经济分析、工程施工的经济分析、工程项目后评价、工程运营维护与更新的经济分析等。

本书可作为高等学校工程管理专业、理工类专业和其他经济管理类专业的教材，也可作为工程项目投资决策、规划、设计、施工、咨询等相关人员的参考书。

图书在版编目(CIP)数据

工程经济学/李忠富，张明媛，杨晓冬主编. —3 版. —北京：科学出版社，2023.7
“十二五”普通高等教育本科国家级规划教材
ISBN 978-7-03-074165-3

Ⅰ.①工… Ⅱ.①李… ②张… ③杨… Ⅲ.①工程经济学－高等学校－教材
Ⅳ.①F062.4

中国版本图书馆 CIP 数据核字（2022）第 235948 号

责任编辑：王丹妮／责任校对：张亚丹
责任印制：吴兆东／封面设计：蓝正设计

科学出版社出版
北京东黄城根北街 16 号
邮政编码：100717
http://www.sciencep.com
北京中石油彩色印刷有限责任公司 印刷
科学出版社发行 各地新华书店经销
*
2012 年 6 月第 一 版 开本：787 × 1092 1/16
2016 年 3 月第 二 版 印张：19 3/4
2023 年 7 月第 三 版 字数：443 000
2024 年 1 月第十四次印刷

定价：52.00 元

（如有印装质量问题，我社负责调换）

前　言

工程经济学是工程技术与经济相结合的交叉学科，是高等学校工程管理专业的一门重要专业课，目的是工程建设决策与管理的科学合理化。工程经济学以工程为对象，利用经济学的理论与方法，分析研究工程技术要素的优化配置，通过效益的分析与利弊权衡，确定最佳工程技术方案。通过该课程学习，学生能够掌握工程经济学基本原理、基本知识和常用分析方法，具备从可行性研究到设计、施工、运维全生命周期经济评价的基本能力。

本教材的第一版于 2012 年出版，被数十所高校选作教材，2014 年被评选为“十二五”普通高等教育本科国家级规划教材和辽宁省“十二五”普通高等教育本科省级规划教材，并获 2014 年大连理工大学优秀教材奖。修订后的第二版于 2016 年出版。根据作者研究思考和发展形势需要，结合师生使用过程中提出的意见和建议，现对教材体系进行较大修改，出版第三版。

本教材第三版编写出版期间，恰逢党的二十大胜利召开。为了跟上高等教育改革与发展的步伐，围绕为党育人、为国育才这一根本目标，面向经济建设主战场，本着为全面建成社会主义现代化强国提供教育、科技和人才支撑的宗旨，本教材的编写吸收国内外同类教材的长处，突出三个方面特色。第一，突出本教材的“工程”特色；第二，对教材体系进行重整，划分为原理、方法、应用三篇；第三，拓展工程经济应用领域，从可行性研究为主拓展到全生命周期。本教材每章后均附有思考题，力求内容丰富、系统全面、可操作性强，并尽量避开与相关课程的交叉重叠。

本教材的修订曾经面临许多困难，尤其是新体系增加了设计、施工和运营阶段的经济分析内容，而这三个阶段的经济性分析很难找到全面的数据资料，规律性也不强。为此编者查找了大量文献，并从企业获取了一些实际数据资料，经过艰难地整理、撰写，顺利完成了编撰工作，但肯定还有很大的完善余地。在此诚望国内同行提出宝贵建议并共同努力使这个体系更加合理完善。

本教材编写参考了一些学者的教材或著作，这些教材或著作绝大部分在参考文献中列出，在此向各位作者致以谢意。感谢大连理工大学教育教学改革基金的资助和科学出版社的大力支持。

本教材由李忠富、张明媛、杨晓冬主编，具体写作分工如下。

第 1 章、第 4 章和第 11 章由大连理工大学李忠富编写，第 2 章、第 12 章和第 14 章由大连理工大学张明媛编写，第 3 章、第 5 章和第 8 章由哈尔滨工业大学杨晓冬编写，第 6 章、第 7 章由大连交通大学高苛编写，第 9 章由辽宁大学陈勇编写，第 10 章由大连理工大学戴利人、李忠富编写，第 13 章由大连理工大学宋永发编写。大连理工大学建设管理系研究生李天新、任江麾等也参与了部分资料收集整理和编撰工作。全书由李忠富统稿。

本教材虽几经修改，但由于水平有限，肯定会有不当之处，敬请专家读者批评指正。

目　录

上篇　工程经济学基本原理

中篇　工程经济分析方法

上篇

工程经济学基本原理

第1章 工程经济学概论

1.1 工程经济学的概念和发展

一群人围在一起就解决一个复杂工程项目在研究讨论……过了一会儿，一位科学家首先站起来说："这个问题理论上是可以解决的"，说明了理由后就离开了。既然可以解决，那就解决吧！于是工程师仔细研究解决技术方案。看到工程师努力地研究方案，艺术家说既然要干这个工程，那就干得更漂亮一些，让它作为艺术品能长久地留存使用下去。经济学家则说我们应该找到一个最好的方案，让它能以最小的投资实现目标。于是各领域专家围绕具体方案展开了激烈的争论。当看到工程师最终确定的方案时，许多人不禁拍手称赞！

这是国外书上刊载的一个小故事（作者略有修改），形象地说明了工程建设中，科学、技术、艺术和经济的关系。这种关系错综复杂，既相互依赖，又相互排斥，使得工程决策变成了一个多目标、多属性、多阶段的复杂问题，要想得到一个让各目标都能实现最大化的最优解几乎是不可能的，即便找到各方都能接受的满意可行解也很不容易。

工程经济学是以工程中的经济性问题为目标，研究如何在技术可行条件下寻求经济上的合理性。工程的经济性要求是评定工程方案的重要制约因素，甚至是决定因素。目前工程经济学解决的已不只限于经济问题，也扩展到技术、艺术、环境、管理等综合性的问题上，在综合考虑各方目标和约束条件下，寻求解决工程项目经济性问题的可行解。

1.1.1 工程经济学的概念

工程泛指某项需要投入较大人力和物力的工作，如土木工程、水利工程、机械工程、化学工程、航天工程等。工程经济学中的"工程"涵盖了一般概念中的工程（制作过程与方法）和技术（劳动的技能和技巧），即不仅包括了相应的生产工具、物资设备、生产的工艺过程或作业程序方法，也包括了相应的劳动生产经验、知识和技巧。

工程经济学中的"经济"包括了相应的社会经济体制（生产关系）、社会生产和再生产（物质资料的生产、交换、分配、消费的现象和过程）及社会资源的有效利用与节约。

工程经济学（engineering economics）是将工程中的技术与经济融合，运用经济理论和定量方法，研究工程中的投入与产出之间的关系问题。它是工程与经济的交叉学科，目前对其尚无统一的定义，大致可归纳为以下三种基本观点。

（1）工程经济学是一门研究如何根据既定的活动目标，分析活动的代价及对目标实现的贡献，并在此基础上设计、评价、选择，以最低的代价可靠地实现目标的最佳或满意方案的学科。工程经济学的内容是一套工程经济分析的思想、方法和应用，是人类提高工程经济活动效率的基本工具。

（2）工程经济学是运用有条理的工程经济分析程序，运用数学建模技术，投入相关的工程知识，以工程项目为主体，以技术经济系统为核心，研究如何有效利用有限资源，并将其研究结果运用到那些包含两个或两个以上的方案决策中。

（3）工程经济学不仅要研究工程中技术或生产力方面产生的经济问题，还要通过工程项目把生产力和生产关系联系起来，研究工程项目中人与人之间的关系，研究生产关系中的经济问题，使项目的实施能够满足或达到项目利益相关者对项目的要求。

总之，工程经济学是通过分析技术与经济之间的辩证统一关系来科学确定工程方案的一门学科。因此，工程经济学可以说是以工程项目的技术方案为对象，研究如何有效地利用工程技术资源，对工程经济活动进行系统评价，科学地预见工程项目直接涉及的经济效果和由此引起的间接效果的科学，是经济学和工程科学技术的交叉边缘学科。它是在现代科学技术和社会经济发展过程中，各学科互相渗透、互相促进、互动交叉，逐渐形成和发展起来的。

1.1.2 工程经济学的形成与发展

从 1887 年开始，工程经济学先后大致经历了形成、迅速发展和成熟三个主要的发展阶段，目前已经发展成为一门独立的应用广泛的综合性学科。

1. 工程经济学的形成

工程经济学的历史渊源可追溯到 19 世纪后半叶。在此之前，工程师一般只对工程的设计、建造和使用等方面的技术问题负责，很少考虑工程的经济问题。被公认的最早探索工程经济问题的学者是美国土木工程师惠灵顿（Arthur Mellen Wellington），他于 1887 年出版的《铁路布局的经济理论》一书被认为是第一部工程经济学著作，该书开创性地开展了工程领域中的经济评价工作。惠灵顿发现许多工程师在铁路布局决策时很少考虑铁路工程所需要的投资和将来可能带来的经济收益，首次将成本分析方法应用于铁路最佳长度或路线曲率的选择，并提出了工程利息的概念。他将工程经济学描述为“一门少花钱多办事的艺术”。

惠灵顿的精辟见解被后来的工程经济学家承袭，很多工程经济学家进一步做了大量研究工作。1915 年，美国斯坦福大学的菲什（John Charles Lounsbury Fish）教授出版了第一部直接以《工程经济学：基本原则》（*Engineering Economics: First Principles*）为名称的著作，系统地阐述了与债券市场相联系的工程投资模型，其分析内容包括投资、利率、初始费用与运营费用、商业组织与商业统计、估价与预测等。1920 年，戈尔德曼（O.B.Goldman）教授出版了《财务工程学》（*Financial Engineering*），提到工程师的最基本的责任是成本分析，以达到真正的经济性，即赢得最大可能数量的货币，获得最佳财务效益。他提出了决定相对价值的复利模型。这样，人们就可以用复利法确定方案的比较价值，从而为工程经济学中许多经济分析原理的产生奠定了基础。

1930 年，美国格兰特（E.L.Grant）教授出版了《工程经济原理》（*Principles of Engineering Economy*），奠定了经典工程经济学的基础，该书历经半个多世纪，到 1982 年已经再版六次，是一本公认的工程经济学代表著作。格兰特教授不仅指出了古典工程经济的局限性，而且以复利为基础讨论了投资决策的基本理论和方法，同时指出人的经验判断在投资决策中具有重要作用。格兰特对工程经济分析理论的重大贡献得到了社会的普遍认同，因此被誉为“工程经济学之父”。

2. 工程经济学的发展阶段

第二次世界大战结束之后，随着西方社会经济的逐渐复兴，工业投资项目急剧增加，人们面临资金短缺的问题，如何使有限的资金得到更有效的利用成为投资者与经营者普遍关心的问题。在这种背景下，受到凯恩斯主义经济理论的影响，工程经济学的研究内容从单纯的工程费用效益分析扩大到市场供求和投资分配方面，从而取得了重大进展。

1951 年，乔尔·迪安（Joel Dean）教授出版了《管理经济学》，开创了应用经济学新领域，计算现金流的现值方法逐渐应用到资本支出的分析上，在投资收益与风险分析上起了重要作用。更重大的转折发生于 1961 年，乔尔·迪安教授的《资本预算》一书，不仅发展了现金流量的贴现方法，而且开创了资本限额分配的现代分析方法。

1978 年，布西（L.E.Bussey）出版了《工程投资项目的经济分析》。在该书中，布西全面系统地总结了工程项目的资金筹集、经济评价、优化决策以及项目的风险和不确定性分析等基本方法与理论。1982 年，曾任世界生产力科学联合会主席的里格斯（J.L.Riggs）出版了《工程经济学》（*Engineering Economics*），系统阐述了货币的时间价值、货币管理、经济决策、风险与不确定性分析等工程经济学的基本内容，把工程经济学的学科水平向前推进了一大步。

上述经济学者的研究与贡献，促进了工程经济学与相关学科的交叉与发展。随着数学和计算技术的发展，特别是运筹学、概率论和数理统计等方法的应用，以及系统工程、计量经济学、最优化技术的飞跃发展，工程经济学与相关学科的交流与发展逐步加强，也给工程经济学研究增添了新的课题，使其内容更加丰富，理论体系更为完善。今后随着科学技术的发展和人类社会的进步，工程经济学的研究方法还会不断创新，工程经济学的理论也会不断完善，以满足社会对工程项目和技术方案进行科学决策的新要求。

3. 我国工程经济学的发展

20 世纪 50 年代初期，我国在引进苏联 156 个项目的同时，引进了技术经济分析和论证的方法。通过采用“方案研究”“建设建议书”“技术经济分析”等类似可行性研究的方法，技术经济分析和论证在计划工作、基本建设工作和企业管理中得到了比较广泛的应用，并取得了较好的效果。这一时期的项目建设采用了苏联的一套基本建设程序，在项目投资前期增加了技术经济分析和论证阶段。由于历史和内外部条件的限制，这些方法比较简单和粗糙，且没有形成系统的理论和方法，但在当时条件下使得项目投资决策有了依据。这些项目的投资都产生了较好的经济效益，为新中国成立初期我国工业发展打下了较好的基础。

1962 年 5 月，国务院先后颁布了关于加强基本建设计划设计管理等内容的三项决定，在我国第二部科技发展规划中提出了“技术经济”的概念，并把技术经济视为与其他六大科学技术学科地位相当的学科，工程经济学获得了初步发展，但在“文化大革命”时期，基本建设项目的前期工作没有得到足够重视，不少工程项目盲目追求建设速度，违背了基本建设程序，造成了巨大的经济损失。

1978 年改革开放以后，国家在《1978—1985 年全国科学技术发展规划纲要》中，将技术经济和生产管理现代化理论与方法的研究列入了 108 项重大研究课题中。在 1978 年 11 月召开的全国技术经济和管理现代化科学规划工作会议上，通过了《技术经济和管理现代化理论方法的研究规划（1978—1985）》，并成立了中国技术经济研究会。1981 年，国务院成立了技术经济研究中心，许多高校成立了技术经济专业或开设技术经济类课程，培养了一批从事技术经济分析的专门人才。1983 年，国家计划委员会要求重视投资前期工作，明确规定把项目可行性研究纳入基本建设程序。1984 年，交通部组织编制了《运输船舶技术经济论证名词术语》（JT 0013—1985），其中已经出现了工程经济学的若干基本概念。1985 年，我国政府决定对项目实行“先评估、后决策”的制度，规定建设项目，特别是大中型重点建设项目和限额以上技术改造项目，都必须经过有资格的咨询公司的评估。随着经济建设的发展，许多省市、中央主管部门和大中型企业相继成立了技术经济研究机构，一批国内成长起来的科技、哲学、经济及管理学者加入到了技术经济学科队伍中，技术经济的研究队伍不断壮大，学科体系不断发展和完善。1987 年 10 月，由国家计划委员会组织，中国计划出版社出版的《建设项目经济评价方法与参数》，填补了我国经济评价方法与参数的空白，并经过 1993 年、2006 年的两次修改，该书现已成为工程经济从业人员的必备工具书。

工程经济学是在技术经济学的基础上发展起来的，2000 年以前工程经济学在我国被称作“建筑工程技术经济学”，2000 年后改称工程经济学，从技术经济学中独立出来，成为普遍应用于各类工程项目经济评价的理论与方法。最近 20 年，随着我国社会主义市场经济体制的逐步确立，政府管理经济及配置经济资源的方式发生变化，国家投资体制改革进程加快，工程经济学理论和方法在项目投资决策分析、工程建设管理、项目评估和运行管理全过程中都得到了广泛的应用。

1.2 工程技术与工程经济

1.2.1 工程技术与经济的关系

工程技术是在工程建设或运行中实际应用的技术，即为了满足特定的社会需要，由具有专门知识和技能的人对机械设备、材料、工艺、能量、信息等对象所进行的研究、开发、设计、创造和使用具备特定功能的产品的活动过程，以及这种过程所使用和创造的各种手段、知识和方法的总和。工程技术方案是否合理决定了一个工程是否能够实现，而且采用不同的技术方案通常会产生不同的经济效果。

经济一词来源于希腊语，意思为价值的创造、转化与实现，常见含义有：社会生产关系的总和、社会物质资料的生产和再生产过程、国民经济的总称、管理社会稀缺资源的方式等。经济有三方面的含义：一是生产力和生产关系相互作用的规律，指宏观经济学；二是社会生产和再生产的一种活动，指微观经济学；三是指节约或节省，也就是对资源的节约与合理使用。工程经济学里的经济是指第二、第三两个方面的含义。在工程领域，经济主要指不同技术方案下寻求用少的投入得到高的产出，衡量的是不同技术方案条件下各相关方对工程投入和产出的多少，其表现包括投资、成本、利息、利润等要素。工程经济与工程技术密不可分，如影随形，任何工程的背后都有经济问题和经济规律像一双“看不见的手”在发挥作用。

工程经济学是将工程技术与工程经济结合在一起的一门学科，它不同于单纯注重技术可行性的工程学，也不像一般经济学那样研究社会发展的一般经济规律，而是建立在工程技术与经济辩证统一关系之上的，研究工程技术和经营活动中诸方案经济合理性的一门学问。

技术和经济在人类进行物质生产、交换活动中始终并存，是不可分割的两个方面。两者既相互促进，又相互制约。技术具有强烈的应用性和明显的经济目的性，没有应用价值和经济效益的技术是没有生命力的。经济发展必须依赖于一定的技术手段，世界上不存在没有技术基础的经济发展，技术与经济的这种特性使它们之间有着紧密而不可分割的联系。具体表现为以下几个方面。

（1）技术进步是推动经济发展、提高经济效益的重要条件和手段。技术的突破将会对经济发展产生巨大的推动作用，经济的发展必须依靠一定的技术手段。纵观世界经济发展史与科学技术发展史，无论从世界层面还是国家层面，都可以观察到这一点。在世界层面上，科技革命导致了产业革命，产业革命引起的经济高速发展又对新技术提出了更高的需求，同时提供了更好的经济支持。每一轮的技术革命都会引发新兴产业的形成与发展。从国家层面来看，一个国家的兴衰从根本上是由技术创新及其有效性决定的。为使经济持续稳定地发展，必须以经济效益为中心，以科技进步为动力，以不断增强综合国力和改善人民生活为目的，实行注重效益、优化结构、提高质量、稳定增长的经济发展战略。从企业层面来看，具备投资能力是企业应用科技成果的重要条件，提高经济效益是企业采用先进技术的动因和目的。

（2）经济既是技术发展的物质基础，又是技术发展的起因和归宿。技术活动的最终目的是产生知识或科技成果，本质上是生产要素组合的投入产出过程，因此，任何新技术的开发必须投入相应的人力、物力和财力才能保证正常进行。只有投入了足够的经费，才有可能开发成功，否则新技术的开发将是一时的、缺乏后劲的，甚至是不可能的。据统计，科学理论研究、技术开发、产品研制和开发的投资比值为1：10：100。可见技术开发需要足够的资金支持，经济发展是技术进步的动力和方向。当国家经济落后或企业研发资金投入不足时，就难以支撑科技发展的需要，难以形成技术进步。另外，技术发展的目的是促进经济系统更快、更有效率地运作，任何技术的产生和发展都取决于经济发展的需要，因此，经济是技术发展的起因和归宿。

（3）技术与经济相互制约。技术的研发与应用需要投入大量的资金，缺乏足够的资金就不能进行重大领域的科学研究，因此技术的研发所需的大量投资与经济的可行性之间存在一定矛盾。而且，技术的先进性与经济的合理性也存在矛盾，主要体现在技术越先进，对资金投入的需求就越大，但是先进的技术对企业或国家来讲，未必是适用的。另外，技术研发投入总是与风险并存的，研究开发应用一旦成功，就会因掌握了技术与市场的领先优势而赢得超额利润，但研究开发应用过程也充满风险，这可能导致技术投入达不到预期效益。

总之，技术与经济既相互促进、相互依赖，又相互制约，随着条件的变化，其关系处于不断地变化和运动中。技术与经济的这种矛盾关系正是工程经济学研究的出发点。

1.2.2 工程技术经济分析的目的

工程技术经济分析旨在研究技术与经济的关系以及它们之间优化组合的程度和水平，并对提出的各种技术方案进行论证，从技术上的先进性、经济上的合理性入手，进行综合评价、比较，选择最优方案。

具体来讲，工程技术经济分析可以帮助企业或政府部门在资源有限的情况下，以保证企业经济效益、国民经济效益和社会效益为目标，选择综合收益最佳的工程项目（技术方案），从而提高工程项目经济决策的科学合理性，并总结已经建成并投入运行后的工程项目（技术方案）的成功经验和失败教训，为以后新工程项目（技术方案）的决策提供可借鉴的素材。

1.3 工程经济学的研究对象和范围

1.3.1 工程经济学的研究对象

工程经济学是一门由工程技术科学与经济科学相互交叉渗透而形成的边缘学科。工程经济学本质上是研究不同方案在投资效益上的差异，研究如何有效利用工程技术资源，以较少的资源投入追求尽可能大的方案产出，寻求工程技术方案与经济效益的最佳结合点。工程经济学的研究对象是工程项目或技术方案，且工程经济问题贯穿于整个工程前期、设计、施工、运行维护的全过程，因此其内容既包括前期工程项目的技术方案分析、财务评价、国民经济评价、工程项目的风险与不确定性分析，也包括中期设计和施工阶段的经济分析，以及后期运维阶段的经济分析等内容。因此，可以说工程经济学是针对工程项目全生命周期的技术经济学。

工程项目具有整体性、目的性、一次性、固定性、定制性、过程的不可逆性和投资巨大等特点，其建设过程具有单件性、流动性、区域性、长周期性、高空作业、露天作业和高风险性等特征，与一般的工业产品（如汽车、家电等）相比完全不同。因此其分析方法和指标等也与一般工业产品不完全相同。除此以外，工程还具有一个重要的属性，就是艺术属性。工程产品尤其是房屋建筑类产品，都具有一定的建筑美学特征，对建筑艺术的追求会对工程造价产生一定影响。对工程产品的技术经济性评价不能不考虑艺术性因素。

1.3.2　工程经济学的研究范围

本书将工程经济学划分为理论、方法与应用三个部分，因此工程经济学的研究范围如下。

1. 工程经济学基本原理

（1）工程经济要素。工程经济要素是进行工程项目评价不可缺少的基本数据和资料，具体内容包括工程经济要素的构成、建设项目投资的构成与估算、产品成本和费用的构成与估算、现行税金的构成等。

（2）现金流量与资金的时间价值。现金流量与资金的时间价值是进行工程经济分析的基础，具体内容包括现金流量和现金流量图的概念、资金的时间价值的内涵、资金时间价值复利计算的方法、名义利率和有效利率等。

（3）工程项目经济评价指标。经济评价是工程经济分析的核心，评价的指标包括工程项目经济评价指标（静态评价与动态评价方法）、工程项目效果（难以定量指标描述）评价指标等。

2. 工程经济分析方法

（1）工程项目经济评价的方案比选。阐述工程项目的互斥方案、独立方案、混合方案和其他方案的比选方法，为项目技术方案比较选择提供依据。

（2）工程项目财务评价。工程项目财务评价是在国家现行财税制度和市场价格体系下，分析、预测项目的财务效益与费用，判断项目财务可行性的方法。具体内容包括财务评价目的与内容、财务评价方法、财务评价步骤、项目现金流预测、项目财务评价基本报表、项目财务评价指标体系。

（3）工程项目国民经济评价。工程项目国民经济评价是按照合理配置稀缺资源和社会经济可持续发展的要求，从国民经济全局的角度出发，考察工程项目的经济合理性。具体内容包括国民经济评价必要性与内容、费用和效益的识别与计算、国民经济评价的参数、影子价格的确定、国民经济评价指标及报表。

（4）工程项目的不确定性与风险分析。工程项目经济评价采用的数据大部分来自估算和预测，面临一定的风险性和不确定性。工程项目的不确定性与风险分析是为了弄清和减少不确定因素对经济效果评价的影响，其具体内容包括盈亏平衡分析、敏感性分析、概率分析和风险分析等。

（5）价值工程原理与方法。价值工程以最低的寿命周期成本，可靠地实现研究对象的必要功能，能够使工程项目资源得到合理有效的利用。价值工程原理与方法的具体内容包括价值工程基本概念、寿命周期成本和功能的概念、价值工程的实施步骤和方法等。

3. 工程经济理论方法的应用

（1）工程项目前期的经济性分析。工程项目前期的经济性分析主要有可行性研究与近年随着 PPP（public-private partnership，公私合作）发展起来的物有所值评价等，这是工程经济分析的重要内容。可行性研究是工程经济分析理论方法在工程项目前期的具体应用，是对工程项目前景进行科学预测和项目方案细化的必要过程。物有所值（value for money）评价是判断是否采用 PPP 模式代替政府传统投资运营方式来提供公共服务项目的一种评价方法。

（2）工程设计的经济性分析。工程设计是工程建设的计划工作，对工程投资至关重要。因此要分析不同工程设计方案对工程投资和造价的影响程度，尽量在有限的投资额内实现最优的工程设计方案，包括建筑设计、结构设计、水暖电器设计的经济性分析，限额设计和工程设计方案优选等。

（3）工程施工的经济性分析。工程施工是工程建设计划的实施工作，是工程价值实现过程，会对工程造价有较大影响。工程施工的经济性分析包括分析研究各生产要素变化和采用不同的施工方案对工程造价的影响程度，选择合理的施工方案以平衡技术先进性和经济合理性的关系。

（4）工程项目后评价。工程项目后评价是在项目建成后全面总结项目投资管理中的经验教训，为以后改进项目管理和制订科学的投资计划提供现实依据。具体内容包括工程项目后评价的含义和作用、工程项目后评价的基本程序、工程项目后评价的内容和方法。

（5）工程运营维护与更新改造的经济分析。工程投入使用后的运营维护与更新改造也有大量经济性问题，包括不同运营维护方案下的投入产出分析，不同技术方案下的运行维护策略、更新改造或拆除的经济性比较分析等。

1.4 工程经济学的学科特点和研究方法

1.4.1 工程经济学的学科特点

1. 适用性

工程经济学是技术经济学的一个分支，是以工程这个特定产品为对象的技术经济学。由于工程产品的特殊性，工程产品的经济性不仅要考虑技术的可行性，还要考虑产品的艺术美学特征，以及产品的生产使用对环境的影响、对利益相关方的影响等。此外，工程产品是定制生产产品，建设周期长，环节多，从投资阶段可行性研究到建成投入使用，每个阶段、每个环节、每个参与方都有经济性问题，这使得工程经济学适用范围跨越了工程产品的全生命周期。

2. 综合性

工程经济学横跨自然科学和社会科学，是以特定的技术为对象的，研究自然因素运动、发展的规律。工程经济学从技术的角度去考虑经济问题，又从经济角度去审视技术问题。技术是基础，经济是目的。在实际应用中，技术经济涉及的问题很多，而工程技术的经济问题往往是多目标、多因素的。它所研究的内容既包括技术因素、经济因素，又包括社会因素与生态环境等因素。

3. 定量性

工程经济学的研究方法以定量分析为主。即使一些难以定量的因素，也要予以量化估计。通过对各种方案进行客观、合理、完善的评价，用定量分析结果为定性分析提供科学依据。如果没有定量分析，对于技术方案的经济性无法正确评价，对于经济效果的大小无法准确衡量，对诸多方案也将无法进行比较和优选。因此，在分析和研究过程中，要用到大量的数据和很多数学方法，并建立数学模型，借助先进的计算工具计算结果。

4. 比较性

工程经济分析通过经济效果的比较，从许多可行的技术方案中选择最优方案或满意的可行方案。例如，一个技术经济指标是先进还是落后，是通过比较而言的。以能耗为例，1 吨标准煤能够产生多少产值，没有比较无法说明。

5. 预测性

工程经济分析活动大多在事件发生之前进行。对将要实现的技术政策、技术措施、技术方案进行预先的分析评价，首先要进行技术经济预测。通过预测，事先明确技术方案的各项指标，为经济分析提供依据。

1.4.2　工程经济学的研究方法

工程经济学的基本研究方法主要包括以下几种。

（1）方案比较法。对工程项目方案进行比较、选优是工程经济分析的基本内容。方案比较法贯穿于工程经济分析的始终。它需对同一个工程项目设计出多种实施方案，根据项目目标，对各种方案的技术、经济和社会效果进行计算、分析和评价，比较项目的优劣，从中选择出最优方案。

（2）系统分析法。从系统工程角度看，工程项目由一系列既相互联系又有区别的相对独立的子系统组成，通过系统地分析这些子系统之间以及与外界环境之间的关系，即可确定工程项目系统的目标与分析边界。在用系统分析法时，首先，明确工程项目的目标，即技术目标、微观经济效益目标、宏观国民经济效益目标与社会发展目标；其次，分析工程项目系统内部的技术子系统、经济子系统、社会子系统结构及其相互之间的关系；最后，确定工程项目的技术、经济与社会各子系统的发展目标、项目总目标以及相互之间的作用关系，评价和优化项目的技术、经济和社会各子系统，达到工程项目总体效果的最优。

（3）静态分析与动态分析相结合的方法。静态分析和动态分析是工程经济学对工程项目进行经济分析常用的两种方法。静态分析是对事物发展在某个确定时间下的状态进行的分析和评价；动态分析是在考虑资金时间价值的前提下，对事物整个发展历程或某一发展阶段进行的全面系统的评价。这两种分析方法各有侧重点，能够从不同角度反映项目状况，应将二者结合起来对工程项目展开综合分析。在评价方案优劣时，以动态分析方法为主，静态分析方法为辅。

（4）定量分析与定性分析相结合的方法。工程经济学对工程项目的经济分析采取以定量分析为主、定性分析为辅的方式。工程项目的经济分析与评价是一个系统工程，对方案的描述、分析及评价，涉及技术、经济和社会等多个复杂的层面，对其中可以定量描述的内容采用定量分析方法，如进行工程项目的经济评价、项目不确定性分析、项目财务评价与国民经济评价、工程更新的经济分析等；工程项目系统中还存在大量无法完全定量化的因素，在很大程度上只能采用定性方法加以描述和分析，对这些难以定量描述的内容采取定性分析的方法，如项目后评价、项目可行性研究中的资源评价、建设规模与产品方案、实施进度、无形效果等非经济效果内容。工程经济学强调定量分析与定性分析相结合，并提供了具体的思路和方法。

1.4.3 工程经济分析的基本步骤

工程经济分析应遵循科学的程序，基本步骤如图 1-1 所示。

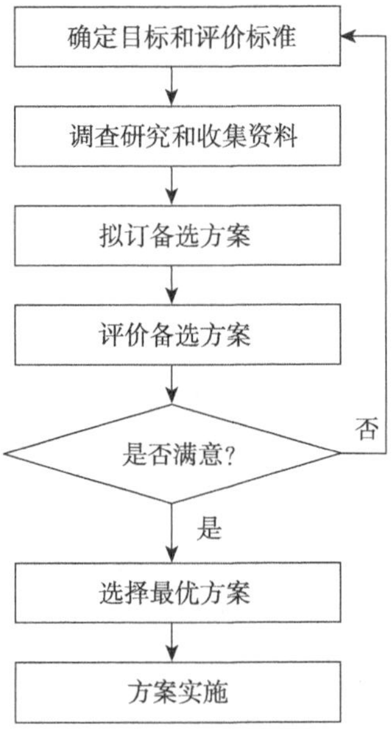

图 1-1 工程经济分析的基本步骤

（1）确定目标和评价标准。任何工程项目方案都有相应的目标体系。工程经济分析的第一步是通过调查研究寻找经济环境中的潜在需求，从而确定工作目标。依据分析对象的不同，应采取合适的方法确定分析目标。按照分析角度的不同，目标可以分为国家目标、地区目标、企业目标、项目目标等。目标可以包括项目规模、设备选择、技术改造等。目标确定以后，评价指标也就能够具体化，并可确定评价标准。

（2）调查研究和收集资料。根据确定的目标进行调查研究，并收集相关的技术、经济、财务、市场、政策法规等资料，为后面的方案构思和经济评价提供依据。

（3）拟订备选方案。一个工程经济问题可以采用多种方法来解决，因此可以制订出许多不同的方案。工程经济分析过程本身就是多方案选择，所以应尽可能地穷举备选方案，包括维持现状的方案。从理论上讲，备选方案的数量越多，对人们做出科学决策的作用就越大，但受时间和资源限制，人们很难做到这一点。一般而言，一个工程项目应至少拟订3～4个方案，供人们比较与选择。

（4）评价备选方案。评价备选方案就是采用定量分析和定性分析相结合的方法，对备选方案的技术经济效果进行综合分析和全面评价（包括技术、经济、政治、社会、环境等）。

（5）选择最优方案。根据备选方案评价的结果，优选出技术上先进、经济上合理的最佳方案。若对方案比选的结果满意，则选中最优方案；若不满意，则需要重新按照以上程序进行方案的重新构思或者修改经济目标与评价标准，重复上述过程，直至满意为止。

（6）方案实施。对选定方案的细节做进一步完善，然后在实际工程中实施该方案。

1.5　工程经济分析的基本原则

通过合理的方法对工程技术方案进行分析、比较和评价，是工程经济分析的基本目的。对于特定的工程项目，能够列举出多种技术方案，这些方案未必都能满足技术上先进、经济上合理、生产上适用的要求。各方案由于所要考虑和解决的问题侧重点不同，有时会存在诸如技术、经济、资源、环境和社会等多方面的问题。为此需要对项目方案依据一定的基本原则进行合理评价与取舍，进而确定最优方案。

在工程经济分析中，对工程项目或技术方案进行经济分析的基本原则主要有以下七项。

1. 技术与经济相结合的原则

技术和经济之间是辩证统一的关系，既相互统一，又相互矛盾。技术决定方案的可行性和可实施性，是经济评价的前提，同时技术也是在一定的经济条件下产生和发展的。经济上的需求是推动技术发展的动力。技术与经济之间的这种相互依赖、相互促进和相互制约的关系构成了工程经济评价所需要遵循的原则之一。

经济是技术发展的起因和归宿，但由于各种因素的影响，技术先进性及经济合理性之间存在一定矛盾。在评价方案的技术问题时，既要考虑方案技术的宏观影响，使得技术对国民经济和社会发展起到促进作用，又要考虑到方案技术的微观影响，使得技术能够有效地结合具体单位或部门的实际情况，发挥出技术的最大潜能，同时还要注意其经济能力和影响，不要因为项目业主采纳的技术给全局性的经济问题带来诸如资源、环保等方面的负面影响。

因此，在应用工程经济学理论来评价工程项目或技术方案时，既要分析其技术上的先进性，评价技术能力和技术意义，也要分析经济上的合理性，评价其经济特性和经济价值，力求做到二者的统一，寻找既符合国家政策、满足发展方向需要，又能给企业带来发展的项目或方案，使之能够最大程度地创造效益，促进技术进步与经济发展。

2. 财务分析与国民经济分析相结合的原则

财务分析是在国家现行财税制度和价格体系的条件下，从项目财务角度分析、计算项目的财务盈利能力和清偿能力，判别项目的财务可行性。国民经济分析是从国家整体角度分析、计算项目对国民经济的净贡献，判别项目的经济合理性。

项目的财务分析和国民经济分析都是项目的营利性分析，但两种分析方法的基本出发点不同。财务分析是站在项目的角度上，从项目经营者和投资者的角度分析项目在财务上的可行性，属于微观经济效益的分析，而国民经济分析是站在国民经济的宏观角度上，从全社会的角度分析项目的国民经济费用和效益。另外，财务分析只根据项目直接发生的财务收支计算项目的费用和效益，而国民经济分析是从全社会角度考察项目的费用和效益，这与财务分析不同，因为其中有些支出和收入从全社会角度考虑不能作为社会费用或收益。

工程经济分析应坚持财务分析与国民经济分析相结合的方式对项目进行取舍。当财务分析与国民经济分析的结果不一致时，应对项目进行深入分析。一般来说，财务分析与国民经济分析的结论均可行的项目才予通过；国民经济分析结论不可行而财务分析结论可行的项目应予否定。对于一些国计民生必需的项目，国民经济分析结论可行，但财务分析的结论不可行，通常应进一步优化方案。

3. 效益与费用计算口径对应一致的原则

在经济分析中，将项目的效益与费用限定在同一个范围内是方案比选的基础，这样计算的净效益才是项目投入的真实回报。财务分析只计算项目本身的直接效益和直接费用，国民经济分析还应计算项目的间接效益和间接费用，即项目的外部效果。为简化计算，有时可将外部效果“内部化”，即对那些效益和费用紧密相关、不统一计算就难以正确考察真实经济效益的“项目群”，视为一个项目（联合体）进行国民经济分析。

4. 定量分析与定性分析相结合、以定量分析为主的原则

定量分析与定性分析从不同评价角度反映了决策依据。定量分析以客观、具体的计算结果为依据，以得出的项目的各项经济效益指标为尺度，对项目进行数字指标的评价。这种评价方法的优点是能够使评价结构更加精确，减少了工程经济分析工作中的经验估计决策成分，有利于在定量分析中发现研究对象的实质和规律。定性分析是依据国家的法律法规、国家发展布局及发展方向、该项目对国家发展所起的作用和该项目发展趋势等进行的基于经验的评价。在实际评价工作中，由于问题的复杂性，很多内容难以用数量方式表达，无法应用定量分析，这时定性分析十分必要。定性分析以主观判断为基础，属于经验型决策，在很大程度上依赖于评价人员的经验积累。

工程经济分析坚持采取定量分析与定性分析相结合的原则，这有助于发挥两种分析方

法的优势，互相补充；以定量分析为主，可以使分析结果科学、准确，有利于决策者在对项目总体有较全面了解的基础上，进行科学决策。

5. 动态分析与静态分析相结合、以动态分析为主的原则

动态分析是指在项目决策分析与评价时要考虑资金的时间价值，对项目整个计算期内的费用与效益进行折（贴）现现金流量分析。动态分析方法将不同时点的现金流入和流出换算成同一时点的价值，可以对不同方案和不同项目进行比选。静态分析也称为非折（贴）现现金流量分析，是指在项目决策分析与评价时不考虑资金的时间价值，把不同时点的现金流入和流出看成等值的分析方法。静态分析方法指标计算简便、易于理解，但不能准确反映项目费用与效益的价值量。资金的时间价值分析是项目经济评价的重要因素，所以分析评价要以动态指标为主。静态指标与一般的财务和经济指标内涵基本相同，一般作为辅助指标。因此，在项目决策分析与评价中应遵循动态分析与静态分析相结合、以动态分析为主的原则，根据工作阶段和工作深度要求的不同，选择动态分析指标与静态分析指标。

6. 收益与风险权衡原则

工程项目的投资总是伴随着一定程度的风险，风险使工程的最终收益增加了不确定性。通常项目的投资人关心的是效益指标，对于可能给项目带来风险的因素考虑得不全面，对风险可能造成的损失估计不足，结果往往有可能造成项目失败。收益与风险权衡原则提示投资者：在进行投资决策时，不仅要看到效益，也要关注风险，权衡得失利弊后再决策。

7. 可比性原则

对备选方案进行比选是工程经济的主要内容。可比性原则是进行定量分析时应遵循的重要原则之一，可确保所有的备选方案在统一口径下进行比较评价。一般地，备选方案需要在满足需要、消耗费用、时间和价格上均具有可比性。

（1）满足需要的可比性。任何一个项目或方案实施的主要目的都是满足一定的社会需求，不同项目或方案在满足相同的社会需求的前提下才能进行比较。满足需要的可比性应在工程的功能、数量、质量三个方面具有可比性。工程功能的可比性是指完成的工程在使用功能上具有可比性，反映的是工程功能方面满足社会需要的情况。数量可比是指项目或工程技术方案满足社会需要的数量。质量可比指不同项目或工程技术方案的产品质量相同时，直接比较各项相关指标；质量不同时，则需经过修正计算后才能比较。

（2）消耗费用的可比性。工程项目的经济效果是投入和产出之比，所以方案比选除了满足需要的可比性，还需要进行消耗费用方面的可比性分析。由于备选方案的技术特性和经济特性不同，所需要的人力、物力和财力各不相同。为了使各个方案能够进行经济效果上的比较，应对项目建设到产出产品及产品使用全过程中全社会的消耗费用进行比较，而不是用某个国民经济部门或个别环节的消耗进行比较。当项目涉及行业众多，难以从根本上保证消耗费用的可比性时，可只考虑与项目或方案有直接关系的环节，对这些环节的消

耗费用进行比较分析，而省略其他间接环节的费用。

（3）时间的可比性。资金的时间价值是动态经济分析的基础，所以在对备选方案进行比选时，必须考虑时间因素，采用相等的计算期作为比较基准，然后才能进行经济效果比较。对于投资、成本、产品质量、产量条件相同的两个项目或方案，投入时间不同，经济效益显然不同，而在相同的时间内，不同规模的项目或方案，其经济效益也不同，所以时间因素对方案经济效益有直接的影响。在比较不同项目或方案的经济效益时，时间因素的可比条件应满足计算期内资金的时间价值和项目整体效益可比。

（4）价格的可比性。价格是影响工程项目或技术方案比较的重要因素之一，因此价格的可比性是分析比较项目或技术方案经济效益的一个重要原则。价格可比是指项目或技术方案所采用的价格指标体系应该相同。对于每个技术方案，无论是消耗品还是产品，均应按其相应的品目价格计算投入或产出。价格水平本身的合理性和恰当性直接影响工程经济分析的正确性。不同时期技术方案的比较，应采用统一的不变价格或用价格指数进行计算，并应根据技术方案计算期的长短确定相应时期的价格指标。

复习思考题

1. 工程经济学的主要研究内容是什么？
2. 工程技术与经济之间存在什么样的关系？
3. 工程经济学的学科特点是什么？
4. 工程经济分析的基本步骤有哪些？
5. 工程项目经济分析中应该遵循什么原则？

第 2 章　资金的时间价值

2.1　资金的时间价值概述

资金的价值是随时间变化而变化的，是时间的函数，随时间的推移而增加，增加的那部分价值就是资金的时间价值。早在 1930 年格兰特教授出版的《工程经济学原理》一书中，就指出了古典工程经济学的局限性，应以复利计算为基础。这里的复利计算就是资金的时间价值的体现和应用，并一直沿用至今。

关于资金的时间价值的社会属性，社会主义与资本主义的区别在于：对于社会主义，资金的时间价值来源于劳动者为社会创造的价值；对于资本主义，资金的时间价值来源于劳动者创造的剩余价值。

在社会主义条件下，资金的时间价值是资金运动的产物，它同资金的特征本质地联系在一起。资金是社会主义再生产过程中的周转价值，具有垫支、周转、补偿、增值的特征。资金的增值在现实经济生活中近似表现为利润，是假定无风险无通胀情况下的增值。因此，可以用利润额和利润率来反映资金使用的经济效果。用利润率能从相对量上反映资金使用的经济效率，便于在不同时期、不同地区、不同部门、不同企业之间进行分析比较。

在工程经济中，技术方案的经济效益、消耗的一切资源，包括人力、物力等，最后都是以资金的形式表现出来。因此，在对技术方案进行对比、选择时，为了解决不同时点上发生的费用和效益的时间可比性问题，就必须既要考虑技术方案的资金量大小，还要考虑资金量发生的时间。

资金的时间价值的大小取决于多方面因素，其中主要有以下几点。

（1）资金的使用时间。在单位时间的资金增值率一定的条件下，资金使用时间越长，资金的时间价值越大；使用时间越短，资金的时间价值越小。

（2）资金额的大小。在其他条件不变的情况下，资金额越大，资金的时间价值越大；反之，资金的时间价值越小。

（3）资金投入和回收的特点。在总投资量一定的情况下，前期投入的资金越多，资金的负效益越大；后期投入的资金越多，资金的负效益越小。当资金的回收期一定时，距离现在越近的时间回收的资金越多，资金的时间价值就越多；反之则越少。

（4）资金周转的速度。资金周转的速度越快，在一定的时间内等量资金的周转次数越多，资金的时间价值越多；反之则越少。

资金是一种短缺资源，社会资金总是有限的，对于国民经济增长具有特别的制约作用。因此，从上述影响资金的时间价值的因素来看，要想充分利用并最大限度地获取资金的时间价值，就要合理地使用资金，防止多占积压等浪费资金的现象发生；同时可以吸引、收集闲散资金，加速资金周转，提高投资的社会经济效益。

资金的时间价值的意义体现在以下几点。

（1）充分体现时间因素对经济效益的影响，提高决策的质量。

（2）树立时间就是金钱的观念，提高资金的利用效率和投资效益。

（3）有利于资源的优化配置，使资源向效益高、增值快的地方流动，提高国民经济的整体实力。

（4）用于缩短项目建设周期，早日发挥投资效益。

总之，在工程经济活动中，必须要承认资金的时间价值的客观存在性，获得更好的工程经济效益。

2.2　利息与利率

2.2.1　利息

利息是资金的时间价值的基本体现。例如，我们将一定的资金存入银行，经过一段时间后我们会获得该笔资金以外的另一些报酬，这就是我们所说的利息。它是银行在这段时间内占用我们资金所付出的代价，也是我们作为资金所有者却未使用资金而得到的补偿。

利息的计算有单利和复利两种方法。

单利是仅以本金为基数计算利息的方法，即无论经过多少个计息周期，都不计入先前计息周期中所累积增加的利息，其计算公式为

$$I_t = P \times i \tag{2-1}$$

式中，I_t 为第 t 计息期的利息额；P 为本金；i 为计息期单利利率。

因此，第 n 期末单利本利和 F 等于本金加上总利息，即

$$F = P + I_n = P + P \times i \times n = P(1 + i \times n) \tag{2-2}$$

这里，总利息 I_n 为

$$I_n = \sum_{t=1}^{n} I_t = \sum_{t=1}^{n} P \times i = P \times i \times n \tag{2-3}$$

可以看出，在单利计算模式下，利息、本金、利率及计息期数均呈线性关系。

从本质上看，利息是由贷款发生利润的一种再分配。在工程经济分析中，利息常被看成一种资金的机会成本。这是因为如果放弃资金的使用权利，相当于失去收益的机会，也就相当于付出了一定的代价。事实上，投资就是为了在未来获得更大的收益而对目前的资金进行某种安排。很显然，未来的收益应当超过现值的投资，正是这种预期的价值增长才能刺激人们从事投资。因此，在工程经济分析中，利息常指占用资金所付出的代价或放弃使用资金所得的补偿。

2.2.2　利率

利率是指一个计息期内利息额与本金之比，通常以百分数表示，即

$$i=\frac{I}{P}\times 100\% \tag{2-4}$$

式中，I 为一个计息期的利息，或称单位时间内的利息。

式（2-4）表明，利率是单位本金经过一个计息周期后的增值额。在经济学中，利率的定义是从利息的定义中衍生出来的，即在理论上先承认了利息，再用利息来解释利率；而在实际计算中，通常是根据利率来计算利息。在工程经济分析中，我们通常用利息作为衡量资金的时间价值的绝对尺度，用利率作为衡量资金的时间价值的相对尺度。利率反映了利息递增的比率。

影响利率的因素有经济因素、政策因素与制度因素。经济因素包括经济周期、通货膨胀和税收等；政策因素包括国家的货币政策、财政政策和汇率政策等；制度因素主要指利率状况。决定和影响我国利率的主要因素有利润的平均水平、资金的供求状况、物价变动的幅度、国际经济环境、政策性因素等。各国政府经常用利率作为杠杆对经济进行宏观调控，以调节存款量，进而使资金流向其他领域。在经济过热时升高利率，控制消费；在经济过冷时降低利率，刺激消费。

2.2.3　利息和利率在工程经济活动中的作用

1）利息和利率是以信用方式筹集资金的动力

以信用方式筹集资金有一个特点就是自愿性，而自愿性的动力在于利息和利率。比如，一个投资者首先要考虑的是投资某一项目所得到的利息是否比把这笔资金投入其他项目所得的利息多。

2）利息促进投资者加强经济核算，节约使用资金

投资者借款需付利息，从而增加支出负担，这就促使投资者必须精打细算，把借入资金用到刀刃上，减少借入资金的占用，以少付利息。同时，可以使投资者自觉关注由环节冗余导致的资金浪费。

3）利息和利率是宏观经济管理的重要杠杆

国家在不同时期制定不同的利息政策，对不同地区、不同行业规定不同的利率标准，就会对整个国民经济产生影响。例如，对于限制发展的行业，利率规定得高一些；对于提倡发展的行业，利率规定得低一些，从而引导行业和企业的生产经营服从国民经济发展的总方向。同样，占用资金时间短的，收取低息；占用资金时间长的，收取高息。对于产品适销对路、质量好、信誉高的企业，在资金供应上给予低息支持；反之，收取较高利息。

4）利息与利率是金融机构经营发展的重要条件

作为企业，金融机构必须获取利润。由于金融机构的存放款利率不同，其差额成为金

融机构的业务收入，扣除业务费后就是金融机构的利润，所以利息和利率能刺激金融机构的经营发展。

2.3 复利计算公式

与单利相对应，复利是指在计算某一计息周期利息时，包括本金在当期之前的所有周期的累计利息，即以当期本金和利息之和为计息基数（“利滚利”）的计息方式。复利的计算公式为

$$I_t = F_{t-1} \times i \tag{2-5}$$

式中，F_{t-1} 为第 $t-1$ 期末的复利本利和。又因为

$$F_t = P(1+i)^t \tag{2-6}$$

所以，

$$I_n = P(1+i)^n - P \tag{2-7}$$

与单利计算相比，复利的计算利息要高，如表 2-1 所示。

表 2-1　某单利与复利计算利息的差异实例　　　单位：万元

使用期	年初款额	单利年末计息	年末本利和	年末偿还
1	1000	1000 × 10% = 100	1100	0
2	1100	1000 × 10% = 100	1200	0
3	1200	1000 × 10% = 100	1300	0
4	1300	1000 × 10% = 100	1400	1400
使用期	年初款额	复利年末计息	年末本利和	年末偿还
1	1000	1000 × 10% = 100	1100	0
2	1100	1100 × 10% = 110	1210	0
3	1210	1210 × 10% = 121	1331	0
4	1331	1331 × 10% = 133.1	1464.1	1464.1

从表 2-1 中可以看出以下两个方面。

（1）单利计算和复利计算的利率相等时，资金的复利值大于单利值，且时间越长，差别越大。

（2）由于利息是资金的时间价值的体现，而时间是连续不断的，所以利息也是不断发生的。从这个意义上来说，复利计算方法比单利计算更能反映资金的时间价值。因此在技术经济分析中，绝大多数情况是采用复利计算。

根据复利的计算方法，当利率的时间单位与计息期不一致时，会出现同样的年利率下，不同计息期所得的利息不同，即名义利率和实际利率之别。

名义利率是计息期的利率与年计息次数的乘积。当计息期小于 1 年时，年利率称为名义利率。例如，按季度计算利息，季利息为 2%，即“年利率为 8%，每季度计息一次”，

年利率 8%称为名义利率。

顾名思义，实际利率则为实际计算时采用的利率，也是在一年内，按计息周期利率复利 m 次所得的总利率。

名义利率与实际利率之间的关系是：设名义利率为 r，实际利率为 i，一年内的计息次数为 m，则有

$$i=\left(1+\frac{r}{m}\right)^{m}-1 \tag{2-8}$$

若计息 n 年，则

$$i=\left(1+\frac{r}{m}\right)^{m\cdot n}-1 \tag{2-9}$$

当实际利率为年利率时，名义利率与周期利率相等。

现设年名义利率 $r=10\%$，则计息期为年、半年、季、月、日的实际利率如表 2-2 所示。

表 2-2　名义利率与实际利率比较表

年名义利率 r	计息期	年计息次数 m	计息期利率（$r'=r/m$）	实际利率 i
10%	年	1	10%	10%
	半年	2	5%	10.25%
	季	4	2.5%	10.38%
	月	12	0.833%	10.46%
	日	365	0.0274%	10.51%

从式（2-8）和表 2-2 中可以看出，一方面，每年计息次数 m 越多，r' 与 r 相差越大；另一方面，名义利率为 10%，按季度计息时，按季度利率 2.5%计息与按实际利率 10.38%计息，二者是等价的。所以，在工程经济分析中，如果各技术方案的计息期不同，就不能简单地使用名义利率来评价，而必须换算成实际利率进行评价，否则会得出不正确的结论。

名义利率实质上是当计息期小于一年的利率转化为年利率时，忽略了时间的因素，没有计算利息的利息，是一种单利的计息方式。

式（2-8）中，当 $m\to\infty$ 时，即按照连续复利计算，这时的实际利率称为连续利率 i'。连续复利是指一年中计息次数是无限的，而当计息次数为有限次时，称为间断复利。连续利率 i' 与名义利率 r 的关系如式（2-10）所示：

$$i'=\lim_{m\to\infty}[(1+r/m)^{m}-1]=\lim_{m\to\infty}[(1+r/m)^{m/r}]^{r}-1=\mathrm{e}^{r}-1 \tag{2-10}$$

可见，如果计息周期为一定的时间区间（如年、季、月），并按复利计息，则称为间断复利；如果计息周期无限缩短，则称为连续复利。

综上，可以总结出单利和复利的一些基本情况。

（1）单利仅考虑了本金产生的时间价值，未考虑前期利息产生的时间价值。

（2）复利完全考虑了资金的时间价值。

（3）对于债权人，按复利计算资金的时间价值有利；对于债务人，按单利计算资金的

时间价值有利。

（4）按单利还是按复利计算，取决于债权人与债务人的地位。

（5）同一笔资金，当利率和计息期相同时，复利计算的利息比单利计算的利息大，且本金越大、利率越高、计息次数越多，两者差距越大。

2.4 现金流量和现金流量图

工程经济系统中的“现金”是广义的现金，它不仅包括各种货币资金，还包括工程经济活动需要的非货币资源的变现价值。对于一个特定的经济系统，如一个投资项目、一个企业、一个行业等，进行技术经济分析时，把各个时间点上实际发生的或即将发生的这种资金流入或流出称为现金流量。其中，流入系统的资金，即引起的系统现金收入的增加额，称为现金流入（cash income）；流出系统的资金，即引起的系统现金支出的增加额，称为现金流出（cash outcome）。现金流入与现金流出在同一时间点上才能进行加减，其差额称为净现金流量（net cash flow），即

$$净现金流量 = 现金流入 - 现金流出 \tag{2-11}$$

如果净现金流量是正值，即现金流入值大于现金流出值，则称为正净现金流量（或净收入）。

如果净现金流量是负值，即现金流入值小于现金流出值，则称为负净现金流量（或净支出）。

根据资金的时间价值，我们知道，考察工程系统的经济活动全过程，不仅要考察现金流动量，还要考察相应现金额对应的发生时间。所以，可以用一种二维坐标图简明表示现金的流动，即现金流量图。

在现金流量图中，用纵轴表示资金流向和大小，横轴表示时间序列，时间标在分度点上，表示某个周期的末尾和下一周期的起始。现金流入量画在横轴上方，箭头方向向上；现金流出量画在横轴下方，箭头方向向下，如图 2-1 所示。

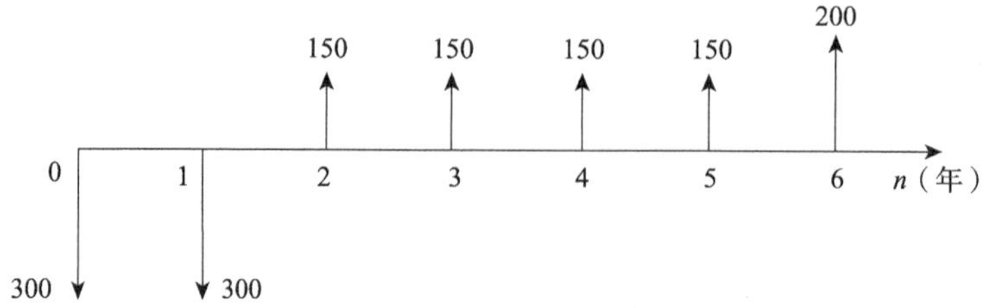

图 2-1 某工程项目现金流量图（单位：万元）

不难看出，构成一幅完整的现金流量图的三大要素是现金大小、流向和时间点。在现金流量图中，随着时间沿横轴向右推移，表示时间的延续，从 0 到 n，一个刻度表示一个

时间单位，可以取年、半年、季或月等，通常是以一个计息期为一个刻度。

“0”点表示“现时点”，发生在该点的资金价值以及未来某时点的资金按一定的利率折算到该点的价值，称为资金的“现值”；与之对应的 n 点为“终值点”。时间坐标的原点通常取在建设期开始的时点，也可取在投产期开始的时点，而分析计算的起始时间一般都规定在时间坐标的原点。

现金流量图与使用者的立足点有关。例如，贷款方的现金流入就是借款方的现金流出。所以，当我们进行工程项目的现金流量分析时，要明确自己的立场。通常，流量的方向是针对资金使用者而言的；现金的流入通常在年末，现金的流出通常在年初。

2.5　等　值

在某项经济活动中，如果两个方案的经济效果相同，就称这两个方案是等值的。货币等值是考虑了货币的时间价值的，即使金额相等，由于发生的时间不同，其价值并不一定相等；不同时间上发生的金额不等，货币的价值却可能相等。

资金等值在工程经济分析中是一个非常重要的概念，利用等值的概念，可以把一个时点发生的资金额折算成另一时点的等值金额，这一过程叫作资金的等值计算。例如，现在的 100 元，在每年资金增值率为 10%的条件下，1 年后价值为 110 元，2 年后为 121 元，以此类推，即现在的 100 元与 1 年后的 110 元、与 2 年后的 121 元具有相同的价值量。资金的等值计算，是以资金的时间价值原理为依据，以利率为杠杆，结合资金的使用时间及增值能力，对工程项目和技术方案的现金进行折算，以期找出共同点上的等值资金额来进行比较、计算和流量选择。

承认资金的时间价值这一现象或概念后，更重要的是资金的时间价值的衡量和计算。这样就引出了资金的时间价值计算的公式，也称利息公式。按支付方式的不同，一般包括一次支付公式、等额支付系列公式、等差支付系列公式和等比支付系列公式等。不管具体到哪个公式，其本质都是复利方式下资金计算利息的过程。

2.5.1　基本参数及其含义

在资金的等值计算中，把将来某一时间点的资金金额换算成现在时间点的等值金额的过程称为“折现”或“贴现”。

（1）i——利率（也称折现率）。在工程经济分析中，如不做其他说明，概指年利率，其意义是在一年内投资所得利润或利息与原投资额之比。

（2）n——计息期数。其意义是资金在计算期内计息的次数，其单位通常用“年”。

（3）P——现值。在等值计算中，它代表本金，其大小等于现金流量图中的全部现金流量折算到计息期初时点的数值。

（4）F——终值。在等值计算中，它代表本利和，其大小等于现金流量图中全部现金流量折算到计息期末时点的数值。

（5）A——年值（又称年金）。其意义是在利率 i 的条件下，在 n 次等额支付中，每次支出或收入的金额。

2.5.2 等值计算的基本公式

1. 一次支付类型

一次支付（single-payment）又称整付，在分析经济系统现金流量时，无论是现金流入或是现金流出，均在一个时点上一次发生，其现金流量图可用图 2-2 表示。这里，在考虑资金的时间价值情况下，现金流入 F 与现金流出 P 相等，则 P 与 F 就是等值的。P 是 F 的现值，F 是 P 的终值。

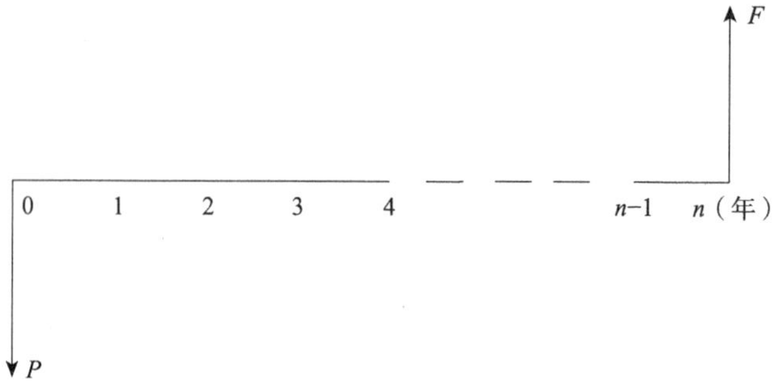

图 2-2 一次支付类型的现金流量图

1）一次支付终值（整付终值）计算公式

$$F = P(1+i)^n \tag{2-12}$$

记为 $F = P(F/P,i,n)$，$(1+i)^n$ 称为整付终值系数，记为 $(F/P,i,n)$，斜线的右侧字母表示的是已知参数，即 i、n、P，斜线左侧的 F 为待求值。

【例 2-1】 某房地产公司欲进行新项目开发，需向银行申请贷款 1000 万元，年利率为 6%，借期 4 年，4 年后该公司向银行偿付的本利和为多少？

解：$i = 6\%, n = 4, P = 1000$，则

$$F = P(1+i)^n = 1000 \times (1+6\%)^4 = 1262 \text{（万元）}$$

即公司在 4 年后应偿付银行 1262 万元。

2）一次支付现值（整付现值）计算公式

整付现值是整付终值的逆运算，其公式为

$$P = F\frac{1}{(1+i)^n} \tag{2-13}$$

记为 $P = F(P/F,i,n)$，$\frac{1}{(1+i)^n}$ 称为整付现值系数，记为 $(P/F,i,n)$，与整付终值系数互为倒数。

【例 2-2】 某企业拟在今后第 5 年末能从银行取出 2 万元购置一台设备，若年利率为 10%，那么现在应存入银行多少钱？

解：由式（2-13）可直接求得

$$P = F\frac{1}{(1+i)^n} = 2\times\frac{1}{(1+10\%)^5} = 2\times 0.6209 = 1.2418\text{（万元）}$$

也可查复利系数表得 $(P/F,10\%,5) = 0.6209$，求得

$$P = F(P/F,i,n) = 2\times(P/F,10\%,5) = 2\times 0.6209 = 1.2418\text{（万元）}$$

故现在应存入银行的现值为 1.2418 万元。

在工程经济评价中，由于现值评价常常选择现在为同一时点，把技术方案预计的不同时期的现金流量折算成现值，并按现值的代数和大小做出决策。因此，在工程经济分析时应当注意以下两点。

（1）正确选取折现率。折现率是决定现值大小的一个重要因素，必须根据实际情况灵活选用。

（2）要注意现金流量的分布情况。从收益方面来看，获得的时间越早、数额越多，其现值越大。因此，应使技术方案早日完成，早日实现生产能力，早获收益，多获收益，才能达到最佳经济效益。从投资方面看，在投资额一定的情况下，投资支出的时间越晚、数额越少，其现值也越小。因此，应合理分配各年投资额，在不影响技术方案正常实施的前提下，尽量减少建设初期投资额，加大建设后期投资比重。

2. 等额支付类型

如果经济系统分析期内的现金流量是分布在整个分析期内的，即各年末的现金流量是数值相等且连续的，则为等额支付（constant annuity）。

1）等额支付终值计算公式

假设各计息期末均支付年金 A，年利率为 i，计息期为 n，求终值 F。等额支付终值的现金流量图如图 2-3 所示。

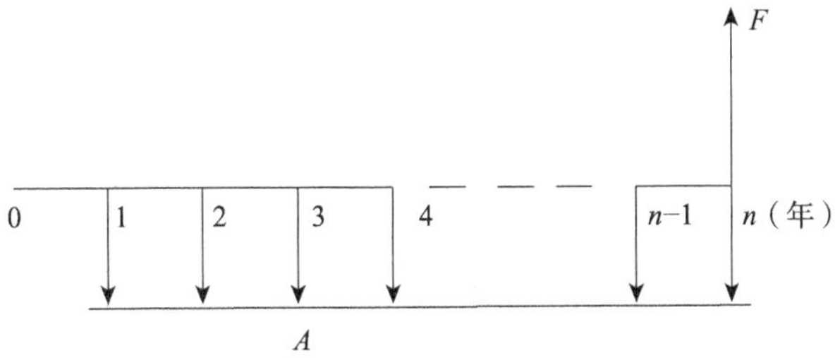

图 2-3　等额支付终值的现金流量图

终值 F 的求解过程如下。

第 1 年末的年金 A 在第 n 年末时的本利和值为 $A(1+i)^{n-1}$。

第 2 年末的年金 A 在第 n 年末时的本利和值为 $A(1+i)^{n-2}$ 。

第 3 年末的年金 A 在第 n 年末时的本利和值为 $A(1+i)^{n-3}$ 。

⋮

第 n 年末的年金 A 在第 n 年末时的本利和值为 $A(1+i)^{0}$ 。

因此，在 n 年中，第 j 年末投资的年金 A，在第 n 年末的本利和为

$$F=\sum_{j=1}^{n}A(1+i)^{n-j}$$

根据等比数列求和方法，最后可得终值 F 的表达式为

$$F=A\frac{(1+i)^n-1}{i} \tag{2-14}$$

式中，$\frac{(1+i)^n-1}{i}$ 为等额支付终值系数，记为 $(F/A,i,n)$ ，因此等额支付终值公式（2-14）也可写成

$$F=A(F/A,i,n) \tag{2-15}$$

【例 2-3】 某大型工程项目预计 5 年建成，每年初投资 5 亿元，年利率为 6%，求项目建成时的实际累计总投资额为多少？

解：根据题意做现金流量图，如图 2-4 所示。

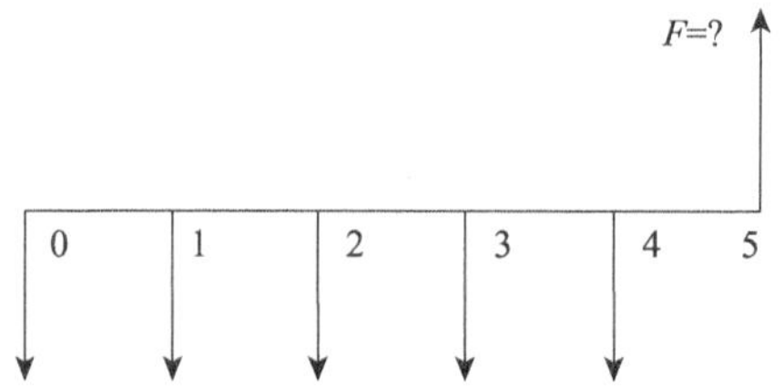

图 2-4　例题的现金流量图

由于投资发生在年初，且最后一年的投资支付与所求终值并未同时发生，故本题可通过以下方式求解。

（1）第一年初的投资视为现值，利用整付终值公式求得其终值 $F_1=5\times(F_1/5,6\%,5)=6.69$（亿元）。

（2）第 2～5 年初的投资视为年值，利用等额支付终值公式求得其终值 $F_2=5\times(F_2/5,6\%,4)=21.87$（亿元）。

（3）再将 F_2 视为第 5 年初的现值，利用整付终值公式求得其终值 $F_3=F_2\times(F_3/F_2,6\%,1)=23.19$（亿元）。

（4）第 5 年末的终值 F 为

$$F=F_1+F_3=29.88\text{（亿元）}$$

2）等额支付偿债基金公式

在年利率为 i 的情况下，将第 n 年末的资金 F 换算成与之等值的 n 年中每年末的等额资金 A，这就是等额支付偿债基金计算问题，是等额支付终值计算的逆运算，故有

$$A = F\frac{i}{(1+i)^n - 1} \tag{2-16}$$

式中，$\frac{i}{(1+i)^n - 1}$ 为等额支付偿债基金系数，记为 $(A/F,i,n)$，因此等额支付偿债基金公式（2-16）也可写成

$$A = F(A/F,i,n) \tag{2-17}$$

【例 2-4】某工厂计划自筹资金于 5 年后新建一个基本生产车间，预计需要投资 5000 万元。若年利率为 5%，在复利计息条件下，从现在起每年末应等额存入银行多少钱？

解：由式（2-16）可直接求得

$$A = F\frac{i}{(1+i)^n - 1} = 5000\times\frac{5\%}{(1+5\%)^5 - 1} = 5000\times 0.181 = 905 \text{（万元）}$$

也可查复利系数表得 $(A/F,5\%,5) = 0.18096 \approx 0.181$，故求得

$$A = F(A/F,i,n) = 5000\times(A/F,5\%,5) = 5000\times 0.181 = 905 \text{（万元）}$$

故每年末应等额存入银行 905 万元。

3）等额支付现值计算公式

假设各计息期末均支付年金 A，年利率为 i，计息期为 n，求现值 P。等额支付现值的现金流量图如图 2-5 所示。

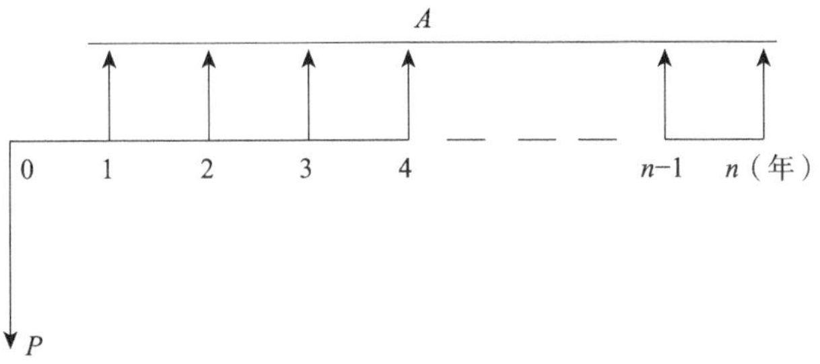

图 2-5　等额支付现值的现金流量图

对于现值 P 的求取，可以利用等额支付终值公式先求得第 n 年末的终值 F，再利用整付现值公式，将终值 F 折现成现值 P，即

$$F = A\frac{(1+i)^n - 1}{i}$$

$$P = F\frac{1}{(1+i)^n} = A\frac{(1+i)^n - 1}{i}\times\frac{1}{(1+i)^n} = A\frac{(1+i)^n - 1}{i(1+i)^n} \tag{2-18}$$

式中，$\frac{(1+i)^n-1}{i(1+i)^n}$ 为等额支付现值系数，记为 $(P/A,i,n)$。因此等额支付现值公式（2-18）也可写成

$$P=A(P/A,i,n) \tag{2-19}$$

【例 2-5】 某人购买住房向银行贷款，年利率为 10%，每月计息一次，从现在起连续 10 年的年末需要向银行等额支付 2 万元，则其向银行贷款了多少？

解：（1）由题知，计息期与利率周期不等，故需要将名义利率转换成实际利率才能进行求解，所以

$$i=\left(1+\frac{r}{m}\right)^m-1=\left(1+\frac{10\%}{12}\right)^{12}-1=10.47\%$$

（2）根据题意，是已知 i、n、A，求 P 的问题，故根据等额支付现值公式可得

$$\begin{aligned}P&=A(P/A,i,n)=2\times(P/A,10.47\%,10)\\&=2\times\frac{(1+i)^n-1}{i\cdot(1+i)^n}=2\times\frac{(1+10.47\%)^{10}-1}{10.47\%\times(1+10.47\%)^{10}}=12.0449\text{（万元）}\end{aligned}$$

4）等额支付投资回收计算公式

对于初期的投资 P，当年利率为 i，在 n 年内以每年末等额资金 A 的方式进行回收时的计算问题，即为等额支付投资回收。它是等额支付现值的逆运算，故由式（2-18）可得

$$A=P\frac{i(1+i)^n}{(1+i)^n-1} \tag{2-20}$$

式中，$\frac{i(1+i)^n}{(1+i)^n-1}$ 为等额支付投资回收系数，记为 $(A/P,i,n)$，等额支付投资回收公式（2-20）也可写成

$$A=P(A/P,i,n) \tag{2-21}$$

【例 2-6】 假设以 10%的利率借得 20 000 元，投资于某个寿命期为 10 年的项目，则每年至少要等额收回多少现金才能清还贷款本利？

解：根据等额支付投资回收公式（2-20）得

$$A=P\frac{i(1+i)^n}{(1+i)^n-1}=20\,000\left[\frac{10\%\times(1+10\%)^{10}}{(1+10\%)^{10}-1}\right]=3254\text{（元）}$$

即每年至少等额收回 3254 元才能清还贷款本利。

3. 均匀梯度支付公式

均匀梯度支付的现金流是指在分析期内，每年末发生的方向相同、大小呈等差关系变化的现金流量序列。其现金流量图如图 2-6 所示。

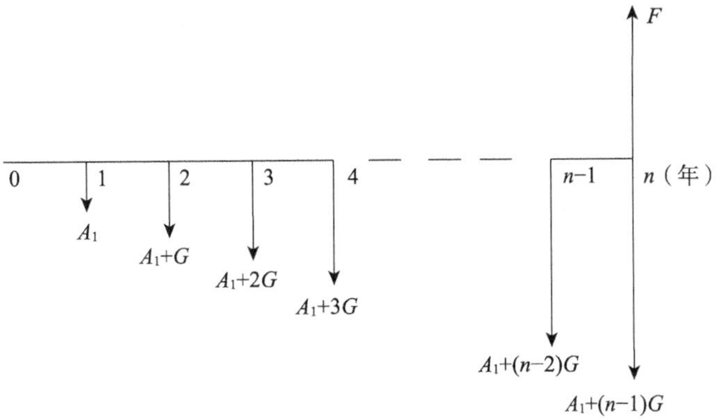

图 2-6　均匀梯度支付现金流量图

在工程实际中，设施的维护费用一般都是逐年递增的。

均匀梯度支付现金流量可分为两部分：一是在各年末等额支付的年金 A'；二是以 G 为差额的等差资金序列。

此时，可以将等差资金序列看成 n 个一次性支付，即已知 P_n 求 F。则有

$$F_{(1)} = 0$$

$$F_{(2)} = G(1+i)^{n-2}$$

$$F_{(3)} = 2G(1+i)^{n-3}$$

$$\vdots$$

$$F_{(n)} = (n-1)G(1+i)^{0}$$

$$F = \sum F_{(1)} + F_{(2)} + \cdots + F_{(n)} = G[(1+i)^{n-2} + 2(1+i)^{n-3} + \cdots + (n-1)] \quad ①$$

$$(1+i)F = G[(1+i)^{n-1} + 2(1+i)^{n-2} + \cdots + (n-1)(1+i)] \quad ②$$

② − ①得

$$iF = G[(1+i)^{n-1} + (1+i)^{n-2} + \cdots + (1+i) - (n-1)] = G \cdot \frac{(1+i)[(1+i)^{n-1} - 1]}{i} - G(n-1)$$

$$F = G \cdot \frac{(1+i)^{n} - (1+i)}{i^{2}} - \frac{G(n-1)}{i}$$

$$A'' = F(A''/F,i,n) = F\frac{i}{(1+i)^{n} - 1} = \cdots = G\left[\frac{1}{i} - \frac{n}{i}(A/F,i,n)\right]$$

$A = A' + A''$ 为递增序列，$A = A' - A''$ 为递减序列。

这里的 A 即为均匀梯度支付公式中的年值。求出此年值 A，即可根据 A 与现值 P、终值 F 的关系（等额支付现值、等额支付终值），分别得到 G 与 P、F 的关系式。这里不赘述，具体表达式可见表 2-3。

【例 2-7】 某工厂投产一台设备，其年收益额第一年为 10 000 元，此后直至第 8 年末逐年递增 300 元，设年利率为 15%，按复利计息。试求该设备 8 年的收益现值及等额序列收益年金（值）。

解：据题意，这是递增型等差序列，等差变额 $G=300$ 元，其现金流量图如图 2-7 所示。

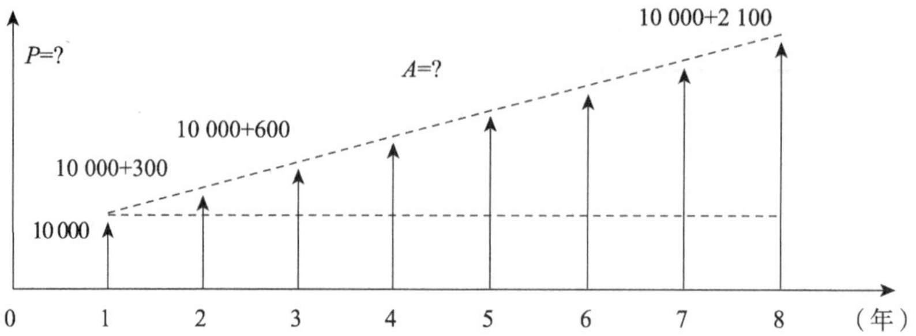

图 2-7 递增型等差序列现金流量图

对图 2-7 的现金流量分布可分解为两部分。

第一部分：以第一年收益额 10 000 元为等额值 A_1 的等额序列现金流量，如图 2-8 所示。

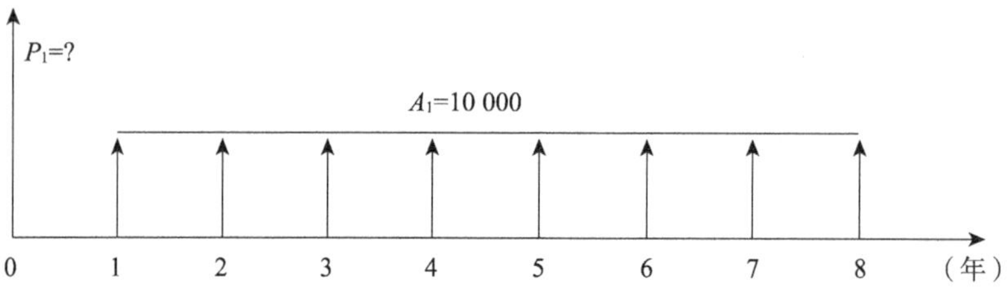

图 2-8 $A_1=10\ 000$ 元的等额序列现金流量图

第二部分：以等差变额 $G=300$ 元的递增型等差序列现金流量，如图 2-9 所示。

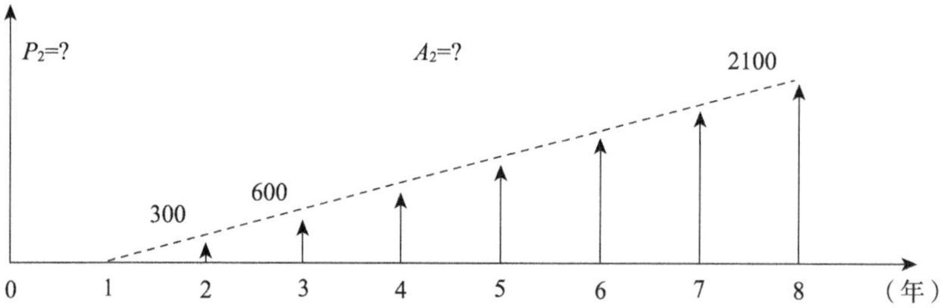

图 2-9 $G=300$ 元的递增型等差序列现金流量图

（1）计算递增型等差序列收益现值：

$$P_1=A_1(P/A,i,n)=10\ 000\times(P/A,15\%,8)=10\ 000\times 4.4873=44\ 873 \text{（元）}$$

$$P_2=G(P/G,i,n)=300\times(P/G,15\%,8)=300\times 12.481=3744.3 \text{（元）}$$

$$P=P_1+P_2=44\ 873+3744.3=48\ 617.3 \text{（元）}$$

故该设备 8 年内收益现值为 48 617.3 元。

（2）计算递增型等差序列收益年金（值）：

$$A_1 = 10\,000 \text{（元）}$$

$$A_2 = G(A/G,i,n) = 300(A/G,15\%,8) = 300 \times 2.78 = 834 \text{（元）}$$

$$A = A_1 + A_2 = 10\,000 + 843 = 10\,843 \text{（元）}$$

故该设备 8 年内等额序列收益年金（值）为 10 834 元。

对于不等额的支付类型，还有等比序列的等值计算等，这里也不再一一阐述。

在运用公式进行工程经济分析时，需要注意以下一些问题。

（1）要充分利用现金流量图进行分析。

（2）初始投资，一般是假定发生在寿命期初。

（3）工程活动实施过程中的经常性支出，一般是假定发生在计息期末。

（4）现值 P 是在当前年度开始时发生的，终值 F 是在当前以后第 n 年末发生的，年值 A 是在考察期间各年末发生的；当问题包括 P 和 A 时，系列的第一个 A 是在 P 发生一年后的年末发生的；当问题包括 F 和 A 时，系列的最后一个 A 是与 F 同时发生的。

（5）对于均匀梯度计算公式中的第一个 G，是发生在系列的第二年末的。

4. 计息期不等于支付期的等值计算

1）计息期短于支付期

【例 2-8】 年利率为 12%，每季度计息一次，连续 3 年等额年末支付 1000 元借款，求第 3 年末的借款总额为多少？

解法 1：已知 A 求 F 的问题。

（1）将名义利率转换为计息周期利率：$r' = \dfrac{12\%}{4} = 3\%$。

（2）将支付期转换为计息期：$A = F'(A/F',i,n) = 1000 \times (A/1000,3\%,4) = 239$（元）。

（3）求 F，$F = A(F/A,i,n) = F'(F/239,3\%,12) = 3392$（元）。

解法 2：

（1）将名义利率转换为支付周期利率。因本题的支付周期为 1 年，故将名义利率转换为实际利率：

$$i = \left(1 + \frac{12\%}{4}\right)^4 - 1 = 12.55\%$$

（2）求 F，$F = A(F/A,i,n) = F'(F/1000,12.55\%,3) = 3392$（元）。

2）计息期长于支付期

根据财务原则，现金支出发生在期初，现金流入发生在期末，且存款必须存满一个计息期才能计算利息，即在计息期间存入的款项在该期不计利息，要到下一个计息期才计算利息。计息期分界点处的支付不变。

以上介绍了资金的时间价值的基本原理及等值的几个计算公式。等值公式汇总如表 2-3 所示。

表 2-3 资金的时间价值公式

类型	已知	求	普通复利公式	现金流量图表示
一次支付	P	F	终值公式 $F=P(1+i)^n$ $F=P(F/P,i,n)$	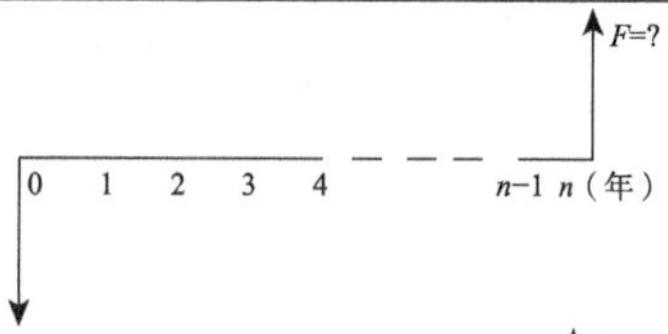
	F	P	现值公式 $P=F\dfrac{1}{(1+i)^n}$ $P=F(P/F,i,n)$	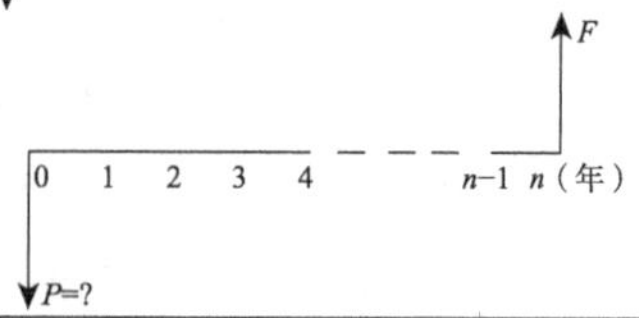
等额支付	A	F	等额支付终值公式 $F=A\dfrac{(1+i)^n-1}{i}$ $F=A(F/A,i,n)$	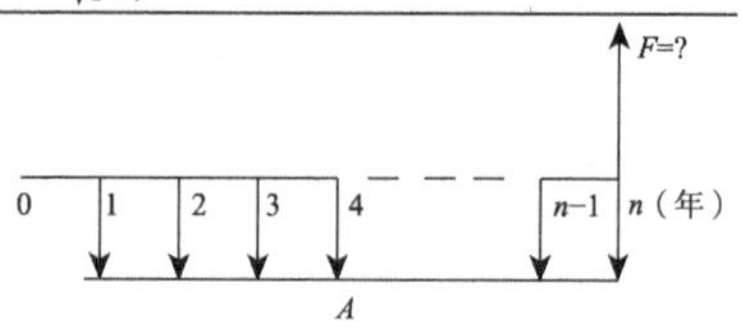
	F	A	等额支付偿债基金公式 $A=F\dfrac{i}{(1+i)^n-1}$ $A=F(A/F,i,n)$	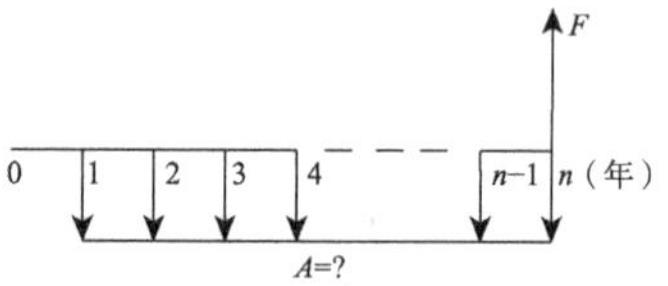
	A	P	等额支付现值公式 $P=A\dfrac{(1+i)^n-1}{i(1+i)^n}$ $P=A(P/A,i,n)$	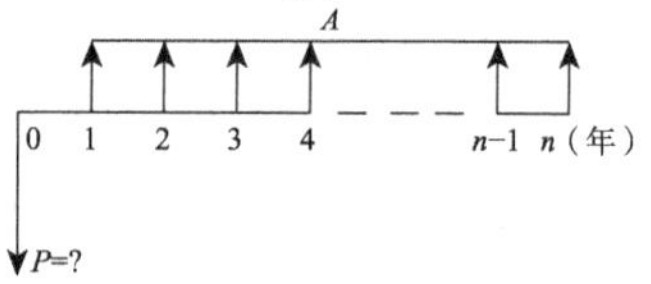
	P	A	等额支付投资回收公式 $A=P\dfrac{i(1+i)^n}{(1+i)^n-1}$ $A=P\left(A/P,i,n\right)$	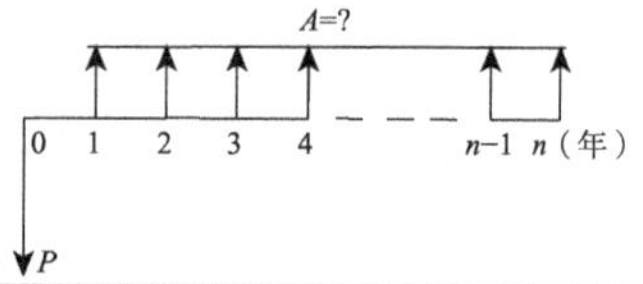
均匀梯度支付	G	F	均匀梯度终值公式 $F=\left(A_1+\dfrac{G}{i}\right)\times\dfrac{(1+i)^n-1}{i}-\dfrac{nG}{i}$ $F=\left(A_1+\dfrac{G}{i}\right)\left(\dfrac{F}{A},i,n\right)-\dfrac{nG}{i}$	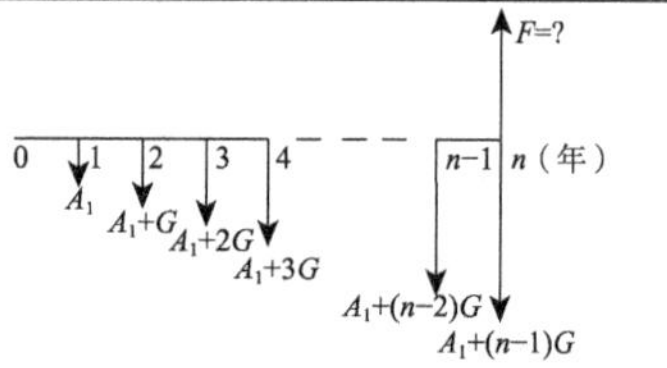
	G	P	均匀梯度现值公式 $P=\left(A_1+\dfrac{G}{i}\right)\times\dfrac{(1+i)^n-1}{i}\times\dfrac{1}{(1+i)^n}-\dfrac{nG}{i}\times\dfrac{1}{(1+i)^n}$ $P=\left(A_1+\dfrac{G}{i}\right)\left(\dfrac{P}{A},i,n\right)-\dfrac{nG}{i}\left(\dfrac{P}{F},i,n\right)$	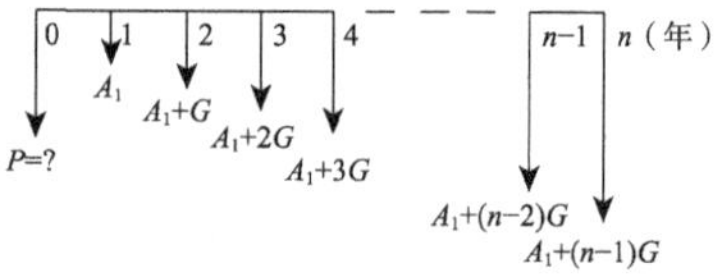
	G	A	均匀梯度年值公式 $A=A_1+\dfrac{G}{i}-\dfrac{nG}{i}\left[\dfrac{i}{(1+i)^n-1}\right]$ $A=A_1+\dfrac{G}{i}-\dfrac{nG}{i}\left(\dfrac{A}{F},i,n\right)$	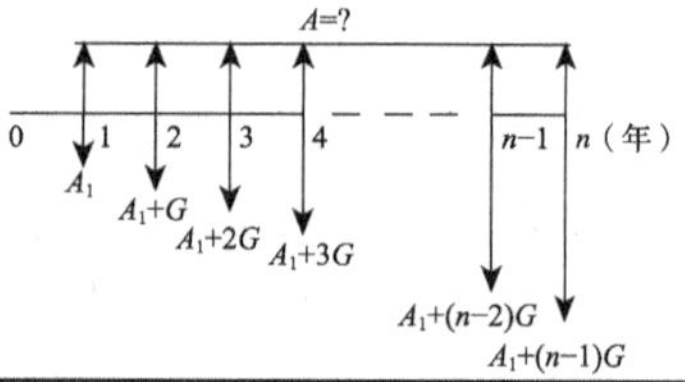

注：公式中 P 为现值，F 为终值，A 为年金，G 为递增（或递减）的等差值，A_1 为第 1 年末支付，n 为计息期，i 为利率

复习思考题

1. 为什么说资金具有时间价值？
2. 研究资金的时间价值对工程项目的意义是什么？
3. 资金时间价值计算的关键是什么？
4. 资金时间价值的实质是什么？
5. 名义利率与实际利率在现实生产活动中的意义？
6. 现金流量图的表现方式有何利弊？
7. 一次支付、等额支付、差额支付三种支付类型的特点？
8. 现值、终值、年值在工程生产活动中的作用与意义？

习 题

1. 某工程项目第一年初投资 2000 万元，第二年末投资 2500 万元，第三年末建成，投资全部是银行贷款，利率为 10%，贷款偿还从第四年末开始，每年末等额偿还，偿还期为 10 年，试画出现金流量图，并计算偿还期内每年应还银行多少万元？（计算结果保留小数点后两位）

2. 借款 100 万元，如年利率为 6%，计算下列各题。

（1）按年计息，求第 5 年末的本利和。

（2）按每半年计息一次，求第 5 年末的本利和。

（3）按每月计息一次，求第 5 年末的本利和。

3. 某公司目前已有基金 20 万元，准备以后每年末从收益中留 5 万元作基金，以备扩大再生产，并把全部基金存入银行，年利率为 10%，那么第 9 年末该公司共能获取多少扩大再生产的资金？（计算结果保留小数点后两位）

第3章　工程经济分析的基本要素

3.1　工程项目投资及估算方法

3.1.1　投资的概念及构成

1. 工程项目投资的概念

工程经济中的投资，是指在工程建设活动中为实现预定的生产、经营目标而预先垫付的资金。工程项目的总投资由固定资产投资和流动资产投资两大主要部分构成。

1）固定资产投资

固定资产投资是对固定资产扩大再生产的新建、改建、扩建和恢复工程以及与之连带的工作，是客观的经济活动，有其固有的经济规律。固定资产投资重在从投资角度研究对投资的使用与管理。固定资产投资领域可划分为基本建设投资、更新改造投资、房地产开发投资和其他固定资产投资四个部分。固定资产投资构成包括设备及工器具购置费、建筑安装工程费、建设用地费、与项目建设及未来生产经营有关的其他费用、预备费和建设期利息。

固定资产是指在社会再生产过程中较长时间为生产和人民生活服务的物质资料。通常要求使用期限超过一年，单位价值在规定的限额以上。固定资产通常具有以下特点：第一，从实物形态上看，固定资产能以同样的实物形态为连续多次的生产周期服务，而且在长期的使用过程中，保持其原有形态；第二，从价值形态上看，固定资产的价值随其使用的磨损，以折旧的形式分期分批地转移到新产品的价值中去；第三，从资金运动上看，固定资产占用的资金循环一次周期较长，通过折旧得到补偿与回收的部分将转化为货币资金。项目寿命期结束时，固定资产的残余价值（一般指当时市场上可实现的预测价值）对于投资者来说是一项在期末可回收的现金流入。

2）流动资金

流动资金是指生产经营性项目投产后，为进行正常的生产运营，用于购买原材料、燃料，支付工资及其他经营费用等所需的周转资金。它是流动资产与流动负债的差额。流动负债主要是指动用流动资产来归还的各种债务。流动资金的实物形态是流动资产，包括必要的现金、各种存款、应收及预付款、存货等；流动负债主要是指应收账款。由于流动资金需要在项目投产前后集中使用以形成企业的流动资产，在项目整个生产期内长期保持和周转使用，因此流动资产投资是项目投资的重要组成部分。

2. 工程项目投资的构成

我国现行工程项目总投资构成如图 3-1 所示。

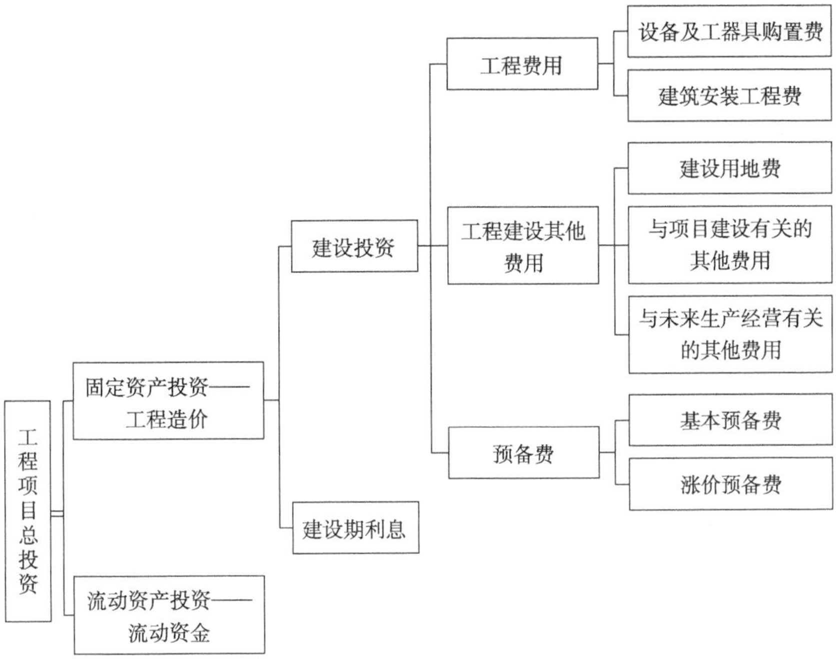

图 3-1　我国现行工程项目总投资构成

3.1.2　建设投资的粗略估算方法

在项目建设初期，各种规划设计资料还没有出全的时候，需要对建设的投资额进行大致的估算，用于可行性研究和方案论证。这时通常要用历史数据或类似已建项目的技术经济指标进行粗略估算。

1. 生产能力指数法

这种方法起源于国外对化工厂投资的统计分析。根据统计，对于生产能力不同的两个装置，它们的初始投资与两个装置生产能力之比的指数幂成正比。计算公式为

$$C_2 = C_1\left(\frac{x_2}{x_1}\right)^n \times C_f \tag{3-1}$$

式中，C_2 为拟建项目或装置的投资额；C_1 为已建同类型项目或装置的投资额；x_2 为拟建项目或装置的生产能力；x_1 为已建同类型项目或装置的生产能力；C_f 为价格调整系数；n 为生产能力指数。

该方法中生产能力指数 n 是一个关键因素。不同行业、性质、工艺流程、建设水平、生产率水平的项目，应取不同的指数值。选取 n 值的原则是：通过增加设备、装置的数量，以及增大生产场所来扩大生产规模时，n 取 0.8～0.9；通过提高设备、装置的功能和效率来扩大生产规模时，n 取 0.6～0.7。另外，拟建项目生产能力与已建同类型项目生产能力的比值应有一定的限制范围，一般这一比值不能超过 50 倍，而且在 10 倍以内效果较好。生产能力指数法多用于估算生产装置投资。

2. 资金周转率法

该方法是从资金周转率的定义推算出投资额的一种方法。

当资金周转率已知时，则

$$C = \frac{Q \times P}{T} \tag{3-2}$$

式中，C 为拟建项目的投资额；Q 为产品年产量；P 为产品单价；T 为资金周转率，$T = \frac{\text{年销售总额}}{\text{总投资}}$。

该方法的概念简单明了，方便易行，但误差较大。不同性质的工厂或生产不同产品的车间，资金周转率都不同，要提高投资估算的精确度，必须做好相关的基础工作。

3. 比例估算法

1）以拟建项目或装置的设备费为基数

根据已建成的同类型项目或装置的建筑安装工程费和其他费用等占设备价值的百分比，求出相应的建筑安装工程费及其他费用，其总和为拟建项目或装置的投资额。计算公式为

$$C = E(1 + f_1P_1 + f_2P_2 + f_3P_3) + I \tag{3-3}$$

式中，C 为拟建项目或装置的投资额；E 为根据设备清单按现行价格计算的设备费的总和；P_1、P_2、P_3 为已建成同类型项目或装置中的建筑、安装、工程建设其他费用分别占设备费的百分比；f_1、f_2、f_3 为由时间因素引起的定额、价格、费用标准等变化的综合调整系数；I 为拟建项目或装置的其他费用。

这种方法适用于设备投资占比较大的项目。

2）以拟建项目中主要的、投资比重较大的工艺设备的投资（含运杂费，也可含安装费）为基数

根据已建类似项目的统计资料，计算出拟建项目各专业工程投资占工艺设备投资的比例，求出各专业工程的投资，然后把各部分投资相加求得工程费用，再加上拟建项目的其他费用，即为拟建项目的建设投资。

4. 综合指标投资估算法

综合指标投资估算法又称概算指标法，是依据国家有关规定，国家或行业、地方的定额、指标和取费标准，以及设备和主材价格等，从工程费用中的单项工程入手，来估算初始投资。采用这种方法，还需要相关专业人士提供较为详细的资料，有一定的估算精度，精确度相对较高。

工程投资估算对于经验数据的依赖程度很高，因此在工程实践中积累有关工程造价的经验数据对于工程投资估算特别重要。

3.1.3　建设投资的分类估算方法

1. 建筑工程费用估算

1）估算内容

建筑工程费是指建造永久性建筑物和构筑物所需要的费用，包括以下几部分内容。

（1）各类房屋建筑工程和列入房屋建筑工程预算的供水、供暖、卫生、通风、煤气等设备费用及装饰工程费用，列入建筑工程预算的各种管道、电力、电信和电缆导线敷设工程的费用。

（2）设备基础、支柱、工作台、烟囱、水塔、水池、灰塔等建筑工程以及各种炉窑的砌筑工程和金属结构工程的费用。

（3）为施工而进行的场地平整，工程和水文地质勘查，原有建筑物和障碍物的拆除以及施工临时用水、电、气、路和完工后的场地清理，环境绿化、美化等工作的费用。

（4）矿井开凿、井巷延伸、露天矿剥离，石油、天然气钻井，修建铁路、公路、桥梁、堤坝、灌渠及防洪等工程的费用。

2）估算方法

建筑工程费的估算方法有单位建筑工程投资估算法（以单位建筑工程量投资乘以建筑工程总量）、单位实物工程量投资估算法（以单位实物工程量投资乘以实物工程总量）、概算指标投资估算法。前两种方法比较简单，最后一种方法要以较为详细的工程资料为基础。

2. 设备及工器具购置费估算

设备及工器具购置费由设备购置费和工具、器具及生产家具购置费组成。在生产性工程建设中，设备及工具、器具购置费占建设投资比重的增大，意味着生产技术的进步和资本有机构成的提高。

1）设备购置费

设备购置费是指为投资项目购置或自制的达到固定资产标准的各种国产或进口设备、工具、器具的购置费用。它由设备原价和设备运杂费构成。设备原价指国产设备或进口设备的原价；设备运杂费指除设备原价之外的设备采购、运输、途中包装及仓库保管等方面支出费用的总和。

（1）国产设备原价的构成及计算

国产设备原价是指设备制造厂的交货价，即出厂价或订货合同价。国产设备原价分为国产标准设备原价和国产非标准设备原价。

国产标准设备原价是指按照主管部门颁布的标准图纸和技术要求，由我国设备生产厂批量生产的、符合国家质量检测标准的设备的价格。部分国产标准设备原价有两种，即带有备件的原价和不带有备件的原价。在计算时，一般采用带有备件的原价。国产标准设备原价可通过查询相关价格目录或向设备生产厂家询价得到。

国产非标准设备原价是指国家尚无定型标准，各设备生产厂不可能在工艺过程中采用批量生产，只能按一次订货，根据具体的设计图纸制造的设备的价格。国产非标准设备原价有多种不同的计算方法，如成本计算估价法、分部组合估价法、定额估价法等，但无论采用哪种方法都应该使非标准设备计价接近实际出厂价，并且计算方法要简便。按成本计算估价法，非标准设备的原价由以下各项组成：材料费、加工费、辅助材料费、专用工具费、废品损失费、外购配套件费、包装费、利润、税金、非标准设备设计费。

（2）进口设备原价的构成及计算

进口设备购置费由进口设备货价、进口从属费用及国内运杂费组成。

进口设备货价按交货地点的不同，分为离岸价（free on board，FOB）与到岸价（cost, insurance and freight，CIF）两种价格。进口从属费用包括国外运费、国外运输保险费、进口关税、进口环节增值税、外贸手续费、银行财务费和海关监管手续费（减免关税时计算海关监管手续费）。国内运杂费包括运输费、装卸费、运输保险费和其他杂费等。

进口设备按离岸价计价时，应计算设备运抵我国口岸的国外运费和国外运输保险费，得出到岸价。计算公式为

$$进口设备到岸价 = 离岸价 + 国外运费 + 国外运输保险费 \tag{3-4}$$

其中：

$$国外运费 = 离岸价 \times 运费率或单位运价 \times 运量 \tag{3-5}$$

$$国外运输保险费 = (离岸价 + 国外运费) \times 国外保险费率 \tag{3-6}$$

进口设备的其他几项从属费用通常按下面公式估算：

$$进口关税 = 进口设备到岸价 \times 人民币外汇牌价 \times 进口关税率 \tag{3-7}$$

$$进口环节增值税 = (进口设备到岸价 \times 人民币外汇牌价 \times 进口关税 + 消费税) \times 增值税率 \tag{3-8}$$

$$外贸手续费 = 进口设备到岸价 \times 人民币外汇牌价 \times 外贸手续费率 \tag{3-9}$$

$$银行财务费 = 进口设备离岸价 \times 人民币外汇牌价 \times 银行财务费率 \tag{3-10}$$

$$海关监管手续费 = 进口设备到岸价 \times 人民币外汇牌价 \times 海关监管手续费率 \tag{3-11}$$

海关监管手续费是指海关对发生减免进口税或实行保税的进口设备，实施监管和提供服务收取的手续费。对于全额征收关税的设备，不收取海关监管手续费。

（3）设备运杂费的构成。设备运杂费通常由下列各项构成。①运杂费和装卸费。由设备制造厂交货地点（对国产设备而言）、我国到岸港口或边境车站起至工地仓库止所发生的运费和装卸费。②包装费。在设备原价中没有包含的、为运输而进行的包装支出的各种费用。③设备供销部门的手续费。按有关部门规定的统一费率计算。④采购与仓库保管费。其指采购、验收、保管和收发设备所发生的各种费用，包括设备采购人员、保管人员和管理人员的工资、工资附加费、办公费、差旅交通费，设备供应部门办公和仓库所占固定资产使用费、工具用具使用费、劳动保护费、检验试验费等。这些费用可按主管部门规定的采购与保管费率计算。计算公式为

$$设备运杂费 = 设备购置费 \times 采购与保管费率 \tag{3-12}$$

2）工具、器具及生产家具购置费的构成及计算

工具、器具及生产家具购置费是指按照有关规定，为保证新建或扩建项目初期正常生产必须购置的没有达到固定资产标准的设备、仪器、工卡模具、器具、生产家具和备品备件等的费用。这些费用可按部门或行业规定的工具、器具及生产家具购置费率计算。计算公式为

工具、器具及生产家具购置费 = 设备购置费 × 工具、器具及生产家具购置费率（3-13）

3. 安装工程费估算

需要安装的设备应估算安装工程费，安装工程费内容一般包括以下部分。

（1）生产、动力、起重、运输、传动和医疗、实验等各种需要安装的机械设备的装配费用，与设备相连的工作台、梯子、栏杆等设施的工程费用，附属于被安装设备的管线敷设工程费用，以及被安装设备的绝缘、防腐、保温、油漆等工作的材料费和安装费。

（2）为测定安装工程质量，对单台设备进行单机试运转、对系统设备进行系统联动无负荷试运转工作的调试费。

投资估算中安装工程费通常是根据行业或专门机构发布的安装工程定额、取费标准所综合的大指标估算。具体计算可按安装费率（以设备原价为基数）、每吨设备安装费（以设备吨位为基数）或者每单位安装实物工程量的费用（以安装实物工程量为基数）分类估算。对于附属管道量大的行业，有的要求单独估算管道工程费用，并单独列出主材费用。在项目决策分析与评价阶段，根据投资估算的深度要求，也允许安装费用按单项工程分别估算。

4. 工程建设预备费

1）基本预备费

基本预备费是指项目实施中可能发生的难以预料的支出，又称工程建设不可预见费，主要指设计变更及施工过程中可能增加工程量的费用。费用内容包括：在批准的初步设计范围内，技术设计、施工图设计及施工过程中所增加的工程费用；设计变更、局部地基处理等所增加的费用；一般自然灾害所造成的损失和预防自然灾害所采取措施的费用；竣工验收时为鉴定工程质量对隐蔽工程进行必要的挖掘和修复的费用。计算公式为

基本预备费 = (建筑工程费 + 安装工程费 + 设备及工器具购置费 + 工程建设其他费用)
× 基本预备费率（3-14）

2）涨价预备费

涨价预备费是对于建设工期较长的项目，由于在建设期内可能发生材料、设备、人工等的价格上涨引起的投资增加，工程建设其他费用调整，利率、汇率调整等，需要事先预留的费用，也称价格变动不可预见费。

涨价预备费以建筑工程费、设备及工器具购置费与安装工程费之和为计算基数。计算公式为

$$PC=\sum_{t=1}^{n} I_t\left[(1+f)^t-1\right] \tag{3-15}$$

式中，PC 为涨价预备费；I_t为第 t 年的工程费用之和；f为建设期价格上涨指数；n 为建设期。

5. 工程建设期贷款利息

1）建设期贷款利息构成

建设期贷款利息是指项目在建设期内因使用债务资金而支付的利息。在偿还债务资金时，这部分利息一般也作为本金，计算项目投入使用后各期的利息。建设投资贷款的资金来源渠道不同，其建设期贷款利息的计算方法也不同。国内贷款利息的计算比较简单，国外贷款利息中还包括承诺费、管理费等。为简化计算，承诺费等一般不单独计算，采用适当提高利息率的方法处理。

2）建设期借款利息的计算

在项目经济分析中，无论各种债务资金是按年计息，还是按季、月计息，均可简化为按年计息，即将名义利率折算为有效年利率；假定各种债务资金均在年中支用，即当年借款支用额按半年计息，上年借款按全年计息。建设期每年应计利息的计算公式为

$$I_j=\left(P_{j-1}+\frac{A_j}{2}\right)\times i \tag{3-16}$$

式中，I_j为每年应计利息；P_{j-1}为年初借款本息累计；A_j为本年借款支用额；i 为年利率。

【例 3-1】 某新建项目，建设期为 3 年，在建设期第一年借款 300 万元，第二年借款 400 万元，第三年借款 300 万元，每年借款在每年的年中支用，年利率为 5.6%。用复利法计算建设期末借款本利。

解：建设期内各年利息计算如下：

$$P_0=0,\ A_1=300\text{（万元）},\ I_1=0.5\times300\times5.6\%=8.4\text{（万元）}$$

$$P_1=308.4\text{（万元）},\ A_2=400\text{（万元）}$$

$$I_2=(308.4+0.5\times400)\times5.6\%=28.47\text{（万元）}$$

$$P_2=308.4+400+28.47=736.87\text{（万元）},\ A_3=300\text{（万元）}$$

$$I_3=(736.87+0.5\times300)\times5.6\%=49.66\text{（万元）}$$

建设期末累计借款本利为：$A_1+A_2+A_3+I_1+I_2+I_3=1086.53$（万元）。

6. 流动资金估算

流动资金是指项目投产后，为进行正常运营，用于购买原材料、燃料，支付工资及其他经营费用等必不可少的周转资金。它是伴随着固定资产投资而发生的永久性流动资产投资，等于项目投产运营后所需全部流动资产扣除流动负债后的余额。项目决策分析与评价中，流动资产主要考虑应收账款、现金和存货；流动负债主要考虑应付账款。由此看出，这里所解释的流动资金实际上是投资项目必须准备的最基本的运营资金。流动资金估算一

般采用分项详细估算法，项目决策分析与评价的初期阶段或者小型项目可采用扩大指标估算法。

1）扩大指标估算法

根据同类企业中，流动资金占销售收入、经营成本、固定资产的比率，以及单位产量占用流动资金的比率来估算，如国外有的化工企业的流动资金就是按固定资产投资的15%～20%估算的。具体包括：产值资金率法、固定资产投资比率法、成本计算法。

2）分项详细估算法

这是国际上通行的流动资金估算方法。按照下列公式，分项详细估算，即

$$\text{流动资金} = \text{流动资产} - \text{流动负债} \tag{3-17}$$

流动资产的计算公式如下：

$$\text{流动资产} = \text{应收账款} + \text{存货} + \text{现金} \tag{3-18}$$

$$\text{应收账款} = \text{年经营成本/周转次数} \tag{3-19}$$

式中，周转次数 = 360/最低周转天数（还要考虑风险）。

$$\text{存货} = \text{外购原材料、燃料和动力} + \text{在产品} + \text{产成品} \tag{3-20}$$

式中，

$$\begin{aligned}\text{外购原材料、燃料和动力} &= \text{年外购原材料、燃料和动力费用/年周转次数}\\ &= \text{价格} \times (\text{年消耗量}/360) \times \text{储存天数}\end{aligned} \tag{3-21}$$

$$\begin{aligned}\text{储存天数} = {} & \text{在途天数} + (\text{平均供应天数} \times \text{供应间隔系数})\\ & + \text{验收天数} + \text{整理准备天数} + \text{保险天数}\end{aligned} \tag{3-22}$$

式中，供应间隔系数一般取 50%～60%。

$$\begin{aligned}\text{在产品} = {} & (\text{年外购原材料、燃料动力费用} + \text{年工资及福利费用}\\ & + \text{年修理费用} + \text{年其他制造费用})/\text{周转次数}\end{aligned} \tag{3-23}$$

$$\text{产成品} = (\text{年经营成本} - \text{年营业费用})/\text{周转次数} \tag{3-24}$$

$$\text{现金} = (\text{年工资及福利费用} + \text{年其他费用})/\text{周转次数} \tag{3-25}$$

式中，年其他费用 = 制造费用 + 管理费用 + 财务费用以及销售费用中的有关项目。

$$\text{应付账款} = \text{年外购原材料和动力费用/年周转次数} \tag{3-26}$$

3.2　工程项目总成本费用

建设项目建成后投入使用运营，生产产品或提供服务。总成本费用是指在运营期内为生产产品或提供服务所发生的全部费用，等于经营成本与折旧费、摊销费和财务费用之和。

3.2.1　总成本费用的估算方法

1. 生产成本加期间费用估算法

从总成本费用的形成过程来看，总成本费用由生产成本和期间费用构成，即

$$总成本费用 = 生产成本 + 期间费用 \tag{3-27}$$

$$生产成本 = 直接材料费 + 直接燃料和动力费 + 直接工资及福利费 + 其他直接支出 + 制造费用 \tag{3-28}$$

$$生产成本 = 直接费用 + 制造费用 \tag{3-29}$$

$$期间费用 = 管理费用 + 财务费用 + 营业费用 \tag{3-30}$$

（1）生产成本。生产成本也称制造成本，是企业各生产车间为组织和管理生产所发生的各项费用，生产成本包括生产单位管理人员工资和福利费、折旧费、修理费（生产单位和管理用房屋、建筑物、设备的修理费）、办公费、水电费、机物料消耗、劳动保护费，季节性和修理期间的停工损失等，但不包括企业行政管理部门为组织和管理生产经营活动而发生的管理费用。为了简化计算常将生产成本归类为生产单位管理人员工资及福利费、折旧费、修理费和其他制造费用几部分。

（2）期间费用。期间费用是指一定会计期间内发生的与生产经营没有直接关系和关系不密切的管理费用、财务费用、营业费用等。

（3）管理费用。管理费用是企业行政管理部门为管理和组织经营活动发生的各项费用。管理费用包括公司经费、工会经费、职工教育经费、劳动保险费、待业保险费、董事会费、咨询费、聘请中介机构费、诉讼费、业务招待费、排污费、房产税、车船使用税、土地使用税、印花税、矿产资源补偿费、技术转让费、研究与开发费、无形资产与其他资产摊销、职工教育经费、计提的坏账准备和存货跌价准备等。为了简化计算，项目评价中可将管理费用归类为管理人员工资及福利费、折旧费、无形资产和其他资产摊销、修理费与其他管理费用几部分。

（4）财务费用。财务费用是指企业为筹集资金而发生的各项费用，包括生产经营期间的利息净支出、汇兑净损失、调剂外汇手续费、金融机构手续费以及筹资过程中发生的其他财务费用。

（5）营业费用。营业费用包括应由企业负担的运输费、装卸费、包装费、保险费、广告费、展览费，以及专设销售机构人员工资及福利费、类似工程性质的费用、业务费等经营费用。为了简化计算，项目评价中将营业费用归为销售人员工资及福利费、折旧费、修理费和其他营业费用几部分。

（6）其他费用。其他费用包括其他制造费用、其他管理费用和其他营业费用三部分。

2. 生产要素估算法

总成本费用还可以划分为可变成本和固定成本。其中：

$$可变成本 = 外购原材料费 + 外购燃料及动力费 + 计件工资及福利费 \tag{3-31}$$

$$固定成本 = 计时工资及福利费 + 折旧费 + 维简费 + 摊销费 + 修理费 + 利息支出 + 其他费用 \tag{3-32}$$

两种方法下总成本费用的构成如图 3-2 所示。

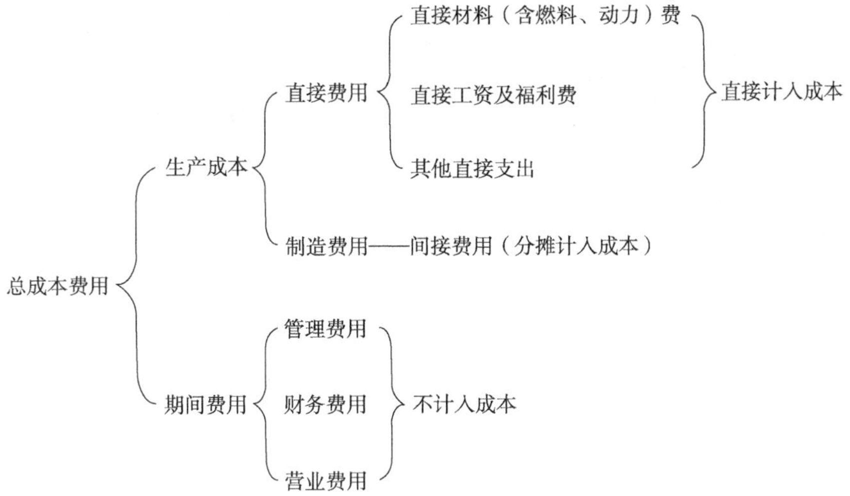

（a）生产成本加期间费用估算法下总成本费用的构成

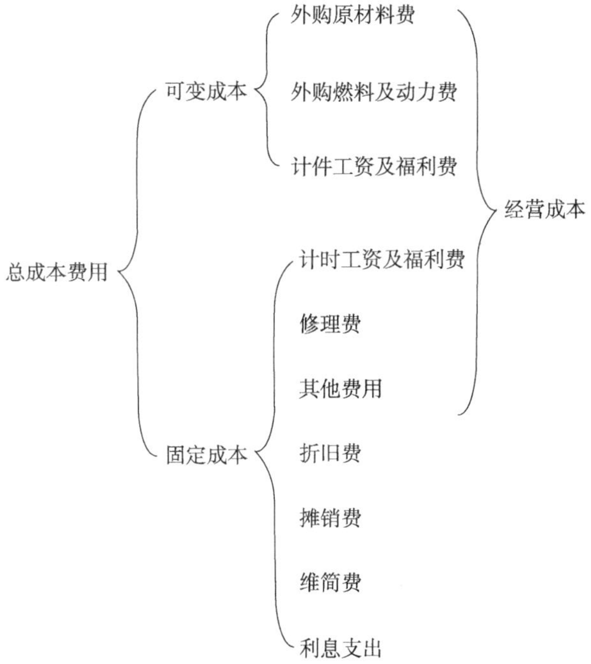

（b）生产要素估算法下总成本费用的构成

图 3-2　两种方法下总成本费用的构成比较

3. 经营成本

经营成本指项目从总成本费用中扣除折旧费、维简费、摊销费和利息支出以后的成本，计算公式为

$$经营成本 = 总成本费用 - 折旧费 - 维简费 - 摊销费 - 利息支出 \tag{3-33}$$

经营成本是工程经济学特有的概念。它涉及产品生产及销售、企业管理过程中的物料、

人力和能源的投入费用，它反映企业的生产和管理水平。在工程项目的经济分析中，经营成本被应用于现金流量的分析中。

计算经营成本要从总成本费用中剔除折旧费、维简费、摊销费和利息支出，有以下两个原因。

（1）现金流量表反映项目在计算期内逐年发生的现金流入和流出。与常规会计方法不同，现金收支何时发生，就在何时计算，不作分摊。因为投资已按其发生的时间作为一次性支出被计入现金流出，所以不能再以折旧费、维简费和摊销费的方式计为现金流出，否则会发生重复计算。因此，作为经常性支出的经营成本中不包括折旧费和摊销费，同理也不包括维简费。

（2）因为全部投资现金流量表以全部投资作为计算基础，不分投资资金来源，利息支出不作为现金流出；而自有资金现金流量表中已将利息支出单列，因此经营成本中也不包括利息支出。

3.2.2 折旧计算

1. 折旧的概念

固定资产在使用过程中会不断发生磨损，产生价值损耗，这种损耗的价值随着工程项目的营运而逐渐转移到成本中去，并通过产品销售，以货币资金的形式加以回收，从而达到对固定资产损耗进行补偿和更新的目的。固定资产的这种因损耗而转移到产品成本中去的价值就叫作折旧。将折旧费用计入总成本费用是企业回收固定资产投资的一种手段。按照国家规定的折旧制度，企业把已发生的资本性支出转移到产品成本费用中去，然后通过产品的销售，逐步回收初始的投资费用。

2. 影响固定资产折旧的因素

企业计算各期折旧额的依据或者影响折旧的因素主要有以下三个方面。

1）折旧的基数

计算固定资产折旧的基数一般为取得固定资产的原始成本，即固定资产的账面原值。企业已经入账的固定资产，除发生下列情况外，不得任意变动：根据国家规定对固定资产进行重新估价；增加补充设备或改良设备；将固定资产的一部分拆除；根据实际价值调整原来的暂估价值；发现原记固定资产价值有错误。

2）固定资产的净残值

固定资产的净残值是指预计的固定资产报废时可以收回的残余价值扣除预计清理费用后的数额。由于在计算折旧时，对固定资产的残余价值和清理费只能人为估计，就不可避免地存在主观性。为了避免人为调整净残值的数额，从而人为地调整计提折旧额，国家有关所得税暂行条例及其细则规定：残值比例在原价 5%以内，由企业自行确定；由于情况特殊，需调整残值比例的，应报主管税务机关备案。固定资产净残值的计算公式为

$$固定资产净残值 = 估价残值 - 估价清理费用 \quad (3\text{-}34)$$

3）固定资产估计使用年限

固定资产使用年限的长短直接影响各期的计提折旧额。在确定固定资产使用年限时，不仅要考虑固定资产的有形损耗，还要考虑固定资产的无形损耗。由于固定资产的有形损耗和无形损耗也很难估计准确，因此，固定资产的使用年限也只能预计，同样具有主观随意性。企业应根据国家的有关规定，结合本企业的具体情况，合理地确定固定资产的折旧年限。现行财务制度将企业的固定资产分为三大部分、22 类，对各类固定资产折旧年限规定了一个最高限和最低限。

3. 计提折旧的范围

企业在用的固定资产（包括经营用固定资产、非经营用固定资产、出租固定资产等）一般均应计提折旧，具体范围包括：房屋和建筑物；在用的机器设备、仪器仪表、运输工具；季节性停用、大修理停用的设备；融资租入和以经营租赁方式出租的固定资产。已达到预定可使用状态、尚未办理竣工决算的固定资产也应计提折旧。

对于已达到预定可使用状态的固定资产，如果尚未办理竣工决算应当按照估计价值暂估入账，并计提折旧；待办理了竣工决算手续后，再按照实际成本调整原来的暂估价值，同时调整原已计提的折旧额。

不计提折旧的固定资产包括：未使用、不需用的机械设备；以经营租赁方式租入的固定资产；租赁租出的固定资产；已提足折旧继续使用的固定资产；未提足折旧、提前报废的固定资产；国家规定不计提折旧的其他固定资产（如土地等）。

4. 计提折旧的方法

由于固定资产折旧方法的选用直接影响到企业成本、费用的计算，也影响到企业的收入和纳税，从而影响到国家的财政收入，因此，对固定资产折旧方法的选用，国家历来都有比较严格的规定。原则上应该根据固定资产所含经济利益预期实现方式选择折旧方法。随着经济的发展，为了鼓励企业采用新技术，加快科学技术向生产力的转化，增强企业的后劲，允许某些行业的企业经国家批准后采用加速折旧的方法。折旧方法一经选定，不得随意变更。如需变更，应当按照一定的程序审批。经批准后报送有关各方备案，并在会计报表中说明。在进行工程项目的经济分析时，可分类计算折旧，也可综合计算折旧，要视项目的具体情况而定。我国现行的固定资产折旧方法包括平均年限法、工作量法、加速折旧法。

1）平均年限法

平均年限法又称直线法，是将固定资产的折旧均衡地分摊到各期的一种方法。采用这种方法计算的每期折旧额均是相等的。净残值率一般取 3%～5%，计算公式为

$$\text{年折旧率}=\frac{1-\text{预计残值率}}{\text{规定的折旧年限}}\times 100\% \tag{3-35}$$

$$\text{月折旧率}=\text{年折旧率}\div 12 \tag{3-36}$$

$$\text{年折旧额}=\text{年折旧率}\times\text{固定资产原值} \tag{3-37}$$

【例 3-2】某企业有一台设备，原值为 500 000 元，预计可使用 20 年，按照有关规定，该设备报废时净残值率为 2%，该设备的月折旧率和月折旧额是多少？

$$解：年折旧率 = \frac{1-预计残值率}{规定的折旧年限} \times 100\%$$

$$= \frac{1-2\%}{20} \times 100\%$$

$$= 4.9\%$$

$$月折旧率 = 4.9\% \div 12 = 0.41\%$$

$$月折旧额 = 500\,000 \times 0.41\% = 2050（元）$$

平均年限法易于理解和简单易行，因而得到广泛应用，但它也存在一些明显的局限性。首先，固定资产在不同年限提供的经济效益是不同的。一般来讲，固定资产在使用前期工作效率相对较高，所带来的经济效益也较多；而在使用后期，工作效率一般呈下降趋势，因而所带来的经济利益也就逐渐减少。平均年限法不考虑这一事实，明显是不合理的。其次，固定资产在不同的使用年限发生的维修费也不一样。固定资产的维修费将随着其使用年限的延长而不断增大，而平均年限法也没有考虑这一因素。

当固定资产各期的负荷程度相同时，各期应分摊相同的折旧费，这时采用平均年限法计算折旧是合理的。但是，若固定资产各期的负荷程度不相同，采用平均年限法则不能反映固定资产的实际使用情况，提取的折旧额与固定资产的实际损耗程度也不相符。

2）工作量法

工作量法是根据工作量计提折旧额的一种方法。计算公式为

$$单位工作量折旧额 = \frac{固定资产原值 \times (1-残值率)}{预计总工作量} \quad (3\text{-}38)$$

$$某项固定资产月折旧额 = 该项固定资产当月工作量 \times 单位工作量折旧 \quad (3\text{-}39)$$

结合实际工作，工作量法又可分为工作时数法和行驶里程法等。工作时数法指按固定资产总工作时数平均计算折旧额的方法，它适用于机器设备，计算公式为

$$单位工作小时应计提折旧额 = \frac{固定资产原值 \times (1-残值率)}{预计的工作总时} \quad (3\text{-}40)$$

$$某期应提折旧额 = 单位工作小时应计提折旧额 \times 实际工作时数 \quad (3\text{-}41)$$

行驶里程法是指按固定资产行驶里程平均计算折旧额的方法，它适用于机动车辆。计算公式为

$$单位里程应计提折旧额 = \frac{固定资产原值 \times (1-残值率)}{总行驶里程} \quad (3\text{-}42)$$

$$某期应提折旧额 = 单位里程应计提折旧额 \times 实际行驶里程 \quad (3\text{-}43)$$

【例 3-3】某企业一载重汽车的原价为 60 000 元，预计总行驶里程为 500 000 千米，该汽车的残值率为 5%，本月行驶 4000 千米。该汽车的月折旧额是多少？

$$解：单位里程应计提折旧额 = \frac{60\,000 \times (1-5\%)}{500\,000} = 0.114（元/千米）$$

$$本月折旧额 = 4000 \times 0.114 = 456（元）$$

工作量法把固定资产的服务效能与固定资产的使用程度联系起来，弥补了平均年限法只重使用年限、不考虑使用程度的缺点，但这种方法也具有一定的局限性，即预计的总工作量难以估计，而且没有考虑无形损耗对固定资产服务潜力的影响。这种方法适合各期完成工作量不均衡的固定资产折旧。

3）加速折旧法

加速折旧法又称递减折旧法，是指在固定资产使用年限前期多提折旧，在后期少提折旧，从而相对加快折旧的速度，以使固定资产价值在使用年限内尽早得到补偿的折旧计算方法。它是一种国家鼓励投资的措施，即国家先让利给企业，加速回收投资，增强还贷能力，促进科技进步，因此只对某些有特殊原因的工程项目，才准许采用加速折旧法计提折旧。加速折旧的方法很多，主要有双倍余额递减法和年数总和法。

（1）双倍余额递减法是在不考虑固定资产残值的情况下，根据每期期初固定资产账面余额和双倍的直线折旧率计算固定资产折旧的一种方法。计算公式为

$$\text{年折旧率} = \frac{2}{\text{预计的折旧年限}} \times 100\% \tag{3-44}$$

$$\text{年折旧额} = \text{年初固定资产账面净值} \times \text{年折旧率} \tag{3-45}$$

双倍余额递减法不考虑固定资产的残值收入，因此在应用这种方法时应当在其规定的资产折旧年限到期的前两年内，将固定资产净值扣除预计残值后的余额平均摊销，即最后两年内改为直线折旧法计算折旧。

（2）年数总和法又称合计年限法，是以固定资产原值扣除预计净残值后的余额乘以一个逐年递减的折旧率计提折旧的一种方法。采用年数总和法的关键是每年都要确定一个不同的折旧率。计算公式为

$$\text{年折旧率} = \frac{\text{尚可使用年限}}{\text{预计使用年限的年数总和}} \times 100\% \tag{3-46}$$

或

$$\text{年折旧率} = \frac{\text{预计使用年限} - \text{已使用年限}}{[\text{预计使用年限} \times (\text{预计使用年限} + 1)]/2} \times 100\% \tag{3-47}$$

$$\text{年折旧费} = (\text{固定资产原值} - \text{预计净残值}) \times \text{年折旧率} \tag{3-48}$$

【例 3-4】 某项固定资产原价为 10 000 元，预计净残值为 400 元，使用年限 5 年。分别采用双倍余额递减法和年数总和法计算各年折旧额。

解：（1）采用双倍余额递减法计算折旧额，如下：

$$\text{年折旧率} = 2/5 = 40\%$$

则

$$\text{第一年折旧额} = 10\,000 \times 40\% = 4000\text{（元）}$$

$$\text{第二年折旧额} = (10\,000 - 4000) \times 40\% = 2400\text{（元）}$$

$$\text{第三年折旧额} = (10\,000 - 6400) \times 40\% = 1440\text{（元）}$$

$$\text{第四年折旧额} = (10\,000 - 7840 - 400)/2 = 880\text{（元）}$$

$$\text{第五年折旧额} = (10\,000 - 7840 - 400)/2 = 880\text{（元）}$$

（2）采用年数总和法计算如下：

$$计算折旧的基数 = 10\,000 - 400 = 9600（元）$$

$$年数总和 = 1 + 2 + 3 + 4 + 5 = 15（年）$$

则

$$第一年折旧额 = 9600 \times (5 - 0)/15 = 3200（元）$$

$$第二年折旧额 = 9600 \times (5 - 1)/15 = 2560（元）$$

$$第三年折旧额 = 9600 \times (5 - 2)/15 = 1920（元）$$

$$第四年折旧额 = 9600 \times (5 - 3)/15 = 1280（元）$$

$$第五年折旧额 = 9600 \times (5 - 4)/15 = 640（元）$$

加速折旧法具有以下几个方面的优点：第一，随着固定资产使用年限的推移，它的服务潜力下降，它所能提供的收益也随之降低，所以根据配比的原则，在固定资产的使用早期多提折旧，而在晚期少提折旧；第二，固定资产所能提供的未来收益是难以预计的，早期收益要比晚期收益有把握一些，从谨慎原则出发，早期多提折旧、后期少提折旧的方法是合理的；第三，随着固定资产的使用，后期修理维护费要比前期多，采用加速折旧法，早期折旧费比后期多，这可以使固定资产的成本费用在整个使用期内比较平均；第四，企业采用加速折旧法并没有改变固定资产的有效使用年限和折旧总额，变化的只是投入使用的前期提的折旧多、后期提的折旧少。这一变化的结果推迟了企业所得税的缴纳，实际上等于企业从政府处获得了一笔长期无息贷款。

3.2.3 摊销费计算

摊销费是指无形资产和递延资产在一定期限内分期摊销的费用。

无形资产是指企业拥有或控制的没有实物形态的可辨认的非货币性资产。无形资产包括专利权、非专利技术、商标权、著作权、土地使用权、特许权等。商誉的存在无法与企业自身分离，具有不可辨认的性质，因此商誉在会计准则中不予考虑。

递延资产是指应当在生产经营期内的前几年逐年摊销的各项费用（通常不少于五年），包括开办费和以经营租赁方式租入的固定资产支出等。按照有关规定，除购置和建造固定资产以外，所有筹建期间发生的费用，先在长期待摊费用中归集，待企业开始生产经营起计入当期的损益。在工程项目的经济分析中，将工程建设其他费用中的生产职工培训费、样品样机购置费等计入其他资产价值。开办费是指企业在筹建期间所发生的各种费用，主要包括注册登记和筹建期间人员工资、办公费、培训费、差旅费、印刷费、律师费、注册登记费以及不计入固定资产和无形资产构建成本的汇兑损益与利息支出等。

无形资产和其他资产的原始价值要在规定的年限内，按年度或产量转移到产品的成本中，这一部分被转移的无形资产和其他资产的原始价值，称为摊销。企业通过计提摊销费，回收无形资产及递延资产的资本支出。

计算摊销费时采用直线法，且不留残值，计算公式为

$$年摊销费 = 无形资产或递延资产 \div 摊销年限 \tag{3-49}$$

计算无形资产摊销费要确定摊销期限。无形资产应按规定期限分期摊销。法律、合同或协议规定有法定有效期和受益年限的，摊销期按照法定有效期或合同、协议规定的受益年限最短的原则确定，没有规定期限的，按不少于 10 年的期限分期摊销。

若各项无形资产摊销年限相同，可根据全部无形资产的原值和摊销年限计算出各年的摊销费；若各项无形资产摊销年限不同，则要计算各项无形资产的摊销费，然后将其相加，即可得到生产经营期各年的无形资产摊销费。

3.2.4　生产经营期利息计算

财务费用是指筹集资金时发生的各项费用，包括生产经营期间发生的利息净支出、金融机构手续费以及为筹集资金而发生的其他费用。生产经营期间发生的利息净支出是指在生产经营期所发生的建设投资借款利息和流动资金借款利息之和。建设投资借款在生产经营期发生的利息的计算公式为

$$\text{每年支付利息} = \text{年初本金累计额} \times \text{年利率} \tag{3-50}$$

为简化计算，还款当年按年末偿还，全年计息。流动资金的借款属于短期借款，利率较长期贷款利率低，且利率一般为季利率，三个月计息一次。

流动资金借款利息计算公式为

$$\text{流动资金借款利息} = \text{流动资金借款累计金额} \times \text{年利率} \tag{3-51}$$

需要注意的是，在生产经营期利息是可以计入成本的，因而每年计算的利息不再参与以后各年利息的计算。

3.2.5　维简费计算

维简费是指采掘、采伐工业按生产产品数量（采矿按每吨原矿产量、林区按每立方米原木产量）提取的固定资产更新和技术改造的资金，即维持简单再生产的资金。企业发生的维简费直接计入成本，其计算方法和折旧费相同。这类采掘、采伐企业不再计提固定资产折旧。

3.2.6　其他费用计算

其他费用是指在制造费用、管理费用、财务费用和销售费用中扣除工资及福利费、折旧费、修理费、摊销费和利息支出后的费用。在工程项目经济分析中，其他费用一般可根据成本中的原材料成本、燃料和动力成本、工资及福利费、折旧费、修理费、维简费，以及摊销费之和的一定百分比计算，并按照同类企业的经营数据加以确定。

3.2.7　相关的成本概念

（1）机会成本是指将一种具有多种用途的有限资源置于特定用途时所放弃的最大收益。当一种有限资源具有多种用途时，可能有许多获取相应收益的机会，如果将其置于某种特定用途，必然放弃其他投入机会，从而放弃了相应的收益，所放弃的最大收益就是这

种资源利用的机会成本。

（2）沉没成本是指以往发生的与当前决策无关的费用。因为决策管理的制定是针对未来的，不是针对过去的，以往发生的费用只是造成当前状态的一个原因，当前状态是决策的出发点，当前决策所要考虑的是未来可能发生的费用及所带来的收益。例如，考虑某台旧设备是否需要更新这一问题时，该设备几年前的购置费用就是一项沉没成本。设备更新与否只能在新设备的投资与旧设备继续使用所需要的费用之间比较得出。

（3）环境成本是指某一产品或项目对环境的副作用。大多数产品对环境都有副作用，如汽车尾气的排放、机器开动时的噪声等。工程项目也会对环境造成程度不同的污染，如建筑施工工地机械的噪声、建筑废料等。

（4）边际成本是指多生产一单位产量所产生的总成本增加额。例如，当产量为 1500 吨时，总成本为 450 000 元；当产量为 1501 吨时，总成本为 450 310 元，则第 1501 吨产量的边际成本等于 310 元。因为边际成本考虑的是单位产量变动所增加的成本，故固定成本可以视为不变，边际成本实际上是生产一单位产品时所增加的变动成本的数额。

3.2.8 工程经济中成本费用与财务会计中成本费用的不同

工程经济分析中对成本费用的理解与财务会计中对成本费用的理解不完全相同。主要区别在以下三个方面。

（1）财务会计中的成本费用是对企业经营活动和生产过程中实际发生的各种耗费的真实记录，数据是唯一的；工程经济分析中使用的费用和成本数据是在一定的假定前提下对拟订实施投资方案的未来情况预测的结果，带有不确定性。

（2）财务会计中对成本费用的计量分别针对特定会计期间的企业生产经营活动；工程经济分析中对成本费用的计量一般针对某一投资项目的实施结果。

（3）在工程经济分析中，引用了一些财务会计中没有的成本概念，如经营成本、机会成本等。

3.3 工程项目的收入、增值税、其他税金及附加

3.3.1 工程项目的收入

1. 销售收入

产品销售（营业）收入是指项目建成投产后各年销售产品（或提供劳务）取得的收入。计算公式为

产品销售（营业）收入＝产品销售量（或劳务量）×产品单价（或劳务单价） (3-52)

对生产多种产品和提供多项服务的，应分别计算各种产品及服务的销售（营业）收入。对不便按详细的品种分类计算销售收入的，可采取折算为标准产品的方法计算销售收入。

销售收入与总产值是有区别的。总产值是企业生产的成品、半成品和处于加工过程中的在制品的价值总和，可按当前市场价格或不变价格计算；销售收入是指出售商品的货币收入，是按出售时的市场价格计算的。企业生产的产品只有在市场上出售，才能成为给企业带来收益的有用的劳动成果。因此销售收入才是反映工程项目真实收益的经济参数。

2. 销售价格的选择

若估算销售收入，产品销售价格是一个很重要的因素。一般来讲，工程项目的经济效益对销售价格的变化是最敏感的，一定要谨慎选择销售价格。一般可在以下三种价格中进行选择。

1）口岸价格

如果项目产品是出口产品，或者是替代进口产品，或者是间接出口产品，可以直接以口岸价格定价，或者以口岸价格为基础，参考其他有关因素确定销售价格。出口产品和间接出口产品可选择离岸价格；替代进口产品可选择到岸价格。

2）市场价格

如果同类产品或类似产品已在市场上销售，并且这种产品不进行对外贸易也不是计划控制的范围，则可选择现行市场价格作为项目产品的销售价格。当然，也可以现行市场价格为基础，根据市场供求关系上下浮动确定项目产品的销售价格。

3）根据计划成本、计划利润和计划税金确定价格

如果拟建项目的产品属于新产品，则可根据式（3-53）估算其出厂价格。

$$\text{出厂价格} = \text{产品计划成本} + \text{产品计划利润} + \text{产品计划税金} \tag{3-53}$$

式中：

$$\text{产品计划利润} = \text{产品计划成本} \times \text{产品成本利润率} \tag{3-54}$$

$$\text{产品计划税金} = \frac{(\text{产品计划成本} + \text{产品计划利润})}{1 - \text{税率}} \times \text{税率} \tag{3-55}$$

以上几种情况，当难以确定采用哪一种价格时，可考虑供选择方案中价格最低的一种作为项目产品的销售价格。

3. 年销售量的确定

在工程项目经济分析中，应首先根据市场需求预测确定项目产品的市场份额，进而合理确定企业的生产规模，再根据企业的设计生产能力确定年产量。在现实经济生活中，产品年销售量不一定等于年产量，这主要是因市场波动而存在库存变化引起的产量与销售量的差别。在工程项目经济分析中往往难以准确地估算出由市场波动引起的库存量的变化。因此在估算销售收入时，不考虑项目的库存情况，假设当年生产出来的产品当年全部售出。这样，就可以根据项目投产后各年的生产负荷确定各年的销售量。

如果项目的产品种类比较单一，则用产品单价乘以产量即可得到每年的销售收入；如果项目的产品种类比较多，要根据销售收入和销售税金及附加估算表进行估算，即应首先计算每一种产品的年销售收入，然后汇总在一起，求出项目生产经营期各年的销售收入；如果产品部分销往国外，还应计算外汇收入，并按外汇牌价折算成人民币，再计入项目的

年销售收入总额中。

3.3.2 增值税

增值税是以商品（含应税劳务）在流转过程中产生的增值额为计税依据而征收的一种流转税。从计税原理上说，增值税是对商品生产、流通、劳务服务中多个环节的新增价值或商品的附加值征收的一种流转税，是对销售货物或者提供加工、修理修配劳务以及进口货物的单位和个人就其实现的增值额征收的一个税种。实行价外税，也就是由消费者负担，有增值才征税，没增值不征税。

根据对外购固定资产所含税金扣除方式的不同，增值税可以分为生产型增值税、收入型增值税、消费型增值税。增值税征收的一般范围包括销售（包括进口）货物，提供加工及修理修配劳务，特殊项目货物期货，银行销售金银的业务，典当业销售死当物品业务，寄售业销售委托人寄售物品的业务，集邮商品的生产、调拨及邮政部门以外的其他单位和个人销售集邮商品的业务。

增值税的纳税对象为在中华人民共和国境内销售货物或者提供加工、修理修配劳务以及进口货物的单位和个人，分为一般纳税人和小规模纳税人。一般纳税人是指生产货物或者提供应税劳务的纳税人，以及以生产货物或者提供应税劳务为主（即纳税人的货物生产或者提供应税劳务的年销售额占年应税销售额的比重在50%以上）并兼营货物批发或者零售的纳税人，年应税销售额超过500万元的；从事货物批发或者零售经营，年应税销售额超过500万元的。小规模纳税人是指从事货物生产或者提供应税劳务的纳税人，以及以从事货物生产或者提供应税劳务为主（即纳税人的货物生产或者提供应税劳务的年销售额占年应税销售额的比重在50%以上）并兼营货物批发或者零售的纳税人，年应税销售额在500万元以下（含本数）的。

目前，一般纳税人适用的税率有：销售货物、劳务以及进口货物，提供有形动产租赁服务，除另有规定外均为17%；粮食、自来水、暖气、图书、报纸、杂志、化肥、农药等为13%；提供交通运输服务、邮政服务、基础电信服务、建筑服务、不动产租赁服务、销售不动产、转让土地使用权等为11%；提供现代服务业服务（有形动产和不动产租赁服务除外）、研发和技术服务、信息技术服务、文化创意服务等为6%；出口货物等特殊业务适用零税率。

（1）对于一般纳税人：

$$应纳税额 = 当期销项税额 - 当期进项税额 \tag{3-56}$$

$$销项税额 = 销售额 \times 税率 \tag{3-57}$$

$$销售额 = 含税销售额/(1 + 税率) \tag{3-58}$$

销项税额是指纳税人提供应税服务按照销售额和增值税税率计算的增值税税额。

进项税额是指纳税人购进货物或者接受加工修理修配劳务和应税服务，支付或者负担的增值税税额。

（2）对于小规模纳税人：

$$应纳税额 = 销售额 \times 征收率 \tag{3-59}$$

$$销售额 = 含税销售额/(1 + 征收率) \quad (3\text{-}60)$$

小规模纳税人在国内销售服务、无形资产，适用税率为 3%，销售及出租不动产适用税率为 5%。

3.3.3　其他税金及附加

其他税金及附加包括消费税、城市维护建设税、资源税、房产税、土地使用税、车船使用税、印花税和教育费附加等。其中，附加是指教育费附加，其征收的环节和计费的依据类似于城市维护建设税。所以，在工程项目的经济分析中，一般将教育费附加并入税金项内，视同其他税金处理。

消费税、城市维护建设税及教育费附加、资源税的计税方式如下。

（1）消费税是针对特定消费品征收的税金，在财务评价中，一般按特定消费品的销售额乘以消费税税率计算。按消费品类不同，税率为 1%～40%。

（2）城市维护建设税及教育费附加，以增值税、消费税为税基乘以相应的税率计算，以项目所在地区的不同区别税率征收。

（3）资源税是对开采自然资源的纳税人征收的税种，通常按应课税矿产的产量乘以单位税额计算。税率有比例税率和定额税率两种，比例税率为 1%～27%。

3.4　利润、所得税和利润分配

3.4.1　利润

利润是企业在一定时期内生产经营活动的最终财务成果。利润的实现表明企业生产消耗得到了补偿，并取得了盈利。在工程经济分析中，利润不是现金流量，而是计算现金流出项企业所得税的依据。

项目投产后所获得的利润可分为利润总额、销售利润和税后利润三个层次。

$$利润总额 = 销售利润 + 投资净收益 + 营业外收入 - 营业外支出 \quad (3\text{-}61)$$

投资净收益指企业对外投资所取得的投资收益扣除投资损失后的净额，包括对外投资分得的利润、股利和债券利息等。投资损失包括投资作价损失、投资到期回收或者中途转让取得款项低于账面净值的差额等。

营业外收入和营业外支出是指与企业生产经营无直接关系的各项收入和支出。营业外收入包括：固定资产盘盈、处理固定资产净收益、罚没收入、罚款收入、政府补贴（国家拨入的亏损补贴、退换的增值税等）、确实无法支付的应付款项、以前年度的收入等。营业外支出包括：固定资产盘亏、报废毁损、研究与开发失败损失、非常损失、公益救济性捐赠、罚息、赔偿金、违约金、以前年度损失等。营业外收入减去营业外支出后的数额即为营业外收支净额。

$$销售利润 = 主营业务利润 + 其他业务利润 - 营业费用 - 管理费用 - 财务费用 \quad (3\text{-}62)$$

$$主营业务利润 = 主营业务收入 - 主营业务成本 - 主营业务税金及附加 \tag{3-63}$$

$$其他业务利润 = 其他业务收入 - 其他业务支出 \tag{3-64}$$

企业实现利润，一部分以税金形式上交国家，另一部分按规定进行分配。企业的净利润为利润总额减去所得税后的余额，即

$$净利润 = 利润总额 - 所得税 \tag{3-65}$$

3.4.2 所得税

所得税包括企业所得税、外商投资企业和外国企业所得税、个人所得税。征收所得税主要是为了在国民收入形成后，对生产经营者的利润和个人纯收入发挥调节作用。本节主要介绍企业所得税。

1. 企业所得税的概念

根据税法的规定，企业取得利润后，先向国家缴纳所得税，即凡在我国境内实行独立经营核算的各类企业或组织者，来源于我国境内、境外的生产、经营所得和其他所得，均应依法缴纳企业所得税。企业所得税实行 25%的比例税率。符合条件的小型微利企业，减按 20%的税率征收企业所得税。国家需要重点扶持的高新技术企业，减按 15%的税率征收企业所得税。

如果企业上一年度发生亏损，可用当年应纳税所得额予以弥补（下一纳税年度的所得不足弥补的，可以逐年延续弥补，但是延续弥补期最长不得超过五年），按弥补亏损后的应纳税所得额来确定使用的税率。

2. 应纳税所得额的计算

要计算应纳税所得额必须先确定收入总额和准予扣除的项目。

收入总额是指企业在生产经营活动中以及其他行为中取得的各项收入的总和。具体指以下几个方面。

（1）生产、经营收入是指纳税人从事主营业务活动取得的收入，包括商品（产品）销售收入、劳动服务收入、营运收入、工程造价结算收入、工业性作业收入以及其他业务收入。

（2）财产转让收入是指纳税人有偿转让各类财产取得的收入，包括转让固定资产、有价证券、股权以及其他财产而取得的收入。

（3）利息收入是指纳税人购买各种债券等证券的利息、外单位欠款付给的利息，以及其他利息收入。

（4）租赁收入是指纳税人出租固定资产、包装物以及其他财产取得的租金收入。租赁企业主营租赁业务取得的收入应当在生产、经营收入中反映。

（5）特许权使用费收入是指纳税人提供或者转让专利权、非专利技术、商标权、著作权以及其他特许权的使用权而取得的收入。

（6）股息收入是指纳税人对外投资入股分得的股利、红利收入。股利是指资本计算的

利息，红利是指企业分给股东的利润。

（7）其他收入是指除上述各项收入外的一切收入，包括固定资产盘盈收入、罚款收入、因债权人缘故确实无法支付的应付款项、教育费附加返还、企业减免或返还的流转税（含即征即退、先征后退）、包装物押金收入以及其他收入。

在计算应纳税所得额时，准予扣除的项目也就是准予从收入总额中扣除的项目，它是指纳税人每一纳税年度发生的与取得应税收入有关的所有必要和正常的成本、费用、税金和损失。具体指以下几个方面。

（1）成本是指纳税人每一年度生产、经营商品或提供劳务所发生的直接材料费、直接工资、其他直接支出和制造费用。

（2）费用是指纳税人每一纳税年度生产、经营商品和提供劳务所发生的可扣除的经营费用、管理费用和财务费用。

（3）税金是指纳税人按规定缴纳的消费税、营业税、资源税、关税、城市维护建设税、教育费附加等主营业务税金及附加。需要说明的是纳税人缴纳的房地产税、车船使用税、土地使用税和印花税等已计入管理费用中扣除，这里不再作为销售税金单独扣除。企业缴纳的增值税因其属于价外税，在财务核算上不在扣除之列，但在工程经济学中可以灵活处理，即收入总额包括，扣除项目金额也包括；收入总额不包括，扣除项目金额也不包括，两者计算结果是一样的。

（4）损失是指纳税人生产、经营过程中的各项营业外支出、投资损失以及其他损失。

应纳税所得额是指纳税人每一纳税年度的收入总额减去准予扣除项目金额后的余额，计算式为

$$\text{应纳税所得额} = \text{收入总额} - \text{准予扣除项目金额} \tag{3-66}$$

应纳税所得额与会计利润是两个不同的概念，两者既有联系又有区别。应纳税所得额是一个税收概念，是根据企业所得税法按照一定的标准确定的、纳税人在一个时期内的计税所得，即企业所得税的计税依据，包括企业来源于中国境内、境外的全部生产经营所得和其他所得。会计利润则是一个会计核算概念，反映的是企业一定时期内生产经营的财务成果，它关系到企业的经营成果、投资者的权益与职工的利益。会计利润是确定应纳税所得额的基础，但是不能等同于应纳税所得额。应纳税所得额是对会计利润调整后得到的。在工程项目经济分析中，一般认为准予扣除项目金额等同于总成本费用，利润总额作为企业应纳税所得额。

3. 所得税应纳税额计算

所得税应纳税额是根据纳税人应纳税所得额和适用税率计算得到的，计算公式为

$$\text{所得税应纳税额} = \text{应纳税所得额} \times \text{适用税率} \tag{3-67}$$

【例 3-5】 某公司某年实现收入 250 万元，发生成本费用总额为 150 万元，适用税率为 25%，计算公司该年度应缴纳的企业所得税。

解：

$$\text{利润总额} = 250 - 150 = 100\text{（万元）}$$

企业所得税 = 应纳税所得额×适用税率 = 100×25% = 25（万元）

3.4.3 利润分配

1. 利润分配的概念

利润分配，是将企业实现的净利润，按照国家财务制度规定的分配形式和分配顺序，在国家、企业和投资者之间进行的分配。利润分配的过程与结果，是关系到所有者的合法权益能否得到保护，企业能否长期、稳定发展的重要问题，为此，企业必须加强利润分配的管理和核算。企业利润分配的主体一般有国家、投资者、企业和企业内部职工；利润分配的对象主要是企业实现的净利润；利润分配的时间，即确认利润分配的时间是利润分配义务发生的时间和企业做出决定向内向外分配利润的时间。

2. 利润分配的原则

1）依法分配原则

企业利润分配的对象是企业缴纳所得税后的净利润，这些利润是企业的权益，企业有权自主分配。国家有关法律、法规对企业利润分配的基本原则、一般次序和重大比例有明确的规定，其目的是保障企业利润分配的有序进行，维护企业和所有者、债权人以及职工的合法权益，促使企业增加积累，增强风险防范能力。国家有关利润分配的法律和法规主要有公司法、外商投资企业法等。企业在利润分配中必须切实执行上述法律、法规。利润分配在企业内部属于重大事项，企业的章程必须在不违背国家有关规定的前提下，对本企业利润分配的原则、方法、决策程序等内容做出具体而又明确的规定，企业在利润分配中也必须按规定办事。

2）资本保全原则

资本保全是责任有限的现代企业制度的基础性原则之一，企业在分配中不能侵蚀资本。利润的分配是对经营中资本增值额的分配，不是对资本金的返还。按照这一原则，一般情况下，企业如果存在尚未弥补的亏损，应首先弥补亏损，再进行其他分配。

3）充分保护债权人利益原则

按照风险承担的顺序及合同契约的规定，企业必须在利润分配之前偿清所有债权人到期的债务，否则不能进行利润分配。同时，在利润分配之后，企业还应保持一定的偿债能力，以免产生财务危机，危及企业生存。此外，企业在与债权人签订某些长期债务契约的情况下，其利润分配政策还应征得债权人的同意或审核方能执行。

4）多方及长短期利益兼顾原则

利益机制是制约机制的核心，而利润分配的合理与否是利益机制最终能否持续发挥作用的关键。利润分配涉及投资者、经营者、职工等多方面的利益，企业必须兼顾，并尽可能地保持稳定的利润分配。在企业获得稳定增长的利润后，应增加利润分配的数额或百分比。同时，由于发展及优化资本结构的需要，除依法必须留用的利润外，企业仍可以出于长远发展的考虑，合理留用利润。在积累与消费关系的处理上，企业应贯彻积累优先的原则，合理确定提取盈余公积金和分配给投资者利润的比例，使利润分配真正成为促进企业发展的有效手段。

按照《中华人民共和国公司法》的规定，公司利润分配的项目包括以下部分。

（1）法定公积金。法定公积金从净利润中提取形成，用于弥补公司亏损、扩大公司生产经营或者转为增加公司资本。公司分配当年税后利润时应当按照 10%的比例提取法定公积金；当法定公积金累计额达到公司注册资本的 50%时，可不再继续提取。任意公积金的提取由股东大会根据需要决定。

（2）股利（向投资者分配的利润）。公司向股东（投资者）支付股利（分配利润），要在提取公积金之后。股利（利润）的分配应以各股东（投资者）持有股份（投资额）的数额为依据，每一股东（投资者）取得的股利（分得的利润）与其持有的股份数（投资额）成正比。股份有限公司原则上应从累计盈利中分派股利，无盈利不得支付股利，即“无利不分”的原则，但若公司用公积金抵补亏损以后，为维护其股票信誉，经股东大会特别决议，也可用公积金支付股利。中国证券监督管理委员会于 2008 年 10 月 9 日颁布实施的《关于修改上市公司现金分红若干规定的决定》强调了股利分配中现金分红的重要性，要求上市公司应当在章程中明确现金分红政策，利润分配政策应当保持连续性和稳定性。此外，作为上市公司申请公开增发或配股的重要前提条件，《关于修改上市公司现金分红若干规定的决定》还强调公司最近三年以现金方式累计分配的利润不少于最近三年实现的年均可分配利润的 30%。

利润分配的顺序根据《中华人民共和国公司法》等有关法规的规定确定，企业当年实现的净利润，一般应按照下列内容、顺序和金额进行分配。

（1）计算可供分配的利润。将本年净利润（或亏损）与年初未分配利润（或亏损）合并，计算出可供分配的利润。如果可供分配的利润为负数（即亏损），则不能进行后续分配；如果可供分配的利润为正数（即本年累计盈利），则进行后续分配。

（2）提取法定盈余公积金。在不存在年初累计亏损的前提下，法定盈余公积金按照税后净利润的 10%提取。法定盈余公积金已达注册资本的 50%时可不再提取。提取的法定盈余公积金用于弥补以前年度亏损或转增资本金，但转增资本金后留存的法定盈余公积金不得低于注册资本的 25%。

（3）提取任意盈余公积金。任意盈余公积金计提标准由股东大会确定，如确因需要，经股东大会同意后，也可用于分配。

（4）向股东（投资者）支付股利（分配利润）。企业以前年度未分配的利润，可以并入本年度分配。

对企业来说，税后利润一般按下列优先顺序进行分配：第一，被没收的财务损失，支付各项税收的滞纳金和罚款；第二，弥补以前年度亏损；第三，提取法定盈余公积金，按照税后利润扣除前两项后的 10%提取，达到注册资金的 50%时不再提取；第四，提取公益金，主要用于职工集体福利设施支出，提取率为 5%；第五，向投资者分配，企业以前年度未分配的利润可以并入本年度投资者分配。企业销售收入、总成本费用、税金和利润的关系如图 3-3 所示。

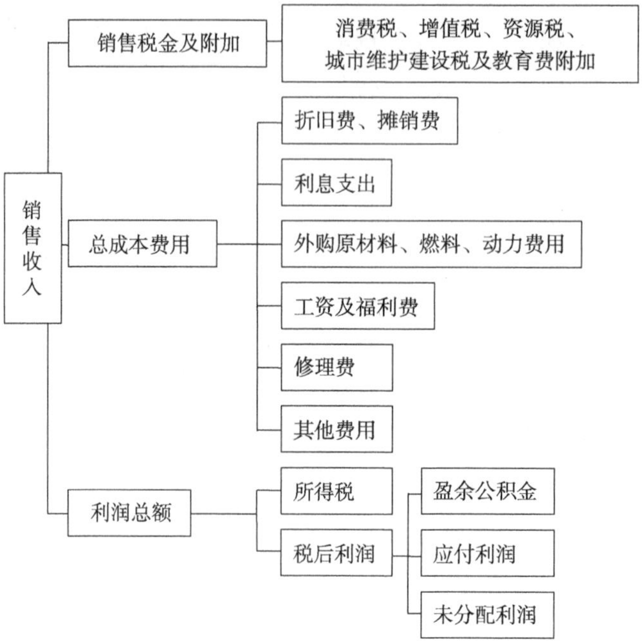

图 3-3 销售收入、总成本费用、税金和利润的关系示意图

复习思考题

1. 建设投资由哪些部分构成?
2. 建设投资估算方法有哪些?
3. 折旧与摊销的计算方法有哪些?
4. 工程项目的收入和销售税金及附加如何计算?
5. 利润总额、所得税的计算及净利润的分配顺序是什么?

习 题

1. 某公司拟从国外进口一套机电设备，重量为 1500 吨，装运港船上交货价（离岸价）为 400 万美元。其他有关费用参数包括：国际运输标准为 360 美元/吨；海上运输保险费率为 0.266%；中国银行费率为 0.5%；外贸手续费率为 1.5%；关税税率为 22%；增值税税率为 17%；美元的银行牌价为 6.37 元人民币；设备的国内运杂费率为 2.5%。现对该套设备进行估价。

2. 某项目的工程费用为 22 310 万元，按项目实施进度计划，项目建设期为三年，每年的投资分配使用比例为：第一年 20%，第二年 55%，第三年 25%。建设期内平均价格变动率预测为 6%，试估算该项目建设期的涨价预备费。

3. 某项目的建筑工程费为 5000 万元，安装工程费为 1440 万元，设备及工器具购置费为 3600 万元，工程建设其他费用为 14 000 万元，基本预备费率为 10%，试估算该项目的基本预备费。

第 4 章　工程经济评价的指标

4.1　工程经济评价的指标概述

经济效果评价是投资项目评价的核心内容。评价工程项目技术方案的指标多种多样，这些指标从不同角度反映项目的经济性。从形态上看，主要分为两类，一类是以货币单位计量的价值型指标，如净现值、净年值、费用现值、费用年值等；另一类是以百分比或比例表示的、反映资金利用效率的效率型指标，如投资收益率、内部收益率、外部收益率、净现值指数等。按照是否考虑资金时间价值，经济效果评价指标分为静态评价指标和动态评价指标。不考虑资金时间价值的指标称为静态评价指标，静态评价指标主要用于技术经济数据不完备和不精确的项目初选阶段。考虑资金时间价值的指标称为动态评价指标，动态评价指标用于项目最后决策前的可行性研究阶段。工程项目经济评价指标如表 4-1 所示。

表 4-1　工程项目经济评价指标

评价指标	具体指标
静态评价指标	投资收益率、静态投资回收期、借款偿还期、资产负债率、流动比率、利息备付率、偿债备付率
动态评价指标	动态投资回收期、净现值、净现值率、内部收益率

各种指标是从不同的角度考察项目的经济性，在对项目进行经济效益分析时，应尽量选用不同类型的指标同时分析，保证评价的合理性和全面性。

此外还有些难以货币化表示的效果指标，无法应用上述方法，需采用综合评价等方式进行评价。

4.2　静态评价指标

不考虑资金时间价值时的评价指标是静态评价指标。用静态评价指标分析方案的经济性简单易行、方便灵活、节省时间，能够快速得出结论。一般在项目的投资决策初期，技术经济数据不完备和不精确的项目初选时使用静态评价指标分析。

4.2.1　投资收益率

投资收益率（rate of return on investment）是指项目在正常年份的净收益与期初的投资

总额的比值。其表达式为

$$R=\frac{\mathrm{NB}}{K} \tag{4-1}$$

式中，K 为投资总额，$K=\sum_{t=0}^{m}K_t$，K_t 为第 t 年的投资额，m 为完成投资额的年份；R 为投资收益率；NB 为正常年份的净收益。根据不同的分析目的，NB 可以是税前利润或税后利润。

根据 K 和 NB 的具体含义，R 可以表现为各种不同的具体形态。投资收益率常见的具体形态有

$$全部投资收益率=\frac{年利润+折旧与摊销+利息支出}{全部投资额} \tag{4-2}$$

$$自有资金投资收益率=\frac{年利润+折旧与摊销}{自有资金投资额} \tag{4-3}$$

$$投资利税率=\frac{年利润+税金}{全部投资额} \tag{4-4}$$

$$投资利润率=\frac{年利润}{全部投资额} \tag{4-5}$$

投资收益率指标未考虑资金时间价值，而且舍弃了项目建设期、寿命期等众多因素，故一般仅用于技术经济数据尚不完整的项目初步研究阶段。用投资收益率判断方案的优劣需要用方案的投资收益率与国家或行业确定的基准收益率相比较，而基准收益率是国家或行业根据历史数据确定的。设基准收益率为 R_b，判断准则为：当 $R \geqslant R_b$ 时，项目可行，可以考虑接受；当 $R < R_b$ 时，项目不可行，应予以拒绝。若多个方案比较，则在各个方案满足 $R \geqslant R_b$ 时，投资收益率越大的方案越好。

4.2.2　静态投资回收期

静态投资回收期（static payback period）又称投资回收期，是指投资回收的期限，就是投资方案所产生的净现金收入回收初始全部投资所需的时间。对投资者来说，投资回收期越短越好。静态投资回收期的表达式如下：

$$P_t=T-1+\frac{\left|第(T-1)年的累计净现金流量\right|}{第T年的净现金流量} \tag{4-6}$$

式中，T 为项目各年累计净现金流量首次出现正值或零的年份。

利用静态投资回收期进行评价时，一般是将计算出的投资回收期与基准投资回收期对比，然后做出判断。设基准投资回收期为 T_0，那么当 $P_t \leqslant T_0$ 时，说明方案的经济效益好，方案可行；当 $P_t > T_0$ 时，说明方案的经济效益不好，方案不可行。多个方案进行比较的情况下，在每个方案自身满足 $P_t \geqslant T_0$ 时，投资回收期越短的方案越好。

基准投资回收期 T_0 可以是国家或部门制定的标准，也可以是企业自己的标准，其确定

的主要依据是全社会或全行业投资回收期的平均水平，或者是企业根据自己的目标期望的投资回收期水平。投资回收期经济意义明确，具有直观、简单的特点，在一定程度上反映了方案经济效果的优劣和项目风险的大小。但是投资回收期指标的最大缺陷就是没有反映出投资回收期后方案的经营状况，因而不能全面反映项目在整个寿命期内真实的经济效果。

该方法通常用表格形式计算，是根据方案的净现金流量，从投资开始时刻（即零时点）依次求出以后各年的现金流量之和（即累计净现金流量），直至累计净现金流量等于零的时刻为止，对应于累计净现金流量等于零的时刻，即为该方案从投资开始年算起的静态投资回收期。

【例 4-1】 依据表 4-2 所示的数据计算静态投资回收期。

表 4-2 各年净现金流量 单位：万元

项目	年份						
	0	1	2	3	4	5	6
投入	600	400					
年现金收入			500	600	800	800	750
年现金支出			200	250	300	350	350
净现金流量	–600	–400	300	350	500	450	400
累计净现金流量	–600	–1000	–700	–350	150	600	1000

由表 4-2 可知，静态投资回收期在第 3 年和第 4 年之间，按照式（4-6），该项目的静态投资回收期为：$P_t = 4-1+\dfrac{|-350|}{500}=3.7$（年）。

4.2.3 借款偿还期

借款偿还期是指可用于偿还借款的项目收益（税后利润、折旧、摊销及其他收益等）来偿还项目投资借款本金和利息所需要的时间。它是反映项目借款偿债能力的重要指标，计算公式为

$$P_d = (\text{借款偿还后出现盈余的年份} - \text{开始借款年份}) + \frac{\text{当年应偿还借款额}}{\text{当年可用于还款的收益额}} \tag{4-7}$$

借款偿还期满足贷款机构要求的期限时，即可认为项目具备借款偿还能力。

4.2.4 资产负债率

资产负债率是项目负债总额与资产总额之比，表明在整个项目资金构成中，债权人提供资金所占的比率。资产负债率揭示了项目投资者对债权人债务的保障程度，是分析项目长期债务清偿能力的重要指标。计算公式为

$$\text{资产负债率} = \frac{\text{负债总额}}{\text{资产总额}} \times 100\% \tag{4-8}$$

资产负债率为多少算是合理的，没有统一的规定，它取决于项目（企业）的利润率、银行贷款的利率、通货膨胀率、国民经济的积累率和国民经济发展水平。一般来说，项目盈利率较高，其可承受的负债率也可以高一些；贷款利率提高，会使企业负债减少；国民经济景气时，企业会承受高负债率。另外，规模较大、期限较长、投资额较大的项目，其资产负债率也较高。适度的资产负债率既能表明企业投资人、债权人的风险较小，又能表明企业经营安全、稳健、有效，具有较强的融资能力。国际上公认的较好的资产负债率是 60%。

4.2.5　流动比率

流动比率是项目流动资产与流动负债之比，计算公式是

$$\text{流动比率}=\frac{\text{流动资产}}{\text{流动负债}}\times 100\% \tag{4-9}$$

流动比率描述的是项目流动资产变现为现金以偿还流动负债的能力，流动比率的高低反映了项目承受流动资产贬值的能力和偿还中、短期债务能力的强弱。流动比率越高，说明该项目偿还能力越强。国际公认的标准比率是 200%，但行业之间的流动比率差异较大，一般来说，若行业生产周期长，流动比率就应适当提高；反之，就可以相对降低。

4.2.6　利息备付率

利息备付率是指在借款偿还期内的息税前利润与当年应付利息的比值，表明用当年利润来偿还利息的能力。息税前利润等于利润总额和当年应付利息之和，当年应付利息是指计入总成本费用的全部利息。利息备付率的计算公式如下：

$$\text{利息备付率}=\frac{\text{息税前利润}}{\text{应付利息}} \tag{4-10}$$

利息备付率表明利息支付的保证倍率或利息支付能力。对于正常经营的企业，利息备付率一般不宜低于 2，至少应大于 1，并结合债权人的要求确定。利息备付率低于 1，表明利润太低，不足以偿还借款利息，风险较高。

4.2.7　偿债备付率

偿债备付率是指在债务偿还期内，可用于还本付息的资金与应付还本付息额的比值，表明具有的偿还债务本息的能力。可用于还本付息的资金是指息税折旧摊销前利润减去所得税后的余额。当年应付还本付息额包括借款还本付息金额及计入总成本的全部利息。计算公式为

$$\text{偿债备付率}=\frac{\text{息税折旧摊销前利润}-\text{所得税}}{\text{应付还本付息额}} \tag{4-11}$$

偿债备付率表明偿付债务的保证倍率或债务支付能力。对于正常经营的企业，偿债备付率一般不宜低于 1.3，至少应大于 1，并结合债权人的要求确定。偿债备付率低于 1，表明可用于还本付息的资金不足以偿还当年债务。

4.3 动态评价指标

考虑了资金时间价值的评价方法称为动态评价方法。与静态评价方法相比，动态评价方法更加注重考察方案在其计算期内各年现金流量的具体情况，因此更加科学和全面，其应用较静态评价方法更广泛。

4.3.1 动态投资回收期

动态投资回收期（dynamic payback period）是指在给定的基准收益率下，用项目或方案各年净收益的现值来回收全部投资的现值所需的时间，计算公式为

$$\sum_{t=0}^{P_t'}(\mathrm{CI}-\mathrm{CO})_t(1+i_c)^{-t}=0 \tag{4-12}$$

式中，P_t' 为动态投资回收期；CI 为第 t 年的现金流入量；CO 为第 t 年的现金流出量；i_c 为基准收益率。

实际计算时，通常根据方案的现金流量采用表格计算的方法，并用式（4-13）。

$$P_t'=\text{累计净现金流量折现值开始出现正值的年份}-1+\frac{|\text{上年累计净现金流量折现值}|}{\text{当年的净现金流量折现值}} \tag{4-13}$$

利用动态投资回收期评价方案或项目时，是将动态投资回收期与基准投资回收期 T_0 进行比较来判断。判断准则是：$P_t' \leqslant T_0$，说明方案的经济效益好，方案可行；$P_t' > T_0$，说明方案的经济效益不好，方案不可行。当多个方案进行比较时，在每个方案自身满足 $P_t' \leqslant T_0$ 的条件下，投资回收期越短的方案越好。

【例 4-2】 某项目投资额、年投入和年经营成本见表 4-3 的上半部分，若年折现率为 8%，试计算该项目的动态投资回收期。

表 4-3 项目累计净现金流量现值 单位：万元

项目	年份							
	0	1	2	3	4	5	6	7
投资额	1000							
年收入		400	500	500	530	550	550	550
年经营成本		300	300	200	250	200	200	200
净现金流量	–1000	100	200	300	280	350	350	350
净现金流量现值	–1000	92.6	171.5	238.1	205.8	238.2	220.6	204.2
累计净现金流量现值	–1000	–907.4	–735.9	–497.8	–292.0	–53.8	166.8	371.0

解：由于各年的净现金流量不等，用类表法计算项目的动态投资回收期。

计算见表 4-3 下半部分，由于在计算的过程中，到第 6 年累计净现金流量现值就出现正值了，因此表 4-3 只计算到第 7 年。表 4-3 中，某年（如第 t 年）净现金流量的现值等

于当年现金流量的值按照给定的折现率计算到期初的值，即

$$第t年净现金流量现值=(\mathrm{CI}_t-\mathrm{CO}_t)(1+i)^{-t}$$

$$第t年累计净现金流量现值=\sum_{t=0}^{T}(\mathrm{CI}_t-\mathrm{CO}_t)(1+i)^{-t}$$

$$P_t'=6-1+\frac{|-53.8|}{220.6}=5.24\ （年）$$

通常动态投资回收期长于静态投资回收期，这是因为计算动态投资回收期考虑了资金的时间价值，先期投资的资金比未来资金价值更大。动态投资回收期具有静态投资回收期的优点和缺点，但由于资金具有时间价值的事实，动态投资回收期比静态投资回收期应用更广，在经济效果评价中应用更加普遍。

4.3.2 净现值

净现值（net present value，NPV）是对投资项目进行经济评价的最常用指标。它是按照一定的利率将各年的净现金流量折现到同一时刻（通常是期初）的现值之和，表达式为

$$\mathrm{NPV}=\sum_{t=0}^{n}(\mathrm{CI}_t-\mathrm{CO}_t)(1+i_c)^{-t} \tag{4-14}$$

式中，NPV 为项目或方案的净现值；CI_t 为第 t 年的现金流入量；CO_t 为第 t 年的现金流出量（包括投资）；n 为项目寿命周期；i_c 为基准折现率（净现值是采用基准收益率作为折现率的）。

利用净现值判断方案时，对单一方案而言，若 $\mathrm{NPV}\geqslant 0$，则方案可行，可以接受；若 $\mathrm{NPV}<0$，则方案不可行，应予以拒绝。净现值表示在设定的折现率 i_0 的情况下，方案在不同时点发生的净现金流量折现到期初时，整个寿命期内所能得到的净收益现值之和。如果方案的净现值等于零，则表示方案正好达到了基准收益率水平；如果方案的净现值大于零，则表示方案除能达到基准收益率外，还能得到超过期望的收益；如果净现值小于零，则表示方案达不到基准收益率水平。

【例 4-3】 某项目总投资为 4500 万元，投产后每年的运营收入为 1300 万元，年运营支出为 400 万元，该项目寿命期为 10 年，10 年后能回收净残值 300 万元。若基准收益率 $i_c=15\%$，问此项目是否值得投资？

解：

$$\begin{aligned}\mathrm{NPV}&=-4500+(1300-400)(P/A,15\%,10)+300(P/F,15\%,10)\\&=-4500+900\times 5.019+300\times 0.2472=91.26\ （万元）\end{aligned}$$

由于 $\mathrm{NPV}>0$，方案可行。

【例 4-4】 在例 4-3 中，若其他情况相同，但基准收益率 $i_c=20\%$，问此项目是否可行？

解：

$$\begin{aligned}\mathrm{NPV}&=-4500+(1300-400)(P/A,20\%,10)+300(P/F,20\%,10)\\&=-4500+900\times 4.192+300\times 0.1615=-678.75\ （万元）\end{aligned}$$

由于 $\mathrm{NPV}<0$，意味着在基准收益率 $i_0=20\%$ 的情况下，此投资在经济上是不合理的。

显然，净现值的大小与折现率 i 有很大的关系，但 i 变化时，NPV 也随之变化，对于具有常规现金流量（即在计算期内，开始时有支出而后才有收益，且方案的净现金流量序列的符号只改变一次的现金量）的投资方案，其净现值的大小随折现率的增大而单调减小，二者的关系如图 4-1 所示。

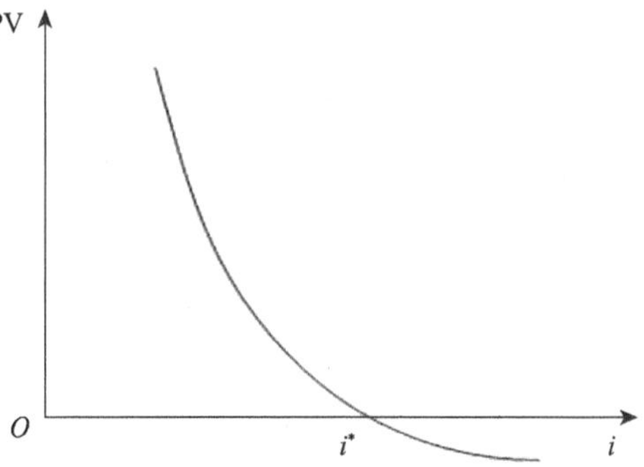

图 4-1　净现值与折现率的关系

按照净现值的评价准则，只要 $NPV(i) \geqslant 0$，方案就可以接受，但由于 $NPV(i)$ 是 i 的递减函数，基准收益率定得越高，方案被接受的可能性也就越小。例 4-3 和例 4-4 可以清楚地表明这一点。在图 4-1 中，在某一个 i^* 值上，净现值曲线和横坐标相交，表示该折现率下的净现值 $NPV(i^*) = 0$，且当 $i < i^*$ 时，$NPV(i) > 0$；$i > i^*$，$NPV(i) < 0$。i^* 是一个具有重要经济意义的折现率临界值，称为内部收益率。

净现值指标可以反映项目投资的盈亏情况，可以衡量出投资者对项目在经济上的满意程度，是反映方案投资盈利能力的一个重要动态指标。净现值指标的优点是：在给定现金流量、寿命期（或计算期）和折现率的情况下，都能算出一个唯一的净现值；考虑了资金的时间价值，并全面考虑了项目在整个计算期内的经济状况；克服了投资回收期的缺点，在理论上比投资回收期更完善；经济意义明确，可直接用货币表示项目的盈利水平，评价指标简单易行，在实践中被广泛应用。

利用净现值指标进行投资方案的经济效果分析也存在缺点：必须首先确定一个符合经济现实的基准收益率，而基准收益率的确定往往比较复杂；事先确定年收益，由于项目的资金来源渠道很多，各种资金来源渠道的资金成本不同，这使得资金成本仅具有理论上的意义，因而实际应用上会受到很大的限制；净现值不能说明项目运营期间各年的经营效果；净现值指标也不能直接反映项目投资中单位投资的使用效率。

4.3.3　净现值率

净现值率（net present value rate，NPVR）是指项目净现值与原始投资现值的比率。净现值率可以衡量不同投资方案的获利能力大小，说明某项目单位投资现值所能实现的净现值大小。净现值率小，单位投资的收益就低，净现值率大，单位投资的收益就高。净现值率的计算公式如下：

$$净现值率 = 项目净现值/原始投资现值 \tag{4-15}$$

例如，某投资项目寿命期为 8 年，项目开始时需要投资 100 万元，若该项目的预计净现值为 300 万元，则净现值率 = 300/100 = 3。

净现值率可以从动态角度反映项目投资的资金投入与净产出之间的关系，但无法直接反映投资项目的实际收益率水平。

4.3.4　内部收益率

内部收益率（internal rate of return，IRR）就是净现值为零时对应的折现率。也就是说，在这个折现率时，项目现金流入的现值之和等于现金流出的现值之和。随着折现率的不断增加，净现值逐渐减少。当折现率增加到 i^* 时，项目的净现值为零，这个 i^* 就是内部收益率。换句话说，内部收益率就是 NPV 曲线与横坐标交点处对应的折现率。那么，内部收益率就可以通过 NPV 的表达式来求解。满足式（4-16）的折现率为内部收益率：

$$\mathrm{NPV(IRR)} = \sum_{t=0}^{n} (\mathrm{CI} - \mathrm{CO})_t (1 + \mathrm{IRR})^{-t} = 0 \tag{4-16}$$

式（4-16）是一个高次方程，难以直接求出解。为了求解，通常采用“试算内插法”来求 IRR 的近似解。例如，图 4-2 中，给出 i_1 和 i_2 两个折现率，计算出它们对应的净现值 $\mathrm{NPV}(i_1)$、$\mathrm{NPV}(i_2)$，并且 $\mathrm{NPV}(i_1) > 0$，$\mathrm{NPV}(i_2) < 0$，然后用线性内插法计算 IRR 的近似值。

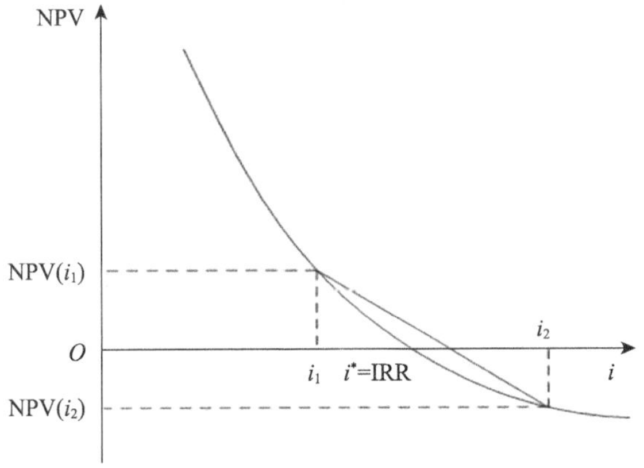

图 4-2　内插法求解 IRR

根据相似性的原理，图 4-2 中有如下关系：

$$\frac{i^* - i_1}{i_2 - i^*} = \frac{\mathrm{NPV}(i_1)}{|\mathrm{NPV}(i_2)|}$$

等比例变换可得

$$\mathrm{IRR} = i_1 + \frac{\mathrm{NPV}(i_1) \cdot (i_2 - i_1)}{\mathrm{NPV}(i_1) + |\mathrm{NPV}(i_2)|} \tag{4-17}$$

具体计算步骤如下。

（1）先列出 NPV 的表达式。

（2）给出一个折现率 i_1，计算对应的 NPV(i_1)，并不断试算，使得 NPV(i_1) > 0，且接近于 0。

（3）再给出一个折现率 i_2，计算对应的 NPV(i_2)，并不断试算，使得 NPV(i_2) < 0，且接近于 0。

（4）计算 $\Delta i = i_2 - i_1$，但选取的 i_2 和 i_1 的差别不能太大，要求 $i_2 - i_1 < 5\%$，目的是减少内插的误差。

（5）将上述数据代入式（4-17）计算 IRR。

IRR 的判断准则是：设基准折现率为 i_c，若 IRR≥i_c，则项目可行；若 IRR < i_c，则项目不可行。

实际上，在图 4-2 中，内部收益率相当于项目的盈亏平衡点。当利率低于盈亏平衡点 IRR 时，项目的净现值大于零，项目盈利；当利率高于盈亏平衡点 IRR 时，项目的净现值小于零，项目亏损。内部收益率被普遍认为是项目投资的盈利率，反映了投资的使用效率，概念清晰明确，比起净现值与将来值，各行各业的实际工作者更喜欢采用内部收益率。

【例 4-5】 某项目的净现金流量见表 4-4，若基准折现率为 10%，试求其内部收益率 IRR，并判断项目的可行性。

表 4-4 项目的净现金流量

年份（年末）	0	1	2	3	4	5
净现金流量/万元	–2000	300	500	500	500	1200

解：$\text{NPV} = -2000 + 300 \times (P/F,i,1) + 500(P/A,i,3)(P/F,i,1) + 1200(P/F,i,5)$。

取 $i_1 = 12\%$ 代入上式计算得 $\text{NPV}(i_1) = 19 > 0$；取 $i_2 = 14\%$ 代入上式计算得 $\text{NPV}(i_2) = -84 < 0$。

根据式（4-17）得 $\text{IRR} = 12\% + (14\% - 12\%) \times \dfrac{19}{19+84} = 12.4\%$。

该项目的 IRR = 12.4% > 10%，所以项目在经济上是可行的。

内部收益率的经济含义是，在项目的寿命期内，项目投资将不断通过项目的净收益加以回收，其尚未回收的资金将以 IRR 的收益率获得收益，直到项目计算期结束时才回收全部投资。从这个角度来看，内部收益率反映了项目“偿付”未被回收的投资的能力。它不仅受项目初始投资规模的影响，而且受项目寿命期内各年净收益大小的影响，取决于项目内部的状况。

【例 4-6】 在例 4-5 中，已经计算出其内部收益率为 12.4%，并且是唯一的，按此收益率计算收回全部投资的过程，见表 4-5。

表 4-5　收回全部投资计算过程表（IRR = 12.4%）　单位：万元

年份	净现金流量（年末） ①	年初未回收的投资 ②	年初未回收的投资到年末的金额 ③ = ② × (1 + IRR)	年末尚未回收的投资 ④ = ③ − ①
0	−2000			
1	300	2000	2248	1948
2	500	1948	2189	1689
3	500	1689	1898	1398
4	500	1398	1571	1071
5	1200	1071	1203	3

解：由表 4-5 可以看出，从第 0 年到第 5 年末的整个寿命期内，每年均有尚未回收的投资，直到第 5 年末即寿命期结束时，才几乎收回全部投资（由于内部收益率是近似值，计算有误差）。

内部收益率计算通常适用于常规投资项目，否则会出现内部收益率的多个解，造成评价指标失效。常规投资项目是指在项目寿命期内除了建设期或投产初期的净现金流量为负值外，其余年份的净现金流量均为正值，寿命期内净现金流量的正负号只从负到正变化一次，并且所有负现金流量都出现在正现金流量之前。

4.4　定性效果指标

4.4.1　定性效果指标含义

当工程项目的效果难以用货币方式表达时，以上的项目评价指标将无法使用。这种情况下只能用定性效果指标来衡量项目的产出效果及其影响，如工程项目的社会效益、环境效益等产出效果。工程项目不同，定性效果指标都会不同，差别会相当大。尤其对于一些公共投资项目，或者没有经济收益的项目，通常要依靠定性效果指标的评价来决定投资项目的可行与否。

定性效果指标的特点：①效果指标客观存在，而且指标很多，范围广泛，差别较大；②很多指标是非经济方面的，难以或不易测量，更难以货币化，即使量化了指标，由于指标的量纲不同，也难以放在一起评价计算；③由于没有数据支持，定性效果指标评价以非价值形态的评价为主，因此对定性效果指标的评价人为因素影响较大，方案比选时主观因素影响较大，规范性差，评价可信度较差。

4.4.2　定性效果指标分类及内容

对大量的定性效果指标进行梳理、筛选、归类，总结出项目定性效果指标的分类和内容，如表 4-6 所示。这些指标在不同项目中会以不同形式表现出来。

表 4-6 定性效果指标的分类和内容

分类	分项	内容
社会	人口就业	增加人员就业
	生活质量	社会福利、促进消费、提升健康、减少病患、延长寿命
	安全和社会稳定	防止和减少犯罪、防火防盗、改善治安状况、化解社会冲突
	区域发展	改善区域产业结构、改善基础设施和公共服务、土地增值
	人口素质	提升教育水平、吸引优秀人才
环境	景观与生态	改善景观、提升环境质量、提高生态化水平、动植物保护
	污染物排放	减少三废排放、减少碳排放、降低噪声振动
	利用废物	利用三废、循环经济、生态文明
	节能	降低化石能源消耗
	节能资源	节约土地、矿产、水资源等不可再生资源
科技	提升科技水平	专利、科技进步、科技创新、技术扩散
文化	提升文化实力	精神文明、价值取向、艺术追求、自然文化遗产、风俗和禁忌
政治	政局稳定	思想观念、减少仇视、巩固政权
	保障民生	减少贫困、社会公平、民主人权
国防	国际影响	一带一路、人类命运共同体、双边关系、增强互信
民族	改善民族关系	民族精神、民族团结、民族和解、增进友好、促进融通
宗教	解决宗教问题	尊重宗教信仰自由、团结信教群众、发挥宗教正面作用

4.4.3 定性效果指标评价方法

定性效果指标单靠定性的描述是无法进行评价比较的，必须找到一些数学的方法进行量化再进行评价。用来进行定性效果评价的方法有很多，包括层次分析法、模糊综合评判法、灰色关联度分析法、主成分分析法、功效系数法、效果成本分析法等。

1. 层次分析法

层次分析法（analytic hierarchy process，AHP）是按目标、准则、方案的层次将决策问题中的各个因素分解为不同的层次结构，然后用求解判断矩阵特征向量的方法，求得每一层次的各个元素对上一层次某元素的优先权重，最后再使用加权和的方法进行递阶归并，得到各备选方案对总目标的最终权重，此最终权重最大者即为最优方案。

层次分析法是一个系统性的分析方法，具有简洁实用的特点，所需定量数据信息较少，但也有明显的缺点：其定量数据较少，定性成分较多，不易令人信服。

2. 模糊综合评判法

模糊综合评判法（fuzzy comprehensive evaluation，FCE）从多个指标对被评价事物隶属等级状况进行综合性评判，把被评判事物的变化区间做出划分，既可以顾及对象的层次性，使得评价标准、影响因素的模糊性得以体现，又可以在评价中充分发挥人的经验，使评价结果更客观。

将模糊综合评判法与层次分析法结合，又产生了模糊层次分析法。

3. 灰色关联度分析法

灰色关联度分析法（grey relational analysis，GRA）是一种多因素统计分析方法，它是以一个因素的样本数据为依据，用灰色关联度来描述因素间的关系的强弱、大小和次序，若样本数据反映出的两因素变化的态势基本一致，则它们之间的关联度较大，反之关联度较小。

4. 主成分分析法

主成分分析法（principal component analysis，PCA）利用降维的思想，把多指标转化为少数几个综合指标，其中每个组成分都能够反映原始变量的大部分数据，且所含信息互不重复。这种方法在引进多方面变量的同时将复杂因素归结为几个主成分，使问题简单化，同时得到的结果更加科学有效。

5. 功效系数法

功效系数法（efficacy coefficient method，ECM）又称为功效函数法，其基本原理是：对每一个待评价指标确定一个满意值和不允许值（即上限和下限），然后将满意值和不允许值的差额作分母，将评价指标和不允许值的差额作分子，计算功能系数，最后，根据各函数值进行加权平均，就可以计算出综合评价指标值。

6. 效用成本分析法

这种方法是功效系数法的延伸。先判定方案的效用值，这个效用值是个衍生系数，可以通过打分法等计算得到。成本效用计算指标一般用[*U/C*]表示，即

$$[U/C]=\text{效用}/\text{成本} \tag{4-18}$$

判定准则是：当成本一定时，效用越大越好，或者效用一定时，成本越小越好。

定性效果指标的评价无论采用哪种方法，通常都需要确定指标的权重。确定指标权重的方法有许多种，主要包含主观赋权法和客观赋权法两大类。主观赋权法的原理是借助咨询专家的意见（或社会调查问卷结果）来进行各个指标权重的确定，其能够较好地反映专家或社会公众的偏好和意见，但太依赖于专家的知识和经验，专家的选取对于评价至关重要。客观赋权法主要通过对指标的数据（通常为非货币化数据）分析比较来确定指标的权重。由于其以数据分析为基础，精确度和可信度高于主观赋权法。

【例 4-7】 某设计院在设计某建筑结构时面临四种新型建筑墙体结构体系可选择，于是采用安全性、耐久性、抗震性、耐火性、施工便利性五个指标进行方案比选。五个指标的权重和每种结构体系的效用分值通过专家打分得到，每平方米建筑面积的造价根据经验获得。上述数据见表 4-7。试采用效用成本分析法进行优选决策。

解：采用效用成本分析法，首先计算各体系的效用系数值，即效用分值乘以权重，其次汇总得到各体系的效用值，最后分别除以相应的造价，就得到成本效用计算指标[*U/C*]，见表 4-8。

可见，体系 D 的[*U/C*]最高，应该选择 D 方案。

表 4-7　某建筑结构体系数据

指标	权重①	体系 A	体系 B	体系 C	体系 D
		效用分值②	效用分值③	效用分值④	效用分值⑤
安全性	45%	70	50	70	90
耐久性	20%	20	30	50	30
抗震性	15%	30	70	50	50
耐火性	5%	30	70	50	50
施工便利性	15%	20	40	10	10
造价/米 ^{2}		488	468	520	508

表 4-8　某建筑结构体系数据和效用系数矩阵表

指标	权重①	体系 A		体系 B		体系 C		体系 D	
		效用分值②	效用⑥=②×①	效用分值③	效用⑦=③×①	效用分值④	效用⑧=④×①	效用分值⑤	效用⑨=⑤×①
安全性	45%	70	31.5	50	22.5	70	31.5	90	40.5
耐久性	20%	20	4.0	30	6.0	50	10.0	30	6.0
抗震性	15%	30	4.5	70	10.5	50	7.5	50	7.5
耐火性	5%	30	1.5	70	3.5	50	2.5	50	2.5
施工便利性	15%	20	3.0	40	6.0	10	1.5	10	1.5
合计	100%		44.5		48.5		53		58
造价/米 ^{2}		488		468		520		508	
$[U/C]$		0.091		0.104		0.102		0.114	

复习思考题

1. 静态评价指标中有哪些主要指标？
2. 动态评价指标中有哪些主要指标？
3. 定性效果指标有哪些？如何进行评价？

习　题

1. 某工程项目投资和收益的净现金流量如表 4-9 所示，设 $i_c = 8\%$，计算期为 10 年，试计算该项目的静态投资回收期和动态投资回收期。

表 4-9　某工程项目投资和收益的净现金流量表　　　单位：万元

年数	1	2	3	4	5	6	7	8	9	10
净现金流量	−200	−300	−100	150	200	200	200	200	250	250

2. 某一临时建筑需要 8000 万元建造，拆除残值为 1000 万元。假定每年净收益为 1500 万元，使用 10 年时其内部收益率是多少？若希望得到 12%的收益率，则该建筑至少需要使用多少年才值得投资？

中篇

工程经济分析方法

第5章　工程经济评价的多方案比选

5.1　工程经济评价的多方案比选概述

前面介绍的经济效益评价指标用于评价独立项目或方案本身是否达到了标准要求、是否可行、是否效果显著，但在实际项目的经济评价中，往往需要在多个备选方案中进行比较和选择。对于多方案的比选，除了可以应用前面介绍的独立方案的经济效益评价指标外，还可以运用多方案的评价指标，如增量投资回收期、增量投资收益率、增量净现值、增量内部收益率等。事实上，多方案的评价指标是独立方案的经济效益评价指标的延伸。

在进行多方案比选时，备选方案之间通常有三种关系：①各方案互不相容、互相排斥；②各方案的现金流量互不关联，具有独立性；③各方案之间存在相关关系，任一方案的取舍都会对其他方案的取舍产生影响。根据方案间的关系，可以将工程经济评价的多方案比选划分为以下几种类型：互斥方案比选、独立方案选择、混合方案选择、其他方案选择等。不同类型的多方案比选，使用的评价方法不同。本章在分析备选方案及其类型的基础上，讨论如何正确运用各种评价指标进行备选方案的评价与选择。

5.2　互斥方案比选

互斥方案是指方案之间存在互不相容、互相排斥的关系，且在多个比选方案中只能选择一个方案，这种择此就不能择彼的多方案组合就叫作互斥方案。比如，同一建筑的结构类型选择就是互斥方案，使用砖混结构、框架结构还是钢结构，只能选一个；还有厂址的选择，一个地点就是一个方案，不同地点的方案选择就是互斥型的。由于互斥方案是只能从中选择一个方案，因此，选择互斥方案时，它们的现金流量之间不存在相关关系。

方案的互斥关系决定了人们只能在若干方案中选择一个方案作为最佳方案实施。由于每一个方案都具有相同的被选择的可能性，为了使资金发挥最大的效益，就需要进行比选，以确定一个最优方案。该类型方案的经济效果评价包括两点。

（1）绝对效果检验：考察备选方案中各方案自身的经济效果是否满足评价准则的要求。

（2）相对效果检验：考察备选方案中哪个方案相对最优。

绝对效果检验实际上和单一方案经济效果评价方法相同，而相对效果检验是在绝对效果检验的基础上选择最优。两种检验的目的和作用不同，通常情况下缺一不可，以确保所选方案可行且最优。

5.2.1 互斥方案静态评价方法

1. 增量投资回收期法

增量投资回收期也称为追加投资回收期或差额投资回收期，是指用两个互斥方案相比较的成本的节约额来回收其投资的增加额所需要的期限。该方法是通过计算增加的投资是否能在期望的时间内回收，来判断投资额不等的两个方案的优劣。

对于甲、乙两个投资额不等的互斥方案，不妨假定甲方案的投资额 I_1 小于乙方案的投资额 I_2，如果甲方案相比乙方案成本少或净收益高，显然甲方案就是最理想的方案，但常见的情况是，投资少的方案往往经营成本较高或净收益较少，而投资多的方案经营成本较低或者净收益较高。针对这种情况，设甲方案的经营成本为 C_1，乙方案的经营成本为 C_2，此时有 $C_1 > C_2$；或者设甲方案的年净收益为 A_1，乙方案的年净收益为 A_2，此时有 $A_1 < A_2$。

乙方案在甲方案基础上的增量投资为 $I_2 - I_1$，所带来的效果为经营成本的节约（$C_1 - C_2$），或者年净收益的增加（$A_2 - A_1$）。增量投资什么时候能够收回来，是投资者关心的问题，当各年经营成本的节约基本相同，或者各年净收益的增加基本相同时，计算增量投资回收期的表达式为

$$\Delta P_t = \frac{I_2 - I_1}{C_1 - C_2} = \frac{I_2 - I_1}{A_2 - A_1} \tag{5-1}$$

式中，ΔP_t 为增量投资回收期。计算出来的增量投资回收期，若小于标准投资回收期，则投资大的方案为优；反之，则投资小的方案为优。

【例 5-1】 某项目建设有两个设计方案，第一方案采用比较先进的技术设备，投资额为 2000 万元，年成本为 300 万元；第二方案投资额为 1500 万元，年成本为 400 万元，两个方案的年销售收入均为 600 万元。如果标准投资回收期为 10 年，试用增量投资回收期指标比较两个方案。

解：首先进行绝对效果检验，分别计算两个方案的投资回收期。

$$第一方案：P_{t1} = \frac{I_1}{A_1} = \frac{2000}{600-300} = 6.67\text{（年）} < 10\text{（年）}$$

$$第二方案：P_{t2} = \frac{I_2}{A_2} = \frac{1500}{600-400} = 7.5\text{（年）} < 10\text{（年）}$$

两个方案的投资回收期均小于标准投资回收期 10 年，就单方案而言，均可行。然后进行相对效果检验，计算增量投资回收期：

$$\Delta P_t(1-2) = \frac{I_1 - I_2}{C_2 - C_1} = \frac{2000-1500}{400-300} = 5\text{（年）} < 10\text{（年）}$$

或者

$$\Delta P_t(1-2) = \frac{I_1 - I_2}{A_1 - A_2} = \frac{2000-1500}{300-200} = 5\text{（年）} < 10\text{（年）}$$

第一方案较第二方案增加的投资为 500 万元，在 5 年内就能回收，低于标准投资回收期 10 年，故增加投资可行，所以第一方案优于第二方案。

2. 增量投资收益率法

增量投资收益率指增量投资所带来的经营成本的节约与增量投资之比。假定甲方案的投资额 I_1 小于乙方案的投资额 I_2，甲方案的经营成本为 C_1，乙方案的经营成本为 C_2，此时有 $C_1 > C_2$；或者设甲方案的年净收益为 A_1，乙方案的年净收益为 A_2，此时有 $A_1 < A_2$。增量投资收益率的表达式为

$$\Delta R = \frac{C_1 - C_2}{I_2 - I_1} = \frac{A_2 - A_1}{I_2 - I_1} \tag{5-2}$$

式中，ΔR 为增量投资收益率。不难看出，增量投资收益率和增量投资回收期两个指标互为倒数，即 $\Delta R = 1/\Delta P_t$。若计算出来的增量投资收益率大于基准投资收益率，则投资大的方案可行，它表示投资的增量（$I_2 - I_1$）完全可以由经营成本的节约（$C_1 - C_2$）或年净收益的增加（$A_2 - A_1$）来得到补偿。反之，投资小的方案为优。

5.2.2　互斥方案动态评价方法

1. 寿命期相同的互斥方案比选

1）净现值法

净现值法的基本步骤如下。

（1）计算各个备选方案的净现值、净年值（net annual value，NAV）、内部收益率等，检验各个方案的绝对经济效果，淘汰 NPV < 0、NAV < 0 以及 IRR < i_c 等的方案。

（2）对绝对经济效果合格的方案，比较其净现值，以净现值最大的方案为最优方案。上述方法、步骤同样适用于净现值的等效指标——净年值和净终值，即计算净年值和净终值指标也会得出一致的结论。

【例 5-2】 有三个互斥投资方案 A、B、C，各自的初期投资额、每年末的收益及费用见表 5-1。各投资方案的寿命期皆为 10 年，10 年后残值额为 0，基准收益率 $i_c = 15\%$，试进行方案比较。

表 5-1　A、B、C 投资方案收益和费用表　　单位：万元

投资方案	初期投资	销售收益	作业费用	净现金流量
A	5 000	2 400	1 000	1 400
B	8 000	3 100	1 200	1 900
C	10 000	4 000	1 500	2 500

解：为了准确地选择方案，首先画出三个方案的现金流量图，如图 5-1 所示。当各方案的寿命期相同时可用下述方法求解。

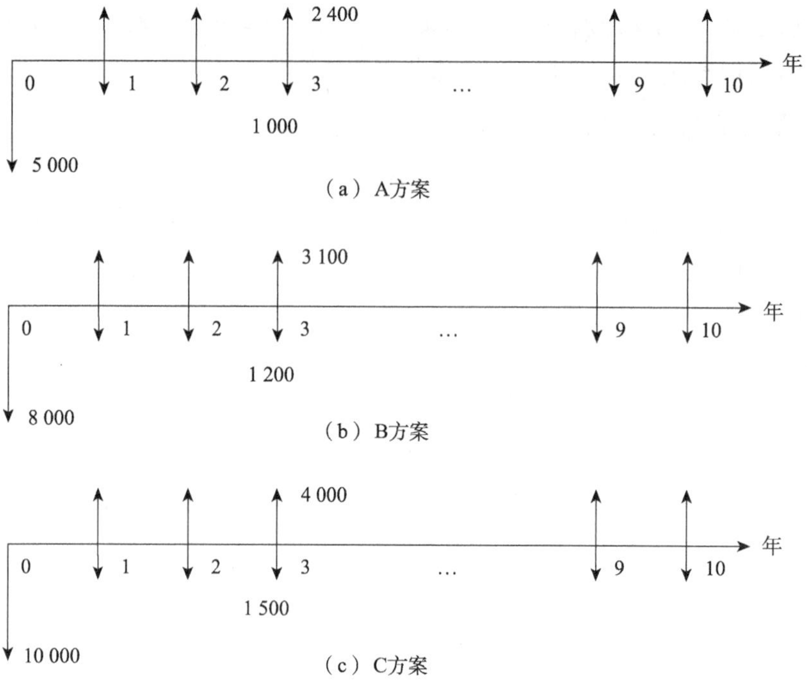

图 5-1　现金流量图

第一步：绝对效果检验。

各方案的净现值 NPV_A 、 NPV_B 、 NPV_C 计算如下：

$$NPV_A = -5000 + (2400 - 1000)(P/A,15\%,10) = 2026.32 \text{（万元）}$$

$$NPV_B = -8000 + (3100 - 1200)(P/A,15\%,10) = 1535.72 \text{（万元）}$$

$$NPV_C = -10\,000 + (4000 - 1500)(P/A,15\%,10) = 2547.00 \text{（万元）}$$

由于 $NPV_A > 0$， $NPV_B > 0$， $NPV_C > 0$，三个方案均通过绝对效果检验。

第二步：相对效果检验。

由于 C 方案的净现值最高， $NPV_B < NPV_A < NPV_C$ ，应采用 C 方案，拒绝 A 和 B 方案。

2）增量净现值法

增量净现值法的比选原理是：以基准折现率为基准，判定投资多的方案比投资少的方案所增加的投资是否值得，即增量部分与寿命期内增加的收益的净现值之和是否大于或等于零。当然，除了增量部分应满足基准折现率的收益水平外，两方案的相同部分（基础方案）必须首先满足这一基准水平。在具体比选上，分为以下几个步骤进行。

（1）先将寿命期相同的排他型方案按增量递升顺序排序。零投资的方案 A_0 也被排入，以判定基础方案是否满足基准折现率要求的收益水平。

（2）将投资额小的方案 A_i 作为临时最优方案，投资额大的方案 A_j 作为竞争方案（$j > i$）。按方案投资的递升顺序逐步计算两方案增量部分 $A_j - A_i$ 的净现值 $\Delta NPV_{A_j - A_i}$ 。若

$\Delta NPV_{A_j-A_i} \geqslant 0$，则表明增量部分是值得的，即 A_j 方案优于 A_i 方案，故竞争方案取代原临时最优方案作为新的临时最优方案；若 $\Delta NPV_{A_j-A_i} < 0$，则竞争方案不如临时最优方案而被淘汰。

（3）按顺序用新的竞争方案与临时最优方案比较，不断重复步骤（2），直至所有方案比较完毕，找出最后最优方案。

【例 5-3】 以例 5-2 的数据为例，采用增量净现值法选择最优方案。

解：（1）按初始投资额递增顺序排列方案，见表 5-2，其中 0 表示零投资方案。

表 5-2　方案现金流量情况表　　单位：万元

项目	0	A	B	C
初始投资额	0	5 000	8 000	10 000
年净现金流量	0	1 400	1 900	2 500

（2）将零投资方案 0 作为临时最优方案，计算 A−0 方案净现值。

$$\Delta NPV_{A-0} = -5000 + (1400 - 0)(P/A,15\%,10) = 2026.32\ （万元）$$

因 $\Delta NPV_{A-0} > 0$，A 方案为合格方案，作为临时最优方案。

（3）B 方案与 A 方案差额的比较。B 方案较 A 方案初期投资多 3000 万元，每年的净收益多 500 万元。用 ΔNPV_{B-A} 表示 B 方案较 A 方案增加现金流量部分的净现值，计算为

$$\Delta NPV_{B-A} = NPV_B - NPV_A = -8000 + 5000 + (1900 - 1400)(P/A,15\%,10) = -490.60\ （万元）$$

因 $\Delta NPV_{B-A} < 0$，可以判定 A 方案较 B 方案有利。

（4）同样，C 方案与 A 方案差额的比较。其差额的现值为

$$\Delta NPV_{C-A} = NPV_C - NPV_A = -10\,000 + 5000 + (2500 - 1400)(P/A,15\%,10) = 520.68\ （万元）$$

因 $\Delta NPV_{C-A} > 0$，判定 A 方案不如 C 方案有利，因而最优的方案为 C 方案，这与前文求解的结果一致。在采用增量净现值法进行方案的比选时，首先应对比选方案进行单方案检验，只有可行的方案才能参加方案的评选。

3）增量内部收益率法

在进行多方案比选时，应使用内部收益率法中的增量分析法，即增量内部收益率法来比选。如果直接按各个方案内部收益率的高低来评选方案，有时会得出错误的结论。增量内部收益率的表达式为

$$\sum_{t=0}^{n} (\Delta CI - \Delta CO)_t \cdot (1 + \Delta IRR)^{-t} = 0 \qquad (5\text{-}3)$$

式中，ΔIRR 为方案的增量内部收益率。采用增量内部收益率评选方案的标准是：若 $\Delta IRR \geqslant i_c$，则说明投资额大的方案优于投资额小的方案，保留投资额大的方案；若 $\Delta IRR < i_c$，则保留投资额小的方案。增量内部收益率只能说明增量投资部分的经济合理性，即 $\Delta IRR \geqslant i_c$，并不能说明全部投资的经济效果，所以在采用增量内部收益率进行方案比选时，首先应对比选方案进行单方案检验，只有可行的方案才能参加方案的评选。

在互斥方案进行比选时，净现值最大准则是正确的判断准则，而内部收益率最大准则不能保证比选结论的正确性。净现值最大准则的正确性是由基准收益率——最低希望收益率的经济意义决定的。一般来说，最低希望收益率应该等于被拒绝的投资机会中最佳投资机会的盈利率，因此净现值就是拟采纳方案较被拒绝的最佳投资机会多得的净收益，其值越大越好。这符合盈利最大化的决策目标的要求。

2. 寿命期无限的互斥方案比选

有一些公用事业项目，如大坝、铁路、运河等，可以反复维修更新使其寿命延长至很长的年限，甚至可以将其看作永久项目。其现金流量大致呈周期性规律的变化，不难发现寿命期无限方案的现金流量的现值和年值之间存在着一定的关系。

按资金等值原理，可知：$P = A(P/A,i,n) = A\dfrac{(1+i)^n - 1}{i(1+i)^n}$。

对于寿命期无限的项目来说，意味着 $n \to \infty$，这时：

$$P = \lim_{n\to\infty}\left[A\frac{(1+i)^n - 1}{i(1+i)^n}\right] = \frac{A}{i}\lim_{n\to\infty}\left[1 - \frac{1}{(1+i)^n}\right] = \frac{A}{i} \tag{5-4}$$

应用式（5-4）可以方便地解决寿命期无限的互斥方案的比较问题。方案的初始投资费用再加上假设永久运营所需要的成本支出和维护费用支出的现值，构成了方案的费用现值，此过程称为资本化成本。比较互斥方案的费用现值，较小者为优。

【例 5-4】 为修建某河的大桥，经研究有两处可以选点建造，在 A 点建桥，投资为 3000 万元，年维护费用为 10 万元，每十年大修一次费用为 150 万元；在 B 点建桥，投资为 2800 万元，年维护费用为 15 万元，每五年大修一次费用为 100 万元。若利率为 8%，哪个方案更经济？

解：A 方案的费用现值为 $PC_A = P_0 + P_A = P_0 + A/i$。

$$PC_A = 3000 + \frac{10}{8\%} + \frac{150\times(A/F,8\%,10)}{8\%} = 3254.38 \text{（万元）}$$

B 方案的费用现值为 $PC_B = 2800 + \dfrac{15}{8\%} + \dfrac{100\times(A/F,8\%,5)}{8\%} = 3200.63$（万元）。

由于 $PC_A > PC_B$，B 方案比较经济。

3. 寿命期不等的互斥方案比选

前文讨论的各种方案的比选，在没有特别说明的情况下，实际上都假设了各个参与比选的方案寿命期是相等的。严格地说，如果两个方案的寿命期不等，是不能直接用上述的净现值等方法进行经济性比较的，因为不具备时间可比性。但是，实际工作中往往又常遇到这类寿命期不等的项目之间的比选问题，这时必须对方案的服务期做出某种假设，使得备选方案在相同的寿命期基础上进行比较，以保证得到合理的结论。常用的方法有三种。

1）年值法

年值法指将投资方案在计算期内的收入与支出按一定的折现率换算为等值年值，来评价选择方案的方法。该方法简便易行，应用最多。设有多个互斥方案，寿命期分别是 $n_1,n_2,n_3,\cdots$，方案 j（j=1, 2, 3,…）在其寿命期内的净年值为

$$\mathrm{NAV}_j = \mathrm{NPV}_j(A/P, i, n_j) = P\frac{i(1+i)^n}{(1+i)^n-1} \tag{5-5}$$

净年值最大且不为负数的方案为最优可行方案。

用年值法进行不同寿命期的互斥方案比选，实际上隐含着这样的假定：各方案在其寿命期结束后均可以按原方案无限多次重复实施，从而使得各方案可以以“年”为时间单位来比较优劣。

2）最小公倍数法

最小公倍数法又称为方案重复性假设法，是以各备选方案计算期的最小公倍数作为方案比选的共同计算期，并假设各个方案均在这一共同的计算期内重复进行，即各备选方案在其原计算期结束后，均按照方案原计算期内的现金流量系列重复出现在第 2 个、第 3 个、…、第 n 个重复的计算期内，直到共同的计算期结束。在此基础上计算各个方案的净现值，以净现值最大且大于零的方案为最优方案。

如果根据备选方案的寿命期算得的最小公倍数很大，则可以取无穷大计算期法计算净现值，按照前文关于寿命期无限方案的评价方法来计算各个方案的净现值，以净现值最大且大于零的方案为最优方案。

3）研究期法

最小公倍数法存在着不足，因而有时不能采用，针对寿命期不等的互斥方案比选，还可以采用另一种方法来确定各备选方案共同的计算期——研究期法。这种方法是根据对方案产品市场前景的预测，直接选取一个适当的分析期作为各个备选方案共同的计算期，这样各个方案就具备时间可比性了。

研究期的选择要视具体情况而定，主要有以下三类。

（1）以寿命期最短方案的寿命为各方案共同的寿命期，令寿命较长的方案在共同寿命期末保留一定的残值。

（2）以寿命期最长方案的寿命为各方案共同的寿命期，令寿命较短的方案在寿命终止时，以同种固定资产或其他新型固定资产进行更替，直至达到共同寿命期为止，期末可能尚存一定的残值。

（3）规定各个方案统一的计划服务年限，计划服务年限不一定等同于各个方案的寿命。在达到计划服务年限前，有的方案可能需要进行固定资产更替；而在服务期满时，有的方案可能存在残值。

5.3　独立方案选择

独立方案的采用与否，只取决于方案自身的经济性，且不影响其他方案的采用与否。

独立方案的这一特点，决定了独立方案的现金流量及效果具有可加性。一般独立方案的选择分为以下两种情况：一种情况是没有资源限制的情况，如果独立方案之间共享的资源（通常为资金）足够多，则任何一个方案只要是经济上可行的，都可以采纳并实施；另一种情况是有资源限制的情况，如果独立方案之间共享的资源是有限的，不能满足所有方案的需要，则在不超出资源限制的条件下，在可行方案中选择其中的某一些方案作为最终实施的方案，这些被选中的方案组合应该是能够产生最佳经济效果的方案组合。

5.3.1 不受资金约束的独立方案的比选

如果没有资金约束，独立方案又称为完全独立方案。完全独立方案的现金流相互独立，不具有相关性，且任一完全独立方案的采用与否都不影响其他方案的决策。如果决策的对象是单一方案，则可以认为是独立方案的特例。

不受资金约束的独立方案的投资决策是比较容易的，只需进行绝对效果检验。独立方案经济评价常用的评价指标有：净现值、内部收益率、净年值等。计算各方案的净现值、内部收益率或净年值中的任一指标，只要指标达到评价标准，对于通过绝对效果检验的方案，就认为它在经济效果上是可以接受的，否则就应予以拒绝。

【例 5-5】 两个独立方案 A 和 B，其净现金流见表 5-3，不具有相关性，资金不受约束。试判断其经济可行性（$i_c = 15\%$）。

表 5-3 独立方案 A 和 B 的净现金流 单位：万元

方案	初始投资额	1～10 年收益
A	2000	450
B	2000	300

解：

$$\mathrm{NPV_A} = -2000 + 450(P/A,15\%,10) = 258.46 \text{（万元）}$$

$$\mathrm{NPV_B} = -2000 + 300(P/A,15\%,10) = -494.36 \text{（万元）}$$

$\mathrm{NPV_A} > 0$，A 方案可接受；$\mathrm{NPV_B} < 0$，B 方案应予拒绝。

5.3.2 有资金约束的独立方案的比选

一般情况下，由于项目的经济条件有限，所能够采用的方案数目会受到项目财力、物力和人力的限制，这样就使得独立方案的比选成为有约束条件的选择。在资金总额约束的条件下，项目方案比选的实质是排列各方案的优先次序，使净收益大的方案优先采纳，在不超过有限资金总额的条件下，选取能够带来总收益最多的一组方案。常用的有资金约束的独立方案比选有两种方法：独立方案互斥化法和效率指标排序法。

1. 独立方案互斥化法

独立方案互斥化法的原理是将独立方案的所有组合列出来，每个组合形成一个组合方案（其现金流量为被组合方案现金流量的叠加），这些组合方案之间是互斥关系，称为组合互斥方案，由于是所有可能的组合，而最终的选择只可能是其中一种方案组合，因此所有可能的组合方案形成互斥关系，可按互斥方案的比选方法确定最优的方案组合，最优的方案组合即是独立方案的最佳方案选择。

用净现值指标评价的基本步骤如下。

（1）分别对各独立方案进行绝对效果检验，即剔除 NPV < 0 或 IRR < i_c 的方案。

（2）对通过绝对效果检验的独立方案，列出所有可能的方案组合，将所有的组合按初始投资额从小到大的顺序排序。

（3）排除投资超过投资资金限制的方案组合。

（4）对所剩的方案组合按互斥方案的比选方法确定最优的方案组合，可用净现值法，即分别计算各方案组合的净现值，以净现值最大者为最佳组合，也可用增量内部收益率法选择最佳方案组合，不过结论和净现值法是一致的。

【例 5-6】 有三个独立方案 A、B 和 C，寿命皆为 10 年，现金流量见表 5-4。基准收益率 $i_c = 10\%$，投资资金限制为 7000 万元，要求选择最佳方案组合。

表 5-4　独立方案现金流量　单位：万元

方案	初始投资	年净收益
A	2500	580
B	3200	640
C	3800	760

解：首先分别计算各独立方案的净现值，剔除单一方案不可行者。按照所有可能方案的投资额的大小排序（包括 0 方案），见表 5-5。

表 5-5　组合-互斥方案现金流量计算　单位：万元

序号	方案组合	初始投资	年净收益	净现值
1	0	0	0	0
2	A	2500	580	1063.87
3	B	3200	640	732.54
4	C	3800	760	869.90
5	A + B	5700	1220	1796.41
6	A + C	6300	1340	1933.76
7	B + C	7000	1400	1602.44
8	A + B + C	9500	—	—

由于方案组合 A + B + C 的投资额为 9500 万元 > 7000 万元，可不计算此组合。观察对比表 5-5 中各组合的净现值，A + C 的净现值最大且大于 0，所以 A + C 为最优方案组合，A 方案和 C 方案是最优的选择。

2. 内部收益率或净现值率排序法（效率指标排序法）

内部收益率排序法是根据资源效率指标的大小确定独立项目的优先顺序，然后根据资源约束条件确定最优项目组合。

【例 5-7】有 6 个独立方案的现金流量见表 5-6，寿命期均为 6 年，基准收益率 $i_c=10\%$。①若资金限制为 520 万元，选择哪些项目最有利？②若资金限制为 500 万元，选择哪些项目最有利？

表 5-6　独立方案现金流量　　　　单位：万元

项目	初始投资（I）	年净收益（R）
A	120	36.0
B	110	23.8
C	90	30.4
D	160	42.4
E	150	56.6
F	140	34.0

解：首先求出各个项目的内部收益率，内部收益率可按照下式计算：

$$-I+R(P/A,\mathrm{IRR},6)=0$$

因此有：$\mathrm{IRR_A}=20\%$，$\mathrm{IRR_B}=8\%$，$\mathrm{IRR_C}=25\%$，$\mathrm{IRR_D}=15\%$，$\mathrm{IRR_E}=30\%$，$\mathrm{IRR_F}=12\%$。

图 5-2 表示各个项目按照内部收益率高低的排序，纵坐标表示内部收益率，横坐标表示投资额的累计值，虚线表示基准收益率水平 i_c。

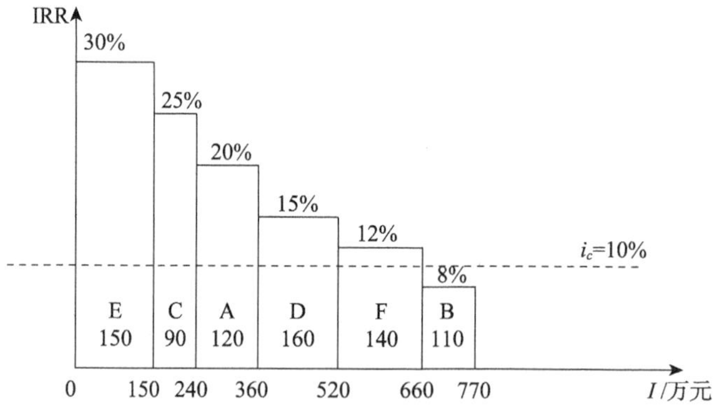

图 5-2　项目优劣顺序图

（1）若资金限制为 520 万元，由图 5-2 可知，按照内部收益率的高低优先选择 E、C、A、D，且 E、C、A、D 四个项目的投资额刚好等于 520 万元。B 项目 $\mathrm{IRR_B}=8\%<i_c$，故无论有没有剩余资金都应该被淘汰，F 项目虽然 $\mathrm{IRR_F}=12\%>i_c$，但是由于资金有限，不得不放弃。故最终的选择为 A、C、D、E 四个项目。

（2）若资金限制为 500 万元，则 E、C、A 项目可以首先选择，投资为 360 万元，剩余了 140 万元资金，由于项目的不可分割性，D 项目不能被选中，但是下一个项目 F 的内部收益率 $IRR_F = 12\% > i_c$，且资金刚好为 140 万元，故最优的项目组合为 A、C、E、F 四个项目。

净现值率排序法和内部收益率排序法具有相同的原理：计算各方案的净现值，排除净现值小于零的方案，然后计算各个方案的净现值率（净现值率 = 净现值/投资额的限制），按净现值率从小到大的顺序，依次选取方案，直至所选取方案的投资额之和达到或最大限度地接近投资限制。

5.4　混合方案选择

5.4.1　独立方案下有若干个互斥方案

这种形式的混合方案也是采用方案组合法进行比较选择。基本方法与独立方案互斥化法类似，先排除单一方案不可行者，然后列出可能的方案组合，这些方案组合之间的关系是互斥的，然后用评价互斥方案的方法比选择优。不同的是在方案组合的构成上，其组合的方案数目比独立方案的组合方案数少。如果用 m 代表相互独立的方案数目，n_j 代表第 j 个独立方案下互斥方案的数目（$j=1,\cdots,m$），则该混合方案可以组合成的互斥的组合方案数目为（包括 0 方案）

$$N=\prod_{j=1}^{m}(n_j+1)=(n_1+1)(n_2+1)\cdots(n_m+1) \tag{5-6}$$

比如，A、B 两方案相互独立，A 方案下有两个互斥方案 A_1、A_2，B 方案下有三个互斥方案 B_1、B_2、B_3，上述方案若都经济上可行，则可以组合成的互斥组合方案数目为 $N = 3\times4 = 12$ 个，见表 5-7。

表 5-7　混合方案组合成的互斥组合方案

序号	方案组合					组合方案
	A		B			
	A_1	A_2	B_1	B_2	B_3	
1	0	0	0	0	0	0
2	1	0	0	0	0	A_1
3	0	1	0	0	0	A_2
4	0	0	1	0	0	B_1
5	0	0	0	1	0	B_2
6	0	0	0	0	1	B_3
7	1	0	1	0	0	A_1+B_1
8	1	0	0	1	0	A_1+B_2
9	1	0	0	0	1	A_1+B_3
10	0	1	1	0	0	A_2+B_1
11	0	1	0	1	0	A_2+B_2
12	0	1	0	0	1	A_2+B_3

5.4.2 互斥方案中有若干个独立方案

先将互斥方案下的独立方案互斥化，找出最佳的方案组合，然后将选出来的最佳方案组合比较其优劣，最终选出混合方案的最优组合。比如，仍然是上述 A、B 两方案，但是其关系是互斥的。A 方案下有两个独立方案 A_1 、 A_2 ，B 方案下有三个互斥方案 B_1 、 B_2 、 B_3 ，若上述单方案均经济上可行，则可分别对 A 方案下的独立方案互斥化，选择一组最佳的方案组合设为 A' ；然后对 B 方案下的独立方案互斥化，选择一组最佳的方案组合设为 B' ， A' 和 B' 两个方案组合之间的关系是互斥的，在它们之间选择一个最佳方案，即为混合方案的最佳方案选择。

【例 5-8】 某公司有 A、B、C 这三个下属部门，各部门提出了若干项目投资方案，见表 5-8。三个部门之间是相互独立的，每个部门内的投资方案之间是互斥的，项目寿命期均为 10 年，基准收益率为 10%。试问在下列情况下如何选择最优方案：①资金供应没有限制；②资金限制在 500 万元内。

表 5-8 方案现金流量 单位：万元

部门	方案	0 年投资	1～10 年收益
A	A_1	–100	27.2
	A_2	–200	51.1
B	B_1	–100	12.0
	B_2	–200	30.1
	B_3	–300	45.6
C	C_1	–100	50.9
	C_2	–200	63.9
	C_3	–300	87.8

解：对上述问题采用内部收益率指标来分析。

（1）因为资金供应没有限制，A、B、C 三部门之间相互独立，此时选择最优方案实际上是各部门内部互斥方案的比选，分别计算 ΔIRR 。

A 部门：由方程 $-100+27.2(P/A,\text{IRR}_{A_1},10)=0$ 、 $-200+100+(51.1-27.2)(P/A,\Delta\text{IRR}_{A_2-A_1},10)=0$ ，解得 $\text{IRR}_{A_1}=24\%>i_c$ （10%）， $\Delta\text{IRR}_{A_2-A_1}=20.0\%>i_c$ （10%），故 A_2 优于 A_1 ，应选 A_2 方案。

B 部门：同理可求得 $\text{IRR}_{B_1}=3.5\%<i_c$ ，故 B_1 应舍去； $\text{IRR}_{B_2}=8\%<i_c$ ，故 B_2 应舍去； $\text{IRR}_{B_3}=8.5\%<i_c$ ，故 B_3 应舍去，B 部门没有可选的方案。

C 部门：同理可求得 $\text{IRR}_{C_1}=50.0\%>i_c$ ， $\Delta\text{IRR}_{C_2-C_1}=5.0\%<i_c$ ，故 C_1 方案优于 C_2 方案。 $\Delta\text{IRR}_{C_3-C_1}=13.1\%>i_c$ ，所以 C_3 方案优于 C_1 方案，应选 C_3 方案。

因此，资金没有限制时，应选择 A_2+C_3 ，即 A、B、C 三部门分别投资 200 万元、0

万元、300 万元。

（2）当资金限制在 500 万元以内时，可接受的方案包括 C_1-0、A_1-0、A_2-A_1、C_3-C_1，因为这四个增量投资方案的 ΔIRR 均大于 i_c = 10%，且投资额在 500 万元之内。因此，三个部门应选择的方案为 A 部门的 A_2 和 C 部门的 C_3，即 A 部门投资 200 万元，C 部门投资 300 万元，B 部门不投资。

5.5　其他方案选择

5.5.1　相关型方案的比选

1. 相互依存型和完全互补型

如果两个或多个方案之间，某一方案的实施要求以另一方案（或另几个方案）的实施为条件，则这两个（或若干个）方案具有相互依存性，或者说具有完全互补性。例如，在某地建汽车制造厂和汽车零部件厂。建汽车制造厂将增加对汽车零部件的需求，使汽车零部件厂的效益增加；建汽车零部件厂又将使得汽车制造厂的零部件供应充足，减少外运费，减少汽车的制造成本，从而增加收益。这样，两个方案就属于相互依存型和完全互补型的相关方案。一般情况下，在评价时对这种类型的方案放在一起进行。

2. 现金流相关型

如果若干方案中，任一方案的取舍会影响其他方案的现金流量的变化，这些方案之间就具有相关性，属于现金流相关型。例如，为了改善两地之间的交通状况，在两地之间既可以建铁路，也可以建公路，还可以同时建铁路和公路。即使这两个方案不存在互不相容的关系，但任何一个方案的实施或放弃都会影响另一个方案的收入，从而影响方案经济效果评价的结论。

3. 资金约束型

对投资方案进行评价时，如果没有资金总额的约束，则各方案具有独立性，但在资金有限的情况下，接受某些方案则意味着不得不放弃另外一些方案，这也是方案相关的一种类型，即资金约束型。

4. 混合相关型

方案之间存在多种类型就称为混合相关型。比如，在有限的资金约束条件下，有几个现金流相关型方案，在这些方案中，又包括一些互斥方案。

混合相关型方案比选的方法很多，这里只介绍一种常用的方法——组合互斥法，基本步骤如下。

（1）确定方案之间的相关性，对其现金流量之间的相互影响做出准确的估计。

（2）对相互之间具有正的影响的方案，等同于独立方案看待；对相互之间具有负的影响的方案，等同于互斥方案看待。

（3）根据方案之间的关系，把方案组合成互斥的组合方案，然后按照互斥方案的比选方法对组合方案进行比较。

【例 5-9】 为了满足运输要求，有关部门分别提出要在某两地之间建一个铁路项目和（或）一个公路项目。只建一个项目时的净现金流量见表 5-9。若两个项目都建，由于货运分流的影响，两项目都将减少净收益，其净现金流量见表 5-10。当 $i_c = 10\%$时，应如何决策？

表 5-9 只建设一个项目的净现金流量 单位：万元

方案	时间			
	0 年	1 年	2 年	3～32 年
铁路（A）	–200	–200	–200	100
公路（B）	–100	–100	–100	60

表 5-10 两个项目都建设的净现金流量 单位：万元

方案	时间			
	0 年	1 年	2 年	3～32 年
铁路（A）	–200	–200	–200	80
公路（B）	–100	–100	–100	35
两个项目合计（A+B）	–300	–300	–300	115

解：先将两个相关方案组合成三个互斥方案，再分别计算其净现值，结果见表 5-11。

表 5-11 组合方案及其净现值表 单位：万元

方案	时间				
	0 年	1 年	2 年	3～32 年	NPV
铁路（A）	–200	–200	–200	100	231.97
公路（B）	–100	–100	–100	60	193.90
两个项目合计（A+B）	–300	–300	–300	115	75.29

根据净现值评价的标准，在三个互斥方案中，$NPV_A > NPV_B > NPV_{A+B} > 0$，故方案 A 为最优方案，即接受铁路建设项目，而拒绝公路建设项目。

5.5.2 互补型方案的评价

经济上互补的方案评价一般可以将多个方案作为一个综合体来考虑，当方案之间的互补性不是太强时，根据具体的情况，可将方案转化为独立方案或互斥方案来评价，应用前文介绍的评价准则即可选出最优方案的组合。

复习思考题

1. 静态评价指标主要分为哪两个方面，都分别有哪些主要指标？
2. 动态评价中有哪些主要指标？
3. 工程经济学中的方案比选有什么意义？
4. 怎样运用增量内部收益率法进行方案的比选？
5. 在方案的比选中怎样选择指标？

习 题

1. 有三个独立方案 A、B、C，各方案寿命期均为 5 年。方案 A 投资 200 万元，年净收入为 60 万元；方案 B 投资为 440 万元，年净收入为 200 万元；方案 C 投资 450 万元，年净收入为 230 万元。基准贴现率为 10%，若投资限额为 600 万元，试求最优方案。

2. 为满足某种产品增长需要，有三个工厂建设方案可供选择，三个方案都能满足需要。方案 A 改建现有厂：总投资 $K_1 = 500$ 万元，年经营成本 $C_1 = 150$ 万元。方案 B 扩建现有厂：总投资 $K_2 = 670$ 万元，年经营成本 $C_2 = 135$ 万元。方案 C 新建厂：总投资 $K_3 = 870$ 万元，年经营成本 $C_3 = 130$ 万元。行业规定的投资回收期为 8 年，问哪个方案最合理？

3. 现有两套可供选择的机械，A 套机械：投资 10 000 万元，试用寿命为 5 年，残值为 2000 万元，使用后年收入为 5000 万元，年支出为 2200 万元。B 套机械：投资 15 000 万元，试用寿命为 10 年，残值为 0，使用后年收入为 7000 万元，年支出为 4300 万元。基准贴现率为 10%，用最小公倍数法和年值法比较两方案。

第 6 章　工程项目财务评价

6.1　工程项目财务评价概述

工程项目财务评价是工程项目可行性研究的有机组成部分和重要内容，是工程项目决策科学化的重要手段和依据，是一项十分重要的技术经济分析、论证工作。

6.1.1　工程项目财务评价的概念

工程项目财务评价又称财务分析，是从项目投资人的角度，根据国家现行财税制度和价格体系，分析计算项目直接发生的财务费用和效益，编制财务报表，计算评价指标，考察项目的盈利能力、清偿能力以及外汇平衡能力等财务状况，据此判别项目在财务上的可行性。工程项目财务评价是从项目投资人的角度去考虑项目的成本与收益问题，是一个项目在财务方面是否可行和如何优化的问题，其评价结果对项目的决策、实施和运行具有重大影响，所以工程项目财务评价必不可少。

工程项目财务评价，与企业的常规财务状况的评估不同，它是面向未来的，主要通过对各技术方案的财务活动分析，凭借一系列评价指标的测算和分析来论证工程项目财务上的可行性，并以此来判别工程项目在财务上是否有利可图。工程项目财务评价的结论是项目决策的重要依据之一。

当然，从财务上分析工程项目经济效益时，不仅要测算、分析正常经营条件下的项目经济效益，还要分析测算在不利条件下、不利因素下项目经济效益所受到的影响，进行项目经济效益的不确定性分析，以估计项目可能承担的风险，确定项目在经济上的可靠性。

理解工程项目财务评价要注意以下几点。

（1）工程项目财务评价是从项目投资者角度考察项目在财务上的可行与否，不是从国家总体角度来分析计算项目对国民经济的净贡献，所以有局限性。对于大中型和限额以上的工程项目，原则上应按规定的方法和参数进行财务评价和国民经济评价；对于小型项目，可只进行财务评价。

（2）工程项目财务评价依据国家现行财税制度和价格体系，只计算项目范围内的效益和费用。

（3）工程项目财务评价的主要内容有：财务效益和费用的预测、分析与计算；制订资金规划；编制财务报表；计算财务评价指标；进行财务盈利能力分析、清偿能力分析、外汇平衡能力分析和不确定性分析等。

（4）工程项目财务评价的根本目的是判别拟建项目的财务可行性，为投资决策提供科学依据。

6.1.2　工程项目财务评价的任务与原则

1. 工程项目财务评价的任务

工程项目财务评价的任务主要有以下几个方面。

（1）考察和论证拟建项目的获利能力。通过进行工程项目财务评价来判别拟建项目是否值得开工兴建，考察该项目各个技术方案的营利性，考察拟建项目建设投产后各年盈亏状况，论证拟建项目建成投产后财务上能否自负盈亏、以收抵支有余，是否具有自我发展和自我完善的能力等。

（2）考察和论证拟建项目对贷款的偿还能力。也就是对用贷款进行建设的项目必须从财务上分析其有无偿还贷款的能力，要测算贷款偿还期限，为制订企业资金规划提供依据。尤其是利用外资贷款的项目或技术引进的项目更要注意建成投产后的创汇能力、外汇效果、外汇贷款利率、偿还方式及偿还能力等。

（3）判断项目的风险性。准确反映对项目经济效益有很大影响的各种因素。一些项目的实施和投入使用受很多因素影响，如产品的市场需求状况、主要投入物的价格及保证程度、产出物的价格和生产成本等。这些因素发生变化时，项目的经济效果也将发生变化。哪些因素对项目经济效果影响大，或可能带来风险，只有通过财务分析和评价以及不确定性分析才能得以确定。

（4）为协调企业利益和国家利益提供依据。当项目的财务效果无法满足相关标准，但国民经济效果很好，又是国家急需的项目时，国家要用经济手段予以调节使项目在财务上可行。工程项目财务评价可以通过考察有关经济因素（如价格、税收、利率等）的变动对分析结果的影响，寻找经济调节方式和幅度，使企业利益和国家利益趋于一致。

2. 工程项目财务评价的原则

工程项目财务评价应遵循以下原则：①效益与费用计算口径一致的原则；②以动态分析为主、静态分析为辅的原则；③采用预测价格的原则；④定量分析为主、定性分析为辅的原则。

6.1.3　工程项目财务评价的内容

工程项目财务评价是通过编制财务报表，计算财务指标，分析工程项目在财务上的可行性，其内容与项目的性质和项目的目标相联系。

对于营利性项目，工程项目财务评价的主要内容为项目的盈利能力、偿债能力和财务生存能力，通过编制财务报表，计算财务指标，分析项目的盈利能力、偿债能力和财务生存能力，判断项目的财务可接受性，明确项目对财务主体及投资者的价值贡献，从而为投融资决策提供依据。对于为社会提供公共产品（服务），或以保护环境为目标的非营利性项目，工程项目财务评价重在分析项目的财务生存能力。

根据项目的目标，工程项目财务评价可分为融资前评价和融资后评价两个阶段。当投资者判别投资活动的盈利能力、考察项目方案设计的合理性时，需要进行融资前评价；在融资前评价满足要求的情况下，结合初步设定的融资方案，以此为基础，考察项目在特定融资方案下的盈利能力、偿债能力和财务生存能力，判断项目方案在融资条件下的可行性。

工程项目财务评价中的基本报表和指标如下。

1. 工程项目财务评价的基本报表

在进行工程项目财务评价时所采用的基本报表有现金流量表、利润与利润分配表、资金来源与运用表、资产负债表及外汇平衡表。

1）现金流量表

该表反映项目计算期内各年的现金收支（现金流入和现金流出），用以计算各项动态和静态评价指标，从而进行项目财务盈利能力分析。按投资计算基础的不同，现金流量表可分为以下几种。

（1）现金流量表（全部投资）。该表不分投资资金来源，以全部投资作为计算基础，用以计算全部投资所得税前及所得税后财务内部收益率、财务净现值及投资回收期等评价指标，以考察全部投资的盈利能力，为各个投资方案（无论其资金来源及利息是多少）进行比较建立共同基础。

（2）项目资本金现金流量表（自有资金）。该表从投资者角度出发，以投资者的出资额作为计算基础，把借款本金偿还和利息支付作为现金流出，用以计算自有资金财务内部收益率、财务净现值等评价指标，进而考察项目自有资金的盈利能力。

（3）投资各方财务现金流量表。该表用于计算投资各方内部收益率。

2）利润与利润分配表

该表反映项目生产期内各年的利润总额、所得税及税后利润的分配情况，用以计算投资利润率、投资利税率和资本金利润率等指标。

3）资金来源与运用表

该表反映项目计算期内各年的资金来源、资金运用、资金盈余和累计盈余等，并表明资金盈余或短缺情况，用于选择资金筹措方案，制订适宜的借款及偿还计划，为编制资产负债表提供依据。

4）资产负债表

该表综合反映项目计算期内各年末资产、负债和所有者权益的增减变化及对应关系，以考察项目资产、负债、所有者权益的结构是否合理，并计算资产负债率、流动比率及速动比率等，从而进行项目的清偿能力分析。

5）外汇平衡表

该表适用于有外汇收支的项目，用以反映项目的外汇来源与外汇运用，表明计算期内各年的外汇余缺程度，从而进行外汇平衡分析。

2. 工程项目财务评价指标

工程项目财务评价可分为融资前评价和融资后评价。融资前评价只进行盈利能力分析，此时不考虑具体的债务融资条件，从项目投资总获利能力的角度，考察项目方案设计的合理性。融资前评价计算的相关指标可作为初步投资决策与融资方案研究的依据和基础。融资后评价考察项目在拟定融资条件下的盈利能力、偿债能力和财务生存能力，判断项目方案在融资条件下的可行性。融资后评价用于比选融资方案，帮助投资者做出融资决策。工程项目财务评价指标如表 6-1 所示。

表 6-1　工程项目财务评价指标

工程项目财务评价内容		基本报表	静态指标	动态指标
融资前评价	盈利能力分析	现金流量表（全部投资）	静态投资回收期	财务内部收益率 财务净现值 动态投资回收期
融资后评价	盈利能力分析	项目资本金现金流量表（自有资金）	资本金静态投资回收期	资本金财务内部收益率 资本金财务净现值 资本金动态投资回收期
		投资各方财务现金流量表		投资各方财务内部收益率
		利润与利润分配表	资本金净利润率 总投资收益率	
	偿债能力分析	借款还本付息估算表	利息备付率 偿债备付率	
		资产负债表	资产负债率 借款偿还期	
	财务生存能力分析	财务计划现金流量表 利润与利润分配表	各年净现金流量 各年累计盈余资金	

6.1.4　工程项目财务评价的步骤

工程项目财务评价采取定性分析和定量分析相结合（以定量为主）的方式进行，一般包括以下步骤。

（1）项目财务数据的收集。这一步骤包括两个方面的工作：一是收集整理与项目有关的各种基本资料；二是根据我国现行的财税政策和一些行业部门的规定，合理选用财务评价所需的各种参数。

（2）进行项目财务数据预测。工程项目财务评价是一种事前评估，其数据多是预测性数据，必须预测项目的市场前景和项目收益与成本方面的数据，包括固定资产投资估算、流动资金投资估算、项目产品产量和销量的预测、项目产品销售价格和销售收入预测、项目产品成本和税金预测等。

（3）编制财务报表。这种报表的编制是对收集和预测数据所进行的汇总和整理工作，项目财务论证与评估用报表按作用可分为基本报表和辅助报表，基本报表包括现金流量表、利润与利润分配表、资金来源与运用表、资产负债表及外汇平衡表等。

（4）财务评价指标的计算与财务可行性分析。运用项目基本财务报表和相关数据计算各种财务可行性指标，然后进行项目财务可行性的全面分析工作。项目财务评估与论证主要通过计算动态评价指标进行项目财务可行性分析与评价，同时也可以使用一些静态评价方法和指标的评估结论。

（5）给出项目财务可行性分析结论。根据上述步骤的结果编写项目财务可行性报告，这一报告实际上是整个项目可行性报告的一个组成部分，也是最重要的部分。如果项目在财务上不可行，通常是没有企业去开展和实施该项目的。

6.2 财务效益与费用识别

财务效益与费用识别是财务评价的重要基础，其准确性与可靠程度直接影响财务评价的结论，应引起高度重视。

6.2.1 财务效益与费用识别的原则

（1）财务效益与费用总体上与会计准则和会计及税收制度相适应。由于财务效益与费用的识别和估算是对未来情况的预测，经济评价中允许做有别于财会制度的处理，但要求在总体上与会计准则和会计及税收制度相适应。

（2）财务效益与费用识别应遵守有无对比原则。“有项目”是指实施项目后的将来状况，“无项目”是指不实施项目时的将来状况。在识别项目的效益和费用时，需注意只有“有无对比”的差额部分才是因项目建设增加的效益和费用。采用有无对比法旨在识别增量效益，排除那些由其他原因产生的效益，同时找出与增量效益相对应的增量费用。这样才能真正体现项目投资的净效益。

（3）财务效益与费用估算范围应体现效益和费用对应一致的原则。即在合理确定的项目范围内，对等地估算财务主体的直接效益以及相应的直接费用，避免高估或低估项目的净收益。

（4）财务效益与费用估算应依据明确、价格合理、方法适宜、表述清晰。估算应根据项目性质、类别和行业特点，明确相关政策和其他依据，选取适宜的方法，编制相关表格，辅以必要的文字说明。

6.2.2 财务效益的识别

财务效益是指项目投产以后，由销售产品或提供劳务等所获得的营业收入。

对于市场化运作的经营性项目，项目目标是通过销售产品或提供服务实现盈利，其财务效益主要指所获得的营业收入。例如，国家鼓励发展的经营性项目，可以获得增值税的优惠，按照会计及税收制度，先征后返的增值税应计作补贴收入，作为财务效益核算，不考虑“征”和“返”的时间差。

对于提供公共产品或以保护环境等为目标的非经营性项目，需要政府提供补贴才能维持正常运转，应将补贴列入项目财务收益。

对于为社会提供准公共产品或服务且运营维护采用经营方式的项目，如市政公用、交通、电力项目等，其产出价格往往受到政府管制，营业收入不能满足成本补偿要求，需要政府提供补贴才具有财务生存能力。因此，这类项目的财务效益应包括营业收入和补贴收入。

6.2.3　财务费用的识别

财务费用指项目建设中及投产以后，为生产、销售产品或提供劳务等支付的费用，主要包括投资、成本费用和税金。

估算财务费用应与财务评价的步骤相协调。融资前评价时，应先估算建设投资，再估算流动资金和经营成本；融资后评价时，应先确定初步融资方案，根据债务资金计划估算建设期利息，确定总投资，进而完成固定资产原值的估算；通过借款还本付息计算求取项目经营期各年利息支出，最后估算项目总成本费用。

6.3　工程项目盈利能力分析

工程项目盈利能力分析是指分析和测算工程项目计算期的盈利能力和盈利水平。其主要分析指标包括项目投资财务内部收益率和财务净现值、项目资本金财务内部收益率、投资回收期、总投资收益率、项目资本金净利润率等，可根据项目的特点及财务分析的目的、要求等选用。

6.3.1　工程项目盈利能力分析概述

根据工程项目财务评价的内容，工程项目盈利能力分析分为融资前盈利能力分析和融资后盈利能力分析。

1. 融资前盈利能力分析

融资前盈利能力分析是在不考虑债务融资条件下，从项目投资总获利能力角度，考察项目方案设计的合理性。融资前分析计算的相关指标，应作为初步投资决策与融资方案研究的依据和基础。在项目建议书阶段，可只进行融资前分析。

融资前盈利能力分析应以动态分析为主、静态分析为辅。动态分析是以营业收入、建设投资、经营成本和流动资金的估算为基础，考察整个计算期内现金流入和现金流出，编制项目投资现金流量表，计算项目投资财务内部收益率和财务净现值，以及动态投资回收期。静态分析是指计算静态投资回收期指标，用以反映收回项目投资所需要的时间。

根据分析角度的不同，融资前分析可选择计算所得税前指标和所得税后指标。所得税前指标是投资盈利能力的完整体现，用以考察由项目方案设计本身所决定的财务盈利能力，它不受融资方案和所得税政策变化的影响，仅仅体现项目方案本身的合理性，可以作为初步投资决策的主要指标，用于考察项目是否基本可行，是否值得去为之融资。这里的“初步”是相对而言，意指根据该指标投资者可以做出项目实施后能否实现投资目标的判断，此后再经过融资方案的比选分析，有了较为满意的融资方案后，投资者才能决定最终出资。所得税前指标还特别适用于建设方案设计中的方案比选。因此，所得税前指标受到项目有关各方（项目发起人、项目业主、项目投资人、银行和政府管理部门）的广泛关注。所得税后分析是所得税前分析的延伸，由于所得税作为现金流出，可用于判断项目投资对企业价值的贡献，是企业投资决策依据的主要指标。

2. 融资后盈利能力分析

融资后盈利能力分析是指以设定的融资方案为基础，考察项目在具体融资条件下，资本金和投资各方的盈利能力。盈利能力分析宜先进行融资前分析，在融资前分析结论满足要求的情况下，初步设定融资方案，再进行融资后分析。融资后分析用于比选融资方案，帮助投资者做出融资决策。

融资后盈利能力分析包括动态分析和静态分析两种。动态分析包括以下两个层次。

（1）项目资本金现金流量分析。应在拟订的融资方案下，从项目资本金出资者整体的角度，确定其现金流入和现金流出，编制项目资本金现金流量表，计算项目资本金财务内部收益率指标，考察项目资本金可获得的收益水平。

（2）投资各方现金流量分析。应从投资各方实际收入和支出的角度，确定其现金流入和现金流出，分别编制投资各方现金流量表，计算投资各方的财务内部收益率指标，考察投资各方可能获得的收益水平。当投资各方不按股本比例进行分配或有其他不对等的收益时，可选择进行投资各方现金流量分析。

静态分析是指不采取折现方式处理数据，依据利润与利润分配表计算项目资本金净利润率和总投资收益率指标。静态盈利能力分析可根据项目的具体情况选做。

6.3.2 盈利能力分析报表的编制

财务盈利能力分析涉及利润与利润分配表、项目投资现金流量表、项目资本金现金流量表和投资各方财务现金流量表。通过盈利能力分析报表，计算项目盈利能力分析评价指标。

1. 利润与利润分配表

利润与利润分配表如表 6-2 所示，反映项目计算期内各年营业收入、营业税金及附加、总成本费用、利润总额、所得税及税后利润的分配情况。

表 6-2　利润与利润分配表（一）　　单位：万元

序号	项目	合计	计算期					
			1	2	3	4	…	n
1	营业收入							
2	营业税金及附加							
3	总成本费用							
4	补贴收入							
5	利润总额（1–2–3 + 4）							
6	弥补以前年度亏损							
7	应纳税所得额（5–6）							
8	所得税							
9	净利润（5–8）							
10	期初未分配利润							
11	可供分配的利润（9 + 10）							
12	提取法定盈余公积金							
13	可供投资者分配的利润（11–12）							
14	应付优先股股利							
15	提取任意盈余公积金							
16	应付普通股股利（13–14–15）							
17	各投资方利润分配							
	其中：× × 方							
	× × 方							
18	未分配利润（13–14–15–17）							
19	息税前利润（利润总额 + 利息支出）							
20	息税折旧摊销前利润（息税前利润 + 折旧 + 摊销）							

注：对于外商出资项目，由第 11 项减去储备基金、职工奖励与福利基金和企业发展基金后，得出可供投资者分配的利润；第 14～16 项根据企业性质和具体情况选择填列；法定盈余公积金按净利润计提

依据利润与利润分配表，并借助现金流量表可计算项目资本金净利润率、总投资收益率等指标。

2. 项目投资现金流量表

项目投资现金流量表如表 6-3 所示，该表不分资金来源，以全部投资为基础，用以计算项目投资财务内部收益率、项目投资财务净现值及项目投资回收期等评价指标，考察项目全部投资的盈利能力。

表 6-3　项目投资现金流量表　　单位：万元

序号	项目	合计	计算期					
			1	2	3	4	…	n
1	现金流入							
1.1	营业收入							
1.2	补贴收入							
1.3	回收固定资产余值							
1.4	回收流动资金							

续表

序号	项目	合计	计算期					
			1	2	3	4	…	n
2	现金流出							
2.1	建设投资							
2.2	流动资金							
2.3	经营成本							
2.4	营业税金及附加							
2.5	维持运营投资							
3	所得税前净现金流量（1–2）							
4	累计所得税前净现金流量							
5	调整所得税							
6	所得税后净现金流量（3–5）							
7	累计所得税后净现金流量							
计算指标：								
	项目投资财务内部收益率（所得税前）（%）							
	项目投资财务内部收益率（所得税后）（%）							
	项目投资财务净现值（所得税前）（i_c = %）							
	项目投资财务净现值（所得税后）（i_c = %）							
	项目投资回收期（所得税前）（年）							
	项目投资回收期（所得税后）（年）							

注：本表适用于新设法人项目与既有法人项目的增量和“有项目”的现金流量分析； 调整所得税为以息税前利润为基数计算的所得税，区别于利润与利润分配表、项目资本金现金流量表和财务计划现金流量表中的所得税

（1）现金流入为营业收入、补贴收入、回收固定资产余值、回收流动资金四项之和。其中，营业收入来自“营业收入、营业税金及附加和增值税估算表”；回收固定资产余值为“固定资产折旧费估算表”中计算的期末固定资产净值；回收流动资金为项目全部流动资金。回收固定资产余值和回收流动资金均在计算期最后一年。

（2）现金流出主要包括建设投资、流动资金、经营成本、营业税金及附加，如果运营期内需要发生设备或设施的更新费用以及矿山、石油开采项目的拓展费用等（记作维持运营投资），也应作为现金流出。其中，建设投资来源于“建设投资估算表”，包含固定资产投资方向调节税，但不含建设期利息；流动资金取自“流动资金估算表”中各年流动资金当期增加额；营业税金及附加来自“营业收入、营业税金及附加和增值税估算表”，包含营业税、消费税、城乡维护建设税和教育费附加。

为了体现与融资方案无关的要求，各项现金流量的估算中都需要剔除利息的影响。例如，采用不含利息的经营成本作为现金流出，而不是总成本费用；在流动资金估算、经营成本中的修理费和其他费用估算过程中应注意避免利息的影响等。

（3）项目计算期各年的净现金流量为各年现金流入量与现金流出量之差，各年累计净现金流量为本年及以前各年净现金流量之和。

（4）表 6-3 中“调整所得税”应根据息税前利润（earnings before interest and tax，EBIT）乘以所得税率计算。原则上，息税前利润的计算应完全不受融资方案变动的影响，即不受利息的影响，包括建设期利息对折旧的影响（因为折旧的变化会对利润总额产生影响，进而影响息税前利润），但如此将会出现两个折旧和两个息税前利润（用于计算融资前所得税的息税前利润和利润与利润分配表中的息税前利润）。为简化起见，当建设期利息占总投资比例不是很大时，也可按利润与利润分配表中的息税前利润计算调整所得税。

所得税前和所得税后分析的现金流入完全相同，但现金流出略有不同，所得税前分析不将所得税作为现金流出，所得税后分析视所得税为现金流出。

融资前评价的项目投资现金流量与融资条件无关，依赖数据少，报表编制简单，但其分析结论可满足方案比选和初步投资决策的需要。如果分析结果表明项目效益符合要求，再考虑融资方案，继续进行融资后分析；如果分析结果不能满足要求，可以通过修改方案设计完善项目方案，必要时甚至可据此做出放弃项目的建议。

3. 项目资本金现金流量表

项目资本金现金流量表见表 6-4，该表以投资者的出资额作为计算基础，从项目权益投资者整体的角度，考察项目自有资金的盈利能力。

表 6-4　项目资本金现金流量表　　单位：万元

序号	项目	合计	计算期					
			1	2	3	4	…	*n*
1	现金流入							
1.1	营业收入							
1.2	补贴收入							
1.3	回收固定资产余值							
1.4	回收流动资金							
2	现金流出							
2.1	项目资本金							
2.2	借款本金偿还							
2.3	借款利息支付							
2.4	经营成本							
2.5	营业税金及附加							
2.6	所得税							
2.7	维持运营投资							
3	净现金流量（1–2）							
计算指标： 项目资本金财务内部收益率（%）								

注：项目资本金包括用于建设投资、建设期利息和流动资金的资金；对于外商投资项目，现金流出中应增加职工奖励及福利基金科目；本表适用于新设法人项目与既有法人项目“有项目”的现金流量分析

（1）表 6-4 中现金流入各项与项目投资现金流量表（表 6-3）中的完全相同。

（2）从项目投资主体的角度看，投资借款是现金流入，但同时借款用于项目投资，二者相抵，对净现金流量无影响，故表 6-4 中投资只有项目资本金。由于现金流入是项目全部投资所得，需将借款本金偿还及借款利息支付计入现金流出。

表 6-4 将各年投入项目的项目资本金作为现金流出，各年缴付的所得税和还本付息也作为现金流出，因此其净现金流量表示缴税和还本付息后的剩余。计算得出的项目资本金财务内部收益率反映投资者整体权益的盈利能力，体现了一定融资方案下，投资者整体所能获得的权益性收益水平。该指标可用来对融资方案进行比较和取舍，是投资者整体做出最终融资决策的依据，也可进一步帮助投资者最终决策出资。

4. 投资各方财务现金流量表

投资各方财务现金流量表如表 6-5 所示，该表分别以投资各方的出资额作为计算基础，编制各方的财务现金流量表，分别反映投资各方投资的盈利能力。

表 6-5　投资各方财务现金流量表　　单位：万元

序号	项目	合计	计算期					
			1	2	3	4	…	*n*
1	现金流入							
1.1	实分利润							
1.2	资产处置收益分配							
1.3	租赁费收入							
1.4	技术转让或使用收入							
1.5	其他现金流入							
2	现金流出							
2.1	实缴资本							
2.2	租赁资产支出							
2.3	其他现金流出							
3	净现金流量（1–2）							
计算指标：								
投资各方财务内部收益率（%）								

注：本表可按不同投资方分别编制，投资各方现金流量表既适用于内资企业也适用于外商投资企业，既适用于合资企业也适用于合作企业；投资各方现金流量表中现金流入是指出资方因该项目的实施将实际获得的各种收入，现金流出是指出资方因该项目的实施将实际投入的各种支出；表中科目应根据项目具体情况调整

（1）实分利润是指投资者由项目获取的利润。

（2）资产处置收益分配是指对有明确的合营期限或合资期限的项目，在期满时对资产余值按股比或约定比例的分配。

（3）租赁费收入是指出资方将自己的资产租赁给项目使用所获得的收入，此时应将资产价值作为现金流出，列为租赁资产支出科目。

（4）技术转让或使用收入是指出资方将专利或专有技术转让或允许该项目使用所获得的收入。

投资各方财务内部收益率表示了投资各方的收益水平。一般情况下，投资各方按股本比例分配利润和分担亏损及风险，因此投资各方的利益一般是均等的，没有必要计算投资各方的财务内部收益率。只有投资者中的各方有股权之外的不对等的利益分配时（契约式的合作企业常常会有这种情况），投资各方的收益率才会有差异，此时常常需要计算投资各方的财务内部收益率。通过计算投资各方的财务内部收益率可以看出各方收益是否均衡，或者其非均衡性是否在一个合理的水平上，这有助于促成投资各方在合作谈判中达成平等互利的协议。

6.3.3　盈利能力评价

项目盈利能力评价主要分析指标包括财务内部收益率（financial internal rate of return，FIRR）、财务净现值（financial net present value，FNPV）、投资回收期、投资利润率、投资利税率、项目资本金净利润率等，可根据项目特点及财务分析的目的、要求等选用。

1. 财务内部收益率

财务内部收益率是指能使项目计算期内净现金流量现值累计等于零的折现率，即财务内部收益率作为折现率使式（6-1）成立：

$$\sum_{t=1}^{n}(\mathrm{CI}-\mathrm{CO})_t(1+\mathrm{FIRR})^{-t}=0 \tag{6-1}$$

式中，CI 为现金流入量；CO 为现金流出量；$(\mathrm{CI}-\mathrm{CO})_t$ 为第 t 期的净现金流量；n 为项目计算期。

用内插值试算法，按式（6-2）计算：

$$\mathrm{FIRR}=i_1+\frac{\mathrm{NPV}_1}{\mathrm{NPV}_1+\left|\mathrm{NPV}_2\right|}\left(i_2-i_1\right) \tag{6-2}$$

项目投资财务内部收益率、项目资本金财务内部收益率和投资各方财务内部收益率都依据式（6-2）计算，但所用的现金流入和现金流出不同。

当财务内部收益率大于或等于所设定的判别基准 i_c（通常称为基准收益率）时，项目方案在财务上可考虑接受。项目投资财务内部收益率、项目资本金财务内部收益率和投资各方财务内部收益率可有不同的判别基准。

2. 财务净现值

财务净现值是指按设定的折现率（一般采用基准收益率 i_c）计算的项目计算期内净现金流量的现值之和，可按式（6-3）计算：

$$\mathrm{FNPV}=\sum_{t=1}^{n}(\mathrm{CI}-\mathrm{CO})(1+i_c)^{-t} \tag{6-3}$$

式中，i_c 为设定的折现率（同基准收益率）。

通常财务盈利能力分析只计算项目投资财务净现值，可根据需要计算所得税前净现值或所得税后净现值。按照设定的折现率计算的财务净现值大于或等于零时，项目方案在财务上可考虑接受。

3. 投资回收期

投资回收期（P_t）是指以项目的净收益回收项目投资所需要的时间，一般以年为单位。投资回收期宜从项目建设开始年算起，若从项目投产开始年计算，应予以特别注明。项目静态投资回收期和动态投资回收期见式（6-4）～式（6-8）。

1）静态投资回收期

$$\sum_{t=0}^{P_t}(\mathrm{CI}-\mathrm{CO})_t=0 \tag{6-4}$$

判别准则：$P_t \leqslant P_c$，方案可以考虑接受；$P_t > P_c$，方案不可行（P_c 为部门或行业的基准投资回收期）。

$$\text{不包括建设期的投资回收期}=\frac{\text{原始总投资}}{\text{年内每年相等的净现金流量}} \tag{6-5}$$

当项目的投资回收期不在整数年时，可以根据现金流量表中的累计净现金流量计算求得

$$P_t=(\text{累计净现金流量出现正值的年份数}-1)+\frac{\text{上一年累计净现金流量的绝对值}}{\text{出现正值年份的净现金流量}} \tag{6-6}$$

2）动态投资回收期

$$\sum_{i=0}^{P_t'}(\mathrm{CI}-\mathrm{CO})_i\left(1+i_c\right)^{-t}=0 \tag{6-7}$$

判别准则：$P_t' \leqslant P_c$，方案可以考虑接受；$P_t' > P_c$，方案不可行（P_c 为部门或行业的基准投资回收期）。

$$\begin{aligned}P_t' &= (\text{累计折现净现金流量开始出现正值的年份数}-1)\\ &\quad+\frac{\text{上一年累计折现净现金流量的绝对值}}{\text{当年折现净现金流量}}\end{aligned} \tag{6-8}$$

4. 投资利润率

投资利润率表示投资的盈利水平，是指项目达到设计能力后正常年份的年利润总额与项目总投资额的比率。投资利润率应按式（6-9）计算：

$$\text{投资利润率}=\frac{\text{项目达产正常年份的年利润总额}}{\text{项目总投资额}}\times 100\% \tag{6-9}$$

投资利润率高于同行业的收益率参考值，表明用投资利润率表示的盈利能力满足要求。

5. 投资利税率

投资利税率是指项目达到设计生产能力后的某一正常生产年份的年利润、税金总额或项目生产期内的年平均利润、税金总额与总投资额的比率。投资利税率按式（6-10）计算：

$$投资利税率=\frac{项目达产正常年份的年利税总额或年平均利税总额}{项目总投资额}\times 100\% \quad (6\text{-}10)$$

投资利税率越高表明项目财务效益越好。

6. 项目资本金净利润率

项目资本金净利润率表示项目资本金的盈利水平，是指项目达到设计能力后正常年份的年净利润或运营期内年平均净利润与项目资本金的比率。项目资本金净利润率应按式（6-11）计算：

$$项目资本金净利润率=\frac{项目正常年份的年净利润或运营期内年平均净利润}{项目资本金}\times 100\% \quad (6\text{-}11)$$

项目资本金净利润率高于同行业的净利润率参考值，表明用项目资本金净利润率表示的盈利能力满足要求。

6.4 工程项目偿债能力分析

6.4.1 偿债能力分析概述

对于筹措了债务资金的项目（即借款项目），偿债能力考察项目能否按期偿还借款的能力。应通过计算利息备付率、偿债备付率和资产负债率等指标，分析判断财务主体的偿债能力。

6.4.2 偿债能力分析报表的编制

1. 借款还本付息计划表

借款还本付息计划表如表 6-6 所示。

表 6-6　借款还本付息计划表（一）　　单位：万元

序号	项目	合计	计算期					
			1	2	3	4	…	n
1	借款 1							
1.1	期初借款余额							
1.2	当期还本付息							
	其中：还本							
	付息							
1.3	期末借款余额							
2	借款 2							
2.1	期初借款余额							
2.2	当期还本付息							
	其中：还本							

续表

序号	项目	合计	计算期					
			1	2	3	4	…	n
	付息							
2.3	期末借款余额							
3	债券							
3.1	期初债务余额							
3.2	当期还本付息							
	其中：还本							
	付息							
3.3	期末债务余额							
4	借款和债券合计							
4.1	期初余额							
4.2	当期还本付息							
	其中：还本							
	付息							
4.3	期末余额							
计算指标：								
利息备付率（%）								
偿债备付率（%）								
资产负债率（%）								

注：本表与建设期利息估算表可合二为一；本表直接适用于新设法人项目，如有多种借款和债券，必要时应分别列出；对于既有法人项目，在按有范围项目进行计算时，可根据需要增加项目范围内原有借款的还本付息计算；在计算企业层次的还本付息时，可根据需要增加项目范围外借款的还本付息计算；当简化直接进行项目层次新增借款还本付息计算时，可直接按新增数据进行计算；本表可另加流动资金借款的还本付息计算

2. 资产负债表

资产负债表如表 6-7 所示，反映项目计算期内各年年末资产、负债及所有者权益的增减变化和对应关系，以考察项目资产、负债、所有者权益的结构是否合理，用以计算资产负债率、流动比率及速动比率，进而进行偿债能力分析。

表 6-7　资产负债表　　单位：万元

序号	项目	合计	计算期					
			1	2	3	4	…	n
1	资产							
1.1	流动资产							
1.1.1	货币资金							
1.1.2	应收账款							
1.1.3	预付账款							
1.1.4	存货							
1.1.5	其他							
1.2	在建工程							
1.3	固定资产净值							

续表

序号	项目	合计	计算期					
			1	2	3	4	…	n
1.4	无形及其他资产净值							
2	负债及所有者权益（2.3＋2.4）							
2.1	流动负债							
2.1.1	短期借款							
2.1.2	应付账款							
2.1.3	预收账款							
2.1.4	其他							
2.1.5	流动资金借款							
2.2	建设投资借款							
2.3	负债小计（2.1＋2.2）							
2.4	所有者权益							
2.4.1	资本金							
2.4.2	资本公积金							
2.4.3	累计盈余公积金							
2.4.4	累计未分配利润							
计算指标：								
资产负债率（%）								

注：对于外商投资项目，2.4.3 项改为累计储备基金和企业发展基金；对于既有法人项目，一般只针对法人编制，可按需要增加科目，此时表中资本金指企业全部实收资本，包括原有和新增实收资本；必要时，也可针对“有项目”范围编制，此时表中资本金仅指“有项目”范围的对应数值

（1）资产由流动资产、在建工程、固定资产净值、无形及其他资产净值四项组成。流动资产来自“流动资金估算表”；固定资产净值和无形及其他资产净值取自“固定资产折旧费估算表”和“无形及其他资产摊销估算表”。

（2）负债包括流动负债和长期负债。流动负债中的应付账款数据可由“流动资金估算表”直接取得。流动资金借款和其他短期借款两项流动负债及长期借款均指借款余额，需根据“资金来源与运用表”中的对应项及相应的本金偿还项进行计算。

（3）所有者权益包括资本金、资本公积金、累计盈余公积金及累计未分配利润。其中，累计未分配利润可直接取自“利润与利润分配表”；累计盈余公积金也可由“利润与利润分配表”中盈余公积金项计算各年份的累计值，但应根据有无用盈余公积金弥补亏损或转增资本金的情况进行相应调整。资本金为项目投资中累计自有资金（扣除资本溢价），当存在资本公积金或盈余公积金转增资本金的情况时应进行相应调整。资本公积金为累计资本溢价及赠款，转增资本金时进行相应调整。

（4）资产负债表应满足等式：资产＝负债＋所有者权益。

6.4.3　偿债能力评价

工程项目偿债能力评价是指分析和判断财务主体的偿债能力，其主要指标包括利息备付率、偿债备付率、资产负债率、流动比率和速动比率等。

1. 利息备付率

利息备付率是指在借款偿还期内的息税前利润与应付利息的比值，它从付息资金来源的充裕性角度反映项目偿付债务利息的保障程度，应按式（6-12）计算：

$$\text{利息备付率}=\frac{\text{息税前利润}}{\text{计入总成本费用的应付利息}} \tag{6-12}$$

利息备付率应分年计算。利息备付率高，表明利息偿付的保障程度高。利息备付率应当大于1，并结合债权人的要求确定。

2. 偿债备付率

偿债备付率是指在借款偿还期内，用于计算还本付息的资金与应还本付息金额的比值，它表示可用于计算还本付息的资金偿还借款本息的保障程度，应按式（6-13）计算：

$$\text{偿债备付率}=\frac{\text{息税前利润}+\text{折旧}+\text{摊销}-\text{企业所得税}}{\text{应还本付息金额}} \tag{6-13}$$

式中，应还本付息金额包括还本金额和计入总成本费用的全部利息。融资租赁费用可视同借款偿还。运营期内的短期借款本息也应纳入计算。如果项目在运行期内有维持运营的投资，可用于还本付息的资金应扣除维持运营的投资。偿债备付率应分年计算。偿债备付率高，表明可用于还本付息的资金偿还借款本息的保障程度高。偿债备付率应当大于1，并结合债权人的要求确定。

3. 资产负债率

资产负债率是指各期末负债总额同资产总额的比率，应按式（6-14）计算：

$$\text{资产负债率}=\frac{\text{期末负债总额}}{\text{期末资产总额}}\times 100\% \tag{6-14}$$

适度的资产负债率，表明企业经营安全、稳健，具有较强的筹资能力，也表明企业和债权人的风险较小。对该指标的分析，应结合国家宏观经济状况、行业发展趋势、企业所处竞争环境等具体条件判定。项目财务分析中，在长期债务还清后，可不再计算资产负债率。

4. 流动比率

流动比率是流动资产总额与流动负债总额之比，反映法人偿还流动负债的能力，应按式（6-15）计算：

$$\text{流动比率}=\frac{\text{流动资产总额}}{\text{流动负债总额}}\times 100\% \tag{6-15}$$

计算出的流动比率，一般应大于2，即1元的流动负债至少有2元的流动资产做后盾，保证项目按期偿还短期债务，这是提供贷款的机构可以接受的。

5. 速动比率

速动比率是速动资产（流动资产总额与存货之差）与流动负债总额之比，反映法人在短时间内偿还流动负债的能力，应按式（6-16）计算：

$$速动比率=\frac{速动资产}{流动负债总额}\times 100\%=\frac{流动资产总额-存货}{流动负债总额}\times 100\% \quad (6\text{-}16)$$

计算出的速动比率，一般应接近于 1，即 1 元的流动负债有 1 元的速动资产以资抵偿，这是提供贷款的机构可以接受的。

6.5　工程项目财务生存能力分析

6.5.1　财务生存能力分析概述

财务生存能力分析也可称为资金平衡分析。财务生存能力分析应结合偿债能力分析进行，如果拟安排的还款期过短，使还本付息负担过重，导致为维持资金平衡必须筹借的短期借款过多，可以调整还款期，减轻各年还款负担。

工程项目的财务生存能力通过经营净现金流量和各年累计盈余资金具体判断。

（1）拥有足够的经营净现金流量。这是财务可持续的基本条件。一个项目具有较大的经营净现金流量，说明项目方案比较合理，实现自身资金平衡的可能性大，不会过分依赖短期融资来维持运营；反之，一个项目不能产生足够的经营净现金流量，或经营净现金流量为负值，说明维持项目正常运行会遇到财务上的困难，项目方案缺乏合理性，有可能要靠短期融资来维持运营。

（2）各年累计盈余资金不出现负值。这是财务生存的必要条件。在整个运营期间，允许个别年份的净现金流量出现负值，但不能容许任一年份的累计盈余资金出现负值。一旦出现负值应适时进行短期融资。较大的或较频繁的短期融资，有可能导致以后的累计盈余资金无法实现正值，从而使项目难以持续运营。

6.5.2　财务生存能力分析报表的编制

财务计划现金流量表是财务生存能力分析的基本报表，其编制基础是财务分析辅助报表和利润与利润分配表。财务计划现金流量表如表 6-8 所示。

表 6-8　财务计划现金流量表　　单位：万元

序号	项目	合计	计算期					
			1	2	3	4	…	n
1	经营活动净现金流量（1.1–1.2）							
1.1	现金流入							
1.1.1	营业收入							
1.1.2	增值税销项税额							
1.1.3	补贴收入							
1.1.4	其他流入							
1.2	现金流出							
1.2.1	经营成本							
1.2.2	增值税进项税额							

续表

序号	项目	合计	计算期					
			1	2	3	4	…	*n*
1.2.3	营业税金及附加							
1.2.4	增值税							
1.2.5	所得税							
1.2.6	其他流出							
2	投资活动净现金流量（2.1–2.2）							
2.1	现金流入							
2.2	现金流出							
2.2.1	建设投资							
2.2.2	维持运营投资							
2.2.3	流动资金							
2.2.4	其他流出							
3	筹资活动净现金流量（3.1–3.2）							
3.1	现金流入							
3.1.1	项目资本金流入							
3.1.2	建设投资借款							
3.1.3	流动资金借款							
3.1.4	债券							
3.1.5	短期借款							
3.1.6	其他流入							
3.2	现金流出							
3.2.1	各种利息支出							
3.2.2	偿还债务本金							
3.2.3	应付利润（股利分配）							
3.2.4	其他流出							
4	净现金流量（1+2+3）							
5	累计盈余资金							

注：对于新设法人项目，本表投资活动的现金流入为零；对于既有法人项目，可适当增加科目；必要时，现金流出中可增加应付优先股股利科目；对外商投资项目应将职工奖励与福利基金作为经营活动现金流出

6.6 工程项目财务评价案例

某项目计算期为 15 年，其中建设期为 3 年，第 4 年开始投产，第 5 年达到设计生产能力，建设投资总额为 10 000 万元，分 3 年投入，如表 6-9 所示。

表 6-9 建设投资估算及使用计划表 单位：万元

项目	第 1 年	第 2 年	第 3 年	合计
投资额	3 125	4 375	2 500	10 000

流动资金总额为 3000 万元，在第 3 年末投入。自有资金总额为 5000 万元，资本成本为 12%，分年投资情况见表 6-10。

表 6-10 自有资金使用计划表 单位：万元

项目	第 1 年	第 2 年	第 3 年	合计
权益投资	1875	1875	1250	5000

自有资金与建设投资总额之间的差额向某银行借贷，年利率为 8%，银行给予 3 年的宽限期（只计利息，不付息），第 4 年投产后开始还贷，每年付清当年利息，并分 10 年等额偿还建设期的全部借款本金与利息。整个计算期内流动资金从银行借贷，年利率为 8%。

销售收入、销售税金及附加和经营成本的预测值如表 6-11 所示，其他支出忽略不计。

表 6-11 销售收入、销售税金及附加和经营成本预测表 单位：万元

项目	第 4 年	第 5 年	第 6 年	…	第 15 年
销售收入	6300	9000	9000	…	9000
销售税金及附加	360	540	540	…	540
经营成本	4200	6000	6000	…	6000

公司所得税率为 25%，按当年税后利润的 10%提取盈余公积金，按税后利润的 5%提取公益金，余下部分全部作为应付利润分配。借款本金还款来源为折旧和摊销，若不够再用税后利润补还。接下来进行该项目的财务分析。

问题：①假设所有投资均形成固定资产，固定资产平均折旧年限为 15 年，残值率为 5%，计算年固定资产折旧额及回收固定资产余值。②计算利润和所得税。③编制借款还本付息计划表。④编制项目投资现金流量表。⑤编制项目财务计划现金流量表。⑥编制资产负债表。

解：（1）固定资产折旧计算。根据固定资产的定义，将建设期利息计入固定资产原值内，第 15 年回收固定资产余值为 2548 万元，如表 6-12 所示。

表 6-12 折旧与摊销计算表 单位：万元

项目	年初固定资产	当年折旧额	年末净资产额
第 4 年	10 624	673	9 951
第 5 年	9 951	673	9 278
第 6 年	9 278	673	8 605
第 7 年	8 605	673	7 932
第 8 年	7 932	673	7 259
第 9 年	7 259	673	6 586
第 10 年	6 586	673	5 913
第 11 年	5 913	673	5 240
第 12 年	5 240	673	4 567
第 13 年	4 567	673	3 894
第 14 年	3 894	673	3 221
第 15 年	3 221	673	2 548

$$每年折旧额 = 10\,624 \times (1-5\%) \div 15 = 673（万元）$$

（2）利润计算与利润分配。根据销售收入和所有成本之差计算利润，所得税率为 25%。利润的分配：按当年税后利润的 10%提取盈余公积金，按当年税后利润的 5%提取公益金，余下部分全部作为应付利润分配，如果年折旧费不足归还借款的本金部分，则先归还借款本金再分配利润，如表 6-13 所示。

表 6-13 利润与利润分配表（二） 单位：万元

序号	项目	计算期											
		4	5	6	7	8	9	10	11	12	13	14	15
1	营业收入	6300	9000	9000	9000	9000	9000	9000	9000	9000	9000	9000	9000
2	营业税金及附加	360	540	540	540	540	540	540	540	540	540	540	540
3	总成本费用	5563	7318	7273	7228	7183	7138	7093	7048	7003	6958	6913	6913
4	补贴收入												
5	利润总额（1–2–3+4）	377	1142	1187	1232	1277	1322	1367	1412	1457	1502	1547	1547
6	弥补以前年度亏损												
7	应纳税所得额（5–6）	377	1142	1187	1232	1277	1322	1367	1412	1457	1502	1547	1547
8	所得税	94	286	297	308	319	331	342	353	364	376	387	387
9	净利润（5–8）	283	856	890	924	958	991	1025	1059	1093	1126	1160	1160
10	期初未分配利润												
11	可供分配的利润（9+10）	283	856	890	924	958	991	1025	1059	1093	1126	1160	1160
12	提取法定盈余公积金	28	86	89	92	96	99	103	106	109	113	116	116
13	可供投资者分配的利润（11–12）	255	770	801	832	862	892	922	953	984	1013	1044	1044
14	应付优先股股利												
15	提取公益金	14	43	45	46	48	50	51	53	55	56	58	58
16	应付普通股股利（13–14–15）	241	727	756	786	814	842	871	900	929	957	986	986
17	各投资方利润分配												
	其中：××方												
	××方												
18	未分配利润（13–14–15–17）	240	727	756	786	814	842	871	900	929	957	986	986
19	息税前利润（利润总额+利息支出）	1067	1787	1787	1787	1787	1787	1787	1787	1787	1787	1787	1787
20	息税折旧摊销前利润（息税前利润+折旧+摊销）	1740	2460	2460	2460	2460	2460	2460	2460	2460	2460	2460	2460

表 6-13 中流动资金为企业周转资金，借入后只是在使用期的各年中付给银行利息，等到项目使用期结束后再归还本金。因此，本项目流动资金的利息在项目使用期间，每年均相等，即 3000×8% = 240（万元）。

（3）借款还本付息计划表编制。根据与银行商定的条件，第 4 年开始支付每年的利息并偿还本金的 1/10，10 年内还清，建设投资借款还本付息计划表如表 6-14 所示。

表 6-14　借款还本付息计划表（二）　　单位：万元

序号	项目	合计	计算期														
			1	2	3	4	5	6	7	8	9	10	11	12	13	14	15
1	借款 1																
1.1	期初借款余额		1250	2500	1250	5624	5062	4500	3938	3376	2814	2252	1690	1128	566	0	0
1.2	当期还本付息					1012	967	922	877	832	787	742	697	652	611	0	0
	其中：还本					562	562	562	562	562	562	562	562	562	566	0	0
	付息		50	204	370	450	405	360	315	270	225	180	135	90	45	0	0
1.3	期末借款余额		1300	4004	5624	5062	4500	3938	3376	2814	2252	1690	1128	566	0	0	0
2	借款 2																
2.1	期初借款余额					3000	3000	3000	3000	3000	3000	3000	3000	3000	3000	3000	3000
2.2	当期还本付息					240	240	240	240	240	240	240	240	240	240	240	3240
	其中：还本																3000
	付息					240	240	240	240	240	240	240	240	240	240	240	240
2.3	期末借款余额					3000	3000	3000	3000	3000	3000	3000	3000	3000	3000	3000	0
3	债券																
3.1	期初债务余额																
3.2	当期还本付息																
	其中：还本																
	付息																
3.3	期末债务余额																
4	借款和债券合计																
4.1	期初余额		1250	2500	1250	8624	8062	7500	6938	6376	5814	5252	4690	4128	3566	3000	3000
4.2	当期还本付息		50	204	370	1252	1207	1162	1117	1072	1027	982	937	892	851	240	3240
	其中：还本					562	562	562	562	562	562	562	562	562	566	0	3000
	付息		50	204	370	690	645	600	555	510	465	420	375	330	285	240	240
4.3	期末余额		1300	4004	5624	8062	7500	6938	6376	5814	5252	4690	4128	3566	3000	3000	0
计算指标	利息备付率					1.55%	2.77%	2.98%	3.22%	3.50%	3.84%	4.25%	4.77%	5.42%	6.27%	7.45%	7.45%
	偿债备付率					1.31%	1.80%	1.86%	1.93%	2.00%	2.07%	2.16%	2.25%	2.35%	2.45%	8.64%	0.64%

（4）项目投资现金流量表编制。项目投资现金流量表见表 6-15。根据表中数据计算得到项目投资财务内部收益率（所得税前）为 13.88%，以综合资本成本为折现率计算净现值为 1209.55 万元。

（5）项目财务计划现金流量表编制。项目财务计划现金流量表见表 6-16。从表中数据可知，各年盈余资金均大于等于零。该项目资金平衡不存在问题。

表 6-15　项目投资现金流量表

单位：万元

序号	项目	合计	计算期														
			1	2	3	4	5	6	7	8	9	10	11	12	13	14	15
1	现金流入	110 848	0	0	0	6 300	9 000	9 000	9 000	9 000	9 000	9 000	9 000	9 000	9 000	9 000	14 548
1.1	营业收入	105 300	0	0	0	6 300	9 000	9 000	9 000	9 000	9 000	9 000	9 000	9 000	9 000	9 000	9 000
1.2	补贴收入																
1.3	回收固定资产余值	2 548															2 548
1.4	回收流动资金	3 000															3 000
2	现金流出	89 500	3 125	4 375	5 500	4 560	6 540	6 540	6 540	6 540	6 540	6 540	6 540	6 540	6 540	6 540	6 540
2.1	建设投资	10 000	3 125	4 375	2 500												
2.2	流动资金	3 000			3 000												
2.3	经营成本	70 200				4 200	6 000	6 000	6 000	6 000	6 000	6 000	6 000	6 000	6 000	6 000	6 000
2.4	营业税金及附加	6 300				360	540	540	540	540	540	540	540	540	540	540	540
2.5	维持运营投资	0															
3	所得税前净现金流量（1–2）	21 348	–3 125	–4 375	–5 500	1 740	2 460	2 460	2 460	2 460	2 460	2 460	2 460	2 460	2 460	2 460	8 008
4	累积所得税前净现金流量		–3 125	–7 500	–13 000	–11 260	–8 800	–6 340	–3 880	–1 420	1 040	3 500	5 960	8 420	10 880	13 340	21 348
5	调整所得税	3 842	0	0	0	94	286	297	308	319	331	342	353	364	376	387	387
6	所得税后净现金流量（3–5）	17 506	–3 125	–4 375	–5 500	1 646	2 174	2 163	2 152	2 141	2 129	2 118	2 107	2 096	2 084	2 073	7 621
7	累积所得税后净现金流量		–3 125	–7 500	–13 000	–11 354	–9 180	–7 017	–4 865	–2 724	–595	1 523	3 630	5 726	7 810	9 883	17 504

计算指标：

项目投资财务内部收益率（所得税前）= 13.88%

项目投资财务内部收益率（所得税后）= 11.85%

项目投资财务净现值（所得税前）（i_c = 12%）= 1 209.55 万元

项目投资财务净现值（所得税后）（i_c = 12%）= –90.99 万元

项目投资回收期（所得税前）= 8.58 年

项目投资回收期（所得税后）= 9.28 年

表 6-16　项目财务计划现金流量表

单位：万元

序号	项目	合计	计算期														
			1	2	3	4	5	6	7	8	9	10	11	12	13	14	15
1	经营活动净现金流量(1.1–1.2)	30 506				1 646	2 174	2 163	2 152	2 141	2 129	2 118	2 107	2 096	2 084	2 073	7 623
1.1	现金流入	110 850				6 300	9 000	9 000	9 000	9 000	9 000	9 000	9 000	9 000	9 000	9 000	14 550
1.1.1	营业收入	105 300				6 300	9 000	9 000	9 000	9 000	9 000	9 000	9 000	9 000	9 000	9 000	9 000
1.1.2	增值税销项税额																
1.1.3	补贴收入																
1.1.4	其他流入	5 550															5 550
1.2	现金流出	80 344				4 654	6 826	6 837	6 848	6 859	6 871	6 882	6 893	6 904	6 916	6 927	6 927
1.2.1	经营成本	70 200				4 200	6 000	6 000	6 000	6 000	6 000	6 000	6 000	6 000	6 000	6 000	6 000
1.2.2	增值税进项税额																
1.2.3	营业税金及附加	6 300				360	540	540	540	540	540	540	540	540	540	540	540
1.2.4	增值税																
1.2.5	所得税	3 844				94	286	297	308	319	331	342	353	364	376	387	387
2	投资活动净现金流量(2.1–2.2)		–3 125	–4 375	–5 500	0	0	0	0	0	0	0	0	0	0	0	0
2.1	现金流入		0	0	0												
2.2	现金流出		3 125	4 375	5 500												
2.2.1	建设投资	10 000	3 125	4 375	2 500												
2.2.2	维持运营投资																
2.2.3	流动资金	3 000			3 000												
3	筹资活动净现金流量(3.1–3.2)	–10 774	3 125	4 375	5 500	–1 493	–1 934	–1 918	–1 903	–1 886	–1 869	–1 853	–1 837	–1 821	–1 808	–1 226	–4 226
3.1	现金流入	13 000	3 125	4 375	5 500												
3.1.1	项目资本金流入	5 000	1 875	1 875	1 250												
3.1.2	建设投资借款	5 000	1 250	2 500	1 250												
3.1.3	流动资金借款	3 000			3 000												
3.2	现金流出	23 774				1 493	1 934	1 918	1 903	1 886	1 869	1 853	1 837	1 821	1 808	1 226	4 226
3.2.1	各种利息支出	5 355				690	645	600	555	510	465	420	375	330	285	240	240
3.2.2	偿还债务本金	8 624				562	562	562	562	562	562	562	562	562	566	0	3 000
3.2.3	应付利润（股利分配）	9 794				241	727	756	786	814	842	871	900	929	956	986	986
4	净现金流量（1+2+3）		0	0	0	153	240	245	249	255	260	265	270	275	276	847	3 397
5	累计盈余资金		0	0	0	153	393	638	887	1 142	1 402	1 667	1 937	2 212	2 488	3 335	6 732

复习思考题

1. 工程项目财务评价的根本目的和根本方法是什么？
2. 工程项目财务评价过程为什么要考虑资金的时间价值？
3. 在工程项目盈利能力分析中，融资前分析和融资后分析有何区别？
4. 企业偿还贷款的资金来源有哪些？
5. 财务评价中盈利能力、偿债能力、财务生存能力的指标分别包括哪些？

习 题

1. 某工程项目计划总投资 1500 万元，全部贷款筹资，分三年均衡投放，第一年投资 500 万元，第二年投资 800 万元，第三年投资 200 万元。贷款利率为 8%，每半年结算一次。试计算该工程项目建设期各年贷款利息。

2. 已知年产 1250 吨某种紧俏产品的工业项目，主要设备投资额为 2050 万元，其他附属项目投资占主要设备投资比例以及由于建造时间、地点、使用定额等方面的因素，引起拟建项目的综合调价系数见表 6-17。暂不考虑预备费（基本和涨价），工程建设其他费用占工程费和工程建设其他费用之和的 20%。建设年产同类产品 2000 吨的项目，则生产能力指数为 1，试估算该工程项目静态建设投资。

表 6-17 附属项目投资占主要设备投资比例及综合调价系数表

序号	工程名称	占主要设备投资比例	综合调价系数	序号	工程名称	占主要设备投资比例	综合调价系数
一	生产项目			6	电器照明工程	10%	1.10
1	土建工程	30%	1.10	7	自动化仪表	9%	1.00
2	设备安装工程	10%	1.20	8	主要设备购置	—	1.20
3	工艺管道工程	4%	1.05	二	附属工程	10%	1.10
4	给水排水工程	8%	1.10	三	总体工程	10%	1.30
5	暖通工程	9%	1.10				

3. 某拟建工业生产项目建设期为 2 年，运营期为 6 年，建设投资为 2000 万元，预计全部形成固定资产。项目资金来源为自有资金和贷款。建设期内，每年均衡投入自有资金和贷款各 500 万元。贷款年利率为 6%。流动资金全部用项目资本金支付，金额为 300 万元，于投产当年投入。固定资产使用年限为 8 年，采用直线法折旧，残值为 100 万元。项目贷款在运营期的 6 年间，按照等额还本、利息照付的方法偿还。项目投产第 1 年的营业收入和经营成本分别为 700 万元和 250 万元，第 2 年的营业收入和经营成本分别为 900 万

元和 300 万元，以后各年的营业收入和经营成本分别为 1000 万元和 320 万元，不考虑项目维持运营投资、补贴收入。企业所得税率为 25%，营业税及附加税率为 6%。

问题（计算结果保留两位小数）：

（1）列式计算建设期贷款利息、固定资产年折旧费和计算期第 8 年的固定资产余值。

（2）计算各年还本、付息及总成本费用，并绘制还本付息计划表及总成本费用估算表。

（3）列式计算计算期第 3 年的所得税。从项目资本金出资者的角度，列式计算计算期第 8 年的净现金流量。

第7章　工程项目国民经济评价

7.1　工程项目国民经济评价概述

工程项目国民经济评价（national economic evaluation）是工程经济学的重要组成部分。从经济学的角度来看，资源是有价值的和稀缺的，所以应尽可能最大限度利用各种资源为国民经济发展服务。因此，对于一个工程项目而言，除了应该从项目业主的角度进行项目的财务评价外，还应从整个国民经济的角度去评价项目对整个国民经济所做出的贡献以及消耗的国民经济资源，进而评价项目的经济可行性，这就是工程项目的国民经济评价。

7.1.1　工程项目国民经济评价的含义和作用

1. 工程项目国民经济评价的含义

工程项目国民经济评价是按照国家或地区资源合理配置的原则，从国家或地区整体的角度考核项目的总费用和总效益，使用宏观评价的影子价格体系、影子汇率、影子工资、贸易费用率和社会折现率等通用参数，分析计算投资项目为国民经济带来的效益，从而评价投资项目在经济上的合理性，为投资项目提供宏观的决策依据。

2. 工程项目国民经济评价的作用

任何投资者所拥有的资产、资金、外汇、自然资源、信息和技术资源等，相对于社会不断增长的物质文化生活而言都是有限的。企业首先追求自身利润的最大化，而这与全社会追求的经济利益最大化是不一致的，甚至会与全社会经济利益发生冲突。工程项目国民经济评价就是把国家或地区有限的资源用于最有利于满足人们利益需求的项目上去。项目的社会利润与经济特性是项目取舍的主要依据。按照我国目前制定的对工程项目进行经济评价的标准，既要做财务评价，又要做国民经济评价。对于某些工程项目，国民经济评价的结论将作为主要的决策依据。工程项目国民经济评价的作用主要体现在以下三个方面。

（1）综合作用。国民经济评价能够客观地估算出投资项目为社会做出的贡献和社会（即国民经济）为其付出的代价。因为在国民经济评价中，其效益、费用无论最终归谁支配，也无论由谁负担，只要发生了，就按该项目真正的投入产出值加以计算。不仅仅计算其盈利大小、资金回收多少，对各类财政收入的增加、充分就业、环境保护与生态平衡、资源充分利用与合理分配等也都作为考虑的因素和内容。上述考核的方法和内容，相对财务评价而言，无疑更客观、范围更广、层次更高。

（2）导向作用。运用国民经济评价方法对投资项目进行评价能够对资源和投资的合理流动起到导向的作用。在国民经济评价中采用了影子价格和社会折现率。影子价格不仅能起到市场信号反馈作用，而且是在资源最优分配状态下的边际变化对国民收入增长的贡献值，因此，能够对资源合理分配加以引导，达到宏观调控的目的。不管哪一行业，都采用统一的社会折现率，可以使投资最终流向投资效率高、资金回收比率大的行业或生产部门。这无疑会促进资源高效利用，使社会整体效益提高。

（3）标准作用。国民经济评价可以达到统一标准的目的。国民经济评价不仅统一采用评价价格体系——影子价格，而且采用统一的评价参数——通用参数（社会折现率、影子汇率、影子工资、贸易费用等），这样就使不同地区、不同行业的投资项目在经济评价中都站在同一“起跑线”上，达到相互之间可以从效益上、从费用上具有可比性的目的。这种横向可比对于宏观上选择最优投资方向是十分有益的。

7.1.2　国民经济评价与财务评价的比较

国民经济评价与财务评价统称为项目经济评价。国民经济评价是站在国家的立场上，以国民收入增长为目标的分析和评价。财务评价是从企业的角度，对项目的营利性进行评价。进行国民经济评价和财务评价前都要做好相应的基本报表和辅助报表的编制，然后根据评价指标进行评价。国民经济评价指标包括经济内部收益率、经济净现值、经济净现值率、经济外汇净现值、经济换汇成本和经济节汇成本等；财务评价指标包括财务内部收益率、财务净现值、财务净现值率、财务外汇净现值、财务换汇成本和财务节汇成本等。

1. 国民经济评价与财务评价的相同点

（1）国民经济评价和财务评价都是分析项目或方案实施的经济效果，提高工程经济方案经济性的一种方法，目的均在于确定技术方案的经济合理性和可行性。

（2）国民经济评价和财务评价所采用的主要分析计算方法大致相同，它们用以判断项目或方案经济合理性的主要指标名称也大致相同。

2. 国民经济评价与财务评价的主要区别

（1）分析的角度或者出发点不同。国民经济评价是从整个国民经济利益的角度（国家的角度）考察项目或方案的经济效果，目的在于确定项目或方案的经济合理性，并从各种可能的方案中选出经济上最优的方案；财务评价是从实施方案的部门或企业的经济利益角度考察项目或方案的经济效果，目的在于了解项目或方案的财务生存能力。

（2）费用与效益的计算范围不同。国民经济评价的费用与效益，不仅包括项目或方案实施过程中的直接费用和直接效益，还包括与项目或方案实施有关的间接费用或间接效益，即外部费用和外部效益；财务评价只对项目或方案所引起的部门或企业的实际费用与效益加以计算分析，即直接费用与直接效益。

（3）采用的价格指标不同。国民经济评价采用影子价格，考虑价格与价值背离的现象，反映项目或方案投入物和产出物的真实价值。财务评价采用现行的市场价格或预测的市场价格，而不论这些价格指标是否真正合理。

（4）贷款、利息和偿还的处理方法不同。在国民经济评价中，对国内借款既不计算利息，也不计算偿还期，虽然要计算投资回收期，但投资回收期不同于贷款偿还期；对国外借款应计算利息和偿还期，因为国外借款的利息支付对国家来说是一种资源的外流，属于支出。在财务评价中，除自有资金外，均应按贷款利率计算利息，同时还应计算贷款本金和利息的偿还能力及偿还年限。

（5）折旧、税金和补贴的处理不同。折旧是投资回收的手段之一，是维持简单再生产的资金积累方式。税金与补贴是国民与企业或部门之间的资金转移。因此，从国民经济的角度看，折旧、税金和补贴不影响项目方案的经济性，所以在国民经济评价中均不考虑。财务评价却不同，在财务评价中，折旧中的一部分可用来偿还贷款；税金是经营项目的部门或企业上缴给国家的一部分税前收入，是项目的支出；补贴是国家对经营项目的部门或企业所给予的财政支持，对部门或企业来说，补贴是收益或减少支出，因此，在财务评价中应考虑折旧、税金和补贴的影响。

（6）评价标准不同。国民经济评价中的评价标准是社会折现率等指标，财务评价中的评价标准是基准折现率等指标。

3. 国民经济评价与财务评价的联系

国民经济评价与财务评价尽管有以上的若干不同，但它们之间的联系是紧密相关的，总的来说，财务评价是国民经济评价的基础。在市场经济条件下，这一基础地位更加稳固。国民经济评价是财务评价的拓展，是投资决策的主要依据。只有当两种评价的结论均为可行时，该项目或方案才能顺利通过。当两种评价结论出现矛盾时，应本着既要保证微观投资主体的财务效益，也要使国家和社会得益的原则行事，努力使微观效益和宏观效益有机结合。

（1）当国民经济评价可行而财务评价不可行时，国家则应采取优惠政策和措施（如减免税、政策性补贴、低息或贴息贷款等），让企业能获得合理的收益，从而充分调动企业的积极性，提高管理水平，使项目或方案能达到预期的效益。

（2）当国民经济评价不可行而财务评价可行时，国家就要付出较大的代价。当项目总体上不能使国民收入和社会收益增加，反而造成较大损失时，这类项目一般是不能被接受的。有时采取修改总体方案的方式进行项目投资的再设计，也可能使项目通过，但应进行更详细和严格的审核和控制。

7.2 国民经济评价的费用与效益的确定

7.2.1 国民经济评价的费用和效益构成

国民经济评价的费用和效益，不仅包括项目或方案实施过程中的直接费用和直接效益，还包括与项目或方案实施有关的间接费用和间接效益，即外部费用和外部效益。

1. 国民经济评价中的效益包括直接效益和间接效益两大类

（1）直接效益是指可以明确识别并且能够直接或间接用货币计量的效益。

（2）间接效益也称为外部效益，是难以明确识别并且不能直接或间接用货币计量的效益。

2. 国民经济评价中的费用包括直接费用和间接费用两大类

（1）直接费用是指用影子价格计算的项目投入物（固定资产投资和流动资金等一次性投入和经常性投资）的经济价值。它一般表现为：其他部门为供应本项目投入物而扩大生产规模所耗用的资源费用；减少对其他项目投入物的供应而放弃的效益；增加进口（或减少出口）所耗用（或减收）的外汇等。

（2）间接费用（含相关费用）又称外部费用，是指社会为项目付出的代价，而项目本身并不需要支付的那部分费用，如为新建项目服务的配套和附属工程等相关项目所需要的投资支出和其他费用，还包括商业、教育、文化、卫生、住宅和公共建筑等生活福利设施，以及邮政、水、电、气、道路、港口码头等公用基础设施的费用。如果这类设施专门或全部为此项目服务，则应作为该项目的组成部分，所有费用都应包括在项目总投资之内而不必另列计划；如果这类设施不全部为该项目提供服务，则应根据服务量大小，与其他接受服务的有关项目分摊建设投资和经营费用。在国民经济评价时，不得从项目费用中扣除为该项目服务的这类设施的投资和经营费用。

7.2.2　国民经济评价的转移支付处理

凡属国民经济内部转移支付的款项（如税金、工资、利息、土地费用等）均不列为费用，而只有国民经济为项目所付出的代价（如投资、经营费用、自然资源占用的机会成本、外汇、补贴等）才列为项目费用。

1. 转移支付的处理原则

某些在财务评价的支出现金流中出现的费用，并不反映对国家的直接要求，它只是反映对资源分配的控制权力从社会的一个成员或部门转移到另一个成员或部门。例如，由项目经营单位支付给国内贷款机构的利息，只是说明将项目经营单位的这一部门权力转移到了贷款人手里，利息所具有的购买权力确实反映了对资源的支配，但是这种权力的转移并没有消耗实际的资源。从这种意义上来说，利息不是一种经济费用。同理，借款和还款均属财务上的转移，然而由贷款者提供的投资资金或其他费用意味着实际上的经济费用。一般说来，国民经济评价不必关心项目所需投资是如何筹措的，也不必关心资金的归还问题。此外，提取折旧费用也未必对应于投资的真正使用，可将折旧费用从财务支出中去掉。使用一种资产的经济费用，已经被充分地反映在其最初投资减去其被贴现的残值之差中。

上述原则有一个重要的例外。诸如税收和利息等转移支付虽不是经济费用，但它们对于收入再分配，或许还对于储蓄，有重要的影响。如果政府希望把项目选择作为改进收入分配和增加储蓄的手段，那么在确定项目的费用和效益时，就应该把这些转移支付也考虑在内，并把它们反映在生产要素投入的影子价格和项目所产生的收入之中。

2. 几类转移支付的具体处理方法

我国对税金、补贴、工资、利息、土地费用、自然资源费用的具体处理如下。

（1）税金。项目为获得某种投入物，需缴纳一定的税金（如进口关税），企业要销售某项产品和提供劳务也应纳税（如增值税、营业税等）。税金是财务上的一种转移支付，在国民经济评价时，它不是国家的经济代价，应从费用中剔除。

（2）补贴。补贴与税金相反，它是政府给企业的转移支付，不计为项目的效益。

（3）工资。工资是项目在财务上的转移支出，即雇用劳动力所支付的实际工资和工资性支出由企业转移给工人，作为国家国民收入的一部分。正因为如此，计算国民收入净增值的指标中包括工资，但工资不计为费用，应该列为费用的是劳动力的机会成本，以及为安排劳动力国家付出的其他代价。

（4）利息。项目在国内贷款所需支付的利息不计入费用，国外贷款利息不是国内转移支付，应作为国民经济代价，计入费用。

（5）土地费用。为项目建设征购土地的实际支付是该项目转移给地方的，故在国民经济评价中不计入费用。应列为费用的是被占用土地的机会成本，如果使用被开垦的荒地和人工造地，则除了考虑机会成本外，还应加上实际的开发费用。

（6）自然资源费用。在国民经济评价中，自然资源费用和其他税金一样属于转移支付，不计入项目费用。应列为费用的是自然资源本身的潜在价值及开采资源所花费的勘探成本等。

7.2.3 国民经济评价的外部效果计算

项目的间接效益和间接费用统称为外部效果。对于明显的外部效果能定量分析的要做定量分析，计入项目的效益和费用；不能定量分析的，要做定性描述。要防止外部效果重复计算或漏算。项目的某些效果在项目本身范围内不会引起费用或效益的增加，但是，如果这种外部效果影响国家基本目标的实现，那么在项目的国民经济评价中就应该予以考虑。遗憾的是，这些外部效果有时很难识别，即使能够识别，其大小也总是难以估量。例如，对于上述示范效应和人员培训等间接效益，以及由项目产生的各种形式的环境污染、交通拥挤等间接费用，如果它们是重要的和可以衡量的，就应该把它们作为经济费用来考虑。不管外部效果是否能够定量化，至少应该对它们进行定性的讨论。

目前，对项目的各种外部效果还没有令人满意的统一的处理方法，但笼统地忽略也是没有道理的。我们应首先设法识别它们，如果它们确实重要，就要尽力衡量其大小。为了减少计量上的困难，应力求明确项目范围的“边界”，一般情况下是扩大项目范围，把一些相互关联的项目捆绑在一起作为“联合体”进行评价。在我国现行的项目经济评价方法中，对财务价格做了较大的调整，用影子价格计算的项目效益和费用在很大程度上使本项目的外部效果在项目内得到了体现。因此，通过扩大计算范围和调整价格这两步工作，实际上已将很多外部效果内部化了。

经过这样处理后，可能还有某些外部效果需单独考虑，举例如下。

（1）上下游企业的生产效果，就是指由于拟建项目的投产使用，其上下游企业原来闲置的生产能力得以发挥或达到经济规模所产生的效果。为防止外部效果扩大化，计算时需注意，随着时间的推移，如果没有该拟建项目，上、下游企业生产能力的利用也可能会发生变化，要按照有无对比的原则计算增量效果；注意其他拟建项目是否也有类似的效果，如果有，就不应把上、下游企业闲置生产能力的利用都归属于该拟建项目，以免引起外部效果的重复计算。

（2）技术扩散的效果。建设技术先进的项目，由于技术培训、人才培训、技术推广和扩散，整个社会都将受益，不过常常由于计量的困难，只能做定性的描述。

（3）拟建项目的产出增加了国内市场供应量，导致产品价格下降，这可以视为用户或消费者从中得到产品降价的好处，但这种好处一般不计作项目的间接效益，因为产品价格的下降将使原生产厂家的收益减少。但是如果拟建项目的产出能增加出口量，导致原出口产品价格下降，从而减少创汇的效益，则原出口产品创汇收益的减少额应计为该项目的费用。

（4）工业项目造成的环境污染和对生态的破坏，虽然是一种间接费用，但可参考现有同类项目所造成的损失来计算，至少也应做定性的描述。

7.3　国民经济评价的参数

国民经济评价的参数是在项目国民经济评价时，计算和衡量项目投入费用和产出效益，以及判断项目宏观经济合理性的一系列指标。使用这些参数的目的是保证各类项目评价标准的统一性和评价结论的可比性。国民经济评价参数应取值合理，符合客观实际。国民经济评价参数是根据国家的经济条件、资源供应状况、宏观经济调控意图、各行业投资收益以及项目评价的实际情况测算调整的。由国家发展和改革委员会、住房和城乡建设部组织测定颁布的经济评价参数仅供项目评价及决策使用，不能作为国家分配投资、财政核算以及部门间、企业间商品交换和结算的依据。由于经济情况总是在发展变化，各类参数均有一定的时效性。从理论上来讲，参数应随着时间调整，但参数调整测算工作十分繁重，实践中只能做阶段性调整。

7.3.1　国民经济评价的价格体系——影子价格

1. 影子价格的含义

在现实经济生活中，由于生活环境、经济管理体制、经济政策、历史因素等原因，各种产品和服务的现行市场价格并不都能反映它们的实际价值，为了消除市场价格的扭曲对投资项目决策的影响，合理度量资源、货物与服务的经济价值，在国民经济评价中，应在现行市场价格以外寻找一种更适合评价和分析的价格。这种经过调整的价格就被称为影子价格，它的概念最早源于线性规划。

影子价格的经济含义是在最优规划条件下，单位资源所产生的效益增量，即资源利用的边际经济效益，它是为实现一定的经济发展目标而确定的，比市场交换价格更能合理利用资源的效率价格。因此，影子价格是合理利用有限资源的价格尺度。如果某种投入物或产出物的现行价格能较真实地反映其经济价值，则其现行价格就是影子价格。

2. 影子价格的确定

这里介绍比较实用的影子价格确定办法，该办法首先要将货物分类。

项目的投入物和产出物可以分为外贸货物、非外贸货物和特殊投入物三种类型。一种货物的投入或产出，如果主要影响国家的进出口水平，则该货物为外贸货物；如果主要影响国内的供求关系，则该货物为非外贸货物；特殊投入物一般指劳动力和土地。

在区分外贸货物和非外贸货物时，应防止两个极端：一是把外贸货物划得过宽，凡是国家有进口的都列为外贸货物；二是划得过严，认为只有本项目进出口的货物才定为外贸货物。根据中国的情况，区分外贸货物和非外贸货物应遵循的原则是：①直接进出口的货物为外贸货物；②国内生产的货物，原本有出口机会，由于拟建项目的使用，减少了出口，则该货物为外贸货物；③拟建项目的产出物或投入物中引起进出口货物的增加或减少的为外贸货物；④国内运输项目、大部分电力项目、国内电信项目等基础设施所提供的产品或服务为非外贸货物；⑤由于国内运费过高，不能进行对外贸易的货物为非外贸货物；⑥受国内国际贸易政策的限制，不能进行对外贸易的货物为非外贸货物。

1）外贸货物的影子价格

外贸货物的影子价格是以实际将要发生的口岸价格为基础来确定的，可以从投入物和产出物两方面考虑。

a. 投入物

直接进口产品的影子价格按式（7-1）计算：

影子价格 = 到岸价格 × 影子汇率 + 项目到口岸的运输运费和贸易费用 （7-1）

间接进口产品的影子价格按式（7-2）计算：

影子价格 = 到岸价格 × 影子汇率 + 口岸到原用户的运输费用和贸易费用
− 供应厂到用户的运输费用和贸易费用
+ 供应厂到项目的运输费用和贸易费用 （7-2）

减少出口产品的影子价格按式（7-3）计算：

影子价格 = 离岸价格 × 影子汇率 − 供应厂到口岸的运输费用和贸易费用
+ 供应厂到项目的运输费用和贸易费用 （7-3）

b. 产出物

直接出口产品的影子价格按式（7-4）计算：

影子价格 = 离岸价格×影子汇率 − 项目到口岸的运输费用和贸易费用 （7-4）

间接出口产品的影子价格按式（7-5）计算：

影子价格 = 离岸价格×影子汇率 − 原供应厂到口岸的运输费用和贸易费用
+ 原供应厂到用户的运输费用和贸易费用
− 项目到用户的运输费用和贸易费用　（7-5）

替代进口产品的影子价格按式（7-6）计算：

影子价格 = 到岸价格×影子汇率 + 口岸到用户的运输费用和贸易费用
− 项目到用户的运输费用和贸易费用　（7-6）

2）非外贸货物的影子价格

非外贸货物是指生产和使用不影响国家进出口水平的货物。非外贸货物的影子价格可以从投入物和产出物两方面考虑。

（1）投入物。能通过企业挖潜（不增加投资）增加供应的投入物，可按照该企业的可变成本分解定价。企业其他项目能够提供的投入物，可按全部成本分解定价；当难以获得分解成本资料时，可参照国内市场价格定价。

（2）产出物。对于供求均衡的产出物，按照财务价格定价；对于供不应求的产出物，参照国内市场价格并考虑价格变化的趋势定价，但不应高于相同质量产品的进口价格；对于无法判断供求情况的产出物，按照上述价格中较低者定价。对于质量与被替代产品相同的项目运营产出物，应按被替代企业相应的产品可变成本的分解结果定价；对于已经提高了质量的产出物，原则上应按替代产品的可变成本加提高产品质量而带来的国民经济效益定价。

3）特殊投入物的影子价格

a. 劳动力的影子工资

影子工资是国家和社会为项目使用劳动力而付出的代价，其主要内容是劳动力的机会成本，即由于在项目中使用了劳动力而在其他地方被迫放弃的劳动力的边际产出。在一个项目中使用了某个劳动力，在其他地方就不能再使用这个劳动力。劳动力用于拟建项目而使社会为此放弃的原有效益，就是项目使用这一劳动力的机会成本。除此以外，劳动力就业转移和使用的社会费用也是劳动力影子工资的组成部分。所以，计算劳动力的影子工资，必须包括以下两方面的内容：①由项目使用劳动力而导致其他地方被迫放弃的原有净效益；②因劳动力的就业或转移所增加的社会资源消耗，如交通运输费用、城市管理费用等。按式（7-7）计算：

影子工资 = 名义工资 × 影子工资换算系数　（7-7）

式中，名义工资为财务评价中的工资及职工福利费之和；对于非技术性工种，影子工资换算系数为 0.8；对于技术性工种，影子工资换算系数为 1。

b. 土地的影子价格

项目占用土地意味着国民经济要付出代价，该代价就是土地的影子价格。土地的影子价格是国民经济为土地被工程项目占用所付出的代价。它包括两方面的内容：一是土地用于拟建项目而改变原有用途所放弃的净效益（如土地的种植收入）；二是社会为此而增加的资源消耗（如居民搬迁费等）。从国民经济角度看，土地属于重要的稀缺资源，所以无论土地的征用形式如何，都应参照具有同等收益的土地价格计算土地的经济代价，按土地的机会成本来计算土地的影子价格。若项目占用的土地是没有什么用处的荒山野岭，其机会成本可视为零。若项目占用农业土地，其机会成本为原来的农业净效益。若项目占用城市土地，其机会成本则以原来的商业价值来计算。总之，应按项目所占用土地的具体情况，来计算土地的影子价格。

在中国由于基本数据缺乏，计算土地的机会成本有一定的困难，所以，通常是采用土地租金的办法来计算其影子价格。土地优劣和级差地租是客观存在的，用租金的办法来确定土地的影子价格是可行的。通常的办法是用土地的净收益来反映土地的租金，然后用一个适当的利率（即经济收益率）使其资本化，对于土地这一非贸易的特殊投入物，再将其资本化的价值乘以标准换算系数，就可求得土地的影子价格。按式（7-8）计算：

$$\text{土地影子价格} = \text{土地净收益}/\text{利率} \times \text{标准换算系数} \tag{7-8}$$

在确定土地影子价格时，对土地净收益的计算应分为两种情况：①农用地。农用地的净收益应根据农业劳动生产率来确定，也就是农用地总产值减去农用地总成本后的净产值。需要注意的是农用地的总成本只包括种子、肥料、农药、机械使用的费用等，不包括人工费。②城市土地。城市土地的净收益的确定与农用地有一定的区别，农用地按土地实际净产值计算，城市土地则必须按地段的商业利润计算。一般来说，城市土地的影子价格要比农用地高得多，所以应区别土地所处区域来计算土地净收益。

土地影子价格的计算也可以采取净效益现值法，按项目占用土地的整个时期内逐年净效益的现值之和来计算。由于这种方法充分估计了土地产出的增长因素，并以口岸价格为基础对土地的产出进行了调整，净效益的估算比前文所描述的土地租金法的估算值要准确，是种更为可取的方法。净效益现值法的计算原则与方法如下：①按贸易货物影子价格确定土地产出物在产地的影子价格。②按收购价的一定比例计算土地产出物的生产成本。③用产地的影子价格减去生产成本求出每单位土地产出物的净效益。④在充分考虑土地产出增长因素的情况下，按规定的社会折现率计算出项目占用土地期间的每单位土地的净效益现值。⑤求出项目占用土地的整个时期内逐年净效益现值的总和。

在实际的项目评价中，农用地的影子价格可以从财务评价中土地的征地费用出发进行调整计算。一般可以做如下调整：属于机会成本性质的费用，如土地补偿费、青苗补偿费等，按照机会成本计算方法调整计算；属于新增资源消耗的费用，如拆迁费、剩余劳动力安置费、养老保险费等，按影子价格调整计算；属于转移支付的费用，如粮食开发基金、耕地占用税等，应予以剔除。

国民经济评价对土地费用有两种具体的处理方式：一是计算项目占用土地在整个占用期间土地可能最佳用途的逐年净效益的现值之和，作为土地费用计入项目建设投资中；二是将逐年净收益的现值换算成等值效益，作为项目每年的投入。一般采用第一种方式。

【例 7-1】 某建设单位准备以有偿方式取得某城区一宗土地的使用权。该宗土地占地面积为 15 000 平方米，土地使用权出让金标准为 4000 元/米^2。根据调整，目前该区域尚有平房住房 60 户，建筑面积总计 3500 平方米，试对该土地费用进行估算。

解：　　　　　　土地使用权出让金 = 4000 × 15 000 = 6000（万元）

以同类地区征地拆迁补偿费作为参照，估计单价为 1200 元/米 ^{2}，则

$$土地拆迁补偿费 = 1200 \times 3500 = 420（万元）$$

所以

$$该土地费用 = 6000 + 420 = 6420（万元）$$

【例 7-2】 某工业项目建设期为 3 年，生产期为 17 年，占用水稻耕地 2000 亩（1 亩≈666.67 平方米），占用前 3 年平均亩产为 0.5 吨，每吨收购价为 400 元，出口口岸价预计 180 美元/吨。设该地区的水稻年产量以 4%的速度递增，社会折现率为 12%，水稻生产成本按收购价的 50%计算，影子汇率换算系数为 1.08，外汇牌价按 6.2865 元/美元计（当年中国人民银行公布），贸易费率为 6%，产地至口岸 500 千米，试求土地费用。

解：（1）稻谷按口岸价格计算影子价格。口岸价格为 180 美元/吨，折合人民币为 6.2865 × 1.08 × 180 = 1222.10（元/吨）。

$$贸易费用 = 400 \times 6\% = 24（元/吨）$$

产地至口岸的运输费用平均影子价格为 0.035 元/（吨·千米），则

$$运输费 = 0.035 \times 500 = 17.5（元/吨）$$

$$产地影子价格 = 1222.10 - 24 - 17.5 = 1180.60（元/吨）$$

（2）每吨稻谷的生产成本 = 400×50% = 200（元）。

（3）该土地生产每吨稻谷的净收益 = 1180.60 − 200 = 980.60（元）。

（4）20 年内每亩土地的净效益现值：

$$P=\sum_{t=1}^{20} 980.60\times 0.5\times\left(\frac{1+4\%}{1+12\%}\right)^t = 4927.32（元）$$

（5）2000 亩土地 20 年内的净效益现值 = 4927.32 × 2000 = 9 854 640（元）。

在国民经济评价中，以 985.464 万元作为土地费用计入建设投资。

7.3.2　国民经济评价的通用参数

1. 社会折现率

社会折现率是国家制定的参数，表示社会对资金机会成本和资金时间价值的估量，它从社会的观念反映出最佳的资源分配，表示社会可接受的最低投资收益率的限度，可作为衡量项目国民经济效益的尺度。在国民经济评价中，它被用作计算经济净现值的折现率，并作为经济内部收益率的基准值，是建设项目或方案经济可行性的主要判别依据。

社会折现率表征社会对资金时间价值的估量，适当的社会折现率有助于合理分配建设资金，引导资金投向对国民经济贡献大的项目，调节资金供需关系，促进资金在短期和长期项目间的合理配置。社会折现率的确定应体现国家的经济发展目标和宏观调控意图，是一项政策性很强的工作。社会折现率取值合理，对国民经济的顺利发展具有重要作用。其确定依据为一定时期的投资收益率、资金机会成本、资金供求状况、合理的投资规模等。

2006年国家发展和改革委员会、建设部印发的《建设项目经济评价方法与参数》(第三版)中将社会折现率规定为8%，供各类建设项目评价时统一采用。

社会折现率是社会对资金时间价值的估算，是从整个国民经济角度所要求的资金投资收益率标准，代表占用社会资金所应获得的最低收益率。资金的机会成本，又称为资金的影子价格，单位资金的影子价格就叫影子利率。因此，国民经济评价中所用的社会折现率就是资金的影子利率。在投资项目的国民经济评价中，社会折现率主要用作计算净现值时的折现率，或者用作评价项目国民经济内部收益率高低的基准（即用作基准内部收益率）。

2. 影子汇率

影子汇率是工程项目经济评价的通用参数，它代表外汇的影子价格，体现从国家角度对外汇真实价值的估算。影子汇率是在国民经济评价中区别于官方汇率的外币与本币的真实价格，而官方汇率是由国家规定的单位外币的国内价格。由于实施进口关税、出口补贴及其他贸易保护主义措施，官方汇率不能反映外币的真实价值。影子汇率是单位外币用国内货币表示的影子价格，反映外币的真实价值，即一国货币真正能够换取的外汇的汇率。

在项目的国民经济评价中，为了进行收益和费用的比较，需要外币全部折算为本国货币，这一种折算不能使用官方汇率而只能使用影子汇率。影子汇率实际上也是外汇的机会成本，是指项目投入或产出所导致的外汇的减少或增加给国民经济带来的损失或收益。

在经济分析中，影子汇率通过影子汇率换算系数计算。影子汇率换算系数是影子汇率与国家外汇牌价的比值，由国家统一测定和发布。根据中国外汇收支情况、进出口结构、进出口环节税费及出口退税补贴等情况，目前我国的影子汇率换算系数取值为1.08，可用式（7-9）求得。

$$\text{影子汇率} = \text{外汇牌价} \times \text{影子汇率换算系数} \tag{7-9}$$

影子汇率也可用官方汇率加上外汇贴水求得。外汇贴水是外贸货物的实际价值超出按官方汇率计算的价值的比例数，也就是外汇溢价。

影子汇率取值的高低，会影响项目评价中的进出口抉择，影响采用进口设备还是国产设备的选择，影响对产品进口替代型项目和产品出口型项目的决策。在完全自由外汇的情况下，市场上的汇率即为影子汇率，在非自由外汇条件下，影子汇率与实际汇率之间存在偏差。

3. 影子工资

影子工资是指工程项目使用劳动力，国家和社会为此付出的代价。它由劳动力的机会成本和劳动力就业或转移而引起的社会资源消耗两部分构成。劳动力的机会成本是指项目使用劳动力而使社会为此放弃的其他使用机会中可能创造的最大净效益。影子工资的大小与国家的社会经济状况、劳动力充裕程度及采用的评价方法等因素密切相关。国民经济评价中，影子工资作为劳务费用计入经营成本。影子工资有两种计算方法。

1）机会成本法

影子工资与名义工资之比被称为影子工资率。在计算影子工资时，一般把人工分为熟练劳动力和非熟练劳动力两种。非熟练劳动力的影子工资率一般取低于 1 的值；在市场是绝对自由的情况下，熟练劳动力的影子工资率一般取 1 或大于 1 的值；如果吸收的劳动力是从农村或其他产业转移过来的，其影子工资应该是劳动力对原有产出所做的边际贡献。

2）净劳工国民经济费用法

人工成本可以包括三项内容：①人工的社会耗费，用 C_1 表示；②人工个人消费水平，用 C 表示；③人工的边际生产力，用 m 表示。

根据以上三项内容，净劳工国民经济费用的计算公式为

$$\begin{aligned}\text{净劳工国民经济费用} &= C_1-(C-m)\\ &= \text{成本（因人工增加，社会建设成本增加）}\\ &\quad -\text{收益（因人工增加，人工消费增加）}\end{aligned}\tag{7-10}$$

4. 贸易费用

贸易费用是指物价部门、各级批发站、外贸公司等商贸部门花费在物资流通过程中的除长途运输费用以外的费用，包括货物的经手、存储、再包装、短距离倒运、装卸、保险、检验等所有流通环节上的费用支出，还包括流通过程中的损耗，以及按照社会折现率计算的资金回收费用。在项目的国民经济评价中，它用来衡量货物在商贸部门的流通费用。

7.4　国民经济评价费用与效益的调整

7.4.1　国民经济评价费用与效益的调整原则

国民经济评价费用与效益的估算是在财务评价数据的基础上逐项进行调整而得的。调整的原则有以下几点。

（1）调整不属于国民经济效益和费用的内容。

（2）剔除国民经济的内部转移支付。

（3）计算和分析项目的间接费用和效益。

（4）按投入物和产出物的影子价格与国民经济参数对有关经济数据进行调整。

7.4.2　国民经济评价的主要报表

国民经济评价应在经济费用和效益估算的基础上编制报表，主要包括以下七种报表。

（1）国民经济效益费用流量表（全部投资）。该表以全部投资作为计算的基础，用以计算项目经济内部收益率、项目经济净现值等指标，考察项目全部投资对国民经济的净贡献，并据此判别项目的经济合理性，如表 7-1 所示。

表 7-1 国民经济效益费用流量表（全部投资） 单位：万元

序号	项目	合计	计算期					
			1	2	3	4	…	n
1	效益流量							
1.1	产品销售（营业）收入							
1.2	固定资产余值回收							
1.3	流动资金回收							
1.4	项目间接效益							
2	费用流量							
2.1	建设投资（不含建设期利息）							
2.2	流动资金							
2.3	经营费用							
2.4	项目间接费用							
3	净效益流量（1–2）							

计算指标：
项目经济内部收益率（%）
项目经济净现值（i_s = %）

（2）国民经济效益费用流量表（国内投资）。对于利用外资项目，除需编制全部投资的“国民经济效益费用流量表”外，还需编制国内投资的“国民经济效益费用流量表”。该表以国内投资为基础，将国外借款利息和本金的偿付作为费用流出，反映国外贷款利息和本金的偿还、国外资金的股息和红利的支付以及外籍人员工资等财务条件，用以计算国内投资经济内部收益率、国内投资经济净现值等指标，作为利用外资项目经济评价和方案比选的依据，如表 7-2 所示。

表 7-2 国民经济效益费用流量表（国内投资） 单位：万元

序号	项目	合计	计算期					
			1	2	3	4	…	n
1	效益流量							
1.1	产品销售（营业）收入							
1.2	固定资产余值回收							
1.3	流动资金回收							
1.4	项目间接效益							
2	费用流量							
2.1	建设投资中国内资金（不含建设期利息）							
2.2	流动资金中国内资金							
2.3	经营费用							
2.4	流至国外的资金							
2.5	国外借款本金偿还							

续表

序号	项目	合计	计算期					
			1	2	3	4	…	n
2.6	其他							
2.7	国外借款利息支付							
2.8	项目间接费用							
3	净效益流量（1–2）							
计算指标： 国内投资经济内部收益率（%） 国内投资经济净现值（i_s = %）								

（3）经济外汇流量表。该表是针对涉及产品出口创汇及代替进口节汇的项目所编制的报表，用以计算国民经济外汇效果指标，如表 7-3 所示。

表 7-3　经济外汇流量表　　单位：万元

序号	项目	合计	计算期					
			1	2	3	4	…	n
	生产负荷							
1	外汇流入							
1.1	产品销售外汇流入							
1.2	外汇借款							
1.3	其他外汇收入							
2	外汇支出							
2.1	固定资产投资中外汇支出							
2.2	进口原材料							
2.3	进口零部件							
2.4	技术转让费							
2.5	偿付外汇借款本息							
2.6	其他外汇支出							
3	净外汇流量（1–2）							
4	产品替代进口收入							
5	净外汇效果（3 + 4）							
计算指标： 经济外汇净现值（i_s = %） 经济换汇成本或经济节汇成本								

（4）出口（替代进口）产品国内资源流量表。这也是针对涉及产品出口创汇及代替进口节汇的项目所编制的报表，用以计算出口（替代进口）产品国内资源的现值，如表 7-4 所示。

表 7-4 出口（替代进口）产品国内资源流量表 单位：万元

序号	项目	合计	计算期					
			1	2	3	4	…	n
	生产负荷							
1	固定资产投资中国内投资							
2	流动资金中国内资金							
3	经营费用中国内费用							
4	其他国内投入							
5	国内资源流量合计（1+2+3+4）							
计算指标：								
	国内资源流量现值（i_s=%）							
	出口产品中国内投入现值							

（5）国民经济评价投资调整计算表。该表是在财务评价基础上，采用影子价格、影子汇率等参数对项目投入总资金进行调整，以计算出国民经济评价项目投入的总资金，如表 7-5 所示。

表 7-5 国民经济评价投资调整计算表 单位：万元

序号	项目	财务分析			经济费用效益分析			经济费用效益分析比财务分析增减
		外汇	人民币	合计	外汇	人民币	合计	
1	建设投资（不含建设期利息）							
1.1	建设工程费							
1.2	设备及器具购置费							
1.3	进口设备							
1.4	国产设备							
1.5	安装工程费							
1.6	进口材料及费用							
1.7	国产部分材料及费用							
1.8	工程建设其他费用							
1.8.1	土地费用							
1.8.2	专利及专有技术费							
1.9	基本预备费							
1.10	涨价预备费							
2	建设期利息							
3	流动资金							
	合计（1+2）							

注：若投资费用是通过直接估算得到的，本表应略去财务分析的相关栏目

（6）国民经济评价销售收入调整计算表。该表是在财务评价基础上，采用影子价格、影子汇率等参数对销售收入进行调整，以计算出国民经济不同负荷下项目的销售收入，如表 7-6 所示。

表 7-6 国民经济评价销售收入调整计算表

项目			投产期负荷/%				正常生产年份负荷/%			
			A 产品	B 产品	…	小计	A 产品	B 产品	…	小计
年产出量	国内/吨									
	国际/吨									
	合计/吨									
财务分析	国内市场	单价/元								
		现金收入/元								
	国际市场	单价/美元								
		现金收入/美元								
费用效益分析	国内市场	单价/元								
		直接效益/元								
	国际市场	单价/美元								
		直接效益/美元								
合计/万元										

注：若直接效益是通过直接估算得到的，本表应略去财务分析的相关栏目

（7）国民经济评价经营费用调整计算表。该表是在财务评价基础上，采用影子价格等参数对经营费用进行调整，以计算出国民经济评价不同负荷下项目的经营费用，如表 7-7 所示。

表 7-7 国民经济评价经营费用调整计算表

序号	项目	单位	投入量	财务分析		经济费用效益分析	
				单价/元	成本/元	单价/元	费用/元
1	外购原材料						
1.1	原材料 A						
1.2	原材料 B						
1.3	原材料 C						
	⋮						
	小计						
2	外购燃料和动力						
2.1	煤						
2.2	水						
2.3	电						
2.4	重油						
	小计						
3	工资及福利费						
4	修理费						
5	财务费用						
6	其他费用						
	其中：城镇土地使用税						
	合计						

注：若经营费用是通过直接估算得到的，本表应略去财务分析的相关栏目

7.4.3 国民经济评价的调整计算

国民经济评价报表可以单独直接编制，也可以在财务评价的基础上调整编制，即将财务评价的投资、经营费用和销售收入等按照国民经济评价的要求进行调整计算，包括费用与效益范围的调整和费用与效益数值的调整两个方面。

费用与效益范围的调整主要包括：识别属于国民经济内部转移支付的内容，并逐项从费用和效益中剔除，如销售税金及附加、增值税、国内借款利息等，据实确定项目的间接费用和间接效益。费用与效益数值的调整主要是采用影子价格重新计算投资、经营费用和销售收入等。

1）建设投资调整

用影子价格、影子汇率逐项调整构成投资的各项目费用，剔除涨价预备费、税金、国内借款建设期利息等转移支付项目。

进口设备价格调整要剔除进口关税、增值税等转移支付；建筑工程费和安装工程费按材料费、劳动力的影子价格进行调整；土地费用按土地影子价格进行调整。

2）流动资金调整

构成流动资金总额的现金、应收账款与应付账款并不造成国家资源的实际耗费，因此在国民经济评价中不作为费用，将其从流动资金总额中剔除。一般的处理方法是：如果财务评价中的流动资金是采用扩大指标法估算的，国民经济评价仍按扩大指标法，以调整后的销售收入、经营费用等乘以相应的流动资金指标系数进行估算；如果财务评价中的流动资金是采用分项详细估算法估算的，则影子价格重新分项估算。

3）经营费用调整

对原材料、燃料及动力费用，用影子价格进行调整；对工资及福利费，用影子工资进行调整。

4）销售收入调整

首先确定项目产品所属的货物类型，然后用影子价格调整计算项目产出物的销售收入。

5）外汇价值调整

国民经济评价各项销售收入和费用支出中的外汇部分，应用影子汇率进行调整，进而计算外汇价值。从国外引入的资金和向国外支付的投资收益、贷款本息，也用影子汇率进行调整。

7.5 国民经济评价的指标

国民经济评价主要是进行经济盈利能力分析，其主要指标是经济内部收益率和经济净现值。此外，还可以根据需要和可能计算间接费用和间接效益，将其纳入费用效益流量中，对难以量化的间接费用、间接效益应进行定性分析。国民经济评价指标包括经济内部收益率(economic internal rate of return, EIRR)、经济净现值(economic net present value, ENPV)、经济净现值率（economic net present value ratio，ENPVR）、经济外汇净现值（economic net present value of foreign exchange，ENPVF）、经济换汇成本以及经济节汇成本。

7.5.1　经济内部收益率

经济内部收益率是指项目在计算期内各年经济净效益流量的现值累计等于零时的折现率。它是反映项目对国民经济所做净贡献的相对指标，也表示项目占用资金所获得的动态收益率。其表达式见式（7-11）。

$$\sum_{t=1}^{n}\frac{(B-C)_t}{(1+\mathrm{EIRR})^t}=0 \tag{7-11}$$

式中，B 为国民经济效益流量；C 为国民经济费用流量；$(B-C)_t$ 为第 t 年的国民经济净效益流量；n 为计算期。

经济内部收益率大于或等于社会折现率，表明项目对国民经济的净贡献达到或超过要求的水平，应认为项目可以接受。

7.5.2　经济净现值和经济净现值率

经济净现值是反映项目对国民经济所做贡献的绝对指标，它是用社会折现率将项目计算期内各年的净收益折算到建设起点（建设初期）的现值之和。当经济净现值大于零时，表示国家为拟建项目付出代价后，除得到符合社会折现率的社会盈余外，还可以得到以现值计算的超额社会盈余。经济净现值率是反映项目单位投资为国民经济所做贡献的相对指标，它是经济净现值与投资现值之比。其表达式见式（7-12）和式（7-13）。

$$\mathrm{ENPV}=\sum_{t=1}^{n}(\mathrm{CO}-\mathrm{CI})_t(1+i_s)^{-t} \tag{7-12}$$

$$\mathrm{ENPVR}=\frac{\mathrm{ENPV}}{I_p} \tag{7-13}$$

式中，i_s 为社会折现率；I_p 为投资（包括固定资产和流动资金）的现值；n 为计算期。

外汇效果涉及产品创汇及替代进口节汇的项目，包括计算经济外汇净现值、经济换汇成本、经济节汇成本等指标，以进行外汇效果分析。

7.5.3　经济外汇净现值

经济外汇净现值是按国民经济评价中效益、费用的划分原则，采用影子价格、影子工资和社会折现率计算、分析、评价项目实施后对国家外汇收支影响的重要指标。通过经济外汇流量表可以直接求得经济外汇净现值，用以衡量项目对国家外汇真正的净贡献（创汇）或净消耗（用汇）。

经济外汇净现值的表达式见式（7-14）。

$$\mathrm{ENPVF}=\sum_{t=1}^{n}(\mathrm{FI}-\mathrm{FO})_t(1+i_s)^{-t} \tag{7-14}$$

式中，FI 为外汇流入量；FO 为外汇流出量；$(\mathrm{FI}-\mathrm{FO})_t$ 为第 t 年的净外汇流量；n 为计算期。当有产品替代进口节汇时，可按净外汇计算经济外汇净现值。

7.5.4 经济换汇成本

经济换汇成本是分析、评价项目实施后在国际上的竞争力，进而判断其产品是否应出口的指标。它是指用影子价格、影子工资和社会折现率计算的为生产出口产品而投入的国内资源现值（人民币，单位为元）与生产出口产品经济外汇净现值（外币单位，如美元）之比，即换取 1 美元外汇所需要的人民币金额。其表达式见式（7-15）。

$$\text{经济换汇成本}=\frac{\sum_{t=1}^{n}\mathrm{DR}_t(1+i_s)^{-t}}{\sum_{t=1}^{n}(\mathrm{FI}-\mathrm{FO})_t(1+i_s)^{-t}} \tag{7-15}$$

式中，DR_t 为项目在第 t 年为出口产品投入的国内资源（包括投资、原材料、工资及其他收入）。

经济换汇成本小于影子汇率，表明项目生产出口产品的经济效益好。经济换汇成本可以用于分析评价项目实施后其产品在国际上的竞争力，进而判断其产品是否应出口。

7.5.5 经济节汇成本

当有产品替代进口节汇时，应计算经济节汇成本。经济节汇成本是指项目生产替代进口产品时，在项目计算期内，用影子价格、影子工资和社会折现率计算的为生产替代进口产品而投入的国内资源现值（以人民币表示）与生产替代进口产品所节约外汇支出的折现值累计数（通常以美元表示）的比值，即节约 1 美元净外汇所需投入的国内资源价格（人民币，单位为元）。

经济节汇成本小于影子汇率，表明项目生产替代进口产品的经济效益好。经济节汇成本反映项目节汇效果，可用于分析评价项目实施后产品在国际上的竞争力，进而判断项目产品替代进口是否经济合理。

复习思考题

1. 工程项目国民经济评价的作用体现在哪些方面？
2. 什么是工程项目国民经济评价？与工程项目财务评价有何异同？
3. 工程项目国民经济评价中，识别效益与费用的原则是什么？与工程项目财务评价的原则有何不同？
4. 在国民经济评价中进行投入产出指标调整的主要原因是什么？
5. 什么是影子价格？为什么国民经济评价要用影子价格？
6. 外贸货物、非外贸货物和特殊投入物的调价原则是什么？
7. 经济评价的经济参数和指标包括哪些？

习 题

1. 某贸易货物的到岸价格为 200 美元/吨，国内运输费为到岸价的 3%，贸易费用为到岸价的 1%，外汇牌价为 8.03 元/美元。试计算该货物的影子价格。

2. 某工程项目，需要进口设备和材料 1000 吨，离岸价为 300 万美元。国际运费费率为 300 美元/吨，国内运杂费率为 2.5%，保险公司的海运水渍险费率为货价的 0.27%，银行财务费率为离岸价的 0.5%，外贸手续费率是 1.5%，关税税率为 20%，增值税税率为 17%，美元对人民币的外汇汇率为 1∶7.12。请计算该批设备和材料到达项目场地的估价。

3. 某投资项目的产品用于出口，生产期为 6 年，每年的外汇净收入为 15 万美元，外汇牌价为 8.03 元/美元，每年所消耗的国内资源为 18.43 万元，社会折现率取 10%。试计算该项目的经济换汇成本。

第 8 章　不确定性与风险分析

8.1　工程项目的不确定性与风险

在工程项目投资决策之前，工程经济分析人员在市场调查的基础上，掌握了大量的基础数据和相关资料，对影响投资经济效果的各技术经济变量进行预测、分析和判断，并以此作为投资决策的依据，但是由于外部环境（政治、社会、道德、文化、风俗习惯等）的变化以及预测方法的局限性，方案经济评价中所采用的拟定数据与实际肯定有偏差，从而使工程项目具有不确定性与风险。

工程项目的不确定性与风险分析是为了弄清和减少不确定因素对经济效果评价的影响，以预测项目可能承担的风险，确定项目在财务上、经济上的可靠性，有助于制定决策来避免项目投产后不能获得预期的利润和收益，以致投资不能如期收回或给企业造成亏损。在项目评价中，不确定性就意味着项目带有风险性。风险性大的工程项目，必须具有较大的潜在获利能力。也就是说，风险越大，项目的内部收益率也应越大。进行项目不确定性与风险分析有助于加强项目的风险管理和控制，避免在变化面前束手无策。在不确定性与风险分析的基础上所做的决策，可在一定程度上避免决策失误所带来的巨大损失，有助于决策的科学化。

8.1.1　不确定性与风险产生的原因

项目的不确定性与风险主要来自以下几个方面。

（1）政府政策和规定的变化。我国正处于经济改革和政治改革的深化阶段，国内外政策形势和经济形势的影响以及国家经济政策、财务政策的改变，会给项目带来不可预见和不可控的影响。

（2）资金筹措方式与来源。工程项目的投资由业主负责筹措，筹措的方式与来源多种多样，相应的资金筹措风险也多种多样。为了回避这类风险，往往需要有一定比例的自有资金作基础。

（3）项目组织内部。项目组织内部的风险来自组织结构选择不合理、指挥或沟通渠道不畅等。

（4）设计错误。设计错误轻则导致变更，重则导致返工甚至项目失败。

（5）项目环境。项目的业主、供应商、承包商、分包商以及项目实施时的经济环境和气候状况。

（6）合同条款的错误与混乱。合同条款的错误与混乱均会导致双方当事人发生重大争执，是索赔发生的根源，均会对项目造成损害。

（7）物资采购与供货时间。采购环节中存在许多风险因素，如质量、价格、运输等，而供货时间的推迟也会导致工期的拖延。

（8）工程价款估算或结算错误。这是建设项目普遍存在的问题，可能是由占有的资料不完全、统计预测方法的不当所引起，也可能是因时间、资金以及其他未知的因素限制所产生。此外，大量不能定量计算的因素、不确定性的简化和假定的存在也会给项目带来较大的不确定性和风险。

（9）技术和工艺的变革。由于技术和工艺变革很快，原来拟定的生产工艺和技术路线有可能在项目建设和实施过程中发生变化，从而改变了原始的数据；此外，新的替代品的出现以及大量竞争对手的出现，也会导致产品价格和市场需求的意外变化。

（10）通货膨胀和信贷风险。通货膨胀对工程的影响是巨大的，承包商会因为建设期内的通货膨胀遭受巨额损失，业主也会因建设期内的贷款利率的提高而蒙受损失。

（11）汇率变动。

（12）不可抗力。

以上只是一般工程项目面临的不确定性与风险，对具体项目而言，需要辨认具体的风险。

由此可见，项目的不确定性与风险有两个来源，即项目本身的不确定性和项目所处环境的不确定性。因此，为了评估项目能否经受各种风险的冲击，如可能出现的投资超支、建设期的延长、折现率的变化、生产能力达不到设计水平、投入物价格和产出物销售价格的变化、市场需求的减少以及项目寿命期缩短等，进行项目评价时必须要进行不确定性分析与风险分析。

8.1.2 不确定性与风险的关系

在经济活动中，“风险”是一个被人们广泛运用的概念。说到风险，自然联想到不确定性。不确定性与风险既有紧密的联系，又有区别。两者的关系可归纳为以下几个方面。

1. 不确定性是风险的起因

人们对未来事物认识的局限性、可获信息的不完备性以及未来事物本身的不确定性使得未来经济活动的实际结果偏离预期目标，这就形成了经济活动结果的不确定性，从而使经济活动的主体可能得到高于或低于预期的效益，甚至遭受一定的损失，导致经济活动“有风险”。

2. 不确定性与风险相伴而生

正由于不确定性是风险的起因，不确定性与风险总是相伴而生。如果不从定义上去刻意区分，往往会将它们混为一谈。即使从理论上刻意区分，实践中这两个名词也常混合使用。

3. 不确定性与风险的区别

不确定性的结果可能优于预期，也可能低于预期，而普遍的认识是将结果可能低于预期，甚至遭受损失称为“有风险”。还可以用是否得知发生的可能性来区分不确定性与风险，即未知发生的可能性，称为不确定性；而已知发生的可能性，就称为“有风险”。

4. 投资项目的不确定性与风险

在经济活动中，风险是不以人的意志为转移的客观存在，投资项目也不例外。

尽管在投资项目的决策分析与评价的全过程中已尽可能对基本方案的方方面面进行了详尽的研究，但由于预测结果的不确定性，项目经营的将来状况会与设想状况发生偏离，项目实施后的实际结果可能与预测的基本方案结果产生偏差，有可能使实际结果低于预期，因而使投资项目面临潜在的风险。

现阶段，各领域学者已针对“风险”开展大量研究，同时也赋予了风险各式各样的定义。《投资项目可行性研究指南》对投资项目风险的定义是：投资项目风险是指由于不确定性的存在实际结果偏离预期结果而造成损失的可能性。风险的大小既与损失发生的可能性（概率）成正比，也与损失的严重性成正比。

8.1.3 不确定性分析与风险分析

与不确定性和风险的关系一样，不确定性分析与风险分析也是既有联系又有区别的。

不确定性分析与风险分析的主要区别在于两者的分析内容、方法和作用不同。不确定性分析只是对投资项目受各种不确定因素的影响进行分析，并不可能知道这些不确定因素可能出现的各种状况及其产生影响的可能性；风险分析是通过预知不确定因素可能出现的各种状况发生的可能性，求得其对投资项目影响发生的可能性，进而对风险程度进行判断。

不确定性分析与风险分析之间也有一定的联系。前已述及，由敏感性分析可以得知影响项目效益的敏感因素和敏感程度，但不知这种影响发生的可能性，如需得知可能性，就必须借助概率分析。通过敏感性分析所找出的敏感因素又可以作为概率分析风险因素的确定依据。

不确定性分析包括盈亏平衡分析（收支平衡分析）、敏感性分析（灵敏度分析）和风险分析（概率分析）。盈亏平衡分析一般只用于财务评价，敏感性分析和风险分析可同时用于财务评价和国民经济评价。三者的选择使用，要看项目的性质、决策者的需要、相应的财力人力等。

8.2 盈亏平衡分析

盈亏平衡分析侧重研究项目风险管理中的盈亏平衡点（break even point，BEP）的分析，即项目在产量、价格、成本等方面的盈亏界限，据此判断在各种不确定因素的作用下项目适应能力和对风险的承受能力。盈亏平衡点越低，表明项目适应变化的能力越强，承受风险的能力越强。

盈亏平衡分析一般是根据项目正常生产年份的产量或销售量、可变成本、固定成本、产品价格和销售税金及附加等资料数据计算盈亏平衡点。其隐含的一个假设是销售收入等于销售成本，认为销售收入和销售成本是产品销售量的函数，在盈亏平衡图上表现为销售收入函数曲线与销售成本函数曲线的交汇点，表示该项目不盈不亏的生产经营水平，从另一个侧面也表示为项目在一定生产水平时收益与支出的平衡关系，所以也称为收支平衡点。销售收入与销售量、销售成本与销售量之间存在着线性和非线性两种可能的关系，因此盈亏平衡分析也分为线性盈亏平衡分析和非线性盈亏平衡分析。

8.2.1　线性盈亏平衡分析

1. 线性盈亏平衡分析的前提条件

（1）产量等于销量，即当年生产的产品当年销售出去。

（2）产量变化，单位可变成本不变，从而总成本费用是产量的线性函数。

（3）产量变化，产品售价不变，从而销售收入是销售量的线性函数。

（4）单一产品，或者生产多种产品，但可以换算为单一产品计算，即不同产品负荷率的变化是一致的。

2. 线性盈亏平衡分析的基本原理

线性盈亏平衡分析是指项目的年销售总收入（以下简称销售收入）与销售量、年销售总成本（以下简称销售成本）与销售量之间的关系为线性关系情况下的盈亏平衡分析。这种关系可表示为

$$F(x) = px \tag{8-1}$$

$$C(x) = vx + C_F \tag{8-2}$$

$$E(x) = F(x) - C(x) = (p - v)x - C_F \tag{8-3}$$

式中，$F(x)$为销售收入；$C(x)$为销售成本；$E(x)$为年总利润；x 为销售量；p 为单位产品价格；C_F为固定成本；v 为单位产品变动成本。

线性盈亏平衡点的确定方法一般有两种：一种是图表法，另一种是解析法。

1）图表法

图表法是将项目销售收入函数和销售成本函数在同一坐标图上描述出来，从而得到盈亏平衡图，图中两条直线的交点就是盈亏平衡点（BEP），如图 8-1 所示。

图 8-1 中纵坐标表示收入和成本，横坐标表示销售量，x_b表示盈亏平衡点所对应的盈亏平衡销售量（或称盈亏界限）。在盈亏平衡点右边，销售量大于盈亏界限 x_b，销售收入大于销售成本，项目盈利；在盈亏平衡点左边，销售量小于盈亏界限x_b，销售收入小于销售成本，项目亏损；在盈亏平衡点上，销售收入等于销售成本，项目不亏不盈。因此，盈亏平衡点就构成了项目盈利和亏损的临界点，该临界点越低，项目盈利的机会就越大，项

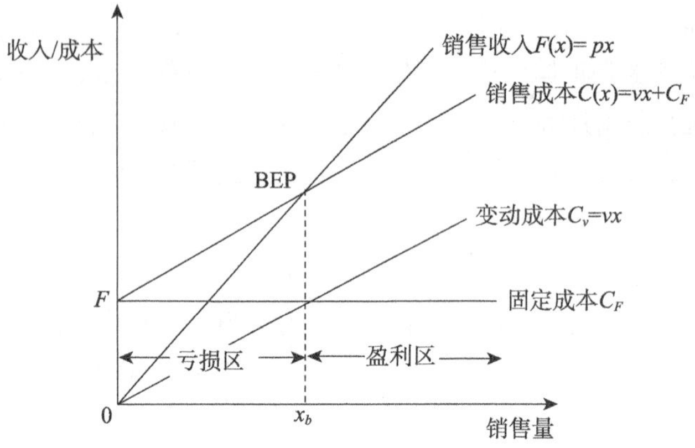

图 8-1 盈亏平衡图

目亏损的机会就越小。从风险管理的角度，应设法确保项目的产出达到甚至超过产量盈亏界限。由于盈亏平衡点是由项目收入和成本共同作用的结果，要改善项目的盈利机会，还必须尽量降低项目的固定成本和可变成本。

2）解析法

解析法是指通过求解方程来确定盈亏平衡点。根据盈亏平衡原理，在盈亏平衡点上，销售收入与销售成本相等。由式（8-1）和式（8-2）可得

$$px = vx + C_F \tag{8-4}$$

由式（8-4）推导可得以下内容。

（1）盈亏平衡产量或销售量，即盈亏平衡界限。定义为

$$x_b = \frac{C_F}{p-v} \tag{8-5}$$

（2）盈亏平衡销售收入。定义为

$$F^* = \frac{pC_F}{p-v} = \frac{C_F}{1-\frac{v}{p}} \tag{8-6}$$

（3）生产负荷率。设项目的年设计生产能力为 x_t，则定义比值

$$\text{BEP}(x) = \frac{x_b}{x_t} = \frac{C_F}{(p-v)x_t} \times 100\% \tag{8-7}$$

为项目生产负荷率。生产负荷率是衡量项目生产负荷状况的重要指标。在项目的多种方案比较中，生产负荷率越低越好。一般认为，当生产负荷率不超过 0.7 时，项目可承受较大风险。

（4）盈亏平衡点价格。定义为

$$p^* = v + \frac{C_F}{x_t} \tag{8-8}$$

（5）盈亏平衡点单位产品变动成本。定义为

$$v^* = p - \frac{C_F}{x_t} \tag{8-9}$$

以上各式对盈亏平衡点的分析计算都是以假设公式中的其他因素不变为前提条件的，因此有一定的局限性，而且也未考虑税金这个因素。在实际分析中，应对税金加以考虑，则式（8-4）应变为

$$(p-r)x = vx + C_F \tag{8-10}$$

式中，r 为单位产品价格中包含的税金。

其余各式也应做相应的变化：

$$x_b = \frac{C_F}{p-r-v}$$

$$F^* = \frac{pC_F}{p-r-v} = \frac{C_F}{1-\dfrac{r+v}{p}}$$

$$\mathrm{BEP}(x) = \frac{x_b}{x_t} = \frac{C_F}{(p-r-v)x_t} \times 100\%$$

$$p^* = r + v + \frac{C_F}{x_t}$$

$$v^* = p - r - \frac{C_F}{x_t}$$

利用上述各式计算得到的结果与项目的预测值进行比较，即可判断项目对各风险的承受能力。同时我们还可以发现，固定成本越高，盈亏平衡产量越高，盈亏平衡点单位产品变动成本越低；高的盈亏平衡产量和低的盈亏平衡点单位产品变动成本意味着项目的经营风险较大。因此，固定成本有扩大项目风险的效用，因而在实际的管理决策以及设备、工艺等的选择中应给予足够的重视。

【例 8-1】 某项目设计生产能力为年产 40 万件，每件产品价格为 120 元，单位产品可变成本为 100 元，年固定成本为 420 万元，产品销售税金及附加占销售收入的 5%，求盈亏平衡产量。若想盈利 70 万元，其产量应为多少万件?

解：盈亏平衡点处的产量

$$x_b = \frac{C_F}{p-r-v} = \frac{4\,200\,000}{120\times(1-5\%)-100} = 30 \text{（万件）}$$

若想盈利 70 万元，产量应为

$$x = \frac{C_F + E(x)}{p-r-v} = \frac{4\,200\,000 + 700\,000}{120\times(1-5\%)-100} = 35 \text{（万件）}$$

在以上盈亏平衡分析中，项目年销售收入和年销售成本都是产量 x 的线性函数，所以又叫线性盈亏平衡分析。

8.2.2 非线性盈亏平衡分析

在实际的项目管理活动中，经常会受到如政策、使用需求等环境变化的影响，从而使销售收入、销售成本与销售量不构成线性关系。因此，在项目管理活动中需要利用非线性盈亏平衡分析来确定盈亏平衡点。非线性盈亏平衡分析一般使用解析法。

假设非线性销售收入函数与非线性销售成本函数可用一元二次函数表示：

$$F(x) = ax + bx^2 \tag{8-11}$$

$$C(x) = C_F + cx + dx^2 \tag{8-12}$$

式中，a、b、c、d 均为常数；x 为产量。

根据盈亏平衡原理，在平衡点有 $F(x) = C(x)$，可得

$$E(x) = (b-d)x^2 + (a-c)x - C_F = 0 \tag{8-13}$$

解式（8-13），得到 x_1 和 x_2 两个解，即项目的两个盈亏平衡点。

另外，通过对 $E(x)$ 求导，可求得项目的最大盈利点，即

$$E'(x) = 2(b-d)x = c - a = 0$$

式中，x 为项目的利润达极值时的产量。但是，有时盈利区和亏损区是不容易看出来的，所以，求出的产量是否对应着利润最大还无法判别，必须通过二次微分加以判定。若

$$E''(x) = 2(b-d) < 0$$

则求得的产量就是利润最大时的产量；反之为亏损最大时的产量。

【例 8-2】 某工程项目计划生产一种新产品，经过市场调研及对历年来的数据进行分析，预计生产该产品的销售收入函数和销售成本函数分别为 $F(x) = 55x - 0.0035x^2$ 和 $C(x) = 66\,000 + 28x - 0.001x^2$，试确定该项目产品的盈亏平衡点及最大盈利点。

解：根据盈亏平衡点的定义，可知盈亏平衡时，有 $F(x) = C(x)$，即

$$55x - 0.0035x^2 = 66\,000 + 28x - 0.001x^2$$

$$E(x) = -0.0025x^2 + 27x - 66\,000 = 0$$

解上述方程，可得 $x_1 = 3740$、$x_2 = 7060$，即产品的盈利区为 3740～7060。

根据最大盈利点的含义，当产量水平达到最大盈利点时，应有

$$E'(x) = -0.005x + 27 = 0$$

解得 $x = 5400$，即当产量水平达到 5400 时利润达到极值。

$E''(x) = -0.005 < 0$，则求得的产量就是利润最大时的产量。

8.2.3 盈亏平衡分析的应用

1. 多方案的经济性比选

多方案的经济性比选问题也可用盈亏平衡分析方法来解决，在具体应用时，先列出每个方案总费用的数学函数式，然后将各方案总费用的函数表达式两两组合，求出它们的交

点（即盈亏平衡点），这样就可确定几个总费用最小的区间，最后根据变量的大小找出它所对应的总费用最小的方案作为所选择的最优方案，见图 8-2。

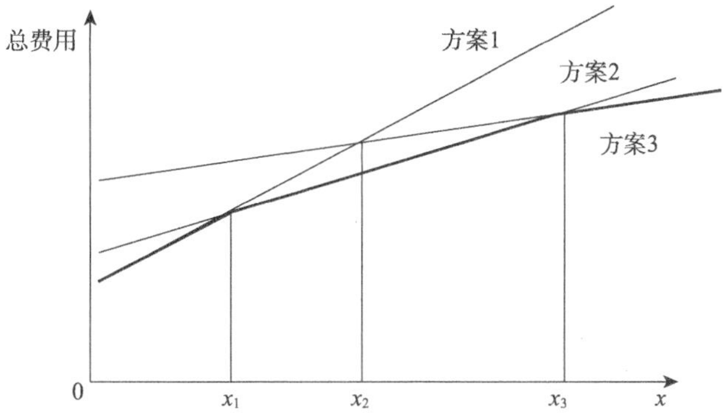

图 8-2　多方案盈亏平衡图（一）

图 8-2 中所描绘的是三个方案的盈亏平衡图，其意义是当企业的产量（或生产能力）在 0～x_1 时，应采用方案 1；当其产量在 x_1～x_3 时，应采用方案 2；当其产量大于 x_3 时，应采用方案 3。粗线条描绘了各方案的最佳部分，而 x_1 和 x_3 分清了各方案的经济范围。x_2 在图 8-2 中没有实用意义。

【例 8-3】 修建面积为 400～1200 平方米的别墅可采用如下三种不同的结构方案（表 8-1），$i = 8\%$，试确定方案的经济范围。

表 8-1　不同结构方案费用列表

结构方案	造价/（元/米²）	使用寿命/年	年维修费/（元/米²）	年空调费/（元/米²）	残值
砖混结构	120	20	5600	2400	0
钢砖结构	145	20	5000	1500	3.2%造价
砖木结构	175	20	3000	1250	1%造价

解：设住宅年度费用 $C(x)$是修建面积 x 的函数，现金流量分析如图 8-3 所示。

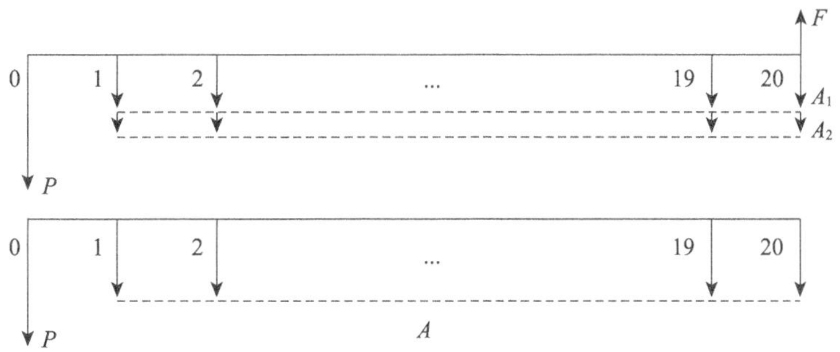

图 8-3　例 8-3 的现金流量图

$$C(x)_1 = 120\,x\,(A/P, 8\%,20) + 5600 + 2400 = 12.23\,x + 8000$$

$$C(x)_2 = 145\,x\,(A/P, 8\%, 20) - 3.2\%\times 145\,x\,(A/F, 8\%, 20) + 6500 = 14.67\,x + 6500$$

$C(x)_3 = 175\,x\,(A/P, 8\%, 20) + 1\%\times 175\,x\,(A/F, 8\%, 20) + 4250 = 17.79\,x + 4250$

令 $C(x)_1 = C(x)_2$，得 $x_1 = 614.75$（平方米）；令 $C(x)_1 = C(x)_3$，得 $x_2 = 674.46$（平方米）；令 $C(x)_2 = C(x)_3$，得 $x_3 = 721.15$（平方米）。

多方案盈亏平衡图如图 8-4 所示。

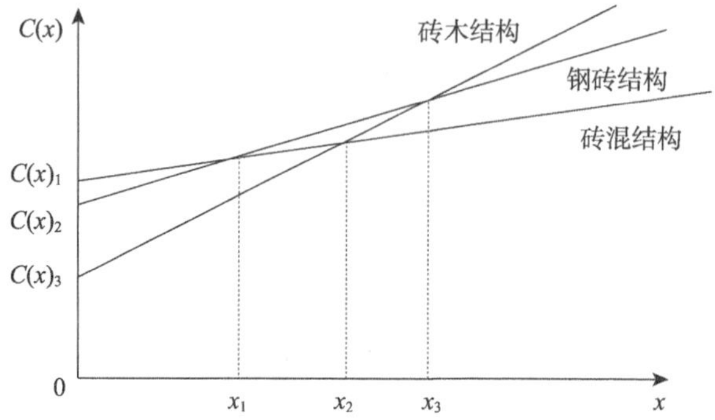

图 8-4　多方案盈亏平衡图（二）

结论：修建面积为 400～674.46 平方米时采用砖木结构，修建面积为 674.47～1200 平方米时采用砖混结构。

2. 产品的组合决策

在企业的产品组合决策中，也可用盈亏平衡分析法，下面举例说明。

【例 8-4】 企业生产三种产品，有关数据见表 8-2。企业年固定费用（记为 f）为 50 万元，求盈亏平衡点和销售额（记为 F）为 400 万元时的利润。

表 8-2　不同产品贡献利润率和占计划销售额百分比表

产品	单位产品贡献利润率 P_v	各类产品占计划销售额百分比
A	0.3	50%
B	0.2	30%
C	0.1	20%

解：

A 产品：加权 $P_v = 0.3\times 50\% = 0.15$。

B 产品：加权 $P_v = 0.2\times 30\% = 0.06$。

C 产品：加权 $P_v = 0.1\times 20\% = 0.02$。

组合 P_v：$P_v = 0.15 + 0.06 + 0.02 = 0.23$。

盈亏平衡点：$F_0 = f / P_v = 500\,000 / 0.23 = 217.39$（万元）。

利润：$E = F\times P_v - f = 4\,000\,000\times 0.23 - 500\,000 = 42$（万元）。

产品组合决策图如图 8-5 所示。

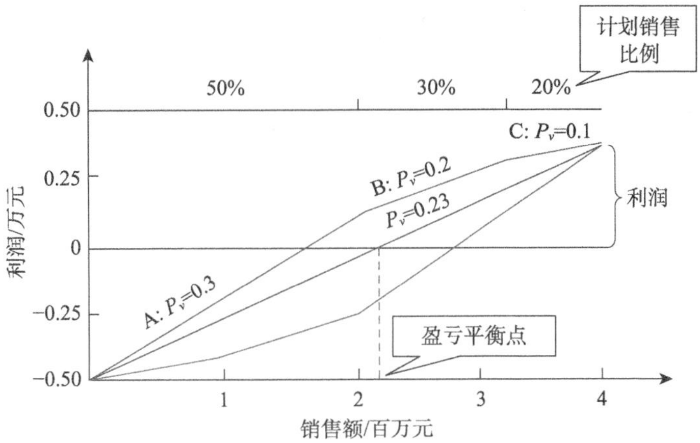

图 8-5　产品组合决策图

8.3　敏感性分析

在项目的整个寿命周期内，存在着各种不确定性因素，而这些因素对项目的影响程度也是不一样的，有些因素很小的变化就会引起项目经济评价指标较大的变化，甚至变化超过了临界点（临界点是指在该点处，所分析的因素使某项目备选方案从被接受转向被否决），直接影响到原来的项目管理决策，这些因素称为敏感性因素；有些因素即使在较大的数值范围内变化，也只引起项目经济评价指标很小的变化，甚至“无动于衷”，这些因素被称为不敏感性因素。敏感性分析的目的就是通过分析及预测影响工程项目经济评价指标的主要因素（投资、成本、价格、折现率、建设工期等）发生变化时，这些经济评价指标（如净现值、内部收益率、偿还期等）的变化趋势和临界值，从中找出敏感因素，并确定其敏感程度，从而对外部条件发生不利变化时投资方案的承受能力做出判断。

敏感性分析是经济决策中常用的一种不确定性分析方法，目的是了解各种不确定性因素变化对项目经济评价指标的影响，为项目的正确决策提供依据。其作用主要体现在以下几个方面。①求解项目的风险水平。②找出影响项目效果的主导因素。③揭示敏感性因素可承受的变动幅度。④比较分析各备选方案的风险水平，实现方案选优。⑤预测项目变化的临界条件或临界数值，确定控制措施或寻求可替代方案。

8.3.1　敏感性分析的一般步骤

1. 确定分析指标

由于投资效果可用多种指标来表示，在进行敏感性分析时，必须首先确定分析指标。一般而言，我们在前文经济评价指标体系中讨论的一系列评价指标，都可以作为敏感性分析指标。在选择时，应根据经济评价深度和项目的特点来选择一种或两种评价指标进行分析。需要注意的是，选定的分析指标，必须与确定性分析的评价指标相一致，这样便于进行对比说明问题。在技术经济分析评价实践中，最常用的敏感性分析指标主要有投资回收期、方案净现值和内部收益率。

2. 选定不确定性因素，并设定它们的变化范围

影响项目技术方案经济指标的因素众多，不可能也没有必要对全部不确定性因素逐个进行分析。在选定需要分析的不确定性因素时，可从两个方面考虑：第一，这些因素在可能的变化范围内，对投资效果影响较大；第二，这些因素发生变化的可能性较大。通常设定的不确定性因素有：产品价格、产销量、项目总投资、年经营成本、项目寿命期、建设工期及达产期、基准折现率、主要原材料和动力的价格等。

3. 计算因素变动对分析指标影响的数量结果

假定其他设定的不确定性因素不变，一次仅变动一个不确定性因素，重复计算各种可能的不确定性因素的变化对分析指标影响的具体数值，然后采用敏感性分析计算表或分析图的形式，把不确定性因素的变动与分析指标的对应数量关系反映出来，以便测定敏感因素。

4. 确定敏感因素

敏感因素是指能引起分析指标产生相应较大变化的因素。测定某特定因素敏感与否，可采用两种方式进行。第一种是相对测定法，即设定要分析的因素均从基准值开始变动，且各因素每次变动幅度相同，比较在同一变动幅度下各因素的变动对经济效果指标的影响，就可以判别出各因素的敏感程度。第二种是绝对测定法，即设定各因素均向降低投资效果的方向变动，并设该因素达到可能的“最坏”值，然后计算在此条件下的经济效果指标，看其是否已达到使项目在经济上不可取的程度。如果项目已不能接受，则该因素就是敏感因素。绝对测定法的一个变通方式是先设定有关经济效果指标为其临界值，如令净现值等于 0、内部收益率为基准折现率，然后求待分析因素的最大允许变动幅度，并与其可能出现的最大变动幅度相比较。如果某因素可能出现的变动幅度超过最大允许变动幅度，则表明该因素是方案的敏感因素。

5. 结合确定性分析进行综合评价，选择可行的比选方案

根据敏感因素对技术项目方案评价指标的影响程度，结合确定性分析的结果做进一步的综合评价，寻求对主要不确定性因素变化不敏感的可选方案。

在技术项目方案分析比较中，对主要不确定性因素变化不敏感的方案，其抵抗风险能力比较强，获得满意经济效益的潜力比较大，优于敏感方案，应优先考虑接受。有时，还根据敏感性分析的结果，采取必要的对策。

敏感性分析可以是对项目中单一因素进行分析，即假设项目活动中其他因素不变，只分析一个敏感因素的变化对项目活动的影响，这称为单因素敏感性分析；敏感性分析也可以是对项目中多个因素进行分析，即同时分析多个因素变化对项目活动的影响，这称为多因素敏感性分析。由于多因素敏感性分析需要综合考虑多种敏感因素可能的变化对项目活

动的影响，分析起来比较复杂。

8.3.2　敏感性分析的方法

1. 单因素敏感性分析

这种方法是每次只变动某一个不确定性因素而假定其他的因素都不发生变化，分别计算其对确定性分析指标影响的敏感性分析方法。

【例 8-5】 某投资方案预计总投资为 1200 万元，年产量为 10 万台，产品价格为 35 元/台，年经营成本为 120 万元，方案经济寿命期为 10 年，届时设备残值为 80 万元，基准折现率为 10%，试就投资额、产品价格及方案寿命期进行敏感性分析。

解：以净现值作为经济评价指标，基准方案的净现值为

$$\mathrm{NPV}_0=-1200+(10\times35-120)(P/A,10\%,10)+80(P/F,10\%,10)=244.10\text{（万元）}$$

下面用净现值指标分别就投资额、产品价格和方案寿命期等三个不确定性因素作敏感性分析。

投资额变动的百分比为 x，分析投资额变动对方案净现值影响的计算公式为

$$\mathrm{NPV}=-1200(1+x)+(10\times35-120)(P/A,10\%,10)+80(P/F,10\%,10)$$

设产品价格变动的百分比为 y，分析产品价格变动对方案净现值影响的计算公式为

$$\mathrm{NPV}=-1200+\left[10\times35(1+y)-120\right](P/A,10\%,10)+80(P/F,10\%,10)$$

设方案寿命期变动的百分比为 z，分析方案寿命期变动对方案净现值影响的计算公式为

$$\mathrm{NPV}=-1200+(10\times35-120)\left[P/A,10\%,10(1+z)\right]+80\left[P/F,10\%,10(1+z)\right]$$

对投资额、产品价格及方案寿命期逐一按在基准基础上变化±10%、±15%、±20%取值，所对应的方案净现值的变化结果如表 8-3 和图 8-6 所示。可以看出，在同样的变动率下，产品价格的变动对方案的净现值影响最大，其次是投资额的变动，方案寿命期的变动影响最小。

表 8-3　单因素的敏感性计算表

因素	−20%	−15%	−10%	0	10%	15%	20%
投资额	483.96	423.96	363.96	244.10	123.96	63.96	3.96
产品价格	−186.12	−78.60	28.92	244.10	459.00	566.52	674.22
方案寿命期	64.37	112.55	158.50	244.10	321.89	358.11	392.71

如果以 NPV = 0 作为方案是否可以接受的临界条件，那么从上面的公式中可以算出，当实际投资额超出预计投资额的 20.3%，或者当产品价格下降到比预计价格低 11.3%，或者寿命期比预计寿命期短 26.5%时，方案就变得不可接受。

根据上面的分析可知，对于该方案来说，产品价格是敏感因素，应对未来产品价格进行更准确的测算。如果未来产品价格变化的可能性较大，则意味着这一方案的风险也较大。

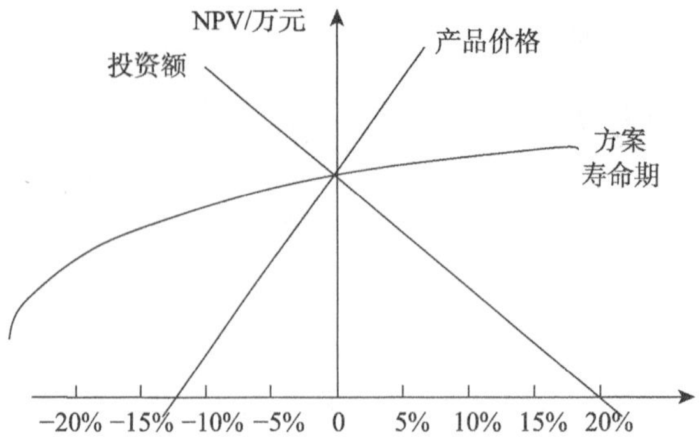

图 8-6 敏感性分析图

【例 8-6】 某项目设计年生产能力为 10 万吨，计划总投资为 1800 万元，建设期为 1 年，投资期初一次性投入，产品销售价格为 63 元/吨，年经营成本为 250 万元，项目生产期为 10 年，期末预计设备残值收入为 60 万元，折现率为 10%，试就投资额、产品价格（销售收入）、经营成本等影响因素对该投资方案进行敏感性分析。

解：选择净现值为敏感性分析对象，根据净现值的计算公式，可计算出项目的净现值。

$$NPV=-1800+(63\times10-250)\times(P/A,10\%,10)(P/F,10\%,1)+60\times(P/A,10\%,11)=343.73\text{（万元）}$$

由于 $NPV>0$，该项目是可行的。下面来对项目进行敏感性分析。

取定三个因素：投资额、销售收入和经营成本，然后令其逐一在初始值的基础上按±10%和±20%的幅度变动。分别计算相应的净现值的变化情况，得出结论，如表 8-4 和图 8-7 所示。

表 8-4 敏感性分析表

序号	调整项目			分析结果		
	投资额	销售收入	经营成本	NPV/万元	平均 + 1%	平均–1%
0				343.73		
1	+ 10%			163.73	–5.24%	+ 5.24%
2	+ 20%			–16.27		
3	–10%			523.73		
4	–20%			703.73		
5		+ 10%		695.65	+ 10.24%	–10.24%
6		+ 20%		1047.57		
7		–10%		–8.19		
8		–20%		–360.11		
9			+ 10%	204.08	–4.06%	+ 4.06%
10			+ 20%	64.43		
11			–10%	483.38		
12			–20%	623.03		

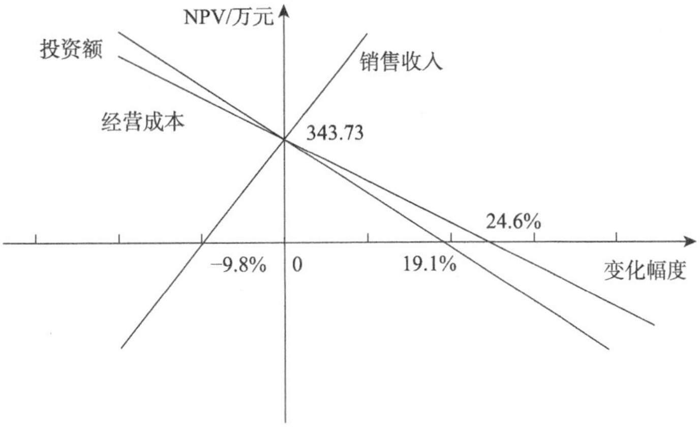

图 8-7　单因素敏感性分析图

由表 8-4 和图 8-7 可以看出，在各个变量因素变化率相同的情况下，首先，销售收入的变动对净现值的影响程度最大，当其他因素均不发生变化时，销售收入每下降 1%，净现值下降 10.24%，并且还可以看出，当销售收入下降幅度超 9.8%时，净现值将由正变负，即项目由可行变为不可行；其次，对净现值影响大的因素是投资额，当其他因素均不发生变化时，投资额每增加 1%，净现值将下降 5.24%，当投资额增加的幅度超过 19.1%时，净现值由正变负，项目变为不可行；最后，对净现值影响最小的因素是经营成本，在其他因素均不发生变化的情况下，经营成本每上升 1%，净现值下降 4.06%，当经营成本上升幅度超过 24.6%时，净现值由正变负，项目变为不可行。由此可见，按净现值对各个因素的敏感程度来排序，依次是销售收入、投资额和经营成本，最敏感的因素是销售收入。因此，从项目决策的角度来讲，应该对销售收入进行进一步的、更准确的测算，因为从项目风险的角度来讲，如果未来产品销售收入发生变化的可能性较大，则意味着这一工程项目的风险性也较大。

此外，运用单因素敏感性分析图，还可以进行经济指标达到临界点的极限分析。如图 8-7 所示，允许变量因素变动的最大幅度（极限变化）是：销售收入的下降不超过 9.8%，投资额的增加不超过 19.1%，经营成本的增加不超过 24.6%。如果这三个变量的变化超过上述极限，项目就不可行。

2. 多因素敏感性分析

单因素敏感性分析方法适合于分析项目方案的最敏感因素，但它忽略了各个变动因素综合作用的可能性。无论是哪种类型的项目技术方案，各种不确定性因素对项目方案经济效益的影响都是相互交叉综合发生的，而且各个因素的变化率及其发生的概率也是随机的。因此，研究分析经济评价指标受多个因素同时变化的综合影响，进行多因素敏感性分析更具有实用价值。

多因素敏感性分析要考虑可能发生的各种因素不同变动幅度的多种组合，计算起来要比单因素敏感性分析复杂得多，在此不做具体介绍。

3. 敏感性分析的不足

敏感性分析具有分析指标具体、能与项目方案的经济评价指标紧密结合、分析方法容易掌握、便于分析且便于决策等优点，有助于找出影响项目方案经济效益的敏感因素及其影响程度，对于提高项目方案经济评价的可靠性具有重要意义。但是，敏感性分析没有考虑各种不确定性因素在未来发生变动的概率，这可能会影响分析结论的准确性。实际上，各种不确定性因素在未来发生某一幅度变动的概率一般是有所不同的。可能有这样的情况：通过敏感性分析找出的某一敏感因素未来发生不利变动的概率很小，因而实际上所带来的风险并不大，以至于可以忽略不计，而另一不太敏感的因素未来发生不利变动的概率很大，实际上带来的风险比敏感因素更大。盈亏平衡分析、敏感性分析都没有考虑参数变化的概率。因此，这两种分析方法虽然可以回答哪些参数变化或假设对项目风险影响大，但不能回答哪些参数变化或假设最有可能发生以及发生的概率，这是它们在风险分析方面的不足。

8.4 风 险 分 析

8.4.1 风险分析概述

风险分析是通过对项目的所有不确定性因素和风险要素进行全面系统的分析，从而评估风险发生的概率和对项目的影响程度。

1. 风险分析的含义

风险分析又称风险估计、风险测定、风险测试、风险衡量和风险估算等，因为在一个项目中存在着各种各样的风险，风险分析可以说明风险的实质。这种分析是在有效辨识项目风险的基础上，根据项目风险的特点，对已确认的风险，通过定性和定量分析方法测量其发生的可能性和破坏程度的大小，在对风险按潜在危险大小进行优先排序和评价、制定风险对策和选择风险控制方案方面具有重要的作用。项目风险分析较多采用统计、分析和推断法，一般需要一系列可信的历史统计资料和相关数据以及足以说明被评估对象特性和状态的资料作保证；当资料不全时，往往依靠主观推断来弥补，此时项目管理人员掌握科学的项目风险分析方法、技巧和工具就显得格外重要。风险分析的主要内容包括：①风险事件发生的可能性大小；②风险事件发生可能的结果范围和危害程度；③风险事件发生预期的时间；④风险事件发生的频率。

2. 风险程度等级分类

为了评估风险的大小，一般都要对风险程度进行分级。风险程度包括风险损失的大小和发生的可能性两个方面。可以在综合考虑这两个方面的基础上对项目风险程度进行分类，不同的偏好也会导致不同分类结果的产生。《投资项目可行性研究指南》推荐将风险程度分为四类，按照风险因素对项目的影响程度和风险发生的可能性大小进行划分，风险程度等级分为一般风险、较大风险、严重风险和灾难性风险。

（1）一般风险。风险发生的可能性不大，或者即使发生，造成的损失较小，一般不影响项目的可行性。

（2）较大风险。风险发生的可能性较大，或者发生后造成的损失较大，但造成的损失程度是项目可以接受的。

（3）严重风险。有两种情况，一是风险发生的可能性大，风险造成的损失大，使项目由可行变为不可行；二是风险发生后造成的损失严重，但是风险发生的概率很小，采取有效的防范措施，项目仍然可以正常实施。

（4）灾难性风险。风险发生的可能性很大，一旦发生将产生灾难性后果，项目无法承受。

3. 风险分析与概率

风险是指损失发生的不确定性（或可能性），所以风险是不利事件发生的概率及其后果的函数，而风险分析就是分析风险的性质、估算风险事件发生的概率及其后果的严重程度，以降低其不确定性。因此，风险与概率密切相关，概率是风险分析研究的基础。

4. 风险分析基本方法

风险因素的识别应与风险分析相结合，这样才能得知风险程度。项目涉及的风险因素有些是可以量化的，可以通过定量分析的方法对它们进行估计和分析，同时客观上也存在着许多不可量化的风险因素，它们有可能给项目带来更大的风险，有必要对不可量化的风险因素进行定性描述，因此风险分析应采取定性描述与定量分析相结合的方法，从而对项目面临的风险做出全面的估计。另外，应注意定性与定量不是绝对的，在深入研究和分解之后，有些定性因素可以转化为定量因素。

项目风险分析可根据具体情况和要求选用不同的方式和方法。既可以仅针对单个风险因素进行分析，也可以对项目整体进行风险分析，还可以两者兼而有之。

8.4.2　单因素风险分析

单因素风险分析，可以找出影响项目的关键风险因素。一般可选用相对简单易行的方法，根据需要也可以采用概率分析的方法求得其概率分布，并计算期望值、方差或标准差。

1. 简单估计法

1）专家评估法

专家评估法是以发函、开会或其他形式向专家进行调查，对项目风险因素及其风险程度进行评定，将多位专家的经验集中起来形成分析结论的一种方法。由于它比一般的经验识别法更具客观性，应用更为广泛。采用专家评估法时，所聘请的专家应熟悉该行业和所评估的风险因素，并能做到客观公正。为减少主观性，专家人数一般应为 20 位左右，至少不低于 10 位。具体操作上可采取以下方式：请每位专家凭借经验独立对各类风险因素的风险程度打“√”，然后将各位专家的意见归集起来。

2）风险因素取值评定法

风险因素取值评定法是一种专家定量评定方法，是就风险因素的最乐观估计值、最悲观估计值和最可能值向专家进行调查，计算出期望值，再将期望值的平均值与风险分析中所采用的数值（风险分析采用值）相比较，求得二者的偏差值和偏差程度，以判别风险程度。偏差值和偏差程度越大，风险程度越高。具体方法如表 8-5 所示。

表 8-5　风险因素取值评定表

专家号	最乐观估计值（1）	最可能值（2）	最悲观估计值（3）	期望值（4）[（1）+k×（2）+（3）]/(k+2)
1				
2				
3				
⋮				
n				
期望值的平均值				

注：偏差值 = 期望值的平均值 − 风险分析采用值；偏差程度 = 偏差值/风险分析采用值

2. 概率分析法

根据需要，可以借助计算机技术，运用概率论和数理统计原理进行概率分析，进一步求得风险因素取值的概率分布，并计算期望值、标准差（或方差）和离散系数，表明该风险因素的风险程度。

1）经济效果的期望值

投资方案经济效果的期望值是指参数在一定概率分布下投资效果所能达到的概率平均值。其一般表达式为

$$E(x)=\sum_{i=1}^{n}x_i p_i \tag{8-14}$$

式中，$E(x)$为变量的期望值；p_i为变量 x_i 的发生概率。

【例 8-7】 已知某方案净现值及概率如表 8-6 所示，试计算该方案净现值的期望值。

表 8-6　某方案的净现值及概率

净现值/万元	23.5	26.2	32.4	38.7	42.0	46.8
概率	0.1	0.2	0.3	0.2	0.1	0.1

解：$E(\text{NPV})$

$=23.5\times0.1+26.2\times0.2+32.4\times0.3+38.7\times0.2+42\times0.1+46.8\times0.1$

$=33.93$（万元）

这一方案净现值的期望值为 33.93 万元。

2）经济效果的标准差

标准差反映了一个随机变量实际值与其期望值偏离的程度。这种偏离在一定意义上反映了投资方案风险的大小。标准差的一般计算公式为

$$S=\sqrt{\sum_{i=1}^{n} p_i[x_i-E(x)]^2} \tag{8-15}$$

式中，S 为变量 x 的标准差。

【例 8-8】 利用例 8-7 中的数据，试计算投资方案的净现值的标准差。

解：$S=\sqrt{\begin{array}{l}0.1\times(23.5-33.93)^2+0.2\times(26.2-33.93)^2+0.3\times(32.4-33.93)^2+\\0.2\times(38.7-33.93)^2+0.1\times(42-33.93)^2+0.1\times(46.8-33.93)^2\end{array}}=7.15$（万元）。

3）经济效果的离散系数

标准差虽然可以反映随机变量的离散程度，但它是一个绝对量，其大小与变量的数值及期望大小有关。一般而言，变量的期望值越大，其标准差也越大，特别是需要对不同方案的风险程度进行比较时，标准差往往不能够准确反映风险程度的差异。为此，需要引入另一个指标——离散系数，它是标准差与期望值之比，即

$$C=\frac{S(x)}{E(x)} \tag{8-16}$$

由于离散系数是一个相对数，不会受变量和期望值的绝对值大小的影响，能更好地反映投资方案的风险程度。

当对两个投资方案进行比较时，如果期望值相同，则标准差较小的方案风险更低；如果两个方案的期望值与标准差均不相同，则离散系数较小的方案风险更低。

8.4.3　项目整体风险估计

对于重大投资项目或估计风险很大的项目，应进行投资项目整体风险分析。一般应采用概率分析的方法，求出评价指标的概率分布，计算期望值、标准差（或方差）和离散系数，也可求得净现值大于或等于零的累计概率或其他项目效益的指标表明项目由可行转为不可行的累计概率。在具体操作中，对于离散型风险变量，可采用概率分析的理论计算法，运用概率树的形式进行；对于连续型风险变量，可采用模拟计算法，常用的是蒙特卡洛法。

1. 概率树

概率树法是一种用来分析和进行风险估计的有用方法，它能帮助探讨问题之间的联系，简化问题并确定各种概率。它被用来展示可供采取的各种可能的行动方案及其后果。一般来说，概率树法将大规模或复杂的问题分解成小的子问题，这些小的子问题可以分别加以解决，然后再重新组织起来。当问题具有某些可以肯定的结果时，这种方法是很有用的。

1）概率树的画法

图 8-8 表示了表 8-7 的概率树的基本结构，可以看到，用概率树法来求解、分析问题

就比较简单了。假定事件起源于 S 点，这里有两种可能的行动方案（A 方案和 B 方案），如果我们选择 A 方案，那么可有畅销、一般和滞销三种市场情况，相应取得 40%、30%、20%三种不同的年净收益率，对 B 方案以此类推。图 8-8 中，方案分析的结果从左至右依次展开，好像一棵不断分支的树，用树形图作为可能状况及结果的完整关系表示图。

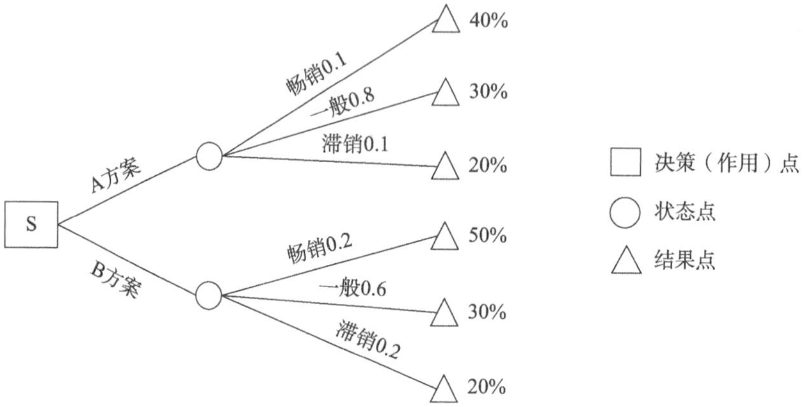

图 8-8 概率树

表 8-7 投资方案年净收益率和市场情况表

方案	年净收益率			市场情况概率		
	畅销 X_1	一般 X_2	滞销 X_3	畅销 X_1	一般 X_2	滞销 X_3
A	40%	30%	20%	0.1	0.8	0.1
B	50%	30%	20%	0.2	0.6	0.2

【例 8-9】 某房地产公司欲在一繁华地段投资一物业，投资方案有：方案 A 为投资兴建一高级公寓；方案 B 为投资兴建一商业大厦。建成后，两方案皆以出租方式经营。这两种方案的年净收益率和市场情况如表 8-7 所示。

概率树是从左至右、从无到有逐步地分析事件的发生、发展。把决策过程引入概率树就变成了决策树。常用的方法是把概率树折叠，即从右往左的方向进行计算分析。每到一个决策点，就可以选取具有最大利益或最小损失（期望值）的行动方案，再把树转回到前一决策点，依此类推，最终完成决策活动。

概率树与决策树的最大价值在于展开思路，然后再组织一个合理的、有结构的框架。只要已经清楚地了解问题的脉络，一个完整的决策树只需要把图形画得畅通并且标定了必要的步骤即可，不一定包罗一切。

2）概率树分析

（1）假定风险变量之间是相互独立的，可以通过对每个风险变量各种状态取值的不同组合计算项目的内部收益率或净现值等指标。根据每个风险变量状态的组合计算得到的内部收益率或净现值的概率为每个风险变量所处状态的联合概率，即各风险变量所处状态发生概率的乘积。

若风险变量有 A、B、C、…、M，每个输入变量有状态：

$$A_1, A_2, \cdots, A_{n1}; B_1, B_2, \cdots, B_{n2}; M_1, M_2, \cdots, M_{nm}$$

各种状态发生的概率为

$$\sum_{i=1}^{n1} P\{A_i\} = P\{A_1\} + P\{A_2\} + \cdots + P\{A_{n1}\} = 1$$

$$\sum_{i=1}^{n2} P\{B_i\} = 1$$

$$\sum_{i=1}^{nm} P\{M_i\} = 1$$

则各种状态组合的联合概率为：$P\{A_1\} \times P\{B_1\} \times \cdots \times P\{M_1\}$，$P\{A_2\} \times P\{B_2\} \times \cdots \times P\{M_2\}, \cdots$，$P\{A_{n1}\} \times P\{B_{n1}\} \times \cdots \times P\{M_{n1}\}$。

（2）评价指标（净现值或内部收益率等）由小到大进行顺序排列，列出相应的联合概率和从小到大的累计概率，并绘制评价指标为横轴、累计概率为纵轴的累计概率曲线，计算评价指标的期望值、方差、标准差和离散系数。

（3）由累计概率（或累计概率图）计算 $P\{\text{NPV}(i_c) < 0\}$ 或 $P\{\text{IRR} < i_c\}$ 的累计概率，同时也可获得

$$P\{\text{NPV}(i_c) \geqslant 0\} = 1 - P\{\text{NPV}(i_c) < 0\}$$

$$P\{\text{IRR} \geqslant i_c\} = 1 - P\{\text{IRR} < i_c\}$$

当风险变量数和每个变量的状态数大于 3 个时，状态组合数过多，一般不适于使用概率树方法。若各风险变量之间不是独立的，而是存在相互关联时，也不适于使用这种方法。

3）概率树分析案例

【例 8-10】 某项目有三个主要的风险变量：固定资产投资为 5000 万元，年销售收入为 2500 万元，年经营成本为 1500 万元。该项目的销售税金及附加为 6%，固定资产残值为 0，流动资金忽略不计。该项目的生产期为 10 年，忽略建设期，$i_c = 10\%$。三个风险变量经调查认为，每个变量有两种状态，为正常计算值和各变量降低 20%的情况，概率分布如表 8-8 及图 8-9 所示。问：①计算净现值的期望值；②计算净现值大于等于 0 的累计概率。

表 8-8　某项目的状态概率分布表

项目	正常计算值	降低 20%
固定资产投资	0.8	0.2
年销售收入	0.7	0.3
年经营成本	0.7	0.3

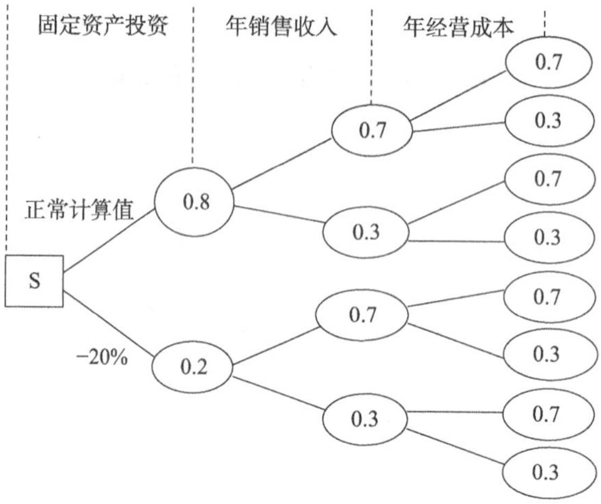

图 8-9　某项目概率树

解：计算值列入表 8-9。

表 8-9　净现值计算表

状态			发生可能性	净现值/万元	加权净现值/万元
固定资产投资	年销售收入	年经营成本			
正常计算值	正常计算值	正常计算值	0.8×0.7×0.7 = 0.392	222.88	87.37
正常计算值	正常计算值	–20%	0.8×0.7×0.3 = 0.168	2066.29	347.14
正常计算值	–20%	正常计算值	0.8×0.3×0.7 = 0.168	–2665.05	–447.73
正常计算值	–20%	–20%	0.8×0.3×0.3 = 0.072	–821.67	–59.16
–20%	正常计算值	正常计算值	0.2×0.7×0.7 = 0.098	1222.91	119.85
–20%	正常计算值	–20%	0.2×0.7×0.3 = 0.042	3066.29	128.78
–20%	–20%	正常计算值	0.2×0.3×0.7 = 0.042	–1665.05	–69.93
–20%	–20%	–20%	0.2×0.3×0.3 = 0.018	178.33	3.21
	合计		1		109.53

（1）净现值的期望值 = 109.53（万元）。

（2）净现值大于等于零的累计概率 = $P(\text{NPV}\geqslant 0) = 1 - P(\text{NPV}<0)$

$$= 1 - 0.168 - 0.072 - 0.042 = 0.718$$

该项目盈利的可能性为 71.8% > 50%，说明抗风险能力也较强。

2. 蒙特卡洛法

1）蒙特卡洛法的含义

在经济计算中只有目前付出的投资额是比较固定的数值，而其他数据，如设备使用寿命、产品销售量、产品销售价格、产品成本等都是估计值，都是在一定范围内变动的值。如果把这些变动的值当作固定不变的值看待，那么计算的结果难免会不符合将来的实际情况，从而带来某种程度的风险。近年来的经济计算中越来越注意分析研究这种风险的程度和可能性，以便在决策时对今后出现的情况做到心中有数。蒙特卡洛法是解决不确定性问题的最好方法。

从前有位数学家看见一个醉汉倚在广场上的一根灯杆处站着，忽然无目的地向某一方向走几步，然后又向另一方向走几步，就这样东倒西歪地走着。这位数学家提出一个问题：醉汉走出几步之后离开灯杆的最可能的距离是多少。这个问题叫作随机行走（random walk）问题。按照通常的方法，必须观察这个醉汉大量的如 1000 次以上的行走，然后求出行走距离的平均值，但这样的观察是很困难的，或根本不可能的。这位数学家研究出一种仿真试验的计算方法，后来发现这种方法可以用来测算赌博的规律，所以与世界著名的赌城蒙特卡洛相联系，称为蒙特卡洛法。

蒙特卡洛法是经济风险估计常用的一种方法，也叫模拟抽样法。它可以把一些具有经验分布统计特性的数据用于一个系统。如果模型是根据过去的房地产投资实际发生的情况来进行下一步投资决策的，我们可以借助从真实分布中抽样的蒙特卡洛法模拟一个房地产投资的全过程，从而使模拟系统中的各个经济变量及时间与过去的实际情况相对应。在一般所用的不确定性因素影响下的决策方法中，常常只考虑最好、最坏和最可能几种估计。如果这些不确定的因素很多，只考虑这三种估计便会使决策发生偏差或失误。最好选择可以避免这种偏差情况的发生的方法，使得在复杂情况下，房地产投资决策仍然合理和准确。

对于大型的建设工程项目、大型的环境工程等常需进行谨慎的风险评估，而这些项目不仅规模大、投资大、难度大，风险也大，建设周期也很长，在合同期内，市场情况、利率、通货膨胀和技术进步情况等因素都在不断发生变化。因此，要进行投资的风险估计，首先面临的是对这些随机因素的影响做出估计。这可以说是十分困难的，因为对大型的工程项目无法进行物理实验，即使使用计算机，将所有的可能情况都计算一遍也是很困难的，需要的时间和费用相当大。

蒙特卡洛法正是为解决这一困难而设计的。它可以看作一种对实际可能发生情况的模拟，是一种实验研究方法。如果我们对未来的情况不能确定而只知各输入变量按某一概率分布取值，便可以采用一个随机数发生器产生具有相同概率的数值，赋值给各输入变量，并计算各输出变量，以对应于实际可能发生的情况，如此反复取值，得出多种数据，投资者可根据这些数据求出输出量的概率分布。输出量的概率分布函数是随着模拟的次数而变化的，次数越多越接近于真实的分布。

2）蒙特卡洛法的运用

我们先来看一个例子。这是蒙特卡洛法最原始的一个问题，它的目标是估算正方形中的一个不规则图形的面积，参见图 8-10 中的阴影部分。

将正方形放入直角坐标中，并设边长为 1，然后随机取两个 0～1 的随机数，第一个代表 X 轴，第二个代表 Y 轴，这样就可以在平面上得到一点，该点可能落在阴影区内，也可能落在阴影区外，将该结果记录下来并作为第一次试验，然后取第二组随机数，在平面确定一点，作为第二次试验并记录下来，这样重复进行多次（最好是上千次试验），直到认为这些点足以代表图形的特征为止，最后统计出落在阴影部分里的点数与全部试验点数的比例，乘以矩形面积就可得到阴影区的面积。

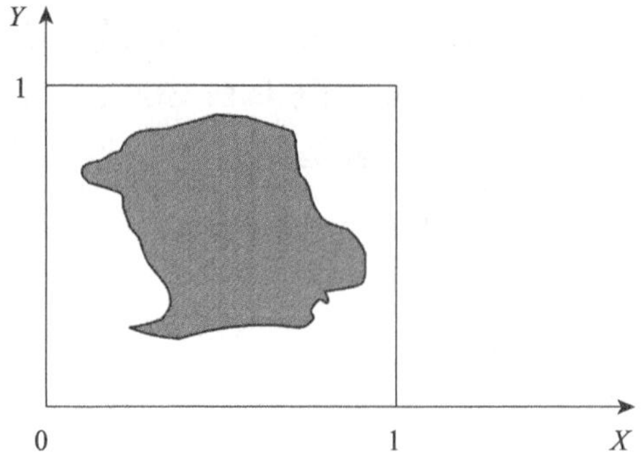

图 8-10 随机模拟图

从该例子可以看出，蒙特卡洛法实质是一种随机模拟或统计试验的方法。它是通过对每一个随机变量抽样，代入其数学函数式来确定函数值。这样独立模拟试验多次，得到函数的一批抽样数据 z_1、z_2、…、z_n，由此决定函数的概率分布特征，其中包括函数的分布曲线以及函数的数学期望、方差、偏度等。蒙特卡洛法作为一种常用的不确定性分析方法，仅知道各变量的数学特征是不能模拟试验的，必须知道各变量的理论或经验的概率分布。蒙特卡洛法需要成千上万次模拟实验，因此这种方法的实现离不开计算机技术的支持。

应用该方法时，函数的数学期望与方差可以直接用式（8-17）、式（8-18）计算：

$$m_z = \frac{\sum_{i=1}^{n} z_i}{N} \tag{8-17}$$

$$\sigma_z^2 = \frac{\sum_{i=1}^{n} (z_i - m_z)^2}{N} \tag{8-18}$$

式中，N 为 z 的子样个数，即实验次数；z_i 为实验得到的函数 z 的第 i 个子样，$i = 1, 2, \cdots, n$。

从函数的实际分布可求得项目失败的风险，即用落到函数临界值 z_0 以外的频率来代替项目失败的频率。一般而言，用该方法计算的结果比按假设正态分布求得的风险更为精确和可靠，但它要求实验的次数必须足够多，且每次实验都是随机的、独立的。

例如，已知某项目的大量统计资料，其年值（A）、现值（P）、将来值（F）的分布如表 8-10 所示。具体模拟方法如下。

表 8-10 A、P、F 数学特征表

A	组标	1 285	1 480	1 675	1 870	2 065	期望年值 = 1 645.75 标准差 = 237.8
	概率	0.17	0.20	0.36	0.15	0.12	
	累计概率	0.17	0.37	0.73	0.88	1.00	
P	组标	12 500	13 100	13 700	14 300	14 900	期望现值 = 13 800 标准差 = 727.48
	概率	0.10	0.13	0.34	0.23	0.20	
	累计概率	0.10	0.23	0.57	0.80	1.00	
F	组标	720	780	840	900	960	期望将来值 = 826.6 标准差 = 71.85
	概率	0.17	0.22	0.34	0.17	0.10	
	累计概率	0.17	0.39	0.73	0.90	1.00	

净现值表达式为 $z=A(P/A,i,n)+F(P/F,i,n)-P$。

产生第一组随机数：0.98、0.08、0.62。

相对应的 A、P、F 分别为：$A_1=2065$；$P_1=12\,500$；$F_1=840$。

$$z_1=2065(P/A,5\%,20)+840(P/F,5\%,20)-12\,500=13\,551.25$$

产生第二组随机数：0.48、0.26、0.45。

相对应的 A、P、F 分别为：$A_2=1675$；$P_2=13\,700$；$F_2=840$。

$$z_2=1675(P/A,5\%,20)+840(P/F,5\%,20)-13\,700=7491.16$$

如此应用计算机进行成千上万次的反复实验，得出每次实验的 A、P、F 值并计算对应的净现值 z，然后用数理统计方法对模拟计算的结果进行统计，最后得出所需要的计算结果，包括净现值期望值、方差、净现值的概率分布、项目亏损的期望值等。

复习思考题

1. 为什么要进行不确定性与风险分析？
2. 项目的不确定性与风险主要来自哪些方面？
3. 什么是盈亏平衡分析？
4. 盈亏平衡分析可以应用在哪些方面？
5. 怎样选择敏感因素？
6. 敏感性分析需要哪些步骤？
7. 风险评估有哪些基本方法？
8. 什么是蒙特卡洛法？

习　题

1. 某流水线设计生产能力为 1.5 万吨/年，产品销售价格为 3000 元/吨，销售税金及附加为 150 元/吨，增值税为 80 元/吨，年总成本为 3600 万元，其中固定成本为 1500 万元。试求以产量、生产能力利用率、销售价格和单位产品变动成本表示的盈亏平衡点。

2. 某企业拟投资生产一种新产品，计划一次性投资 2000 万元，建设期为 1 年，第 2 年起每年预计可取得销售收入 650 万元，年经营成本预计为 250 万元，项目寿命期为 10 年，期末预计设备残值收入为 50 万元，基准收益率为 10%，试分析该项目净现值对投资额、年销售收入、年经营成本、项目寿命期及基准收益率各项因素的敏感性。

3. 现有两个建厂方案：建大厂、建小厂。建大厂需投资 300 万元，建小厂需投资 150 万元，大厂或小厂的经营期均为 10 年。经市场调查，前 3 年可能的自然状态和年收益如表 8-11 所示，若前 3 年销路好，则后 7 年销路好的概率上升为 0.9；若前 3 年销路差，则后 7 年销路肯定差，后 7 年年收益同表 8-11。请确定建厂方案。

表 8-11 可能的自然状态概率和年收益

自然状态	概率	年收益/万元	
		大厂	小厂
销路好	0.7	100	60
销路差	0.3	−40	−10

第9章 价 值 工 程

9.1 价值工程概述

价值工程（value engineering，VE）是20世纪40年代起源于美国的科学管理技术，是降低成本、提高经济效益的一种有效途径。

第二次世界大战结束前不久，美国的军事工业发展很快，造成原材料供应短缺，当时美国通用电气公司的工程师麦尔斯（L.D. Miles）的任务是为该公司采购军工生产用材料，工作中经常遇到困难。麦尔斯研究发现一些相对充裕的材料可以很好地替代短缺材料的功能，逐渐总结出一套行之有效的方法，并将之推广到产品研发、设计、生产和经营的其他领域，形成早期的价值工程。

价值工程于1955年传入日本，日本价值工程专家把价值工程与全面质量管理结合起来，形成具有日本特色的管理方法，并取得了巨大成功。价值工程于1978年被引入中国，1981年第一机械工业部颁发《关于积极推行价值工程的通知》，1984年国家经济委员会将价值工程作为18种现代化管理方法之一向全国推行。1987年国家标准局颁布了第一个价值工程标准，即《价值工程 基本术语和一般工作程序》（GB 8223—87），2009年国家质量监督检验检疫总局和国家标准化管理委员会联合发布《价值工程 第1部分：基本术语》（GB/T 8223.1—2009）。

9.1.1 价值工程的相关概念

价值工程又称价值分析（value analysis，VA），是一项以产品或活动的功能分析为核心，以提高产品或活动的价值为目的，力求以最低寿命周期成本实现产品或活动必要功能的一项有组织的创造性活动。

1. 价值

价值V指的是对象所具有的功能与获得该功能所发生的费用之比，如式（9-1）所示。

$$V=\frac{F}{C} \tag{9-1}$$

式中，V为价值；F为功能；C为成本。

例如，用户欲购买一套住宅，通常市场有多种住宅供其选择，价格相同时，用户必将选择各方面条件较好的一套，因为其价值大，但用户通常面临两难困境：品质优的价格高，品质差的价格低。此时，价值可以成为衡量产品或服务有用程度的一种尺度，帮助用户进行权衡取舍。

2. 功能

功能 F 是对象能够满足某种需求的效用或属性。根据麦尔斯的观点，人对事物需求的实质是事物具有的功能。对建筑产品而言，功能是某一建筑产品区别于其他建筑产品的主要划分标准，是建筑产品得以存在的根本理由。例如，住宅满足人对“居住空间”的功能需求；教室可以满足“教学场所”的功能需求。实质上，建筑企业所生产的是功能，用户所购买的也是功能。

3. 成本

成本 C 特指寿命周期成本（life cycle cost，LCC），涵盖从对象研究、形成到退出使用所需的全部费用，可分为生产成本和使用成本。

设生产成本为 C_1，使用成本为 C_2，寿命周期成本 C 可表示为式（9-2）。

$$C = C_1 + C_2 \tag{9-2}$$

产品功能–成本关系如图 9-1 所示。从图 9-1 中可知产品生产成本随着产品功能的增加呈指数增长趋势，即功能提升会引起生产成本的急剧增长，但同时又会显著地降低使用成本。一般产品的功能在 $0 \sim F^*$ 范围内变动，F^* 为考虑寿命周期成本的最合理功能水平，对应着寿命周期成本的最低点 C_{min}。

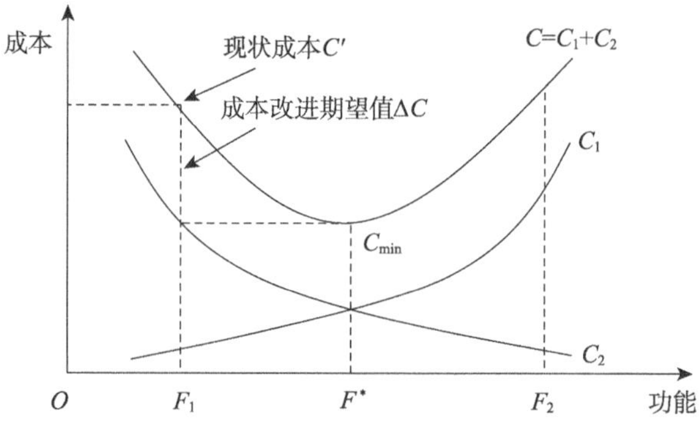

图 9-1　寿命周期成本与功能水平关系

价值分析的目的是使寿命周期成本最低，即将现状成本 C' 降低到 C_{min}，同时把功能从 F_1 提高到 F^*。由于科学技术的不断进步，产品功能还可以不断提高，计算机芯片就是很好的一个例子。

9.1.2　提高价值的途径

从式（9-1）可知，提高价值可通过提高功能或降低成本来实现，提高价值的基本途径见表 9-1。

1. 功能不变、成本降低

这是提高价值普遍采用的基本途径，也是企业提高经济效益常用的方法之一。以往，

表 9-1 提高价值的主要途径表

提高价值途径	表达式	侧重点
功能不变、成本降低	$F/C\downarrow = V\uparrow$	降低成本
成本不变、功能提高	$F\uparrow/C = V\uparrow$	提高功能
功能提高、成本降低	$F\uparrow/C\downarrow = V\uparrow\uparrow$	理想途径
成本略增、功能大幅度提高	$F\uparrow\uparrow/C\uparrow = V\uparrow$	提高功能
功能略减、成本大幅度下降	$F\downarrow/C\downarrow\downarrow = V\uparrow$	降低成本

我国的加油站多采用钢筋混凝土柱支撑雨棚，改用轻巧美观的钢结构雨棚既可满足遮雨遮阳的功能需求，又能有效降低建设成本，加快进程，具有良好的综合效益。

2. 成本不变、功能提高

在成本不变的前提下，提升产品功能，用户花费同样的成本能够得到质量和性能更好的产品，这将极大增强企业自身竞争力。各地中心城区大量新建的地下商场、地下步行街就是一个很好的例子，将按人防要求设计建造的地下空间改为商铺，建设投入并未增加，却能有效提高地下空间利用率，提升地下空间功能和价值。

3. 功能提高、成本降低

功能提高、成本降低是提高产品或服务价值最理想的途径。随着科学技术的进步，特别是价值工程活动的日益深入，人们在改进产品设计、研发换代产品时既提高了产品的功能，又降低了产品的成本，这种情况从计算机的发展历史来看尤为明显。

4. 成本略增、功能大幅度提高

提高产品的功能往往会引起成本的增加，但是，当功能提高的幅度远大于成本增加的幅度时，产品的价值也会提高。电视塔的主要功能是发射电视和广播节目信号，在其顶部增加旅游观光厅和旋转餐厅，设置塔身广告，尽管会增加工程造价，但观光和广告收入将极大提升项目的经济效益。

5. 功能略减、成本大幅度下降

企业必须生产不同功能定位的产品以适应用户的需求。为适应特定用户的需求，即使功能略有下降，但成本可实现大幅度降低，从而实现价值提升。某钢企实验室 4 号厂房，原设计为钢结构，经价值分析后，将部分实验室和机械加工室改为混凝土结构，虽会增加部分动力管网，但不影响厂房的主要功能，还可以大幅节约投资。

以上五种基本途径仅是依据式（9-1）从定性的角度所提出来的一些思路，在实际价值工程活动中应综合考虑功能和成本因素。

9.1.3 价值工程的特点

1. 以提高价值为目标

提高研究对象的价值是价值工程活动追求的目标。从本质上说，提高价值就是以最小

的资源消耗获取最大的功能，从而提高研究对象的经济效益。与传统的质量管理和成本管理不同，价值工程并不片面追求提高质量或降低成本，而是将提高功能和降低成本综合考虑，考虑功能和成本的共同作用和影响，研究提高价值的有效途径。通过功能和成本的综合研究，能够有效地提高产品或服务质量，降低生产成本，从而实现提高产品价值的目标。

2. 以功能分析为核心

用户对产品的需求是产品提供的必要功能，只有通过透彻的功能分析，价值工程小组才能辨明必要功能与不必要功能，进而对产品的功能结构进行优化，实现提高产品或服务价值的目的。围绕着产品功能进行分析，能够使设计人员专注于产品功能，从而摆脱原产品、设计、施工方法和习惯等的束缚，获得更加合理的方案。

3. 以集体智慧为依托

价值工程研究涉及面广，需要多专业知识领域的专家集体合作完成。通常开展价值工程活动需要工程技术人员、经济管理人员共同研究，发挥集体智慧。专家具有不同的专业背景，可以及时处理价值工程研究过程中出现的各类问题，保障价值工程活动的顺利进行。而且价值工程强调“突破、创新、求精”，研究过程中好的创意和想法通常由某一专业的专家提出，这时如果有其他专业的专家助其解决创意实施过程中可能遇到的困难，将使创新方案的实施可能性大幅提升。

4. 以系统观点为指导

价值工程活动强调用系统的思想和分析方法来提高研究对象的价值。这里有两层含义：其一，把价值工程的研究对象本身当作一个系统来研究；其二，对开展价值工程活动的全过程用系统工程的思想、原理和方法进行分析研究。由于把价值工程研究对象和价值工程活动看成一个系统工程，而它又涉及企业设计、生产、经营、管理等各个方面，需运用多种学科的理论知识和经验，在价值工程活动的各个步骤中，需用系统的思想和分析方法来研究分析。价值工程研究对象是一个复杂的功能系统，如何实现总体功能，需用系统方法分析各分功能之间的逻辑联系，绘出功能系统图，剔除不必要功能和过剩功能，填补不足功能，从而提高研究对象的价值。

5. 投资回报高

开展价值工程研究需要一定的资金投入，与成功的价值工程研究所带来的投资回报相比，这笔资金投入是非常值得的。美国通用电气公司自 1947 年首创价值工程到 1964 年的 17 年间，共投资 80 万美元用于价值工程活动，而由此获得的节约额超过 2 亿美元；1970～1978 年，该公司由此增加收益 10 亿美元。1954 年，作为美国政府部门的美国海军舰船局，也开始采用价值分析方法进行舰船的设计，取得了显著的效果，仅第一年就节约了 3500 万美元，并将“价值分析”更名为“价值工程”。美国国家环境保护局通过 1975～1976 年的八个案例分析，共节约 1800 万美元，占总工程费的 4%，支付价值工程研究费仅 70 万美元，效益与投资比值几乎为 26∶1，非常可观（孙继德，2010）。

9.1.4　价值工程的工作程序

价值工程的工作程序是发现问题、分析问题、解决问题和效果评估的过程。首先选定价值工程研究对象，然后对其进行功能和成本分析，研究存在的问题并提出切实可行的解决方案，对方案实施效果进行评估。价值工程活动的步骤，通常围绕 10 个问题展开，详见表 9-2。

表 9-2　价值工程一般程序

阶段	程序	工作步骤		价值工程对应问题
		基本步骤	详细步骤	
准备阶段	成立研究小组，制订工作计划	确定目标	对象选择	价值工程对象是什么
			信息搜集	需要哪些准备工作
分析阶段	功能系统分析	功能分析	功能定义	对象的功能是什么
			功能整理	
		功能评价	功能成本分析	对象的成本是多少
			功能评价	对象的价值是多少
创造阶段	初步设计	制订方案	方案创造	有其他方案实现这个功能吗
	方案评价		概略评价	新方案成本是多少
			方案具体化	新方案的功能如何
			详细评价	新方案实施的可能性及如何保障
	提案编写		提出提案	
实施阶段	检查实施情况	实施评价成果	审批	价值工程活动的效果如何
			实施与检查	
	评价活动成果		成果鉴定	

9.2　价值工程的对象选择

9.2.1　价值工程对象选择的原则

通常，价值工程对象的选择着重从以下方面考虑。

（1）对国计民生及实现企业经营目标影响较大的产品。

（2）社会需求量大、竞争激烈及有良好发展前景的产品。

（3）结构复杂、零件较多的产品，工艺、生产技术落后，在同类产品中技术指标较差的产品。

（4）情报资料很容易收集齐全、投入较少且收效快的产品及设计生产周期短的产品。

（5）成本高的产品以及占产品成本比重大的零部件，价格高且有代用可能以及成品率低的产品和零部件。

（6）用户意见大、退换货多、功能差的产品。

（7）产量大的产品。

9.2.2 价值工程对象选择的方法

1. 经验分析法

经验分析法又称因素分析法，是依靠价值工程人员的经验和知识选择和确定分析对象。经验分析法的优点是简便易行，不需要特殊训练，能综合考虑问题。缺点是缺乏定量依据，受分析人员的能力和主观因素的影响较大，可结合决策树分析法使用。

2. 强制确定法

强制确定法（forced decision method）是以功能重要程度作为选择价值工程对象决策指标的一种分析方法，进行比较打分时可采用“01 评分法”和“04 评分法”，评分时由熟悉产品的 5～15 位专家参加，各自独立打分，不讨论，不干扰。

（1）01 评分法。该法是先将构成产品的各零件或项目因素排列成矩阵，从用户的角度按功能重要程度进行循环对比打分，功能相对重要的零件得 1 分，不重要的得 0 分。为避免某零件的得分总值为 0，将原始得分值加 1 分进行修正，用修正后的得分值计算功能指数，如表 9-3 所示。

表 9-3 01 评分法

功能名称	对比评分					得分值	修正值	功能指数
	A	B	C	D	E			
A	—	1	1	1	1	4	5	0.333
B	0	—	1	0	1	2	3	0.200
C	0	0	—	0	1	1	2	0.133
D	0	1	1	—	1	3	4	0.267
E	0	0	0	0	—	0	1	0.067
合计	0	2	3	1	4	10	15	1

（2）04 评分法。04 评分法与 01 评分法类似，但能克服 01 评分法评分规定过于绝对、准确度不高的问题。利用 04 评分法比较两个对象的功能，非常重要的零件得 4 分，另一个得 0 分；功能比较重要的零件得 3 分，另一个得 1 分；功能相同的两个零件各得 2 分。各零件的得分值除以全部零件的得分值的总和，就得到该零件的功能指数。具体做法如表 9-4 所示。

表 9-4 04 评分法

功能名称	对比评分				得分	功能指数	功能重要性排序
	A	B	C	D			
A	—	3	3	2	8	0.333	1
B	1	—	1	1	3	0.125	4
C	1	3	—	2	6	0.250	3
D	2	3	2	—	7	0.292	2
合计	4	9	6	5	24	1.000	

功能指数(function index，FI)与成本指数(cost index，CI)的比值称为价值指数(value index，VI)，价值指数偏离 1 较大的对象应作为研究的重点。

强制确定法是国内外应用十分广泛的方法之一，虽然逻辑并不严密，又含有定性分析的因素，但操作简便、实用性强，只要运用得当，多数情况下得出的结论与真实情况大致相同。

3. 最合适区域法

强制确定法选择价值工程研究对象时，只要价值指数不为 1 的零部件都可以作为研究对象，这样并不科学，而且难以做到。应用强制确定法还会将价值指数接近 1，但功能指数和成本指数均较大的零部件排除在研究范围之外，同时又将价值指数偏离 1 较大，但将功能指数和成本指数均较小的零部件作为价值工程研究对象，这显然是不合理的。日本东京大学田中教授于 1973 年提出的最合适区域法能够克服强制确定法的上述不足。

最合适区域法不仅考虑价值指数的大小，而且选择目标时把价值指数相同的对象区别对待，并考察其功能指数和成本指数的数值，进行综合考虑确定研究对象，如图 9-2 所示。

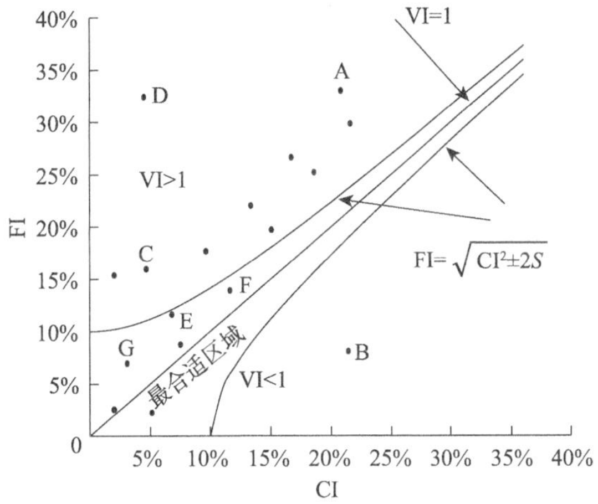

图 9-2　最合适区域

图 9-2 中倾角为 45°的直线称为标准价值线，这条线上的点标志着功能与成本恰好平衡，此时 VI = 1。标准价值线左上方的区域表示 VI > 1，右下方的区域表示 VI < 1，其中远离原点的点表示功能重要且成本高，其变化对整体影响大，必须严加控制，即使偏离标准价值线不多，也要列为价值工程对象。靠近原点，表明其功能次要、成本低，其变化对整体影响小，可以放宽控制，允许有较大的偏离。在最合适区域内的各点，如 E、F、G 虽然偏离标准价值线，但不选作价值工程对象，只将处于最合适区域外的各点，即 A、B、C、D 选作价值工程对象。

最合适区域的大小由给定的常量 S 决定，其中 $S=\dfrac{CI^2-FI^2}{2}$，S 值大，则两条曲线偏离标准价值线的距离大，落在最合适区域外面的点少，价值工程对象选得就少；反之，S 值小，最合适区域缩小，则价值工程对象可能增加。S 的取值，可根据工作需要和人力、财力、设备能力而定，原则是采用拉网式逐渐缩小，直到选择的对象与客观需要一致为止。

除上文介绍的三种方法外，确定价值工程对象的方法还有费用比重分析法、经验估计法、用户评分法、成本模型法、功能重要性分析法等，可根据实际情况灵活运用。

9.3　功能分析与评价

功能分析是价值工程的核心，系统地分析研究对象功能以及用户对功能的需要，是价值工程工作的基础。

9.3.1　功能定义

使用简要文字描述功能时，常用动宾词组型和主谓词组型两种方式。

（1）动宾词组型是由一个动词加上一个名词构成的词组，研究对象与动宾词组中的动词和名词是主、谓、宾关系。例如，建筑结构的功能是“承受荷载”、内墙的功能是“分隔空间”、门的功能是“控制出入”等。

（2）主谓词组型采用名词加形容词构成的主谓词组，描述用户对功能水平的具体要求。例如，住宅的主要功能是“提供居住空间”。除此要求外，用户还有一些功能水平要求，如“居住舒适”、“维修方便”、“造型大方”以及“色泽柔和”等。

实际使用时以动宾词组定义为主，以主谓词组定义为辅。有时用两个词来表达某个功能的确有困难，可以增加一个形容词进行限定。例如，居民住宅的功能定义为“提供空间”就不如定义为“提供居住空间”更确切。如果不增加形容词来明确功能定义，则该抽象的功能定义能够引发价值工程参与者的讨论，从而可以加深人们的理解。

9.3.2　功能分类

1. 按功能重要程度分类

按功能重要程度可将功能分为基本功能和辅助功能。基本功能是与对象的主要目的直接有关的功能，是对象存在的主要理由，必须予以保证。对建筑的组成部分而言，基本功能是指要求该部分所应该具备的基本用途，如室内分隔墙的基本功能是“分隔空间”。辅助功能是为更好地实现基本功能服务的功能。由于辅助功能不是硬性指标，设计有较大的灵活性，应在确保基本功能的前提下，合理配置辅助功能，从而达到降低成本的目的。

2. 按用户需求分类

按用户需求可将功能分为必要功能和不必要功能。必要功能指对象符合使用者所要求的必须具备的作用或功能，即使用价值，如手表的“显示时间”功能。不必要功能指使用者不需要的功能，即多余的功能。例如，在手表上装上指南针。当然，功能是否必要，不同用户有不同的标准。例如，花园小区中的绿化面积、水景数量等。

3. 按功能性质分类

按功能性质可将功能分为使用功能和美学功能。使用功能是指对象所具有的与技术经济用途直接有关的功能，建筑产品的使用功能一般包括用途、可靠性、安全性以及维修性等。美学功能是指与对象的技术经济用途无关的外观功能和艺术功能，建筑产品的美学功能一般包括造型、色彩、图案等。随着生产力的发展，人们生活水平提高，人们对美学功能的要求也会越来越高。

4. 按功能水平分类

按功能水平可将功能分为不足功能和过剩功能。不足功能是对象尚未满足使用者需求的必要功能，如某图书馆设计过程中忽略了使用中图书的荷载，导致建筑物沉降过大，基础部分属于功能不足。过剩功能是对象所具有的、超过使用者需求的必要功能，如在浅层地质条件较好的地区建造六层居民楼，通常采用浅基础即可，但是设计为保证安全而使用桩基础则属于过剩功能。

9.3.3 功能分析

功能分析是为描述各功能及其相互关系而对各功能进行定性或定量的系统分析过程。通过功能分析可以回答产品“这是干什么的”问题，从而准确掌握用户的功能需求。

功能系统图是一种表示功能间相互关系的图。它是价值工程中用来进行功能整理的常用工具。其做法是：把产品的各功能按照“目的”和“手段”的顺序排列起来，把最基本的目的功能放在左边，叫上位功能；把实现该功能的直接手段放在右边，叫下位功能。如此依照目的和手段的关系，把各部分的功能在整个系统中的地位表示出来，就得到该产品的功能系统图，如图9-3所示。

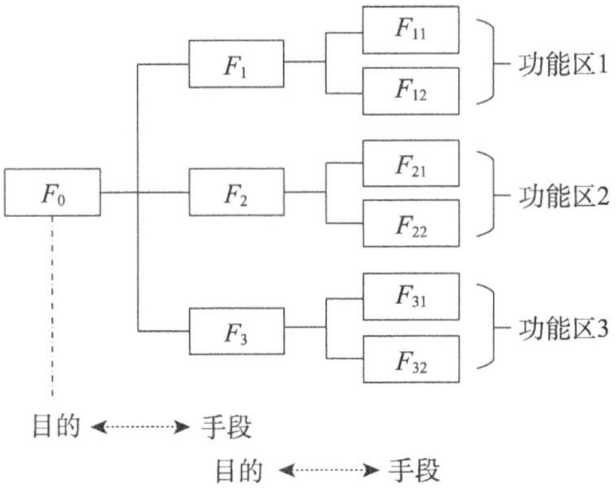

图9-3 功能系统图

对复杂产品来说，为了实现最上位功能，往往需要几个必不可少的手段功能。于是在最上位功能之后形成几个功能分系统，叫作功能区（或功能范围）。

通过系统的功能分析，能够发现可以省掉不必要的零部件，可以找到更便宜的替代的材料或部品，甚至整个产品（如以塑代钢），可以改造原有的设计或建造工艺。

9.3.4 功能评价

功能评价就是对组织对象的零部件在功能系统中的作用重要程度进行定量估算，筛选出价值低、改善期望值大的功能作为价值工程的重点改进对象的活动。因功能价值的测定方法及评价基准的不同，形成了不同的评价方法，常用功能成本法和功能指数法。

1. 功能成本法

功能成本法，又称绝对值法，是用实现功能所需的最低成本 C_T（目标成本）与现实成本 C_C 之比来评定功能价值（function value，FV），以确定改进对象的方法，如式（9-3）所示。

$$\mathrm{FV}=\frac{C_T}{C_C} \tag{9-3}$$

由式（9-3）可知，当 FV = 1 时，表明用户为实现某项功能所愿意支付的最低费用与该功能的现实成本相吻合，功能价值较为理想；当 FV < 1 时，表明某项功能的功能价值偏低，应采取措施降低产品成本；当 FV > 1 时，表明某项功能的功能价值偏高，应检核是否存在过剩功能。按式（9-4）计算成本改善期望值，然后综合功能价值和成本改善期望值确定重点改进对象。

$$\Delta C=C_C-C_T \tag{9-4}$$

2. 功能指数法

功能指数法，又称相对值法，通过评定各对象功能的重要程度，用功能指数来表示其功能程度的大小，并将功能指数除以相对应的成本指数得出该评价对象的价值指数，进而确定改进对象，并求出各对象的成本改善期望值。功能指数法的计算过程如下。

（1）计算成本指数。按式（9-5）计算第 i 个评价对象的成本指数 CI_i。

$$\mathrm{CI}_i=\frac{C_i}{\sum C_i} \tag{9-5}$$

式中，C_i 为第 i 个评价对象的目前成本；$\sum C_i$ 为全部成本。

（2）推算功能指数。功能指数的计算应注意一个研究对象可能承担多种功能，一个功能也可能由多个研究对象共同完成。因此，在计算时需要将产品或零件的成本根据具体情况分摊给各项有关功能。功能指数 FI 按式（9-6）计算。

$$\mathrm{FI}_i=\frac{F_i}{\sum F_i} \tag{9-6}$$

式中，F_i 为功能单元得分；$\sum F_i$ 为得分总和。

功能指数的计算还可以采用多比例评分法及逻辑流程评分法等。

（3）按式（9-7）计算价值指数 VI，确定改进对象。

$$VI = \frac{FI}{CI} \tag{9-7}$$

具体计算过程如表 9-5 所示。

表 9-5 价值指数计算表

功能	功能得分	功能成本/万元	功能指数	成本指数	价值指数
F_1	29	1839	0.193	0.258	0.748
F_2	23	3100	0.153	0.435	0.352
F_3	19	307	0.127	0.043	2.953
F_4	36	412	0.240	0.058	4.138
F_5	9	644	0.060	0.090	0.667
F_6	13	97	0.087	0.014	6.214
F_7	21	731	0.140	0.102	1.359
合计	150	7130	1.000	1.000	

9.4 方案创造与评价

9.4.1 方案创造

方案创造就是针对价值工程改进的对象，依据建立的功能系统图、功能特性以及功能的目标成本，通过创造性的思维和活动，创造出各种不同的实现功能要求的方案。

1. 方案创造的过程

（1）方案设想的构思和创造。要求价值工程小组人员在结合情报资料的研究与前一阶段功能系统分析和评价结果的基础上，紧扣必要功能要求，最大限度地发挥集体的创造力，尽可能地提出多种创意方案。

（2）创新方案的具体化。创新方案的具体化就是在方案概念设想和创造的基础上，对所提出的全部创意进行系统整理和较完整意义上的分析。通过初步的整体可行性判断，归纳出若干种方案创意，并逐一进行具体细化和实验研究，最后形成若干有价值的具体、详细的改进方案，以供选择。

（3）方案的调整与优化。通过概略评价舍掉其中明显不可行的设想，对保留下来的设想进行粗略的概括，进而考虑其具体的实现条件，并将其明确表示出来，形成具体的、可操作的物理方案。

（4）方案的实验研究。制订出的具体方案能否达到预定的功能和价值改善的要求，必须通过实验验证和分析研究来最终确定。方案的实验研究包括产品结构实验、零部件实验、新材料和新工艺实验，以及样机或样品性能实验等。方案的实验可以分别穿插在总体设计、技术设计、工作图设计、样机或样品试制等各个阶段进行。实验的方式可以采用模拟实验、样机实验、理论验证及实际使用等。

2. 方案创造的方法

方案创造的方法很多，据统计，20 世纪 30～80 年代，世界各国共开发创造性方法 340 多种。目前国内常用方法主要有以下几种。

（1）头脑风暴法。其是一种专家会议法，通过召集一定数量的专家（通常为 10～15 人）开会研究，对某一问题做出集体判断。头脑风暴法具有如下优点：①它能够发挥一组专家的共同智慧，产生专家智能互补效应；②它使专家交流信息、相互启发，产生“思维共振”作用，爆发出更多的创造性思维火花，比同样人数单独提方案的效果高 70%；③专家团体所拥有及提供的知识和信息量比单个专家所拥有的知识和信息量要大得多；④专家会议所考虑的问题的方面以及所提供的备选方案，比单个专家单独思考及提供的备选方案要更多、更全面和更合理。该方法的主要缺点是：与会专家人数有限，难以保证代表性；与会者易受权威及潮流的影响；出于自尊心等因素，部分专家易于固执己见；会后整理工作量大等。

（2）哥顿法。其是美国人哥顿（W.J. Gordon）1964 年提出的方法，这种方法的指导思想是：把要研究的问题适当抽象化，以利于开阔思路。哥顿法同样采取会议形式，与头脑风暴法的不同之处在于，除主持人外，与会者开始并不知道会议要解决什么问题。会议主持人并不把要解决的问题全部摊开，只把问题抽象地介绍给大家，鼓励大家开拓思路，提出各种设想。当与会者探讨到一定程度时，主持人再适时把问题具体化，随着问题的逐渐明确，方案也越来越集中。实行哥顿法的关键在于会议主持人要善于引导和启发，能够把握住揭开具体问题的适当时机。

（3）德尔菲法又称专家调查法，是一种采用通信方式分别将需要解决的问题单独发送到各个专家手中，征询意见，然后回收汇总全部专家的意见，并整理出综合意见，随后将该综合意见和预测问题再分别反馈给专家，再次征询意见，各专家依据综合意见修改自己原有的意见，然后再汇总，经多次反复，逐步取得比较一致的预测结果的决策方法。德尔菲法的优点主要是简便易行，具有一定的科学性和实用性，可以避免会议讨论时产生的畏惧权威而随声附和，或固执己见，或因顾虑情面不愿与他人意见冲突等弊病；同时也可以使大家发表的意见较快收敛，参加者也易接受结论，具有一定程度的综合意见的客观性，但德尔菲法过程比较复杂，花费时间较长。

此外，方案创造可以采用输入输出法、类比法及问题列举法等，此处不详述。

9.4.2 方案评价

方案评价是对创新阶段提出的设想和方案的优缺点与可行性作分析、比较、论证以及评价，并在评论过程中对有希望的方案进一步完善的过程。对方案进行的评价包括技术评价、经济评价及社会评价三个方面。技术评价主要评价方案能否实现所要求的功能，以及方案本身在技术上是否能实现；经济评价是对方案实施的经济效果进行分析和评价；社会评价是对方案给国家和社会带来的影响进行的分析和评价。

方案创造与评价是一个循环过程，先经过对研究对象的功能分析获得改善对象价值的构思，后经方案创新获得初步改进方案。在制订方案的过程中可能会发现新方案的不足，此时必须对新方案进行改进，即开始新一轮的方案创新活动。对于最后所优选出的最佳方案，需对其进行充分的评价，方案评价分为概略评价、详细评价、综合评价。

1. 概略评价

概略评价是对已创造出来的方案从技术、经济和社会三个方面进行初步研究，目的是从众多的方案中进行粗略的筛选、减少详细评价的工作量，使精力集中于优秀方案的评价。方案概略评价主要通过参考有关资料，汇总设计、生产及销售部门的意见，来全盘考虑方案中的各种问题。由于方案的概略评价只进行粗略的筛选，一般只进行定性的分析即可。

1）概略评价的内容

概略评价通常从技术、经济和社会三面进行评价，不同的概略评价有着不同的侧重点，一般可从以下几个方面进行评价。

（1）技术可行性。对功能是否满足用户要求、满足程度怎样、企业内部是否具备实施方案技术条件、技术难题能否解决、相关企业外部条件能否解决等方面进行评价。

（2）经济合理性。主要是测算方案的寿命周期成本，通过与目标成本进行比较，考察寿命周期成本是否能实现预定的期望目标，考察企业内部是否允许以及投资是否可能。

（3）社会适宜性。主要考虑是否符合国家政策法规、是否最有效地利用资源、有无造成环境污染或损害生态平衡、是否对国民经济存在不利影响等。

（4）综合分析。在结合技术、经济和社会三方面因素的基础上，根据企业经营方针的需要，进行综合分析、评价。在概略评价的过程中，要在对比表格的基础上，根据价值的高低，全盘考虑该方案能否满足功能与成本方面的要求，从能否提高价值的角度来决定方案的取舍。

2）概略评价的注意事项

（1）对方案设想进行系统整理。对方案创新阶段产生的众多设想进行归类和系统整理，以便取长补短，提高设想的质量，并将整理后的各种设想方案按照产品或功能进行汇总，填入表9-6。

表9-6 概略评价一览表

方案	经济评价	技术评价	社会评价	综合评价
A	○	○	○	○
B	○	○	○	○
C	○	×	×	×
D	○	Δ	○	Δ
E	○	○	×	Δ

注：×为不可行方案；○为可行方案；Δ为有待进一步研究的方案

（2）概略评价标准要适度，不应过细过严，防止有价值的方案被舍弃。

（3）概略评价阶段不能确定最后的提案。

（4）小组成员中只要有一人坚持认为方案可行，也应当暂时保留。

（5）对不采用的方案要弄清楚原因。

（6）对经济性好而技术上难度大的方案，不可轻易否定。

2. 详细评价

详细评价是在掌握大量数据资料的基础上，对通过概略评价筛选出的少数方案进行详尽的评价分析，为提案的编写和审批提供依据。详细评价的内容包括以下几个方面。

（1）技术可行性方面。主要以用户需要的功能为依据，对创新方案的必要功能实现的程度做出分析评价，特别是对于产品或零部件，一般要对其功能的实现程度、可靠性、维修性、操作性、安全性以及系统的协调性等进行评价。

（2）经济可行性方面。主要考虑成本、利润、企业经营的要求，创新方案的适用期限与数量，实施方案所需费用、节约额与投资回收期，实现方案所需的生产条件等。

（3）社会评价方面。主要研究和分析创新方案给国家和社会带来的影响。

（4）综合评价方面。在上述三种评价的基础上，对整个创新方案的诸多因素做出全面系统的评价。

3. 综合评价

综合评价是在上述评价的基础上，对方案所做的整体评价。综合评价的方法多种多样，下面介绍几种简单常用的方法。

1）加法评分法

加法评分法，又称等分制评分法，它是以方案的多项评价标准对各项评价项目逐一评分（百分制或五分制）。打分的依据是方案能满足标准的程度，然后将各项评价项目得分相加，以得分多少来评价方案的优劣。以某房地产项目为例的加法评分法见表 9-7。

表 9-7 加法评分法

方案	评价项目						总分	结论
	户型结构	承重结构	立面效果	地段位置	小区环境	价格		
A	80	60	60	70	65	75	410	
B	90	65	70	80	70	70	445	√
C	90	80	60	70	60	60	420	
D	70	75	70	75	60	75	425	

2）连乘评分法

同加法评分法类似，先按照加法评分法评出各项功能的得分，然后将每种方案的每一项要素得分连乘，并将连乘所得到的积作为方案的评价值，具体做法见表 9-8。

表 9-8　连乘评分法

方案	评价项目						总分	结论
	户型结构	承重结构	立面效果	地段位置	小区环境	价格		
A	4	3	3	2	2	4	576	
B	5	4	5	4	3	3	3600	√
C	4	4	3	4	3	4	2304	
D	3	4	2	4	3	3	864	

3）加权评分法

加权评分法是同时考虑功能与成本两方面的因素，按重要性进行加权计算，并根据各方面对评价项目的满足程度进行评价，这种方法的结果更接近方案的实际情况。评价步骤如下：①确定评价项目；②评定各评价因素的重要系数，以此作为加权系数；③评定方案对评价项目的满足程度；④加权计算各方案得分，总分高者为最优方案。

在加权评分法中，方案的满足程度由评分人员按计算、实验结果可凭经验直接打分评定。除百分制外，也可采用五分制或十分制，加权评分法见表 9-9。

表 9-9　加权评分法

方案	评价项目及得分												总分	结论
	户型结构(0.2)		承重结构(0.1)		立面效果(0.1)		地段位置(0.3)		小区环境(0.1)		价格(0.2)			
	得分	加权得分	得分	加权得分	得分	加权得分	得分	加权得分	得分	加权得分	得分	加权得分		
A	4	0.8	3	0.3	3	0.3	3	0.9	2	0.2	4	0.8	3.3	
B	5	1	3	0.3	4	0.4	4	1.2	3	0.3	3	0.6	3.8	√
C	4	0.8	4	0.4	3	0.3	4	1.2	3	0.3	3	0.6	3.6	
D	3	0.6	4	0.4	3	0.3	4	1.2	3	0.3	3	0.6	3.4	

9.5　价值工程研究效果评价

价值工程形成的方案对于如何提高对象功能、降低成本效果进行评价，以评定价值工程活动的成效。对于价值工程研究效果的评价一般从企业和社会两个角度进行。重视评价过程、积累经验、总结教训将更有利于今后价值工程研究活动的开展。

9.5.1　企业技术经济效果评价

（1）产品功能条件的改善，包括产品的质量、寿命、使用的可靠性、维修的方便程度、运转的协调性、外观以及各项技术指标的改善情况等。

（2）产品经济指标的改善，包括方案实施费用和投资回收期的降低以及利润和投资节约额的提升等。通常用以下几项指标来分析。

$$\text{全年净节约额} = (\text{改进前单位产品成本} - \text{改进后单位产品成本}) \times \text{年产量} - \text{价值工程活动费}$$

$$\text{产品成本降低率} = \frac{(\text{改进前单位产品成本} - \text{改进后单位产品成本})}{\text{改进前单位产品成本}} \times 100\%$$

$$\text{价值工程活动效率} = \text{价值工程产品成本净节约额}/\text{价值工程活动费} \times 100\%$$

9.5.2 社会效果评价

社会效果评价可以从以下几个方面综合考虑：①是否填补地区或国家所需产品的空白；②稀缺和贵重物资的节约；③能源的节约和开发；④使用成本的降低；⑤公害的防止和减少；⑥劳动强度的减轻等。

复习思考题

1. 什么是价值工程？价值工程中的价值含义是什么？提高价值有哪些途径？
2. 价值工程的工作程序是什么？
3. 强制确定法选择分析对象的基本思路和步骤是什么？
4. 什么是功能？功能如何分类？什么是功能定义？怎样进行功能定义？
5. 什么是功能评价？常用的功能评价方法有哪几种？

习 题

1. 根据业主的使用要求，某工程项目设计人员提出三个设计方案。有关专家决定从五个方面（F1～F5）对不同方案的功能进行评价，各项功能的重要性得分如下：F1 相对于 F2 很重要；F3 相对于 F1 较重要；F2 和 F5 同样重要；F4 和 F3 同样重要。各方案单方造价及专家对三个方案满足程度的评分结果见表 9-10。

表 9-10 备选方案功能评分及单方造价

功能	方案		
	A	B	C
F1	9	8	9
F2	8	7	8
F3	8	10	10
F4	7	6	8
F5	10	9	8
单方造价/（元/米^2）	1680	1720	1590

问题：

（1）用 04 评分法计算各功能的权重。

（2）用功能指数法选择最佳设计方案。

2. 价值工程师在某公寓建设中，采用价值工程方法对该工程的设计方案和施工方案进行了全面的技术经济评价。该项目共计四个设计方案，经有关专家对上述方案根据评价指标 F1～F5 进行分析和论证，得到如下资料（表 9-11 和表 9-12）。

表 9-11　功能重要性评分表

方案功能	F1	F2	F3	F4	F5
F1		4	2	3	1
F2	0		1	0	2
F3	2	3		3	3
F4	1	4	1		1
F5	3	2	1	3	

表 9-12　方案功能评分及单方造价

方案功能	方案功能得分			
	A	B	C	D
F1	9	10	9	8
F2	10	10	8	9
F3	9	9	10	9
F4	8	8	8	7
F5	9	7	9	6
单方造价/（元/米 ^{2}）	1420	1230	1150	1360

问题：

（1）计算功能重要性系数。

（2）计算功能系数、成本系数、价值系数并选择最优设计方案。

3. 某市开发区一幢综合楼项目征集了 A、B、C 三个设计方案，其设计方案对比项目如下。

方案 A：结构方案为大柱网框架轻墙体系，预应力大跨度叠合楼板，墙体材料采用多孔砖及移动式可拆装式分室隔墙，窗采用中空玻璃塑钢窗，面积利用系数为 93%，单方造价为 1438 元/米 ^{2}。

方案 B：结构方案同方案 A，墙体采用内浇外砌，窗户采用单玻塑钢窗，面积利用系数为 87%，单方造价为 1108 元/米 ^{2}。

方案 C：结构方案采用砖混结构体系、多孔预应力板，墙体材料采用标准黏土砖，窗户采用双玻塑钢窗，面积利用系数为 79%，单方造价为 1082 元/米 ^{2}。

各方案功能的权重及各方案的功能得分见表 9-13。

表 9-13 各方案功能的权重及各方案的功能得分

方案功能	功能权重	方案功能得分		
		A	B	C
结构体系	0.25	10	10	8
模板类型	0.05	10	10	9
墙体材料	0.25	8	9	7
面积利用系数	0.35	9	8	7
窗户类型	0.10	9	7	8

问题：

（1）试应用价值工程方法选择最优设计方案。

（2）为控制工程造价和进一步降低费用，拟针对所选最优方案的土建工程部分，以工程材料费为对象开展价值工程分析。将土建工程划分为四个功能项目，各功能项目评分值及目前成本见表 9-14。按要求其目标成本额应控制为 12 170 万元。试分析各功能项目的目标成本及可能降低的额度，并确定功能改进的顺序。

表 9-14 各功能项目评分值及目前成本

功能项目	功能评分	目前成本/万元
桩基维护工程	10	1 520
地下室工程	11	1 482
主体结构工程	35	4 705
装饰工程	38	5 105
合计	94	12 812

下篇

工程经济理论方法的应用

第 10 章　工程投资的经济分析

10.1　工程投资经济分析概述

工程投资是工程建设的起点，是工程建设的前期工作，这一阶段主要是进行项目规划、可行性研究和做出投资决策的时期，也是工程建设成败最关键的阶段。图 10-1 中的两条曲线表示了工程项目全周期内各阶段工作需要的费用和对项目费用支出的影响程度。这一阶段工作的投入在整个工程建设费用中所占比例很少（1%～2%），但对整个工程项目费用支出的影响要占到全部投资的 60%以上，所以必须要对工程投资阶段的工作给予高度重视。

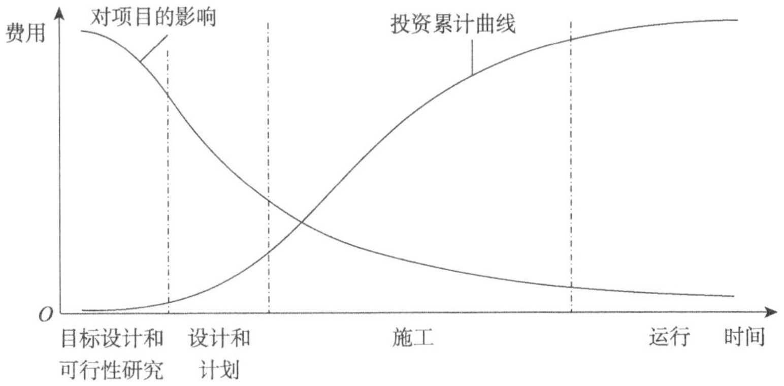

图 10-1　工程项目建设各阶段费用支出及对费用支出的影响曲线

这一时期的主要工作就是建设项目投资决策的全过程，包括编制项目建议书、目标设计、可行性研究、项目投资评估决策等几项工作。这些前期工作是工程建设和投产运行的基础，对投资项目经济效益和国民经济效益的产生起着决定性的先导作用，这一时期是决定投资项目命运的关键时期。

上述前期工作的成果内容包括三部分：一是初步确定了工程建设产品的目标形态、建设地点、规模等；二是形成了项目规划建设的技术方案，通过多技术方案比较，确定优选的技术方案；三是确定了项目的经济指标，包括投资额、产出额、资金投入产出计划及相关的各项经济指标。

近年 PPP 项目发展迅猛，其中物有所值（value for money，VFM）评价是判断是否采用 PPP 模式代替政府传统投资运营方式来提供公共服务项目的一种评价方法。物有所值评价包括定性评价和定量评价。现阶段以定性评价为主，鼓励开展定量评价。定量评价可作为项目全生命周期内风险分配、成本测算和数据收集的重要手段，以及项目决策和绩效评价的参考依据。

10.2 工程项目可行性研究

10.2.1 工程项目可行性研究的含义和作用

1978 年联合国工业发展组织（United Nations Industrial Development Organization，UNIDO）在《工业可行性研究编制手册》中首次给出了可行性研究的定义："可行性研究是为工业项目的投资决策提供技术、经济和商业上的基础。"可行性研究是对投资建议、工程项目建设等方案的确定所进行的系统的、科学的、综合性的研究、分析、论证的一种工作方法，是运用多种科学研究成果，对工程项目投资决策进行技术经济论证的一门综合性学科。

可行性研究最早被运用是在 20 世纪 30 年代。当时美国为了开发田纳西流域而首次进行了可行性研究，田纳西流域的开发利用取得了显著的成效。第二次世界大战以后，随着技术与经济的高速发展、市场竞争的加剧以及科学管理的需要，可行性研究也不断发展和完善，在大型工程项目中得到了应用，成为投资项目决策前的一个重要的工作阶段。现在，世界各国对重要的投资项目都普遍进行可行性研究。我国是在 20 世纪 70 年代末引入这一方法的。经过试行，从 20 世纪 80 年代开始，国家已确定将可行性研究作为一个重要技术经济论证手段纳入基本建设的程序。

可行性研究的目的是按照国民经济长期规划和地区规划、行业规划的要求，对拟建项目进行投资方案规划、工程技术论证、社会与经济效果预测和组织机构分析，对提出的投资建议、工程项目建设方案或研究课题的所有方面，进行尽可能详细的调查研究并做出鉴定，并对下一阶段是否终止或继续进行研究提出必要的论证。或者说，它的目的是对新建或改建工程项目的主要问题，从技术、经济两个方面进行全面系统的研究、分析，并对投产后的经济效果进行预测，在既定的范围内进行方案论证的选择，从而最合理地利用资源，达到预定的社会效益和经济效益。因此，项目可行性研究是保证工程项目以最少的投资耗费取得最佳经济效果的科学手段，也是实现工程项目在技术上先进、经济上合理和建设上可行的科学方法。

工程项目的可行性研究的主要作用是作为项目投资决策的科学依据，防止和减少决策失误造成的浪费，提高投资效益。可行性研究在投资项目可行性研究中有着特别重要的地位和作用，主要体现在以下几个方面。

（1）作为工程项目投资决策和编制可行性研究报告的依据。一项投资项目能否成功，受到社会多方面因素的影响，包括政治、经济、技术、法律、管理及自然因素等。对这些因素进行科学的调查与预测、分析与计算、比较与评价，是一项重要又复杂的系统性工作，可行性研究为这种工作提供了科学的方法和理论。通过对项目进行深入的可行性研究，为项目决策提供科学的信息，使决策者有据可依，避免主观判断；同时分析各种合理的投资方案，使投资者在此基础上进行比较和选择，从而降低投资风险，提高投资效益。

（2）作为项目建设单位进行项目融资的重要依据。一般情况下，项目运行离不开金融贷款，可行性研究报告详细预测了项目的财务效益、经济效益和贷款偿还能力。世界银行等国际金融组织，均把可行性研究报告作为申请项目投资贷款的前提条件。我国的建设银行、国家开发银行和投资银行等也都把可行性研究报告作为审批工程项目投资贷款的依据。通过对贷款项目进行全面、细致的分析评估，银行等金融机构只有在确认项目具有偿还贷款的能力、不承担过大风险的情况下，才会同意贷款。

（3）作为项目主管部门与其他单位商谈合同、签订协议的依据。可行性研究报告通过之后，项目就进入落实实施阶段，要与多方谈判并签订协议，可行性研究报告的许多内容和信息就可以作为直接或间接的依据。工程项目主管部门可同有关部门签订项目所需原材料、能源资源和基础设施等方面的协议和合同，以及同国外厂商就引进新技术和设备正式签约。

（4）作为项目进行规划设计及组织实施的依据。项目可行性研究的基本任务之一就是要构造多种可能的投资方案，甚至可以认为项目可行性研究本身就是关于拟建项目的总体性方案，其中包括项目的目标、规模、地点、融资、功能、技术方案等，这相当于一个项目的总体规划和设计。同时，可行性研究关于投资条件和实施等方面的构思或各种因素分析，可作为组织实施考虑的重要依据，项目实施中遇到的一些问题完全可以查找一些可行性研究中的内容。

（5）作为项目拟采用的新技术、新设备的研制和进行地形、地质及工业性试验工作的依据。

（6）作为环保部门审查项目对环境影响的依据，也作为向项目建设所在地政府与规划部门申请施工许可证的依据。项目在建设中和投产后对市政建设、环境及生态都有影响，因此项目的开工建设需经过当地市政、规划和环保部门的许可。可行性研究报告对选址、总图布置、环境及生态保护方案等诸多方面进行了论证，为申请和批准施工许可证提供了依据。

（7）作为项目考核和后评价的重要依据。对于一个工程项目，在项目后评价中，可行性研究的资料和成果，大多数都要用来与运营效果进行对比分析，将项目的预期效果与实际效果进行对比考核，从而对项目的运行进行全面的评价。

10.2.2　工程项目可行性研究的阶段划分

广义的可行性研究，按研究深度分为投资机会研究、初步可行性研究和详细可行性研究（也称为可行性研究）三个阶段。

1. 投资机会研究

投资机会研究（opportunity study），也称为投资机会鉴别，是根据市场需求，预测资金的可得性及其他各种约束条件（如国家政策法规）等，寻求和识别有利的投资机会。这是进行可行性研究的第一阶段，主要任务是为工程项目投资方向提出建议，即在一定的地区和部门内，以自然资源和市场的调查预测为基础，寻找最有利的投资机会。

在此阶段，应调查、分析的内容有以下几个方面。

（1）有关方面的宏观经济规划、建设方针及投资政策。

（2）特定部门、区域的现状、环境和条件。

（3）项目的资产在国内外市场的需求量与发展前景。

（4）项目的产品的进出口情况、替代进口产品的可能性及出口产品的国际竞争力。

（5）现有企业的潜力，如资金条件、技术改造、改扩建和发展多种经营、达到合理经济规模的可行性。

（6）项目的经济和财务因素的初步研究。

（7）完善建设布局，填补国家产业门类、地区经济空白的可能性。

机会研究又分为一般机会研究和特定项目的机会研究。一般机会研究包括地区研究、部门研究和资源研究。特定项目的机会研究，即在确定项目发展方向或领域后，做进一步的调查研究，经方案删选，将项目发展方向或投资领域转变为概括的项目提案或建议。

机会研究的工作比较粗略，投资与成本的数据一般是通过与现有可比项目的对比得来的，因而数据的精度误差可在30%以内，所需费用占投资总额的0.2%～0.3%。

如果机会研究证明投资项目是可行的，就可以进行下一阶段的研究。

2. 初步可行性研究

初步可行性研究（pre-feasibility study）也称为“预可行性研究”或“前可行性研究”，是在机会研究的基础上，对项目方案进行初步的技术、财务、经济分析和初步的社会、环境评价，对项目是否可行做出初步判断。研究解决的主要问题是判断项目是否有前途，项目中是否有些关键性的技术或项目问题需要解决，是否值得投入更多的人力和资金进行可行性研究和辅助研究，并据此做出是否进行投资的初步决定。

初步可行性研究是介于投资机会研究和详细可行性研究之间的一个研究阶段，其研究的内容和结构方面与详细可行性研究基本相同，主要区别是获取的资料的详尽程度不同、研究的深度和详细程度不同、精确和准确程度略有差别。

初步可行性研究阶段主要的工作目标是：分析投资机会研究的结论，并在现有详细资料的基础上作出初步投资估价；确定对某些关键性问题进行专题辅助研究，对各类技术方案进行筛选，选择效益最佳方案；鉴定项目的选择依据和标准，确定项目的初步可行性。

初步可行性研究阶段更注重以下内容的研究。

（1）市场和生产能力。进行市场需求分析预测、渠道与摊销分析、初步的销售量和销售价格预测；依据市场销售量做出初步生产规划。

（2）物料投入分析。物料投入分析包括从建设到经营的所有物料的投入分析。

（3）地点及厂址的选择。

（4）项目设计。项目设计是指项目总体规划、工艺设备计划和土建工程规划等。

（5）项目进度安排。

（6）企业管理费用。

（7）财务经济分析。

（8）社会经济效益分析。

初步可行性研究阶段投资估算的精度误差可在 20%以内，所需费用占投资总额的 0.25%～1.5%。

经过初步可行性研究，可形成初步可行性研究报告，对项目进行全面的、粗略的描述、分析、论证，所以初步可行性研究报告可以作为正式的文件供参考，也可以形成项目建议书，通过审查项目建议书决定项目的取舍，即项目“立项”决策。需要指出的是，不是所有项目都必须进行初步可行性研究，小型项目或者简单的技术改造项目在选定投资机会后，可以直接进行可行性研究。

3. 详细可行性研究

详细可行性研究即通常所说的可行性研究，是工程项目投资前期阶段最重要的工作。详细可行性研究是在项目决策前对项目有关的工程、技术、经济等各方面条件和情况进行详尽、系统、全面的调查、研究和分析，对各种可能的建设方案和技术方案进行详细的比较论证，并对项目建成后的财务效益、国民经济和社会效益进行预测和评价的一种科学分析过程和方法。作为工程项目投资决策的基础，它是项目进行技术、经济、社会和财务方面评估和决策的依据，是项目具体实施的科学依据。因此，该阶段是进行详细深入的技术经济分析的论证阶段。

详细可行性研究的主要目标是深入研究有关产品方案、生产流程、资源效应、厂址选择、工艺技术、设备选型、工程实施进度计划、资金筹措计划，以及组织管理机构和定员等各种可能选择的技术方案，进行全面深入的技术经济分析和比较选择工作，并推荐一个可行的投资建设方案；着重对投资总体建设方案进行企业财务效益、国民经济效益和社会效益的分析与评价，对投资方案进行多方案比较选择；确定项目投资的最终可行性和选择依据标准。可行性研究后，要将技术上可行和经济上合理与否的情况形成结论，写成报告，即可行性研究报告。可行性研究报告是该阶段的重要成果，也是项目审批、贷款申请、项目实施的重要依据。

可行性研究的内容比较详尽，所花费的时间和精力都比较大。这一阶段中投资额和成本都要根据项目的实际情况进行认真调查、预测和详细计算，其计算精度应控制在 10%以内。大型项目可行性研究工作所花费的时间为 8～12 个月，所需费用占投资总额的 0.8%～1%；中小型项目可行性研究工作所花费的时间为 4～6 个月，所需费用占投资总额的 1%～3%。

将投资机会研究、初步可行性研究和详细可行性研究的比较结果总结为表 10-1，以便对投资前期各阶段工作有一个较直观的认识。

表 10-1 投资前期各阶段研究内容比较

项目	投资机会研究	初步可行性研究	详细可行性研究
研究性质	项目设想	项目初步选择	项目拟定
目的和内容	鉴别投资方向 寻找投资机会 确定初步可行性研究的范围 确定辅助研究的关键方面	鉴定项目的选择标准 确定项目暂定的可行性 评价是否应当开始可行性研究 辅助研究	确定项目选择标准 进行深入技术经济论证和效益分析 多方案比较 详细调查研究 确定可行性
工作成果及作用	编制项目建议书 为初步可行性研究提供依据	编制初步可行性研究报告 为可行性研究提供依据	编制可行性研究报告及项目设计任务书，为项目决策提供依据
估算精度	±30%	±20%	±10%
费用占投资总额的百分比	0.2%～0.3%	0.25%～1.5%	中小型项目 1%～3% 大型项目 0.8%～1%
需要时间/月	1～3	4～6	4～12

10.2.3 可行性研究报告的内容

工程项目可行性研究的内容，因项目的性质不同、行业特点不同而有所差别。可行性研究是围绕项目诸多关联要素展开的。这些要素主要包括市场需求、资源条件、技术条件、资金可得性、环境状况、外部协作、盈利能力等。通常来说，工程项目可行性研究报告一般包括以下内容。

1. 总论

总论是从总体对项目进行简明扼要的概述。它包括：项目的名称、主办单位；项目的背景、投资的必要性和社会经济意义；投资环境、提出项目调查研究的主要依据、工作范围和要求；可行性研究的主要结论概要，指出主要的研究结论；说明项目存在的问题并提出建议。

2. 市场研究和拟建规模

市场是企业一切活动的出发点，因此市场研究是最基础的工作。任何项目的提出，主要根据市场的需求。获益是项目建设的目的，而项目效益主要取决于项目生产能力即拟建规模。拟建规模的大小，首先取决于对市场的研究。这主要包括以下内容。

（1）产品国内外市场供需预测。其主要是利用市场调查所获得的资料，将市场细分为几个不同部分，制定相应的产品价格、销售渠道和促销等策略，以适应不同市场的特点。

（2）销售价格预测。产品的价格是测算项目投产后的销售收入、生产成本和经济效益的基础。产品定价过高或过低都不利于长远的发展。

（3）市场竞争力分析。竞争力分析是研究项目在国内外市场的竞争地位和竞争对手的情况。

（4）市场风险分析。在对产品供需、价格变动、市场竞争能力等进行常规分析的基础上，对未来国内外市场某些不确定性因素发生的可能性，以及对项目可能造成的损失程度进行分析。

（5）项目规模的合理确定。项目规模是指用产品产量表示的工程项目所具有的综合生产能力。首先，通过对现有企业生产规模进行预测，分析现有企业的产品产量满足市场需求的程度，通过定量分析判断产品目前在市场中的状态。其次，对在建项目和规划工程项目的生产规模进行预测，了解在建项目的生产能力、投产时间、生产条件、产品销售区域和市场分布。

3. 资源、原材料、燃料及公用设施情况

资源、原材料、燃料是项目建设和生产经营中极其重要的物质基础和保证条件，所以对项目建设所需要的原材料、辅助材料、燃料的来源、种类、数量、价格及运输供应等方面的情况，有毒、有害及危险品的种类、数量和储运条件，材料试验情况，所需动力（水、电、气等）公用设施的数量、供应方式和供应条件、外部协作条件，以及签订协议和合同的情况，都需要进行研究分析。

4. 建厂条件和厂址方案

新建项目的厂址分析，要着重厂址的选择是否符合城市规划、与原材料产地和市场距离、厂址周边的条件；根据工程项目的生产技术要求，对建厂的地理位置、气象、水文、地质、地形条件、地震、洪水情况和社会经济现状进行调查研究，收集基础资料；了解交通运输及水、电、气、热的现状和发展趋势，厂址面积、占地范围、厂区总体布置方案、建设条件、地价、拆迁及其他工程费用情况；对厂址选择进行多方案的技术经济分析和比选，提出选择意见。

除对以上工程条件进行分析外，厂址方案的比选还要看经济性条件的比较，即对建设投资和运营费用进行比较，如土地购置费、场地平整费、基础工程费、场外运输投资等（建设投资）；原材料与燃料运输费、产品运输费、动力费、排污费等（运营费用）。

5. 项目设计方案

项目设计方案主要是指在选定的建设地点内进行总图和交通运输的设计，进行多方案比选，确定项目的构成范围、主要单项工程的组成，进行主体工程和公用辅助工程的方案比较论证；项目土建工程总量估算；土建工程布置方案的选择，包括场地平整、主要建筑和构筑物与厂外工程的策划；对项目的工厂布置、生产技术、工艺流程、设备选型、设备来源与数量、技术参数以及生产和操作工艺的自动化与机械化等方面进行研究、分析和评价。

6. 环境保护与劳动安全

环境方面要研究的内容，主要是对建厂具体地区环境现状的调研，包括拟建项目“三废”种类、成分和数量，对环境影响的预测；治理方案的选择和回收利用的情况；对环境影响的预评价；劳动保护与安全卫生；城市规划、防震、防洪、文物保护等要求以及相应

的措施方案。

7. 组织机构、人力资源配置

明确项目法人组建方案，给出组织系统表，说明人力资源配置情况。例如，全厂生产管理体制、机构的设置，方案的选择论证；对工程技术和管理人员的素质与数量的要求；劳动定员的配备方案；人员培训的规划和费用估算。

8. 项目实施计划和进度要求

按照勘察设计、设备制造、工程施工、安装、试生产所需时间和进度要求，选择整个工程项目实施方案和制定总进度，主要包括建设工期、项目实施进度安排、项目实施进度表等，并用线条图和网络图来表述最佳实施计划方案的选择。

9. 投资估算和资金筹措规划

投资估算包括项目总投资估算，主体工程及辅助、配套工程的估算，以及流动资金的估算；资金筹措主要是说明资金来源、资金投入的时间、偿还方式。资金投入的时间和金额可依据实施进度所确定的建设期各阶段的具体安排来制定。

10. 项目的经济评价和社会评价

项目的经济评价主要是进行项目的财务评价和国民经济评价，在评价结论中给出满意方案，并提出有关建议、附表和附图，供决策者参考。经济技术评价是可行性研究最重要的组成部分。财务评价是根据国家现行财税制度和现行价格，分析、测算项目直接的财务效益的费用，考察项目的获利能力、清偿能力以及外汇平衡能力，以此判别项目的财务可行性。采用的指标和参数为市场实际价格和基准收益率，主要以企业自身为系统，追求的是企业自身的经济效益。国民经济评价是从国家整体角度考察项目的效益和费用，用货物的影子价格、影子工资、影子汇率和社会折现率等经济参数计算、分析项目给国民经济带来的净贡献，也就是按照资源配置的原则评价项目在经济上的合理性。国民经济评价以整个国家为系统，追求的目标是社会最终产品和劳务的价值。

项目的社会评价就是评价项目对社会的影响。分析项目实施可能对社会带来的益处和负面影响，使项目的内容和设计符合项目所在地区的社会发展目标，如维护社会稳定、促进经济与社会的协调发展。

11. 结论和建议

建设方案的综合分析评价与方案选择；运用各项数据，从技术、经济、社会、财务等方面综合论述项目的可行性，如效益情况、主要优缺点、存在的问题等；项目基本方案描述，说明主要争论与分歧意见。给出项目可行性研究的基本结论以及有利于项目发展的建设性意见。

12. 附件和附图

凡属于项目可行性研究范围，但在研究报告以外单独成册的文件，均需列为可行性研究报告的附件，所列附件应注明名称、日期、编号。附件一般包括以下内容：①项目建议书（初步可行性报告）；②项目立项批文；③厂址选择报告书；④资源勘探报告；⑤贷款意向书；⑥环境影响报告；⑦需单独进行可行性研究的单项或配套工程的可行性研究报告；⑧需要的市场调查报告；⑨引进技术项目的考察报告；⑩引用外资的各类协议文件；⑪其他主要对比方案说明；⑫其他。

附图包括以下内容：①厂址地形或位置图（设有等高线）；②总平面布置方案图（设有标高）；③工艺流程图；④主要车间布置方案简图；⑤其他。

以上内容主要是针对新建项目而言。若对改建或扩建项目进行可行性研究，应该增加对原有固定资产的利用和企业现有概况的说明与分析等内容。从以上内容可以看出，工程项目可行性研究范围是十分广泛而全面的。其中可行性研究报告的内容大致可以概括为三大部分。首先，市场预测，这是项目可行性研究的前提和基础，主要解决项目的“必要性”问题；其次，生产条件与技术条件研究，这是项目可行性研究的技术基础，主要解决项目在技术上的“可行性问题”；最后，经济评价，即经济效益的分析和评价，这是项目可行性研究的核心部分，主要解决项目在经济上的“合理性”问题。这三部分共同构成项目可行性研究的三大支柱。

10.2.4　可行性研究报告的编写要求

1. 全面客观地收集和研究材料

可行性研究报告必须实事求是，在调查研究的基础上，比较多个方案，按客观情况论证和评价，按科学规律办事。由于可行性研究涉及的财务评价指标众多，一旦数据发生变更，将会影响到财务评价的准确性和客观性。因此，在收集数据和材料时，要注意材料的准确性和全面性。

2. 明确研究目的

可行性研究报告不仅要考虑项目的先进性技术、经济和资金筹措方面的可行性，还要从法律、政策等方面审查项目的合法性和合理性，以及投资各方的经济实力和项目投向等。因此，需要综合分析，以便提供可供审批部门决策的信息。

3. 准确、具体、全面地回答可行性研究的问题

可行性研究报告有自己特定的内容和固定的格式，所以报告要准确、具体、全面地回答相关问题。要对提出的设想和方案加以分析，说明合理性以及项目得以实施的条件。

4. 目标明确

可行性研究报告要目标明确、前后一致，始终围绕项目的必要性、可能性和可行性进行分析、论证，切忌因内容复杂、材料繁多而出现目标不明和前后脱节等问题。

5. 论据充分，论证科学、灵活、周密

可行性研究报告，要进行大量细致的调查研究工作，广泛收集资料数据，充分调查项目是否符合产业政策和本地条件，以及配套资金、原材料、能源供应、运输能力等情况；

调查了解整个市场对产品的质量、价格、运输、包装等环节的要求；特别要调查研究技术先进性、产品的销售等问题，使资料数据丰富而完整，论据充分、客观。在论证时，要注意综合比较论证，实事求是，客观公正，思维周密、灵活，避免主观臆断。

6. 重视附件的特殊作用

可行性研究报告往往附有大量的附件与图表，这是可行性研究报告必需的重要组成部分。这些附件具有专业性强、技术性强、数量多的特点。除了使正文表达简练外，更具有补充正文，使正文论证观点更严密、更具科学性的独特作用。

10.2.5 工程项目可行性研究报告简例

1. 总论

项目名称：××公司年产 6 万吨塑料家居用品智能工厂建设项目。

项目建设单位简介：本项目建设单位为××公司，是广东××控股集团全资子公司，是科学技术部认定的国家火炬计划重点高新技术企业，主要从事塑料家居用品的研发、生产和销售，是我国最大的塑料家居用品厂商之一。本公司产品具有较高的顾客满意度和品牌知名度，产品质量一直是国内同行业中的标兵，注册商标、产品专利和著作权在同行业内也处于领先地位。公司力争通过本项目建设，提高生产的信息化、自动化、智能化水平，打造最具现代化水准的高科技产业园。

项目生产产品：生产××品牌系列塑料收纳家居产品。

项目建设地点：某市高新技术产业开发区规划的石油装备基地内。

项目计划总投资为 6 亿元，计划建设周期为 2 年。

2. 市场研究和拟建规模

根据国家统计局统计，2015 年中国橡胶和塑料制品业同比增长 7.9%，其中主营业务收入为 30 866.6 亿元，同比增长 4.1%；利润总额为 1883.5 亿元，同比增长 4.6%。2015 年全年固定资产投资额为 6531 亿元，同比增长 10.1%。“十三五”时期塑料加工行业面临产业升级的机遇和严峻挑战。一是新一轮技术革命和产业变革浪潮的冲击。二是进入新常态后，塑料加工业面临转变发展方式、优化调整结构、产业升级繁重任务的挑战。塑料加工业需要加快工业互联网工程建设，迎接智能制造新时代。

塑料制品行业是联系石化与轻工行业的纽带，涉及国民经济的方方面面，其景气度大体与宏观经济走势保持一致。随着塑料制品在日常生活中的渗透，中国塑料行业产业规模不断扩大，虽然经济景气度不高，但未来塑料制品产量仍以一定幅度增加。我国塑料制品需求量及产量都位居全球首位，出口增速持续提升。只有不断提高塑料制品的品质，拓宽用途，向高端市场进军，沿着“功能化、轻量化、生态化、微成型”的方向发展，坚持“高端化、个性化、小批量、私人定制”的市场导向，行业才能迎来更多的发展机遇。

塑料家居用品具有可循环利用、色彩绚丽、线条流畅、造型多样、轻便小巧、方便使用、品种多样、适用面广等特点，深受用户欢迎。目前公司生产的××品牌系列收纳产品主要通过电视购物、电子商务及线下批发销售，其中电视购物和电子商务为重点的销售渠道。

本项目的总用地面积为 117 676.90m^2，包括智能工厂 X1 地块用地面积 52 725.00m^2 和智能工厂 X3 地块用地面积 64 951.90m^2。X1、X3 地块位于已建 X2 地块的东、西两侧。X3 地块的建筑面积为 71 072.80m^2，建设内容包括 X3-1#厂房（智能化车间）、X3-2#厂房（数字化仓库，即无人立体仓库）、X3-1#产品展示厂房和设备房，主要用于建设 6 万吨/年塑料家居用品智能工厂；X1 地块的建筑面积为 58 171.20m^2，建设内容包括 X1-1#厂房（电商物流配送中心）、X1-2#厂房（电商物流仓库）和 X1 产品展示厂房，主要用于建设智能工厂的配套功能用房。

3. 资源、原材料、燃料及公用设施情况

本项目的主要原材料为聚丙烯、ABS 树脂和尼龙，主要辅料为色母和乙烯基弹性体，预计项目建成达产后聚丙烯需求量约为 48 000 吨/年，原材料可就地取材，主要来自邻近工厂的聚合物产品，原材料的供应量和价格均有保障。

本项目所在地交通四通八达。有两条高速公路和一条铁路从项目旁边穿过，周边有沿海、沿河的大小码头 54 处，距最近的机场 100 千米，交通极为便捷。

4. 建厂条件和厂址方案

项目选址位于某市高新技术产业开发区规划的石油装备基地内。

项目所在区域周围环境极佳，用地周边道路、公交、给排水、供电、通信等基础设施建设比较完善，项目地形平坦，气候环境和地质条件较好。项目建设得到市、区两级相关部门承诺，市政基础设施条件可满足本项目建设和使用需求。

5. 项目设计方案

1）总平面布置

公司现已建成 X2-1#生产产房，位于 X2 地块中心位置，本次新建的塑料家居用品智能工厂和配套功能用房分别位于 X3 和 X1 地块，三个地块共设置两个出入口，分别位于 X2 地块的北侧和南侧。X3 和 X1 地块内的建筑在南北向前后并列布置。厂区内的道路结合生产需要、建筑物布置情况、出入口位置、自然地形条件全面考虑，满足生产、运输、安装、检修、消防及环境卫生的要求，并利用道路进行功能分区，与厂外道路连接，便于项目的运营管理。

2）建筑设计

智能工厂 X3 地块的用地面积为 64 951.90m^2，建筑面积为 71 072.80m^2，主要建筑物有 X3-1#厂房（智能化车间）、X3-2#厂房（数字化仓库，即无人立体仓库）、X3-1#产品展示厂房和设备房（图 10-2），建筑面积分别为 35 462.62m^2、29 214.98m^2、3875.20m^2、2520.00m^2，主要技术指标表如表 10-2 所示。

图 10-2 智能工厂 X3 地块总平面布置图

表 10-2 智能工厂 X3 地块主要技术指标表

项目	单位	数量
总用地面积	m^2	64 951.90
总建筑面积	m^2	71 072.80
X3-1#厂房（智能化车间）	m^2	35 462.62
X3-2#厂房（数字化仓库，即无人立体仓库）	m^2	29 214.98
X3-1#产品展示厂房	m^2	3 875.20
设备房	m^2	2 520.00
容积率	—	1.09
绿化率	—	19.87%
建筑密度	%	30.09
总停车位	辆	135

智能工厂 X1 地块的用地面积为 52 725.00m^2，建筑面积为 58 171.20m^2，主要建筑物有 X1-1#厂房（电商物流配送中心）、X1-2#厂房（电商物流仓库）和 X1 产品展示厂房，建筑面积分别为 19 471.20m^2、37 800.00m^2、900.00m^2。

项目的总用地面积为 117 676.90m^2，总建筑面积为 129 244.00m^2。

3）结构设计

生产中心、物流配送中心采用排架结构，产品展示厂房、设备房采用框架结构。建筑的结构安全等级为二级，建筑的设计使用年限为 50 年。结构的重要性系数为 1.0。

在结构材料选用方面，混凝土强度：基础 C20；框架柱、梁、板 C30。钢筋均为 HPB235 级和 HRB335 级，强度设计值分别为 210N/mm^2 和 300N/mm^2。填充墙采用加气混凝土砌块。钢结构桁架柱采用 GB 700—88 中规定的 Φ345B 级钢，连接件为 Φ295B 材料，其他构件为 Φ235B 级钢。

本项目建筑物按七度进行抗震设防，抗震等级为三级。钢结构必须进行防腐处理。

4）给水设计

项目水源就近引自北侧和东侧的市政自来水管网，管网水压 > 0.28MPa。

本项目的生产采用二班制，每班工作人员为 160 人，工作人员的生活用水标准为 40 升/（人·班），全年工作 350 天，则项目的年生活用水量为 4480 米^3/年；项目设有循环冷却水系统，循环冷却水系统的日补水量为 10 吨，则项目循环冷却水补水用水量为 3500 米^3/年。

室外给水系统采用生活、生产、消防合一的给水管网，管网环状布置，沿道路埋地敷设，管径 DN150，管网上设置室外消火栓，消火栓间距小于 120 米。室外给水管线采用球墨铸铁管。

项目的室内给水系统分为生活给水系统、生产给水系统、消火栓给水系统和自动喷水系统，均由市政自来水供给。生活给水系统、生产给水系统共用一套给水管网，采用水泵和水池联合供水的方式，供水采用环状管网供给；消火栓给水系统设有消防水池、消防水箱和消防水泵，供水采用环状管网供给；自动喷水系统设有喷淋水泵，并与消火栓给水系统共用消防水池和消防水箱。室内消防给水管线采用焊接钢管，生活、生产给水管线采用 PPR 管。

5）排水工程（略）

6）供电工程（略）

7）弱电工程（略）

8）供热工程（略）

9）通风系统（略）

6. 环境保护与劳动安全（略）

7. 组织机构、人力资源配置（略）

8. 项目实施计划和进度要求（略）

9. 投资估算和资金筹措规划

1）投资估算

本项目建设总投资为 60 002.27 万元，总建筑面积为 129 244.00 平方米，单位造价为 4642.56 元/米^2。其中，固定资产投资为 56 801.87 万元，包括工程费用 44 401.39 万元（其中设备购置费用 24 000 万元）、工程建设其他费用 7280.57 万元（含土地费用 4153 万元）、基本预备费 3100.92 万元、建设期贷款利息 2019.00 万元（申请国家专项建设基金成本 108 万元，商业银行贷款利息 1911 万元）；流动资产投资按 3200.40 万元计算。详见表 10-3。

表 10-3　项目投资总估算表

序号	工程和费用名称	建筑工程费/万元	安装工程费/万元	设备购置费/万元	其他费用/万元	总价/万元	技术经济指标			说明
							单位	数量	单位价值/（元/米^2）	
一	建筑安装工程费	18 481.39	1 920.00	24 000.00		44 401.39	m^2	129 244.00	3 435.47	
1	智能工厂 X1 地块	7 553.26	0	0		7 553.26	m^2	58 171.20	1 298.45	
2	智能工厂 X3 地块	9 150.31	1 920.00	24 000.00		35 070.31	m^2	71 072.80	4 934.42	
3	公用工程	1 777.82	0	0		1 777.82	m^2	129 244.00	137.56	
二	工程建设其他费用				7 280.57	7 280.57	m^2	129 244.00	563.32	
1	土地费用				4 153.00	4 153.00				
2	建设单位管理费				483.01	483.01				财建[2002]394 号
3	工程监理费				616.42	616.42				发改价格[2007]670 号
4	前期工作咨询费				78.40	78.40				计价格[1999]1283 号
5	勘察费				355.21	355.21				建筑安装工程费×0.8%
6	工程设计费				924.40	924.40				计价格[2002]10 号
7	环境影响咨询服务费				29.80	29.80				计价格[2002]125 号
8	劳动安全卫生评审费				44.40	44.40				工程费用×0.1%
9	场地准备费及临时设施费				222.00	222.00				工程费用×0.5%
10	招标代理服务费				126.05	126.05				计价格[2002]1980 号
11	水土保持方案编制费				68.93	68.93				水利部司局函保监〔2005〕22 号
12	清单、标底编制审核费				155.40	155.40				辽价发[2013]005 号
13	水土保持补偿费				23.54	23.54	m^2	117 676.90	2.00	发改价格[2014]886 号
三	基本预备费				3 100.92	3 100.92				一、二项合计×6%
四	建设工程费用	18 481.39	1 920.00	24 000.00	10 381.49	54 782.87	m^2	129 244.00	4 238.72	
五	建设期贷款利息				2 019.00	2 019.00				
1	国家专项建设基金利息				108.00	108.00				
2	商业银行贷款利息				1 911.00	1 911.00				
六	固定资产投资				56 801.87	56 801.87	m^2	129 244.00	4 394.93	
七	铺底流动资金				3 200.40	3 200.40				流动资金总额×30%
八	估算总值	18 481.39	1 920.00	24 000.00	15 600.89	60 002.27	m^2	129 244.00	4 642.56	

2）融资方案

本项目建设总投资为 60 002.27 万元，其中固定资产投资 56 801.87 万元，铺底流动资金 3200.40 万元。资金筹措采取自筹资金、申请国家专项建设基金、申请商业银行贷款相结合的方式。其中，自筹资金 12 002.27 万元（用于固定资产投资 8801.87 万元，用于流动资金 3200.40 万元），约占总投资的 20%；申请国家专项建设基金 9000 万元，约占总投资的 15%；申请商业银行贷款 39 000 万元，约占总投资的 65%。申请国家专项建设基金利率为 1.2%，申请商业银行贷款利率按 5 年期以上贷款利率 4.9%考虑。项目固定资产投资使用计划与资金筹措见表 10-4。

表 10-4　项目固定资产投资使用计划与资金筹措表　　单位：万元

序号	项目	合计	第 1 年	第 2 年
1	固定资产投资	56 801.87	30 801.87	26 000.00
1.1	建设投资	54 782.87	30 297.13	24 485.75
1.2	建设期利息	2 019.00	504.75	1 514.25
2	资金筹措	56 801.87	30 801.87	26 000.00
2.1	企业自筹	8 801.87	6 801.87	2 000.00
2.1.1	用于建设投资	6 782.87	6 297.12	485.75
2.1.2	用于建设期利息	2 019.00	504.75	1 514.25
2.2	债务融资	48 000.00	24 000.00	24 000.00
2.2.1	用于建设投资	48 000.00	24 000.00	24 000.00
其中	申请政策性贷款	9 000.00	4 500.00	4 500.00
	申请银行贷款	39 000.00	19 500.00	19 500.00

10. 项目的财务评价

1）评价基础数据与参数选取

（1）财务基准收益率：根据企业筹资成本确定基准收益率 5%。

（2）建设期为 2 年，运营期为 13 年，评价期为 15 年。

（3）根据项目特点，本项目缴纳税费为增值税及附加，其中增值税税率为 17%。

（4）扩建项目建成后，企业水平年份产能将达 7 万吨，其中扩建项目产能 6 万吨。

（5）扩建项目运营期前两年投产比例为 70%、90%，第三年开始达产。

2）营业收入测算

本项目增量产能为 6 万吨，增量的年营业收入为 152 400 万元。

3）各种税费测算（略）

4）运营期总成本费用估算（略）

5）项目现金流和财务评价指标

根据以上基础数据编制项目投资现金流量表，并计算财务评价指标，如表 10-5 所示。

6）财务生存能力分析（略）

表 10-5　项目建设与运营现金流量表和各项经济指标

单位：万元

序号	项目	合计	建设期		运营期												
			1	2	3	4	5	6	7	8	9	10	11	12	13	14	15
1	现金流入	1 943 066			106 680	137 160	152 400	152 400	152 400	152 400	152 400	152 400	152 400	152 400	152 400	152 400	175 226
1.1	营业收入	1 920 240			106 680	137 160	152 400	152 400	152 400	152 400	152 400	152 400	152 400	152 400	152 400	152 400	152 400
1.2	回收固定资产余值	12 158															12158
1.3	回收流动资金	10 668															10 668
2	现金流出	1 901 661	30 297	24 486	110 758	131 577	143 843	143 289	143 832	144 405	145 011	145 651	146 327	147 041	147 568	148 366	149 210
2.1	固定资产投资	54 783	30 297	24 486													
2.2	维持运营资金	0															
2.3	流动资金	10 669			7 468	2 134	1 067										
2.4	经营成本	1 674 967			94 332	117 926	129 979	130 492	131 035	131 608	132 214	132 854	133 530	134 244	134 771	135 569	136 413
2.5	增值税及附加	161 242			8 958	11 517	12 797	12 797	12 797	12 797	12 797	12 797	12 797	12 797	12 797	12 797	12 797
3	所得税前净现金流量（1–2）	41 405	–30 297	–24 486	–4 078	5 583	8 557	9 111	8 568	7 995	7 389	6 749	6 073	5 359	4 831	4 034	26 017
4	累计所得税前净现金流量		–30 297	–54 783	–58 861	–53 277	–44 720	–35 609	–27 041	–19 046	–11 657	–4 908	1 165	6 524	11 355	15 389	41 406
5	调整所得税	9 846			–167	915	1 392	1 264	1 128	985	833	673	504	326	868	668	457
6	所得税后净现金流量（3–5）	31 559	–30 297	–24 486	–3 911	4 668	7 165	7 847	7 440	7 010	6 556	6 076	5 569	5 033	3 963	3 366	25 560
7	累计所得税后净现金流量		–30 297	–54 783	–58 694	–54 026	–46 861	–39 014	–31 573	–24 563	–18 007	–11 931	–6 362	–1 329	2 634	6 000	31 559

计算指标：

项目投资财务内部收益率（所得税前）= 6.76%

项目投资财务净现值（$i_c = 5\%$）（所得税前）= 7 566.33 万元

项目投资回收期（所得税前）= 10.81 年（扣除建设期为 8.81 年）

项目投资财务内部收益率（所得税后）= 5.24%

项目投资财务净现值（$i_c = 5\%$）（所得税后）= 1 011.27 万元

项目投资回收期（所得税后）= 12.34 年（扣除建设期为 10.34 年）

7）偿债能力分析

本项目拟申请国家专项建设基金 9000 万元，申请商业银行贷款 39 000 万元，建设期利息按单利计算，还款资金来源为折旧、摊销、未分配利润，按借款本金的“5%、5%、15%、15%、15%、15%、15%、15%”的方式进行偿还。根据测算，本项目借款偿还期为 10 年，还款期内偿债备付率均大于等于 1，利息备付率均大于 1，具备偿债能力，详见表 10-6。

表 10-6　借款还本付息计算表　　单位：万元

序号	项目	合计	建设期		运营期							
			1	2	3	4	5	6	7	8	9	10
1	商业银行借款			19 500	39 000	37 050	35 100	29 250	23 400	17 550	11 700	5 850
1.1	当期借款	39 000	19 500	19 500								
1.2	期初借款余额			19 500	39 000	37 050	35 100	29 250	23 400	17 550	11 700	5 850
1.3	当期还本付息	50 657	478	1 433	3 861	3 765	7 570	7 283	6 997	6 710	6 423	6 137
	其中：还本	39 000			1 950	1 950	5 850	5 850	5850	5 850	5 850	5 850
	付息	11 657	478	1 433	1 911	1 815	1 720	1 433	1 147	860	573	287
1.4	期末借款余额		19 500	39 000	37 050	35 100	29 250	23 400	17 550	11 700	5 850	0
2	申请国家专项建设基金											
2.1	当期借款	9 000	4 500	4 500								
2.2	期初借款余额			4 500	9 000	8 550	8 100	6 750	5 400	4 050	2 700	1 350
2.3	当期还本付息	9 659	27	81	558	553	1 447	1 431	1 415	1 399	1 382	1 366
	其中：还本	9 000			450	450	1 350	1 350	1 350	1 350	1 350	1 350
	付息	659	27	81	108	103	97	81	65	49	32	16
2.4	期末借款余额		4 500	9 000	8 550	8 100	6 750	5 400	4 050	2 700	1 350	0
3	固定资产借款合计	0										
3.1	期初借款余额		0	24 000	48 000	45 600	43 200	36 000	28 800	21 600	14 400	7 200
3.2	当期还本付息	60 316	505	1 514	4 419	4 318	9 017	8 714	8 411	8 109	7 806	7 503
	其中：还本	48 000	0	0	2 400	2 400	7 200	7 200	7 200	7 200	7 200	7 200
	付息	12 316	505	1 514	2 019	1 918	1 817	1 514	1 211	909	606	303
3.3	期末借款余额		24 000	48 000	45 600	43 200	36 000	28 800	21 600	14 400	7 200	0
4	流动资金借款											
4.1	当期借款	56 756			5 227	6 721	7 468	7 468	7 468	7 468	7 468	7 468
4.2	期初借款余额	56 756			5 227	6 721	7 468	7 468	7 468	7 468	7 468	7 468
4.3	当期还本付息	59 220			5 455	7 013	7 792	7 792	7 792	7 792	7 792	7 792
	其中：还本	56 756			5 227	6 721	7 468	7 468	7 468	7 468	7 468	7 468
	付息	2 469			227	292	325	325	325	325	325	325
4.4	期末借款余额	0			0	0	0	0	0	0	0	0
5	还款资金来源	87 441	505	1 514	7 710	10 946	12 359	11 897	11 413	10 906	10 374	9 817
5.1	项目本身还款（本息合计）	85 422			7 710	10 946	12 359	11 897	11 413	10 906	10 374	9 817
5.2	建设期利息还款（自有资金）	2 019	505	1 514								
计算指标	利息备付率				1.6	1.6	1.7	2.0	2.4	2.9	3.9	5.8
	偿债备付率				1.7	2.4	1.3	1.3	1.3	1.3	1.3	1.3

8）财务评价结论

根据以上计算结果，本项目投资回报率为 4.49%，所得税前财务内部收益率为 6.76%，财务净现值为 7566.33 万元，投资回收期为 10.81 年；所得税后财务内部收益率为 5.24%，财务净现值为 1011.27 万元，投资回收期为 12.34 年，均达到基准收益率 5%的要求。同时，本项目能够满足还款需求，具备财务生存能力和偿债能力。

综上，本项目在财务上是可行的，符合申请国家专项建设基金在财务方面的要求。

11. 项目的社会效益及风险分析

本项目的建设将会对地区社会环境和社会经济发展产生积极的影响，从而提升当地产业合理布局，加快企业发展速度，满足地区智能家居的需求，促进本地区持续、快速发展。另外，项目的建设对地区居民收入、就业机会等方面也有积极的作用。对本项目的社会效益分析如表 10-7 所示。

表 10-7 社会影响要素分析表

序号	社会因素	影响的范围、程度	可能出现的后果
1	对居民收入的影响	周边居民；积极影响	增加居民收入
2	对所在地区居民生活水平和生活质量的影响	周边居民；积极影响	提高生活水平
3	对所在地区居民就业的影响	周边居民；积极影响	增加就业机会
4	对所在地区不同利益群体的影响	周边居民及上下游企业；积极影响	就地取材，促进上下游企业经济增长
5	对所在地区弱势群体利益的影响	没有影响	
6	对所在地区文化、教育、卫生的影响	没有影响	
7	对当地基础设施、社会服务能力和城市化进程等的影响	周边地区；积极影响	对地区向城市化演进具有促进作用
8	对所在地区少数民族风俗习惯和宗教的影响	没有影响	

本项目的风险分析在此处省略。

12. 结论和建议

本项目的建设符合国家“十三五”规划要求，符合国家产业政策和地方发展规划。项目建设符合国家专项建设基金支持的领域和要求。项目的建设可以促进地区经济发展、扩大就业、保持社会的繁荣和稳定。项目的建设也是企业自身发展的迫切需要。因此，本项目的建设是非常必要的。

项目用地土地权属清楚，无争议。建设内容及规模合理，施工工艺成熟。各方面建设条件均能满足建设需要。本项目投资能够保证，满足还款需求，具备财务生存能力和偿债能力，同时满足申请国家专项建设基金在财务方面的要求。本项目的建设是可行的。

综上所述，本报告对项目的研究结论是可行的。

13. 附件和附图（略）

10.3 PPP 项目物有所值评价①

10.3.1 PPP 项目物有所值评价的概念和意义

根据财政部 2015 年印发的《PPP 物有所值评价指引（试行）》，物有所值评价是判断是否采用 PPP 模式代替政府传统投资运营方式提供公共服务项目的一种评价方法。我国政府要求中国境内拟采用 PPP 模式实施的项目，应在项目识别或准备阶段开展物有所值评价。

物有所值是国际通行的 PPP 项目中采取的评估标准，被广泛运用于 PPP 实施全过程的价值评估与绩效考核中。在 PPP 立项和审批中应用物有所值主要解决五个问题：①对项目立项的必要性进行分析，即对所提出的项目进行审核评估和排序，确定将要实施的项目是否属于必须；②对项目实施的模式进行比选分析，即对采用传统政府投资模式和 PPP 模式的采购项目的成本进行比较，如果采取 PPP 模式，则应当确保所带来的效率和服务质量的提高超过了缔约成本的增加；③在决定采用 PPP 模式以后，应进一步考虑采用何种具体模式，如 BOT（build-operate-transfer，建设–经营–移交）、BOOT（build-own-operate-transfer，建设–拥有–经营–移交）、TOT（transfer-operate-transfer，移交–经营–移交），还是其他模式，并对实施方案的要点，如价格支付等机制进行设计；④为项目选择合适的投资者；⑤为项目的产出和服务制定详细可行的评价要求和监管方案。

10.3.2 PPP 项目物有所值评价的方法

物有所值评价包括定性评价和定量评价。现阶段以定性评价为主，鼓励开展定量评价。

1. 定性评价

定性评价指标包括：①全生命周期整合程度，主要考核在项目全生命周期内，项目设计、投融资、建造、运营和维护等环节能否实现长期、充分整合；②风险识别与分配，主要考核在项目全生命周期内，各风险因素是否得到充分识别并在政府和社会资本之间进行合理分配；③绩效导向与鼓励创新，主要考核是否建立以基础设施及公共服务供给数量、质量和效率为导向的绩效标准与监管机制，是否落实节能环保、支持本国产业等政府采购政策，能否鼓励社会资本创新；④潜在竞争程度，主要考核项目内容对社会资本参与竞争的吸引力；⑤政府机构能力，主要考核政府转变职能、优化服务、依法履约、行政监管和项目执行管理等能力；⑥可融资性，主要考核项目的市场融资能力。以上评价指标可根据具体情况进行补充调整。

每项指标评分分为五个等级，即有利、较有利、一般、较不利、不利，对应分值分别为 81～100 分、61～80 分、41～60 分、21～40 分、0～20 分。定性评价专家组包括财政、

---

① 本节内容本科生可以选学。

资产评估、会计、金融等经济方面的专家，以及行业、工程技术、项目管理和法律方面的专家等。项目本级财政部门（或 PPP 中心）会同行业主管部门，按照评分等级对每项指标制定清晰准确的评分标准，并组织召开专家组会议。定性评价所需资料应于专家组会议召开前送达专家，确保专家掌握必要信息。

2. 定量评价

定量评价是在假定采用 PPP 模式与采用政府传统投资方式产出绩效相同的前提下，通过对 PPP 项目全生命周期内政府方净成本的现值（PPP 值）与公共部门比较值（public sector comparator，PSC）进行比较，判断 PPP 模式能否降低项目全生命周期成本，如图 10-3 所示。

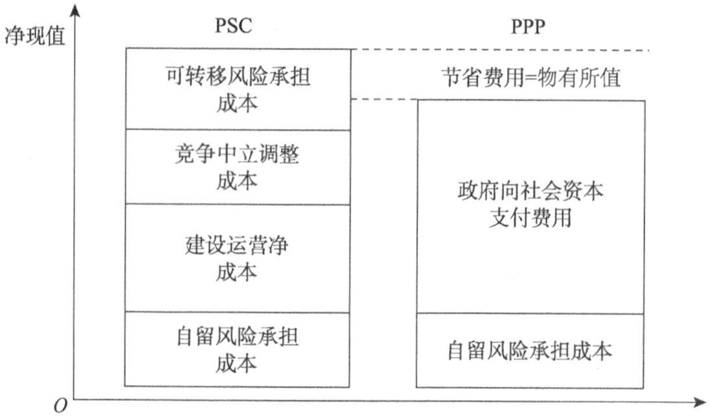

图 10-3 PPP 项目物有所值的定量评价原理

PSC 是指政府采用传统采购模式提供与 PPP 项目产出说明要求相同的基础设施及公共服务的全生命周期成本的净现值。PSC 是 PPP 项目物有所值定量分析的比较基准，假设前提是采用政府传统采购模式与采用 PPP 模式的产出绩效相同。计算 PSC 主要考虑以下因素：一是项目全生命周期内的建设成本、运营成本等成本；二是现金流的时间价值；三是竞争性中立调整、风险承担成本等。

PSC 包括初始 PSC、可转移风险承担成本、自留风险承担成本和竞争中立调整成本。

初始 PSC 是政府实施参照项目所要承担的建设成本、运营维护成本和其他成本等成本的净现值之和；计算竞争中立调整成本主要是为了消除政府传统采购模式下公共部门相对社会资本所具有的竞争优势，以保障在物有所值定量分析中政府和社会资本能够在公平的基础上进行比较；结合项目实施方案中的风险分配框架，进一步识别项目风险，优化分配方案，选用概率法、比例法等方法对风险承担成本进行量化。

PPP 值是指政府实施 PPP 项目所承担的全生命周期成本的净现值。在项目不同阶段，PPP 值的计算依据不同。在项目识别和准备阶段，政府根据项目实施方案等测算的 PPP 值称为影子报价 PPP 值（简称 PPPs 值）。

PPPs 值 = 政府向社会资本支付费用 + 自留风险承担成本

式中，政府向社会资本支付费用 = 政府方股权投资现值 + 运营补贴现值 + 配套投入现值。

PPP 值小于或等于 PSC 的通过定量评价；PPP 值大于 PSC 的未通过定量评价。定量评价可作为项目全生命周期内风险分配、成本测算的重要手段，以及项目决策和绩效评价的参考依据。

应统筹定性评价和定量评价的结论，做出物有所值评价结论。物有所值评价结论分为“通过”和“未通过”。通过的项目，可进行财政承受能力论证；未通过的项目，可在调整实施方案后重新评价，仍未通过的不宜采用 PPP 模式。

10.3.3 PPP 项目物有所值评价简例

1. 项目概况

1）项目简介

项目名称：某市高铁场站配套基础设施 PPP 项目。

项目建设期：2 年。项目运营期：13 年。项目投资规模：112 975.46 万元。

合作项目公司政府方出资 20%，社会资本方出资 80%。

2）项目基本情况

某市高铁场站配套基础设施 PPP 项目包括以下内容，分别为：某县城至高铁某南站快速通道项目、某市跨河大桥工程项目、高铁南站产业配套用房建设项目、高铁站前广场建设项目。PPP 项目合计总投资约 112 975.46 万元。各项目建设内容及投资额如下。

（1）某县城至高铁某南站快速通道项目。全长 7.36km，道路等级为一级公路，一般路段路基宽度为 45m，站前路段路基宽度为 50m。列入 PPP 项目的总投资为 46 101.42 万元。

（2）某市跨河大桥工程项目。路线全长 0.977km。主桥长 337.28m，桥宽 12m。道路等级为二级公路，路基宽度为 12m。列入 PPP 项目的总投资为 6292.62 万元。

（3）高铁南站产业配套用房建设项目。总用地面积为 9.4967 公顷（142.45 亩），总建筑面积为 183 310m^2，包括标准车间、实验车间、办公综合楼、生活配套用房、宿舍、配电房、地下车库、配套公共工程等。项目公司实际负责的部分建筑面积为 156 175m^2，列入 PPP 项目的总投资为 36 551.42 万元。

（4）高铁站前广场建设项目。其包括落客匝道桥、站房平台、地面交通集散、景观广场、地面公交车场及进出道路、旅游大巴车场及进出道路、旅游大巴配套用房、广场区域暗埋排洪渠等建设内容，以及地下换乘枢纽停车场。列入 PPP 项目的总投资为 24 030.00 万元。

2. 物有所值定性评价

1）定性评价基本情况

根据项目具体情况，选取 × × 名物有所值专家，组成专家小组。专家组按照评分等级对每项指标制定清晰准确的评分标准。本项目物有所值定性评价共分为两个阶段。

第一阶段，由评审专家组参照《PPP 物有所值评价指引（试行）》，在既定的 6 项基本评价指标的基础上，进一步讨论筛选出补充评价指标 3 项。其中，基本评价指标含 15 项细分指标，共 18 项评价指标。同时讨论确定各项指标的权重，具体内容见表 10-8 中的权重项。

表 10-8　某 PPP 项目物有所值分析的具体指标及最终评分结果

指标			权重	百分制评分	最终得分
基本评价指标	全生命周期整合程度	项目复杂程度	5%	82.0	4.10
		全生命周期各环节整合度	7%	81.8	5.73
	风险识别与分配	风险管理与分配	8%	86.4	6.91
		政府承担最终风险	5%	82.4	4.12
	绩效导向与鼓励创新	创新潜力	5%	86.0	4.30
		运营和维护要求	5%	89.0	4.45
		绩效指标	7%	84.4	5.91
		监管机制	3%	88.8	2.66
	潜在竞争程度	潜在投资人竞争环境	5%	92.4	4.62
	政府机构能力	职能转变	5%	90.6	4.53
		依法履约	5%	93.6	4.68
		政府管理能力	5%	92.6	4.63
	可融资性	项目的自偿性	5%	88.0	4.40
		可经营性的潜力	5%	87.4	4.37
		融资可行性	5%	86.2	4.31
	基本指标小计		80%	87.15	69.72
补充评价指标	项目规模大小		10%	91.0	9.10
	预期使用寿命长短		5%	86.2	4.31
	行业示范性		5%	76.0	3.80
	补充指标小计		20%	86.05	17.21
合计			100%	86.93	86.93

第二阶段，由评审专家组成员分别就此 18 项评价指标对本项目进行百分制评分。后计算评审专家组的平均分，得出本项目的定性物有所值评价体系得分。

2）评价指标权重与评分标准

本项目物有所值定性评价选取 6 项基本评价指标，3 项补充评价指标，基本评价指标含 15 项细分指标，共 18 项评价指标，并赋予每个指标相应权重，各指标最终分值与权重的加权求和总分即为定性评价结果。

单项指标采取百分制原则，被分为 5 个等级以表示不同水平的物有所值，即有利、较有利、一般、较不利、不利，对应分值分别为 81～100 分、61～80 分、41～60 分、21～40 分、0～20 分。

定性评价结果根据定性评价最终得分判断：60 分以下为不合格，即物有所值定性评价不通过；60 分及以上则物有所值定性评价通过，其中，60～69 分为合格，70～79 分为一般，80～89 分为良好，90～100 分为优秀。以基本评价指标中的第一项指标“全生命周期整合程度”为例，说明其含义和评分标准，如表 10-9 所示。其他指标略。

表 10-9　某 PPP 项目评价含义和评分标准

基本评价指标（全生命周期整合程度）	指标说明	评分依据
项目复杂程度	项目资产越复杂，专业性要求越高，管理难度也越大，利润潜力越大，更适合由社会资本来管理，项目也更适合采用 PPP 模式 81～100 分：三个以上资产类别的组合 61～80 分：项目本身非常复杂 41～60 分：两类中等复杂程度的资产组合 21～40 分：两类复杂程度低的资产组合或者一个较复杂的资产 0～20 分：项目只包含一个简单的资产	本项目工程包括四个子项目，涵盖快速通道、大桥、站前广场及产业用房等，项目技术复杂，均要求一定的专业性，采用 PPP 模式可以很好地发挥社会资本的专业优势
全生命周期各环节整合度	在 PPP 模式中，全生命周期整合程度指标主要考核在项目全生命周期内，项目投融资、建造、运营和维护等环节能否实现长期充分整合，整合越充分，全流程管理越高效，越能从长周期内体现项目价值 81～100 分：项目资料表明，投融资、建造、运营和维护等将整合到一个合同中 61～80 分：项目资料表明，投融资、建造、运营和维护，以及核心服务或大部分非核心服务的运营将整合到一个合同中 41～60 分：项目资料表明，投融资、建造和维护等将整合到一个合同中，但不包括运营 21～40 分：项目资料表明，投融资、建造整合到一个合同中，但不包括运营和维护 0～20 分：项目资料表明，投融资或建造其中一个环节在一个合同中，不包括其他环节	通过社会资本方案优化，可以节约项目建设成本；充分发挥投资人运营管理优势，减少运营成本；社会投资人通过综合提升项目的运营效率，提高资产利用率。同时通过设计动态调整机制及激励相容机制，全生命周期整合程度良好

3）最终评审结果

本 PPP 项目物有所值分析的具体指标及最终评分结果如表 10-8 所示。

本项目最终定性评价总分为 86.93，达到良好水平，通过 PPP 模式物有所值定性评价。

3. 物有所值定量评价

1）物有所值定量评价相关假设

（1）基准年：以 2020 年为基准年，所有定量评价均折算至基准年年初。

（2）PSC 构成：项目建设净成本、运营维护净成本、竞争中立调整成本、项目全部风险成本。

（3）PPP 年支出责任：政府对 PPP 项目的股权投资、运营补贴、风险承担、配套投入。

（4）合作期满的移交：合作期满后，社会资本将所有资产、资料完好移交。

（5）折现率：5.86%，参照同期地方政府债券收益率合理确定。

（6）现金流：假设支付的现金流均发生在年末时点。

（7）合作期：15 年。根据我司为本项目编制的《某某省某某市高铁场站配套基础设施 PPP 项目初步实施方案》，建议项目合同期为 15 年，按照物有所值定量评价原则，计算期应与合同期一致，即 15 年。

（8）运维费：包括四个子项目日常维养成本、人员工资与管理费用等。

（9）参照项目的数据口径与 PPP 项目财政承受能力论证中的数据口径保持一致。

2）构建 PSC

a. 设定参照项目

参照项目有两种选择标准，分别为：①假设政府采用现实可行的、最有效的传统投资方式实施的、与 PPP 项目产出相同的虚拟项目；②最近五年内，相同或相似地区采用政府传统投资方式实施的、与 PPP 项目产出相同或非常相似的项目。本项目是某市第一个场站类 PPP 项目，在区域范围内相似的 PPP 项目稀少，可比性不高，故采用第一种标准设定参照项目更为合理。

b. 参数指标确定

（1）资本结构。政府资本和社会资本的建设成本、资本性收益、运营维护成本、其他成本等按照出资比例计算，本项目采用 BOT 模式建设与运营，可相应降低项目在运营期内的支付责任。由政府授权政府方出资代表持有项目公司 20%股权，社会资本方持有 80%股权，项目资本金参照股权比例分别投入。

（2）第三方收入。本项目回报机制为“使用者付费 + 可行性缺口补助”。第三方收入即使用者付费金额，主要为产业配套用房出租收入。

（3）竞争中立调整成本。竞争中立调整成本主要是采用政府传统投资方式比采用 PPP 模式实施项目少支出的费用，通常包括少支出的土地费用、行政审批费用、有关税费等。本项目竞争中立调整成本主要为增值税、城建税、教育费附加、地方教育附加、所得税。传统模式下，政府拨付项目运营费用，不产生增值税和企业所得税；PPP 模式下，项目公司取得收入应按照税法规定抵扣满足抵扣条件的进项税后来缴纳增值税，在此基础上缴纳城建税、教育费附加和地方教育附加，产生的利润要缴纳企业所得税。

（4）项目全部风险成本。项目全部风险成本包括可转移给社会资本的风险承担成本和政府自留风险承担成本，其中政府自留风险承担成本等同于 PPP 值中的全生命周期风险承担支出责任，两者在 PSC 与 PPP 值比较时可对等扣除。

c. 计算初始 PSC

$$
\begin{aligned}
\text{初始 PSC} &= \text{项目建设成本净成本} + \text{运营维护净成本} - \text{第三方收入} \\
&= (\text{建设成本} - \text{资本性收益}) + \text{运营维护净成本} - \text{第三方收入}
\end{aligned}
$$

（1）建设成本：本项目投资合计 112 975.46 万元，采取融资方式。

（2）资本性收益为 0。

（3）运营维护净成本：项目全生命周期内运营维护所需的人工费用、运营维护费用、管理费用等。

（4）第三方收入：本项目使用者付费收入。

因此，初始 PSC 为 112 869.52 万元。

d. 竞争中立调整成本

计算公式为

营业税金及附加 = 当期应纳增值税额

×(城市维护建设税税率 + 教育费附加征收率 + 地方教育附加征收率)

所得税 = (主营业务收入 − 经营成本 − 折旧摊销 − 营业税金及附加 − 财务费用)×所得税率

竞争中立调整成本 = 营业税金及附加 + 所得税 + 增值税 = 4426.81（万元）

e. 风险承担成本

本项目在传统投资模式下的风险分为可转移风险与保留风险。可转移风险包括拟由社会资本单独承担的风险以及双方共担风险中拟由社会资本方承担的部分，其中，双方共担风险成本按 1∶1 的比例在政府与社会资本之间分配。可转移风险主要包括建造/采购成本超支风险、运营维护成本超支风险、利率变化风险、通货膨胀风险与不可抗力风险，具体如表 10-10 所示。

表 10-10　可转移风险表

风险大类	具体内容	备注
建设风险	建造/采购成本超支风险	原由社会资本单独承担
运营风险	运营维护成本超支风险	原由社会资本单独承担
财务风险	利率变化风险	原由社会资本单独承担
收入风险	通货膨胀风险	双方共担
其他风险	不可抗力风险	双方共担

可转移风险采用比例法进行测算，具体比例与计算基数如表 10-11 所示。

表 10-11　可转移风险计算比例表

风险	基数	比例	风险承担
建造/采购成本超支风险	当年建设投入	6%	项目公司
运营维护成本超支风险	当年运营成本	6%	项目公司
利率变化风险	数年融资金额	6%	项目公司
通货膨胀风险	当年运营成本	3%	项目公司及政府
不可抗力风险	建设成本	5%	项目公司及政府

本项目可转移风险为 13 069.85 万元。

保留风险包括拟由政府单方承担的风险以及双方共担风险中政府方承担的部分。本项目保留风险主要考虑通货膨胀风险与不可抗力风险，与可转移风险相同也采用比例法进行测算，则本项目保留风险为 1911.38 万元。

f. 测算结果

经测算，本项目初始 PSC、PSC 为 112 869.52 万元、132 277.56 万元。

3）PPP 值计算

依据本项目财政承受能力报告的相关数据，测算本项目 PPP 值。

PPP 值 = 政府支出费用现值

= 政府方股权投资 + 运营补贴 + 风险承担支出 + 配套投入支出

（1）股权投资现值测算。政府方股权投资现值 = 5188.47 万元。

（2）运营补贴现值测算。运营补贴现值 = 101 335.17 万元。

（3）政府自留风险承担支出。政府自留风险现值 = 1911.38 万元。

（4）配套投入支出。配套投入现值 = 14 970.86 万元。

因此，PPP 值 = 政府支出费用现值 = 123 405.88 万元。

4）定量分析结论

综合上述 PSC 和 PPP 值的分析，计算得到项目全生命周期的 PSC 和 PPP 值，并进行分析比较。具体计算结果见表 10-12。

表 10-12 定量分析结论表

指标	单位	数值
PSC	万元	132 277.56
PPP	万元	123 405.88
物有所值量值	万元	8 871.68
物有所值指数		6.71%

通过以上定量分析，本项目物有所值量值为 8871.68 万元，物有所值指数为 6.71%，两项指标均表明本项目适合采用 PPP 模式。

复习思考题

1. 什么是工程项目可行性研究？
2. 如何划分工程项目可行性研究的阶段？
3. 可行性研究报告包括哪些内容？
4. PPP 项目为什么要进行物有所值评价？用什么方法来评价？
5. 如何用定性方法来评价 PPP 项目的物有所值？
6. 如何用定量方法来评价 PPP 项目的物有所值？

第 11 章　工程设计的经济分析

工程设计是根据工程的要求，运用科技知识和方法，对建设工程所需的技术、经济、资源、环境等条件进行综合分析、论证，编制建设工程设计文件的活动，是建设项目进行整体规划、体现具体实施意图的重要过程，也是处理技术与经济关系的关键性环节，是确定与控制工程造价的重点阶段。工程设计的费用通常只占工程建造成本的 8%～15%，但它决定了 70%～80%的建造成本，并对产品的技术先进性和经济合理性起着决定性的影响。图 11-1 是国内外学者研究总结的不同阶段影响项目造价程度的示意图。

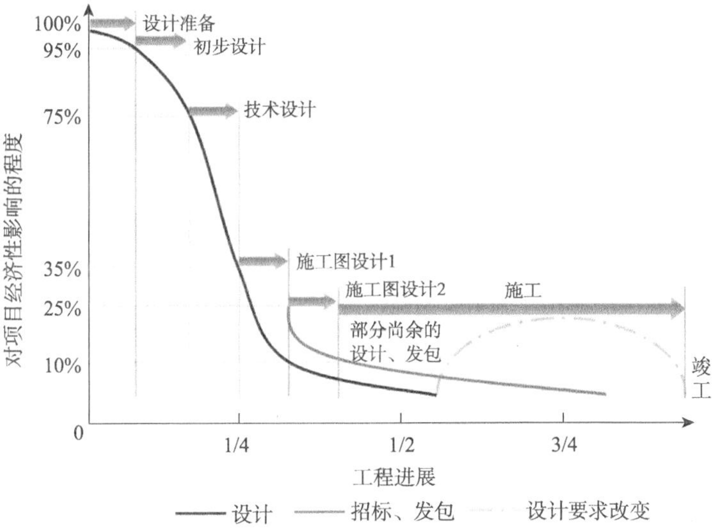

图 11-1　工程不同阶段影响项目造价程度的示意图

从图 11-1 中可看出，设计对项目经济性的影响高达 70%以上。事实上，设计师在图纸上每画一条线，或建一个 BIM 模型，实际工程中都对应着一条管线或一个柱子、墙体，既显示工程产品的造型、线条、质感，也要消耗相当多的人力、财力、物力才能实现，其都会成为工程造价中的一部分。工程设计经济合理，对工程造价的确定与控制意义重大，是控制工程造价最有潜力的环节。据统计，优化合理的设计可降低 5%～10%，甚至 20%的投资。为此在项目决策后，要高度重视工程设计活动以及对工程经济性产生的巨大影响。

实际工程中，工程设计阶段通常对建筑艺术和工程技术的重视程度较高，而对工程经济性往往重视不够，由此造成一些损失浪费。工程设计的许多参数与工程造价之间有一定的对应关系，建筑师和工程师需要了解掌握这些规律，从而可以设计优化，使设计符合经济性要求。

11.1 建筑设计的经济分析

建筑设计的经济性与建筑平面布置、建筑空间组合及建筑美学等因素相关。建筑平面布置主要有：建筑形状（主要指建筑平面形状）、开间、进深、单元组合、建筑面积。建筑空间组合主要有：建筑高度、建筑层高、建筑层数。建筑美学对建筑经济性的影响主要是建筑外立面造型越复杂，造价成本越高，但其附带产生的经济价值一般也比较大。多层建筑不同条件下的造价比如表 11-1 所示。

表 11-1 多层建筑不同条件下的造价比

序号	项目	所占造价的比例							
1	单层	单层多跨厂房层高每增加 1m，造价增加 1.5%～3%，增加采暖费用 3%							
	多层	层高/m	2.8	3.0	3.2	3.4	3.6	3.8	
		造价	99%	100%	103%	107%	110%	113%	
2	不同层数	层数	1	2	3	4	5	6	
		造价	100%	90%	84%	80%	82%	85%	
3	不同外形	外形	长方形	“L”形	“H”形	“Y”形	“U”形	圆形	
		造价	100%	103%~108%	102%~105%	103%~107%	105%~109%	107%~113%	
4	不同走廊形式	走廊形式	内廊	内外廊	梯间	外廊	半内廊		
		造价	100%	101%	106%	107%	110%		
5	不同进深	进深/m	4.4	4.8	5.2	5.6	6.0		
		造价	101%	100%	99%	98%	97%		
6	不同开间	开间/m	2.8	3.0	3.2	3.4	3.6	3.8	4.0
		造价	107%	104%	102%	100%	99%	97%	96%
7	不同住户平均居住面积	面积/m^2	24	27	31	44	50	55	57
		造价	104%	102%	100%	98%	97%	95%	94%
8	不同单元组合	单元	2	3	4	5	6	7	
		造价	100%	96.8%	95.2%	94%	93.4%	92.8%	

资料来源：《房地产·建筑：设计成本优化管理》

11.1.1 建筑平面布置与经济性

1. 建筑平面形状

相同的建筑面积下，建筑平面形状不同，会导致工程成本的不同。建筑平面形状越简单，体形系数（体形系数 = 建筑物外表面积/建筑物体积）越小，单位造价越低。建筑平面形状可以分为正方形、矩形、圆形、“T”形、“L”形等。正方形的设计比较经济，但可能不满足美观和使用要求。圆形的设计节约墙体工程量，但施工复杂，总成本比矩形增加 20% 以上。矩形的设计成本更为经济，且长宽比为 1∶2 时最优。“T”形、“L”形设计比矩形设计单位造价高，但功能上优于矩形建筑。矩形平面形状建筑物与相同面积大小的“L”形平面形状建筑物相比，“L”形建筑比矩形建筑的围护外墙增加了 6%的工程量，土方开挖的费用增加了 18%，散水费用增加了 4%，屋面费用增加了 2%，就整幢建筑物而言单位造价增加了约 5%。建筑平面形状的设计应在满足建筑物功能和造型美观的前提下，使平面形状简洁、布局合理，从而降低成本。

图 11-2 展示了某住宅工程通过多轮平面设计优化，在整栋楼建筑面积基本不变，建筑材料不变的情况下，标准层周长减少了 31.7%，体形系数减少了 31.9%，节能率提高到 65.2%，年耗电量减少了 25 744.4kW·h，节约了近 300m^2 的外立面。

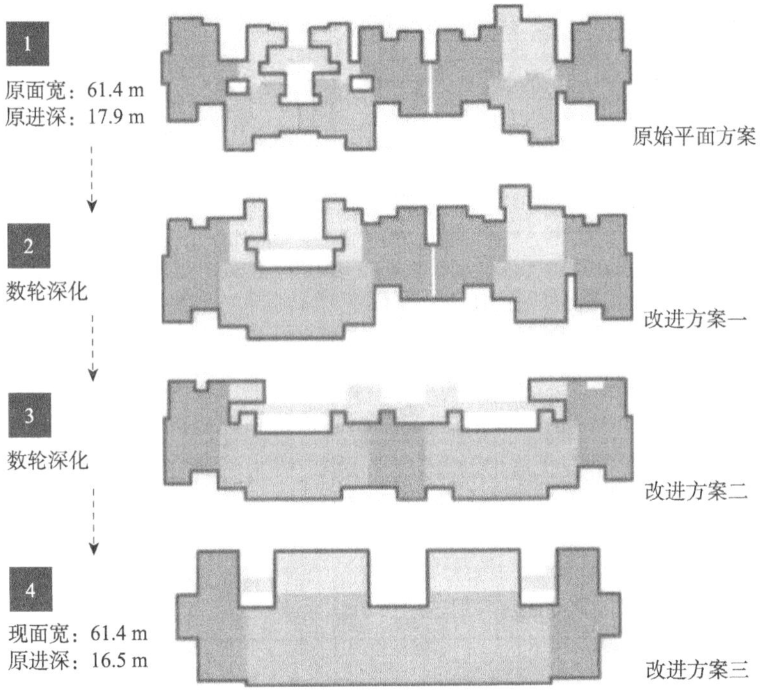

标准层周长	325 m
体形系数	0.47
节能率	57.0%
总耗电量/年	480 606.8 kW·h

标准层周长	280 m
体形系数	0.38
节能率	63.1%
总耗电量/年	473 520.8 kW·h

标准层周长	249 m
体形系数	0.36
节能率	64.7%
总耗电量/年	466 138.8 kW·h

标准层周长	222 m
体形系数	0.32
节能率	65.2%
总耗电量/年	454 862.4 kW·h

图 11-2　某住宅楼的平面体形优化过程

2. 开间和进深

开间和进深是建筑设计的平面参数。层数和层高一定时，开间和进深决定了单位建筑面积的外墙面积。由于房屋立面装修和建筑热工要求，外墙造价一般高于内墙，所以通常用外墙周长系数（外墙周长系数 = 建筑物外墙周长/建筑面积）来衡量开间和进深对建筑成本的影响。建筑面积为 110m^2 时，不同进深的住宅的外墙周长，如表 11-2 所示。进深越大，外墙周长系数越小，造价就越低，经济性越好。因此，通过合理加大进深来减少外墙周长，是节省墙体工程量、降低造价的措施之一，但住宅进深过大，如超过 13m 会影响采光和通风，因此需要综合考虑。此外，综合考虑采光通风和保温效果，北方地区采光窗户面积占外墙面积之比（称为窗墙比）为 1∶3 比较经济。

表 11-2　进深与造价的关系

项目	进深/mm					
	7500	7800	8100	8400	8700	9000
外墙周长/m	43.90	43.44	43.06	42.74	42.48	42.28
造价	103.83%	102.74%	101.84%	101.09%	100.47%	100%

在设计实践中，应根据项目实际情况合理安排建筑的开间与进深，表 11-3 展示了内墙的长度相应改变后，不同进深的墙体面积系数。

表 11-3　进深与内外墙体面积系数的关系

项目	进深/mm					
	7500	7800	8100	8400	8700	9000
外墙周长系数/(m/m^2)	0.426	0.395	0.387	0.376	0.368	0.361
内墙长度系数/(m/m^2)	0.468	0.460	0.451	0.453	0.445	0.438
合计/(m/m^2)	0.894	0.855	0.838	0.829	0.813	0.799
造价	111.89%	107.01%	104.88%	103.75%	101.75%	100%

3. 单元组合

建筑面积不变时，宽度越大，长度越小，外墙周长系数越小。当进深一定时，适当增加建筑物长度，即采用多单元拼接，组合连接部位的山墙为内墙，能够降低基础、屋面檐口、门窗、护坡、脚手架等的费用。当标准单元的建筑面积与造价指标相同时，单元组合与造价的关系，如表 11-4 所示，但不可能无限制地增加单元数，因为建筑物长度超过 60m 时，需设置沉降缝，会导致造价变高，所以合理的单元组合应为 3～5 个单元，且建筑物总长度小于 60m。

表 11-4　单元组合与造价的关系

单元数/个	2	3	4	5	6	7
造价	100%	96.8%	95.2%	94%	93.4%	92.8%

4. 建筑面积

在一定条件下，增大建筑面积会降低外墙围护结构的长度与单位面积的比率，进而降低单方造价。例如，在住宅设计中，随着居室数量的增加，厨房、卫生间的面积不会同比例增加，而居室的单方造价往往低于厨房、卫生间的单方造价，故在一定条件下，居室数越多，建筑造价越低。据统计，三居室比两居室的造价降低 1.5%左右，四居室比三居室的造价降低 3.5%左右。

11.1.2　建筑空间组合与经济性

建筑空间组合对建筑的投资费用、使用费用及保障费用影响很大。建筑高度降低，楼与楼之间的日照间距和安全间距缩短，同时建筑高度又取决于建筑层高与建筑层数。

1. 建筑层高

建筑层数不变的前提下，建筑层高越大，建筑高度越大，导致基础、垂直构件及其装饰工程量增加，采暖、卫生、空调等垂直管道、管径及管线增加，水、暖、电、空调设备容量增加，施工垂直运输距离增加，从而造成工程总造价的增加。

以层高 2.8m 为基准，不同结构形式的住宅层高增减 10cm 对造价的影响，如表 11-5 所示。当然建设规模不同，装修档次不同，住宅使用功能不同，层高对造价的影响也不同。

表 11-5　住宅层高（增减 10cm）与造价的关系

结构类型	砖混结构	砖木结构	混凝土结构
造价增加	1.61%	1.07%	1.06%

以现浇钢筋混凝土框架结构的工业厂房为例，在只考虑柱、梁、板的情况下，层高增加 1m，柱的成本增加 28 元/m^3，梁的成本增加 37 元/m^3，板的成本增加 20 元/m^3，如表 11-6 所示。

表 11-6　柱、梁、板单位成本受层高的影响表

层高	柱/（元/m^3）	梁/（元/m^3）	板/（元/m^3）
层高 3.5m	1114	1013	1000
层高 4.5m	1142	1050	1020
增加额	28	37	20
增加率	2.51%	3.65%	2.00%

2. 建筑层数和高度

建筑层数的改变，对项目总成本的影响不是一个固定的方向。在结构形式不改变的情况下，建筑层数的增加有利于单位建筑面积成本的降低，但建筑达到一定高度以后，建筑层数的增加会导致结构形式的变化，进而导致单位建筑面积成本的增加，因此合理确定建筑层数有利于降低建筑造价。建筑层数的经济性受水平部位构部件的制约较大，而建筑层数对门窗、墙体等垂直部位构部件的单方造价影响很小。在一定范围内，给排水管道、电气照明、建筑设施等涉及的费用，随着建筑层数的增加而降低。砖混结构建筑层数与建筑各部位造价的关系，如表 11-7 所示。

表 11-7　砖混结构建筑层数与建筑各部位造价的关系

层数	各部位占造价百分比								
	单方造价	基础	地坪	墙体	门窗	楼板	屋盖	装饰	其他
1	100.0%	26.20%	6.10%	24.70%	8.30%	—	28.00%	3.90%	2.80%
2	91.6%	16.10%	3.73%	30.50%	10.00%	10.50%	17.30%	4.87%	7.00%
3	86.9%	14.50%	2.60%	32.50%	10.60%	14.70%	12.30%	5.10%	7.70%
4	81.9%	11.40%	2.08%	34.20%	11.20%	17.70%	9.65%	5.43%	8.34%
5	79.5%	9.90%	1.71%	35.30%	11.20%	19.70%	7.85%	5.64%	8.70%

资料来源：《建筑设计与经济》

建筑物地上部分要受楼盖、屋盖和地坪等综合价值的制约，建筑层数增加，有利于提高使用面积净密度，减少建筑用材，节约用地。住宅建筑层数与用地效果分析，如表 11-8 所示。

表 11-8 住宅建筑层数与用地效果分析

层数	用地面积/（m^2/户）	相比第 1 层节约用地/（m^2/户）	节约百分率	节约用地增长/个百分点
1	74.62	—	—	—
2	49.18	25.44	34.09%	34.09
3	40.70	33.92	45.46%	11.37
4	36.46	38.16	51.14%	5.68
5	33.92	40.70	54.54%	3.40
6	32.22	42.40	56.82%	2.28
7	31.01	43.61	58.44%	1.62
8	30.10	44.52	59.66%	1.22

资料来源：《建筑设计与经济》

对于普通住宅，从建筑消防的要求来看，住宅层数的临界值为 6 层、9 层、12 层、18 层，高度临界值为 24m、32m、50m；从建筑物超高费及垂直运输费用方面来看，住宅层数的临界值为 6 层、9 层、12 层、15 层、18 层等。高层建筑由于投入使用后耗费大量的竖向交通费用和维修费用，国家严格限制高层尤其超高层建筑的建设。

11.1.3 建筑美学与经济性

建筑是技术与艺术的结合体，既是“产品”，也是“作品”，是空间、尺度、造型、体量、比例、色彩、光影、质感这些视觉表现与选址、规模、容积率、面积、权属、建设周期、成本效益等技术经济指标的统一体。不同类型的工程对建筑美的要求也不同，从标志性建筑到公共建筑、居住建筑、桥梁道路、市政建筑、隧道管线等，对艺术性要求依次降低。建筑师最关注建筑的艺术属性，追求艺术美，设计出的产品往往造型奇特，如图 11-3 所示，而业主和经济人士则更看重其使用价值和经济属性，这二者常常是矛盾的。多数情

图 11-3 几个造型设计奇特的建筑

况下建筑艺术美带来的附加价值使经济属性服从于艺术属性，但也有设计严重脱离实际、片面追求“新奇特”，或者设计中过多增加没有实用功能的造型装饰而使得经济性严重受损甚至发生难以接受的情况。因此，应该遵循习近平总书记指示，防止城市建筑贪大、媚洋、求怪。艺术美通常难于以数量来表达，而且对美的认识因人而异，因此很难找到艺术水平与经济之间的数量对应关系，二者之间基本没有什么规律可循。在建筑设计中充分考虑经济性要求，将艺术造型与使用功能完美结合，在艺术审美与技术、经济、环境要求之间达成一种平衡，应该是建筑设计的基本准则。大量工程实践表明：一个优秀的建筑设计是功能、美观与经济性的科学完美结合体。

11.2　结构设计的经济分析

建筑设计与结构设计是相互关联的，前文关于建筑设计的经济性分析主要涉及建筑平面布置（建筑平面形状、开间、进深、单元组合、建筑面积）、建筑空间组合（建筑层高、建筑层数）、建筑美学（建筑立面形状）。建筑设计的改变可能会引起结构形式的变化，涉及情况太多，本节内容只涉及纯结构设计的经济性分析，即从建筑结构类型、柱网布局、建筑材料的选用、地基基础等方面分析结构设计与经济性的关系。

11.2.1　建筑结构类型与经济性

目前我国多层、高层建筑结构形式有框架结构、剪力墙结构、框架-剪力墙结构、异形柱结构等。

框架结构由梁、柱构件通过节点连接构成，既承受竖向荷载，又承受水平荷载。优点：建筑平面布局灵活，立面处理简单，结构自重较轻，计算理论成熟，在一定高度范围内造价较低。缺点：框架结构的侧移刚度较小，在地震作用下非结构构件破坏较严重，所以框架结构的层高和总高度受到一定的限制，土地利用率和建筑容积率相对较低，分摊到单位建筑面积上的土地费用相对较高。同时由于框架结构较大的梁、柱结构断面，增加了装饰费用。

剪力墙结构指采用钢筋混凝土墙体承受水平荷载的建筑结构体系。优点：侧移刚度大，结构的水平位移小，抗震性能好，使用寿命长。剪力墙结构一般用于高层住宅建筑，土地利用率和建筑容积率较大，单位面积上的土地费用少，与框架结构相比，不存在肥梁胖柱的现象，扩大了室内空间，降低了装饰费用。缺点：结构的自重大，建筑平面布置局限性大，较难获得较大的建筑空间，适用于高层住宅、宾馆、酒店等建筑。剪力墙结构钢筋混凝土用量大，总体建筑造价相对较高。

框架-剪力墙结构在框架结构中加入一定数量的剪力墙，大部分水平荷载由剪力墙承担。优点：建筑平面布置灵活，侧移刚度大，适用于高层办公楼、教学楼、住宅、酒店等建筑。缺点：建筑造价较框架结构略高，但比剪力墙结构低一些。

异形柱结构的截面几何形式为“L”形、“T”形、十字形，且截面各肢的肢高肢厚比不大于 4 的柱，多用于框架结构和框架-剪力墙结构。优点：建筑平面布置灵活，多用于影响建筑美观与功能的位置替换方柱使用。缺点：抗震性能弱，结构安全度较低，成本高于普通柱结构，一般增加 5%～10%。

11.2.2 柱网布局与经济性

柱网布局是确定柱行间距和列间距的依据。柱网要针对不同的功能要求、发展需要、建筑设备、建筑经济、建筑标准等各种因素进行综合分析和布局。柱距小，传力路线短，上部结构节省材料，但基础费可能会变高，平面布局灵活性降低；柱距大，梁高增加，配筋加大，造价增高，而且影响室内净高，故柱网布局的合理性对建筑结构造价有很大影响。住宅建筑柱网尺寸一般为 8m 左右，开间尺寸为 3.6m 的办公建筑柱网尺寸为 7.2m，书库柱网尺寸一般为 6.0m，商场柱网尺寸一般为 7.2～9.0m，酒店柱网尺寸一般为 7.5～8.1m，有地下停车场的商业或办公建筑柱网尺寸一般为 7.8～8.4m。

11.2.3 建筑材料的选用与经济性

对于一般的房地产项目，地上部位的钢用量一般为 35～90kg/m^2，混凝土用量一般为 0.3～0.5m^3/m^2，地下部位的钢用量一般为 130～300kg/m^2，混凝土用量一般为 0.9～3.0m^3/m^2。建筑材料费用占建筑造价的很大一部分，为 50%～70%。以钢筋与混凝土的选用来做分析，在实际工程中钢筋的选用一般为：对于梁、柱、墙，6～8mm 直径钢筋统一采用 HRB235，10～12mm 直径钢筋统一采用 HRB335，14mm 及以上直径钢筋统一采用 HRB400；对于楼板，优先采用冷轧带肋钢筋，板底配筋尽量采用小直径、密间距方式，当冷轧带肋钢筋不能满足承载力要求时，采用 HRB400。高强钢筋相对传统钢筋，用钢量少，在强度充分利用的情况下可节约钢材 15%左右。混凝土的选用一般为：普通结构梁板的混凝土强度等级一般为 C25、C20，受力较大的梁板可采用 C30，如地下室的底板、顶板，屋顶花园的楼板等；剪力墙、混凝土柱的混凝土强度等级按照轴压比进行控制，尽量接近轴压比规定上限，同时满足大部分竖向构件为构造配筋。高强混凝土可以减小构件尺寸，减少荷载，加大结构跨度并相对降低工程造价。

11.2.4 地基基础与经济性

在地基基础的选型中，大体可以按照天然地基–换填、强夯等地基处理–复合地基–桩基础顺序进行选择，需要综合考虑加大埋深后的地下空间利用及与地基处理、桩基方案的技术经济比较，选出适合特定项目的最优方案，但一定要做到具体项目情况具体分析，如在沿海一带，就存在预应力管桩方案比地基处理甚至天然地基还要便宜的案例。

基础的选择要综合考虑地基处理及基础承台或筏板的总费用，一般情况下，强夯地基–预制桩–挖孔桩，费用逐渐增加，承台体积减小。对于 1～3 层的别墅类建筑，不设地下室时，采用墙下条基或柱下独基，设地下室时，采用整体式筏基方案或独立柱基/条基加防水方案。对于 4～6 层的多层建筑，天然地基满足一定条件时，可以做柱下独基/墙下条基，天然地基承载力不足时，可以考虑地基处理或者采用桩基方案，也可以采取增设地下室层数的方案。对于 7～9 层的小高层建筑，天然地基满足一定条件时，可以做柱下独基/墙下条基，天然地基承载力不足时，可以采用“单层地下室 + 整体式筏基”的方案、“单层地下室 + 人工地基”或双层地下室的方案。对于 10～11 层的高层建筑，天然地基满足一定条件时，可以做独立柱基/条基，天然地基承载力不足时，可以采用“单层地下室 + 整体式筏基”的方案。对于 12～18 层的高层建筑，可以采用“单层地下室 + 整体式筏基”、多层地下室等方案。对于 19～34 层的高层建筑，天然地基满足一定条件时，可以采用双层地下室结构，天然地基承载力不足时，采用地基处理或者桩基方案。对于 35 层（100m）及以上的超高层建筑，一般采用桩基方案，应视地基情况确定具体方案。

【案例】某地上 5 层、地下 3 层大型商业建筑框架柱下采用柱下独立基础，见图 11-4。在独立基础下采用 CFG 桩（即水泥粉煤灰碎石桩）复合地基进行局部处理，上部结构传至基础顶面的竖向力标准值为 9200kN，基础持力层为中密细砂层，天然地基承载力为 150kPa，桩端持力层为 13m 厚的粗砂层，承载力与压缩模量均较高，是比较理想的桩端持力层。两种方案的桩直径 d 采用 400mm，桩间距分别采用 4d 桩直径与 3d 桩直径，基础尺寸分别为 4.8m×4.8m、3.6m×3.6m，见图 11-5、图 11-6。（来源：《建筑结构优化设计方法及案例分析》）

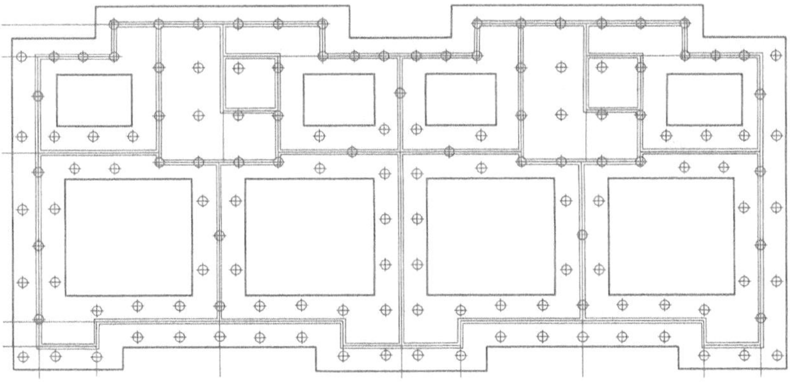

图 11-4　CFG 桩平面布置图（墙下布桩）

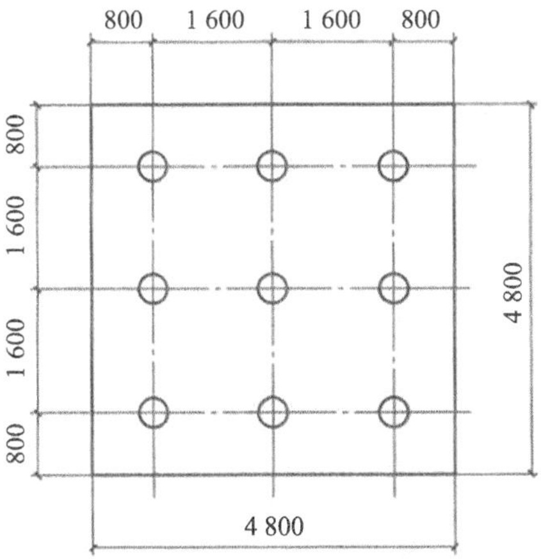

图 11-5　4d 桩直径 13.5m 桩长布桩方案

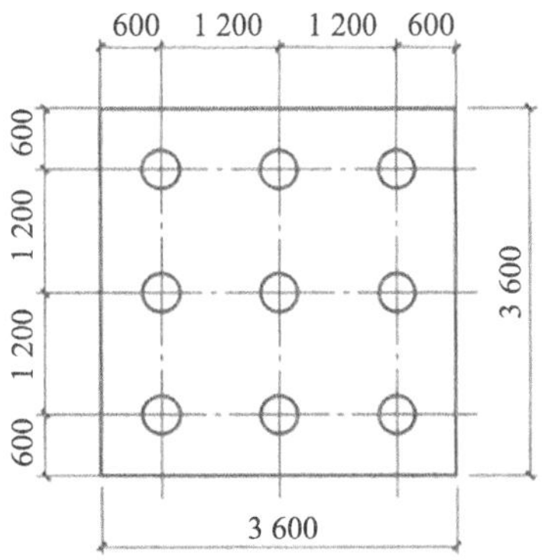

图 11-6　3d 桩直径 16.0m 桩长布桩方案

根据竖向力合力及基础平面尺寸算出的承载力特征值分别应不低于 435kPa 及 770kPa，再根据所需要的承载力特征值及桩间距反推单桩承载力特征值应分别不低于 885kN 及 1035kN，混凝土强度等级均为 C30，由单桩承载力特征值反推的桩长分别为 13.5m 及 16.0m，两种桩长均落在粗砂层上，进入粗砂层的长度分别为 1.65m 及 4.15m，两种布桩方案均满足承载力要求，但经济效果存在较大差异。技术经济指标对比如表 11-9 所示。

表 11-9 两种复合地基方案技术经济指标对比

两种方案	桩间距/m	桩长/m	单桩承载力/kN	复合地基承载力/kPa	地基承载力合力/kN	基础砼用量/m^3	桩砼用量/m^3	砼用量合计/m^3	基础钢筋用量/kg	造价（直接费）/元
4d 桩直径	1.6	13.5	885	435	10 022	32.3	15.3	47.6	825.0	31 399.6
3d 桩直径	1.2	16.0	1 035	770	9 979	18.1	18.1	36.2	406.1	25 621.4

11.3 水暖电设计的经济分析

11.3.1 给排水设计与经济性

给排水系统主要包括给水系统、排水系统、屋面雨水排水系统、消防系统。其造价节约主要与给排水系统的做法与管材设备的选用有关。给水系统在设计时应该充分利用市政给水管网的水压，对于个别水压无法满足的区域，可加设单独的水压供水设施，对于水压过大的区域可以采用减压阀分区方式，从而节约造价与能源消耗。同时给水系统提供的水质可以区分为饮用水与中水，中水可用于景观用水、道路冲洗、汽车用水、坐便器用水等，尽可能节约水资源消耗。

排水系统应尽量采用重力流方式排水，最大限度减少机械排水的规模。管网布置的原则是：主干道应靠近排水量大且卫生器具集中的区域，横支管应尽量短直，以减少造价。

屋面雨水排水系统在不影响建筑外立面的情况下，应尽量采用外排水的方式。相比外排水系统，内排水系统存在管道疏通费用高、管材造价高等问题。

消防系统包括消火栓系统、自动喷淋系统、气体灭火系统等。消防给水分区的基本形式有四种：并联分区、串联分区、一次提升减压分区和屋顶压力供水。在规划设计时，宜采用区域消防供水体系以节约造价。

管材与设备选用包括：水泵、供水加压装置的选择，水池水箱的选择，管材的选择。水泵选择要点：“*Q-H*”特性曲线无驼峰、比转数为 100～200、效率高、配备电动机功率相对小；水泵组一般为 2～4 台主泵，一台备用泵（供水能力不小于最大主泵）；恒压供水选择同一型号主泵，变压供水选择不同型号主泵；设计流量变化范围内，各台主泵工作在高效区；额定转速时，水泵工作点位于高效区右侧的末端。水池水箱应尽量采用不锈钢、搪瓷钢板或卫生达标的玻璃钢水箱，采用钢筋混凝土水池时应加内衬。管材的性能和价格水平如表 11-10 所示。

表 11-10　常用管材性能对比

名称	性能	价格水平
U-PVC（硬 PVC）	优点：耐腐蚀性好、抗衰老性强、质地坚硬、符合运输纯净水饮用水标准 缺点：维修麻烦、无韧性、低温下较脆	较低
PE（聚乙烯塑料）	优点：重量轻、韧性好、耐腐蚀、可绕盘、耐低温性好、运输及施工方便、具有良好柔性和抗蠕变性能、无毒 缺点：LDPE（低密度聚乙烯塑料）性能较软、机械强度及熔点较低；HDPE（高密度聚乙烯塑料），密度较高、刚性较大、机械强度及熔点较高	中等
PEX（交联聚乙烯）	优点：强度高、韧性好、抗老化、温度适应、无毒、不滋生细菌、安装维修方便 缺点：DN10～DN30，少量达 DN63，缺大管径管道	中等
PPR（三型聚丙烯）	优点：无毒、卫生、保温节能、较耐热、寿命长、方便安装（需要热熔连接）	中等
PB（聚丁烯）	优点：管材质软、耐磨、耐热、抗冻、无毒无害、耐久性好、重量轻、施工安装简单	较高
ABS(丙烯腈-丁二烯-苯乙烯塑料）	优点：耐腐蚀、韧性高、优良的加工性能，能承受冲击、重量轻、耐热性高于 PE、PVC	较高
铝塑复合管	优点：可以弯曲，弯曲半径等于 5 倍直径，耐温性能强	较高
钢塑复合管	优点：强度高、耐高压、能承受较强的外来冲击力和塑料管材的耐腐蚀性、不结垢、导热系数低、流体阻力小	高
镀锌钢管	优点：强度高、抗震性好 缺点：易生锈、结垢、滋生细菌、微生物等有害杂质	低
不锈钢管	优点：强度高、韧性好、耐腐蚀、热膨胀系数低、卫生、耐用	高
钢管	优点：耐温、延展性好、承压能力强、化学性质稳定、热膨胀系数小 缺点：一次性投入高，一般用于高档宾馆等建筑	较高

11.3.2　暖通空调设计与经济性

生活热水系统主要包括：水源、换热器、循环泵、管网。其中，换热器与管网布置对造价影响最大。换热器应采用传热效率高的产品。管网应采用上行下给方式以节约造价。热源应优先使用太阳能、地热能、电厂余热等，以减少锅炉设备投资与运行费用。热水设备的综合比较如表 11-11 所示。

表 11-11　热水设备的综合比较

指标	空气源热泵	燃油炉	燃气炉	电热水炉
使用能源	电	油	天然气	电
燃烧值	860kcal/(kW·h)	10 000kcal/kg	8 500kcal/m^3	860kcal/(kW·h)
10t 热水能源	132.9/(kW·h)	46.1kg	55.4m^3	517.0/(kW·h)

续表

指标	空气源热泵	燃油炉	燃气炉	电热水炉
能效比	3.50	0.85	0.85	0.90
能源单价	0.41 元/(kW·h)	5.30 元/kg	7.00 元/m^3	0.80 元/(kW·h)
10t 热水能源费	54.489 元	244.33 元	387.54 元	465.30 元
年能源费	16 266 元	73 363 元	116 263 元	139 590 元
使用成本占比	13.1%	59.1%	93.6%	100%
使用寿命	15 年	8 年	8 年	8 年
污染情况	无污染	很大污染	较大污染	无污染
政策状态	推荐	限制	限制	允许使用
安全性	安全可靠	不安全	不安全	安全
综合排名	1	2	3	4

资料来源：《建筑成本控制设计：建筑电气 · 水暖空调 · 管线综合》

空调是建筑物运营过程中的主要成本之一，而在设计阶段制冷机的选择直接影响到整个空调系统的经济性。制冷机可以根据制冷方式的不同分为压缩式（离心、螺杆机和活塞式）和吸收制冷（直燃、蒸汽和热水型）。空调制冷机组综合比较如表 11-12 所示。

表 11-12　空调制冷机组综合比较

方案	直燃	蒸汽	热水	螺杆机	活塞
电耗/kW	5.75	4.40	5.50	214.40	210
油耗/（kg/h）	62	72	100	—	—
运行费用/（元/h）	199	217	296	185	168
主机费用/万元	70	38	37	42	40
锅炉等附属设施费用/万元	—	30	30	28	28
电力增容费用/万元	0.63	0.49	0.61	23.60	23.10
初期投资总价/万元	70.63	68.49	67.61	93.60	91.10

资料来源：《建筑设计与经济》

11.3.3　电气设计与经济性

电气设计分为强电设计和弱电设计。强电设计的主要投资在电气设备上，弱电设计的主要造价节约体现在加强系统集成与综合布线。

强电设计中，电气设备的选型应遵循适用性、安全性、经济性、灵活性的原则。电气设备节能的方法主要有：采用节能设备、降低设备能源损耗；提高电气系统功率因数，减少无功损耗；合理选择导线截面，减少线路损耗；使用绿色节能的照明系统；采用自动化控制系统管理能源，提高能源利用效率。

弱电设计中，应重点考虑火灾自动报警和消防联动系统，以及综合布线系统。例如，某建筑面积为 50 000m^2 的智能化大楼的原综合布线方案设置了 3000 个信息出口线，每个大约 500 元。经过调查，智能化大楼的实际工作人数不足 2000 人，更改设计方案后，节约了几十万元的造价成本。

11.4　限 额 设 计

11.4.1　限额设计的内涵

限额设计是在确保建设工程满足使用功能的前提下，按照批准的可行性研究报告及投资估算控制初步设计，按照初步设计概算控制施工图设计，按照各专业所分配的投资限额，严格控制技术设计和施工图设计的不合理变更，从而保证总投资限额不被突破的工程设计方法。限额设计具有两方面的特征：其一，在满足技术标准的前提下，后续的设计工作以前一阶段形成的技术经济资料为依据；其二，项目局部按设定的投资限额进行设计。限额设计的工作内容如表 11-13 所示，限额设计与传统设计的比较如表 11-14 所示。可以看出，限额设计作为建设工程设计阶段控制造价的有力措施，能够增强设计单位的经济意识，明晰建筑工程参与方的责、权、利关系，通过科学合理地控制建设投资真正做到以最少的投入取得最大产出，达到保证投资资金有效使用的目的。

表 11-13　限额设计的工作内容

阶段	设计阶段任务	投资控制任务
前期决策	按照委托方提出的需求，完成项目的设计任务书	根据项目的功能和成本要求，提出初始的投资建议
方案设计	为委托人提供设计方案，积极协助委托人完成项目审批工作	根据设计方案编制投资估算，并将其报送相关部门审批；以相关部门批复的投资估算设定项目投资限额，合理分配投资限额
初步设计	各专业在分配的投资限额范围内进行初步设计，完成相关图纸、计算书和方案说明	编制初步设计概算，若超出投资估算则调整设计，如此反复直至确保初步设计概算不高于批复的投资估算
施工图设计	完成包括图纸绘制、设计文件说明在内的所有施工图设计工作，使项目具备可施工条件	编制工程量清单及控制价，若超出初步设计概算则调整设计，如此反复直至确保施工图预算不高于初步设计概算

表 11-14　限额设计与传统设计的比较

比较条目	限额设计	传统设计
实际投资额	较小	大
投资精确度	较高	低
投资透明度	高	低
设计成本	相对较大	小
设计时间	较长	短

11.4.2 限额设计的实施要点

1. 确定适宜的限额设计目标

科学合理地制定限额设计目标关系着限额设计实施成功。首先，在确定限额设计目标之前，应对工程设计方案进行全面而系统的经济分析，确保方案是经济可行且合理的。其次，现行的投资限额大多以可行性研究报告中的投资估算为最高限额，按直接工程费的90%下达分解，留下10%作为调节使用，在实际工程中还可以根据项目的具体情况适当增加调节使用比例，如留15%～20%作调节使用，这为具有创造性、确有成效的设计方案脱颖而出创造了有利条件，也为有利的设计变更提供了方便。此外，确定限额设计目标除需根据类似工程的结算资料进行综合分析外，还要考虑拟建项目与被调查的同类型项目在不同时间段建设时，构成工程造价的人工、材料、机械、设备、税费等基本要素的变化，并进行预测分析和调整。

2. 合理分配投资限额

限额分配通常是根据类似工程的造价资料，将投资限额按分部工程或分项工程分解。各分项工程造价占住宅建筑总造价的比例如表11-15所示，其中，多层住宅为砖混结构，高层住宅为钢筋混凝土结构，表11-15中的比例根据项目特点而有所不同。目前限额设计中投资限额通常是由设计负责人或主设计师根据设计经验进行主观分配，注重完成投资控制任务，对项目功能水平的要求以及功能与成本的匹配性考虑不够。推荐应用价值工程进行投资限额分配，以提高投资控制的主动性、提升项目的价值。价值工程在限额分配中的应用步骤如下：①确定建筑工程应满足的功能及其权重；②计算各分项工程的功能系数；③根据价值工程原理，某分项工程所分配到的限额应与其功能重要程度相匹配，即价值系数 $V=F/C\approx 1$，也就是 $F\approx C$，从而确定各分项工程的成本系数及分配的投资限额。

表 11-15 各分项工程造价占住宅建筑总造价的比例

单位工程名称	造价比例	
	多层住宅	高层住宅
土建	81.2%～82.4%	80.0%～81.6%
水卫	4.8%～5.4%	3.2%～5.2%
暖通	3.6%～4.4%	2.0%～3.6%
电气	5.2%～5.6%	2.0%～3.0%
弱电	1.5%～1.7%	0.3%～0.5%
燃气	1.7%～1.9%	0.7%～0.8%
电梯	—	8.0%～9.0%
合计	100%	100%

3. 提高设计人员的技术经济意识

限额设计的核心是促使设计人员在设计中主动地考虑投资节约，改传统设计中的“画了算”为限额设计中的“算着画”，这要求设计人员要清楚一定的技术经济指标。一般来说，高层中档住宅小区（毛坯）建筑安装工程费成本指标为 2400～2600 元/m^2，地上建筑物的成本指标为 2100～2300 元/m^2，地下建筑中人防车库的成本指标为 3200～3600 元/m^2、非人防车库的成本指标为 3000～3400 元/m^2。部分分项工程的参考经济指标如下。

（1）地基基础工程：桩基工程成本为 70～100 元/m^2；水泥粉煤灰碎石桩成本为 500～650 元/m^3；钻孔灌注桩成本为 1300～1600 元/m^3；地下室成本为 40～100 元/m^2。

（2）主体工程：钢筋工程成本为 160～300 元/m^2（多层含量较低、高层含量较高）；混凝土成本为 100～165 元/m^2（多层含量较低、高层含量较高）；砌体工程成本为 60～120 元/m^2（多层含量较高、高层含量较低）；抹灰工程成本为 25～40 元/m^2；外墙工程成本为 50～100 元/m^2（一般涂料，包括保温）；屋面工程成本为 15～30 元/m^2（多层含量较高、高层含量较低）。

（3）外立面工程：普通涂料成本不高于 40 元/m^2、仿砖涂料成本不高于 70 元/m^2、仿石材涂料成本不高于 120 元/m^2、砖外墙成本不高于 140 元/m^2、石材外墙成本不高于 800 元/m^2、玻璃幕墙成本不高于 1000 元/m^2、铝板幕墙成本为 400～500 元/m^2。

（4）外檐窗工程：塑钢窗成本为 350～450 元/m^2、铝合金窗成本为 400～450 元/m^2、断桥铝窗成本为 600～750 元/m^2。

（5）室内水电安装工程（含消防）成本为 60～120 元/m^2（按小区档次，多层略低一些）。

（6）电梯工程成本为 40～200 元/m^2。防火门工程：钢制防火门甲级成本约为 500 元/m^2、乙级成本约为 460 元/m^2、丙级成本约为 440 元/m^2、丁级成本约为 410 元/m^2。

以上数据的选取需依据设计需求、住宅小区定位和投资造价确定。此外，设计人员也应熟悉常用建设材料的消耗量，做到对工程量心中有数，从而更有效率地在分配的限额内完成设计。部分民用建筑三材消耗量参考指标如表 11-16 所示。

表 11-16　部分民用建筑三材消耗量参考指标

序号	项目名称	结构类型	每平方米建筑面积材料消耗量		
			钢材/kg	水泥/kg	木材/m^3
1	板式多层住宅	砖混	21～23	140～160	0.025～0.03
2	板式高层住宅	框架、外挂板	65～70	260～280	0.035～0.04
3	塔式多层住宅	砖混	21～23	140～160	0.025～0.03
4	塔式高层住宅	滑升	65～70	230～250	0.03～0.035
5	教学楼	砖混	25～28	160～180	0.03～0.035
6	教学楼	框架	70～75	250～270	0.035～0.04
7	图书馆	框架	80～90	270～300	0.04～0.045
8	办公楼	砖混	27～30	160～180	0.03～0.035
9	办公楼	框架	60～65	240～260	0.04～0.045

11.4.3 限额设计的适用范围

限额设计相对于普通设计来说难度稍大，需要相关单位的密切配合。同时，建设工程项目的特殊性也决定了并不是每个项目都适合采用限额设计。现有实践和研究表明，以下类型的建设工程项目适合开展限额设计：①常规的非地标性的项目；②采用的施工工艺较为成熟、有可参考的数据资料的项目；③采用的材料、设备为常规产品，其供应平稳、价格明确的项目；④投资目标明确、项目造价可确定的项目；⑤工期合理、较不紧迫的项目；⑥设计方与建设方沟通及时、变更可控的项目；⑦具备完备的设计管理条件的项目。

11.4.4 限额设计的案例

某房地产公司拟建一高层商业住宅楼宇，市场定位为中档住宅小区，工程拟建高度约为 60m，总建筑面积约为 32 000m^2，拟建地上 18 层，地下 1 层，设计限额总值设定为 8032 万元。项目组拟采用价值工程的方法进行限额分配，并将工程划分为建筑、结构、给排水、暖通、强电、弱电、电梯这七个分项工程进行设计，用 j（j=1,2,…,7）表示。

1. 确定本工程应满足的功能及其权重

专家组将本工程应满足的适用、安全、经济、美观四大需求定义为四个维度，确定其下属若干个功能 i（i=1,2,…,12），如表 11-17 所示。专家组利用德尔菲法、采用百分制获得各功能对整体功能重要程度的评分，从而得到了各功能的权重 A_i。

表 11-17 基于价值工程的初步限额分配

维度	功能 i	权重 A_i	建筑	结构	给排水	暖通	强电	弱电	电梯	总计
适用	使用维护空间	13	20	80	0	0	0	0	0	100
	采光通风	11	15	0	0	30	55	0	0	100
	保温隔热隔声	10	30	70	0	0	0	0	0	100
安全	牢固	12	0	100	0	0	0	0	0	100
	耐用	10	5	50	5	15	5	5	15	100
	三防	12	10	0	25	25	15	25	0	100
经济	节能减排	4	7	20	2	40	5	2	24	100
	施工效率	9	15	20	5	25	10	5	20	100
	回收利用	3	30	70	0	0	0	0	0	100
美观	建筑造型	6	40	60	0	0	0	0	0	100
	室外装饰	5	90	10	0	0	0	0	0	100
	室内装饰	5	100	0	0	0	0	0	0	100
各分项工程功能得分 S_j			2 338	4 320	403	1 165	945	403	426	10 000
各分项工程功能系数 F_j			0.233 8	0.432 0	0.040 3	0.116 5	0.094 5	0.040 3	0.042 6	1
各分项工程成本系数 C_j			23.38%	43.20%	4.03%	11.65%	9.45%	4.03%	4.26%	100%
初步分配的投资限额/万元			1 878	3470	324	936	759	324	342	8 032

2. 计算各分项工程的功能系数

专家组以百分制对各分项工程打分，即每项功能的分数为 100 分，根据各分项工程与其相关的程度，将 100 分分配给各分项工程，此处以 E_{ij} 表示分项工程 j 在功能 i 下的评分，故各分项工程的功能得分 S_j 可通过 $S_j = \sum A_j \times E_{ij}$ 计算，各分项工程功能系数 F_j 则可进一步地通过 $F_j = S_j / \sum S_j$ 求得。

3. 确定各分项工程的成本系数及初步分配的投资限额

根据价值工程原理，若使各分项工程分配的投资限额既能充分发挥价值而又不至于浪费，需满足 $V=F/C\approx 1$，即 $F\approx C$，从而根据已求得的功能系数便可以得到各分项工程的成本系数 C_j，即投资限额分配比例。根据项目的限额总值 8032 万元，便可获得各分项工程初步分配的投资限额。在实际设计中还可以参考以往工程造价的经验数据，对各分项工程的具体限定数额在一定的区间内灵活调整。

11.5　工程设计方案优选

11.5.1　项目概况

某会展中心建筑群项目配套服务区（以下简称配套服务区）位于西北部某市的城市中心地带，地势平坦，周边交通环境优越。规划地块位于该配套服务区的重要地段，规划面积为 3.375 公顷，功能定位为集商业、办公、居住为一体的综合区。

11.5.2　项目备选的建筑设计方案

根据项目规划报告和主要指标，设计单位提交了以下三种设计方案，建设单位拟针对其中 1～9#楼的不同建筑设计方案进行比选。

方案 A：1～2#楼为 11 + 1 层（有两户为复式），地下 1 层，裙房 1～3 层为商铺，主楼 4 层及以上为一梯三户住宅。3～7#楼地下 2 层，裙房 1～3 层为临街商业，4～32 层为两梯四户住宅。8#楼地下 2 层，裙房 1～3 层为临街商业，4～16 层为两梯四户住宅，17～30 层为两梯六户住宅。9#楼地下 2 层，地上 25 层写字楼，局部 5 层裙房。

方案 B：1～7#楼地下 2 层，裙房 1～3 层为临街商业，4～30 层为一梯四户住宅。8#楼地下 2 层，裙房 1～3 层为临街商业，4～20 层为两梯四户住宅。9#楼地下 2 层，地上 33 层写字楼。

方案 C：1～4#楼地下 2 层，裙房 1～3 层为临街商业，4～30 层为一梯四户住宅。5～6#楼地下 2 层，为连体板楼。7～8#楼地下 2 层，裙房 1～3 层为临街商业，4～28 层为两梯四户住宅。9#楼地下 2 层，地上 30 层写字楼，局部 3 层裙房。各方案的具体规划指标如表 11-18 所示。

表 11-18 各方案的规划指标

规划指标	单位	方案 A	方案 B	方案 C
总用地面积	m^2	33 750	33 750	33 570
总建筑面积	m^2	133 949	138 540	128 537
住宅	m^2	85 697	86 527	82 137
商铺	m^2	21 257	23 863	22 461
托幼	m^2	1 245	1 580	1 070
公建面积	m^2	25 750	26 570	22 869
建筑底层面积	m^2	9 026.65	9 983.25	8 552.25
建筑密度	—	26.74%	29.58%	25.34%
容积率	—	3.97	4.10	3.80
停车位	辆	863	890	833
总户数	户	805	815	765

注：本实例及数据借鉴于杨振华发表的《房地产开发企业设计阶段价值工程应用研究》和李伟发表的《价值工程在房屋建筑工程设计方案优选中的应用研究》

11.5.3 价值工程中设计功能特性

建筑设计方案都必须满足适用、安全、经济、美观的要求。其中，“适用”是指建筑用途与建筑面积、楼层高度、空间布局等相适应，还意味着建筑物能够提供良好的通风、采光、保温、隔声的环境；“安全”是指建筑的安全性、耐久性、耐火等级、抗震强度等；“经济”的内涵包括建筑本身的经济效益，也包括其蕴含的环境和社会效益，具体包括节约建筑造价、降低能源消耗、提高运维人员效率等；“美观”是指在适用、安全、经济的前提下，建筑物满足大部分用户的审美需求，并与周边环境相和谐。在此基础上，建筑还必须满足可实施性、满足建造进度及后期使用年限、可维修性的要求，具体功能特性如图 11-7 所示。

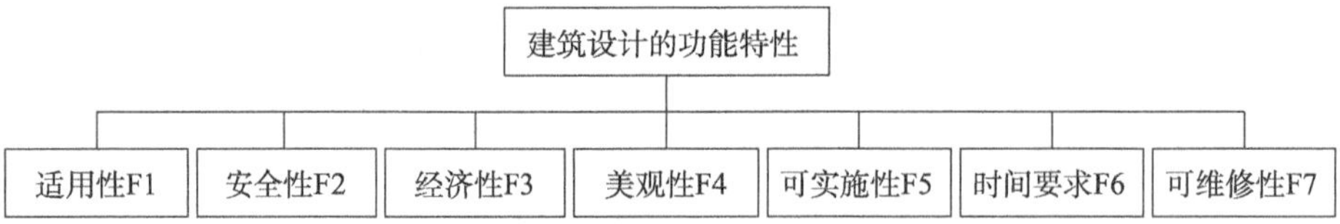

图 11-7 建筑设计的功能特性

项目负责人组织业主单位、设计单位及外聘专家共同构成价值工程研究小组。专家组根据建筑设计的功能特性，对各个功能的重要性进行打分，确定各个功能的权重。其中，业主单位、设计单位及外聘专家评价的权重分别设定为 50%、30%、20%，功能特性的总分为 10 分，因此功能权重的计算公式为

$$功能权重值=(0.5\times F_{业主}+0.3\times F_{设计}+0.2\times F_{外聘})/10$$

经计算，各功能的权重如表 11-19 所示。

表 11-19　建筑设计中功能特性的权重

功能特性	$F_{业主}$	$F_{设计}$	$F_{外聘}$	功能权重值
F1	2.01	2.08	2.32	0.2093
F2	2.05	2.44	1.98	0.2153
F3	1.78	1.01	1.12	0.1417
F4	1.12	1.23	1.38	0.1205
F5	1.01	1.45	1.25	0.1190
F6	1.05	1.18	1.42	0.1163
F7	0.98	0.61	0.53	0.0779
合计	10	10	10	1

11.5.4　基于价值工程的建筑设计方案评价

1. 计算功能系数

项目负责人邀请了业主单位、设计单位、外聘专家共计 12 人对以上三个建筑设计方案进行十分制打分。如表 11-20 所示，各方案对应的“分值”为专家的平均分，“加权分值”为“分值”与“功能权重”的乘积，“加权分值合计”为三个方案“加权分值”之和，各方案的“功能系数”为其“加权分值”除以“加权分值合计”的结果。

表 11-20　各方案的功能系数

功能	功能权重	方案 A		方案 B		方案 C	
		分值	加权分值	分值	加权分值	分值	加权分值
F1	0.2093	9	1.8837	8	1.6744	7	1.4651
F2	0.2153	10	2.1530	9	1.9377	8	1.7224
F3	0.1417	7	0.9919	9	1.2753	10	1.4170
F4	0.1205	9	1.0845	8	0.9640	9	1.0845
F5	0.1190	8	0.9520	9	1.0710	8	0.9520
F6	0.1167	8	0.9336	9	1.0503	8	0.9336
F7	0.0779	9	0.7011	10	0.7790	8	0.6232
合计	1.0004	60	8.6998	62	8.7517	58	8.1978
加权分值合计	—	25.6493					
功能系数	—	0.3392		0.3412		0.3196	

注：因表中数据四舍五入，功能权重合计可能不等于 1

2. 计算成本系数

根据业主单位已开发工程项目及该项目周边同类型项目的成本情况，同时结合当前市场行情，项目负责人对方案 A、方案 B 和方案 C 进行了成本测算，结果如表 11-21 所示。

表 11-21 各方案的成本测算 单位：万元

序号	项目名称	方案 A 项目成本	方案 B 项目成本	方案 C 项目成本
1	基础设施	3 091.09	3 150.77	3 154.04
1.1	室外管网	406.20	425.80	446.50
1.2	电缆工程	530.55	560.55	558.96
1.3	弱电管网	153.32	168.55	133.28
1.4	燃气管网	723.05	705.83	706.51
1.5	采暖工程	208.10	198.20	220.49
1.6	水泵房设备及安装	351.64	365.21	364.74
1.7	消防设备及安装	718.23	726.63	723.56
2	环境	777.25	730.60	789.00
2.1	绿化	577.25	530.60	589.00
2.2	泛光照明	200.00	200.00	200.00
3	公建配套	3 403.60	3 475.64	3 329.00
3.1	人防地下室	1 718.00	1 718.00	1 718.00
3.2	幼儿园	623.60	674.64	576.00
3.3	立体车库安装	1 062.00	1 083.00	1 035.00
4	建筑单体	42 601.02	53 216.14	43 932.86
5	小计	49 872.96	60 573.15	51 204.90

方案 A：销售面积单位成本 = 498 729 600/133 949 = 3723.28（元/m^2）。

方案 B：销售面积单位成本 = 605 731 500/138 540 = 4372.25（元/m^2）。

方案 C：销售面积单位成本 = 512 049 000/128 537 = 3983.67（元/m^2）。

根据销售面积单位成本做成本系数的计算，即成本系数 C = 该方案销售面积单位成本/各方案销售面积单位成本之和，最终确定的各方案成本系数如表 11-22 所示。

表 11-22 各方案的成本系数

项目	方案 A	方案 B	方案 C	合计
销售面积单位成本/（元/m^2）	3 723.28	4 372.25	3 983.67	12 079.20
成本系数 C	0.3082	0.3620	0.3298	1.0000

3. 计算价值系数

根据各方案计算的功能系数和成本系数，利用价值工程的计算公式 $V=F/C$，计算三种方案的价值系数 V，结果如表 11-23 所示。

表 11-23 各方案的价值系数

项目	方案 A	方案 B	方案 C
功能系数 F	0.3392	0.3412	0.3196
成本系数 C	0.3082	0.3620	0.3298
价值系数 V	1.1006	0.9425	0.9691
最终排名	1	3	2

从表 11-23 中可以看出，方案 A 的价值系数最高且大于 1，说明方案 A 能以较少的成本实现较多的功能，故从业主需求出发，方案 A 被选为最优方案。方案 B 和方案 C 的价值系数小于 1，说明实现这两个方案的成本超出了与其功能对应的成本，价值偏低。此外，虽然方案 B 的功能系数大于最优方案的功能系数，但其成本系数制约了它的最终排名。因此若要对方案 B 和方案 C 优化，可以通过降低成本和提高功能两方面入手。

通过以上分析可知，除对成本和功能有特殊需求的建设项目外，工程方案的成本并非越低越好，功能也不是越高越好，成本与功能的和谐统一至关重要。为实现此目标，应用价值工程进行工程设计方案的优选是可行且必要的。具体来说，项目管理人员应从方案的适用、安全、经济、美观等角度出发，与相关专家组建价值工程小组进行工程设计方案优选，以项目功能和成本之间的最佳配置来发挥工程设计的核心价值。

复习思考题

1. 建筑设计方案是如何影响建筑造价的？
2. 你认为建筑美学与建筑经济性之间的关系是什么？
3. 从结构设计方案的角度分析其与建筑经济性的关系？
4. 电气设计是如何影响建筑造价的？
5. 限额设计是什么？它适用于哪些建设工程项目？
6. 如何促进限额设计顺利实施？
7. 利用价值工程进行工程设计方案优选的步骤是什么？

习 题

1. 某办公建筑平面形状为矩形，需要设计 27 个办公室、2 个卫生间和 1 个楼梯间，简图如图 11-8 所示。单个办公室的建筑面积为 22～23m^2，走廊通道宽 2m，单层建筑面积为 760～790m^2。拟确定办公室开间有 3.3m、3.6m 两种方案，可选进深有 6m、6.3m、6.6m 和 6.9m。假定卫生间和楼梯间的开间与办公室开间相同，外墙造价与内墙造价的比值为 2∶1。试设计该办公楼的初步平面布置方案，从墙体造价角度给出办公室进深的合理长度，并分析这几种可行方案中墙体的经济性。

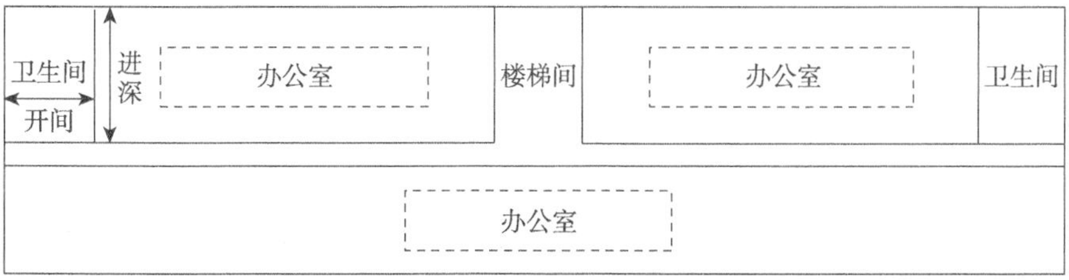

图 11-8 某办公建筑平面形状简图

2. 若 11.4.4 节中案例的投资限额降低到 7820 万元，其他要素不变，请求出此时建筑、结构、给排水、暖通、强电、弱电、电梯这七个分部工程所分配的设计限额区间。根据计算结果，你认为哪些分部工程对工程项目投资的影响较大?

3. 某工程有 A、B、C 三种设计方案，估算成本分别为 2850 万元、3100 万元、3300 万元，专家组认为这些方案应满足安全可靠、用户满意、利于实施三个功能，且一致认为三个功能的重要性分别为 0.4、0.25、0.35，之后专家组又对三个方案的功能表现进行了评分，评分结果如表 11-24 所示，请利用价值工程的方法对这三个方案进行优选。

表 11-24　A、B、C 三个方案的功能表现

功能	方案 A	方案 B	方案 C
安全可靠	8	9	9
用户满意	9	8	10
利于实施	7	9	8

第 12 章　工程施工的经济分析

工程施工阶段是工程实体按照设计要求逐步实现的阶段，工程项目的投资中绝大部分支出在这一阶段，因此也是工程经济分析的重要阶段。这一阶段的经济分析涉及不同的相关方利益，因此也更复杂，也是工程经济分析的重点和难点。

12.1　建筑施工要素与成本的关系

12.1.1　材料与成本

1. 工程材料的介绍

工程材料是建设工程实体的重要组成部分，是工程管理的重要环节。工程材料是建筑业的物质基础。据统计，房屋建筑工程成本约 2/3 为材料费。建筑工程每年的材料消耗量占全国总消耗量的比例大约为：钢材 25%、木材 40%、水泥 70%。我国年水泥产量已连续多年居于世界第一，2019 年我国水泥总产量占全球的 57%。我们也应该注意到：我国 60%的水泥用于商品混凝土或现场浇筑混凝土的拌制。经估算，用于混凝土中的沙、石、水泥、水等基本原材料年用量分别约为 10.7 亿吨、17.3 亿吨、5 亿吨、2.7 亿吨，混凝土骨料的消耗数量巨大。工程材料的科学使用与管理对于加快施工进度、保证工程质量、降低工程成本、提高经济效益，具有十分重要的意义。

2. 工程材料费与工程成本的关系

工程材料费是指施工中耗费的原材料、辅助材料、构配件、零件、半成品或成品、工程设备的费用，包括材料原价、运杂费、运输损耗费、采购及保管费。工程材料费在工程项目总费用中占据了很大的比重。建筑工程材料成本占项目建设总成本的比重因项目不同而不同。在住房建设项目中，材料成本所占比例为 43%；材料和设备成本在项目总成本中所占的比例达到 50%～60%，所以材料的管理与运用是施工企业成本管理中的重要环节。

在工程项目施工中，工程材料费主要受价格水平、库存管理及消耗水平三方面的影响，如图 12-1 所示。在价格水平和库存管理因素所受影响相同的情况下，材料消耗水平对施工成本的影响起着决定性作用，所以工程项目施工现场的材料管理是建设项目成本管理的关键。

材料价格的波动情况对差价控制、结算依据和投资决策都有着很大的影响。如果相关人员对材料价格的波动不了解，就会造成预计金额的确定不准确，若是对材料的价格确定不当，则对工程造价最后的结算也非常不利，而且当材料消耗量过多或损耗量过多时，会影响材料成本，从而直接影响到工程总成本，具体如图 12-2 所示。

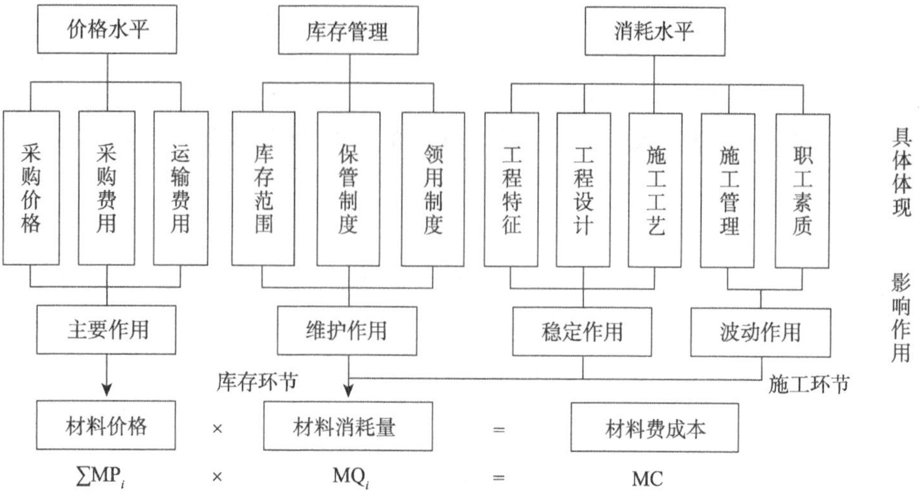

图 12-1　工程材料费的影响因素

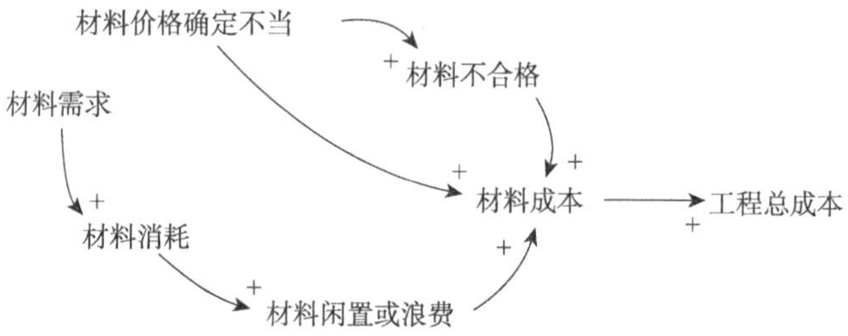

图 12-2　工程材料成本与工程总成本的关系

3. 施工现场材料成本控制的特点

施工现场材料成本控制是指对建设项目施工中所使用的材料进行预算监督和管理，并在材料计划、进场验收、保管存放及使用回收各个环节合理规划和安排，实现施工现场材料消耗最小化、利益最大化的过程。施工现场材料成本控制是整个施工项目管理过程中不可或缺的重要环节，既关系到整个工程项目的质量情况，也关系到施工企业的经济效益。施工现场材料成本控制具有以下特点。

1）施工现场材料成本的确定具有不确定性

施工现场材料成本控制遵守动态控制原理，由于项目建设周期长，在整个工程施工期内，存在着多种因素能够直接或者间接影响施工现场材料成本。

2）施工现场材料成本控制具有程序性

施工现场材料成本控制是按照材料计划、验收、存储、领发和回收等一系列环节实施的。

3）施工现场材料成本控制不是单一的

施工现场材料成本与工程质量和工程进度是彼此影响、相互作用的，因此在制定施工现场材料成本控制措施时应综合考虑工程质量和工程进度两大目标的影响。

4. 施工现场材料成本控制的要点

1）合理编制材料计划

材料计划是整个施工现场材料成本控制的关键环节，材料计划编制的成功与否直接影响施工现场材料成本控制的好坏。施工企业已编制的材料计划内的各项计划内容在施工过程中要根据生产情况和施工进度，进行适当调整，避免因信息缺失造成施工现场材料成本的增加；在制订材料计划时，材料计划编制的相关人员要及时获取相关材料信息，与技术部门、施工工长等人员做好技术上的了解和实际施工情况的分析，保证沟通的及时性，确保材料计划编制合理，促使施工企业能按计划实现施工现场材料成本控制目标。

2）科学存储施工现场材料

施工现场材料的存储方式直接影响施工现场材料成本，施工企业对施工现场材料进行存储时，要根据不同材料的不同性质，选择合适的存放方式，进行分区域存放，并且要采用合理的方法对各类材料进行有针对性的保管和保养，在保证材料的质量的同时减少材料的仓储损耗，从而帮助施工企业控制施工现场材料成本。

3）完善施工现场材料管理

完善施工现场材料管理主要是要求施工人员在施工过程中严格遵守材料管理制度，通过科学合理地使用现场的材料，以达到减少材料损耗、提高施工效益的目的。施工企业要落实材料管理人员和施工人员各自的职能和任务，进行责任确定制，要求所有人员知道自己的职责和工作，熟悉施工组织设计，要对施工现场材料成本变动较大的部分具有敏感性和一定程度上的预见性，在施工中进行重点把控，避免造成巨大费用的产生。

4）规范施工现场材料使用

施工现场材料使用是施工现场材料成本控制的关键，这一个环节的工作是否能够做好直接关系到整个工程是否能够顺利完成，通过限额领料制度规范施工现场材料的发放和使用，可以有效减少场内运输和材料损耗，防止施工现场材料误领和冒领，避免材料浪费；通过设置施工现场材料成本控制的原始凭据，对其体现的材料消耗实际数与定额数的差异进行原因分析，从而找到降低施工现场材料成本的途径，达到控制施工现场材料成本的目的。

12.1.2　人工与成本

1966 年日内瓦第十一届国际劳动经济会议通过的人工成本会议决议案中，人工成本是指雇主在雇佣劳动力时产生的全部费用。国际上通用的人工成本主要包括：已完成工作的报酬，未工作而有报酬时间的工资，奖金和小费，食品、饮料及其他此类支出，雇主负担的雇员住房费用，雇主支付雇员的社会保险支出，雇工在雇员职业培训、福利服务及其他杂项费用的支出，如雇员的交通费、工作服采购费、健康恢复费等，以及视为人工成本的税收等。

我国对人工成本的定义是企业在一定时期内，在生产、经营和提供劳务活动中因使用劳动力而支付的所有直接费用和间接费用的总和。按我国原劳动部颁发的〔1997〕261 号文件规定，人工成本范围包括：职工工资总额、社会保险费用、职工福利费用、职工教育费用、劳动保护费用、职工住房费用和其他人工支出，如图 12-3 所示。

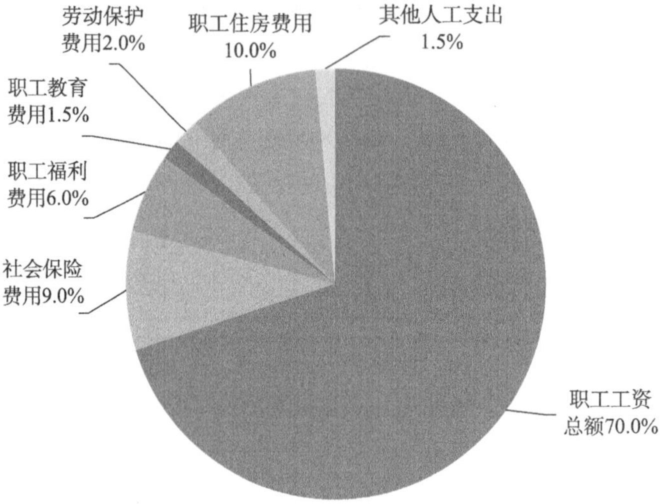

图 12-3　人工成本的基本构成

建筑工程项目的人工成本可以理解为人工费，是按工资总额构成规定，以货币方式支付给从事建筑行业劳动者和附属生产单位工人的各项费用，包括：计时、计件工资，各类奖金，各类津贴补贴，各类加班加点工资，以及特殊情况下支付的工资等，具体划分见表 12-1，并且普工、一般技工、高级技工的最低日工资单价分别不得低于工程所在地日最低工资标准的 1.3 倍、2 倍、3 倍。

表 12-1　建筑工程项目人工成本子项含义及构成

项目	含义及构成
计时、计件工资	对工作按计件单价或按计时工资标准和工作时间支付给个人的劳动报酬
各类奖金	对于超出定额的劳动付出或其他企业节约创收所得的报酬
各类津贴补贴	支付给员工额外的或特殊的劳动消耗和因其他特殊原因的津贴
各类加班加点工资	依据国家法律法规，在国家法定假日期间和规定的法定工作时间以外正常上班的工资
特殊情况下支付的工资	因工伤、病假、计划生育假、产假、婚丧假、事假等，或者其他执行国家或社会义务的原因，依法依规，按核定工资标准或核定工资标准一定比例支付的工资

当前我国已经进入工业化的后期阶段，建筑工程很难再依靠大量廉价的劳动力来节约成本规模，而且，由于建筑工程行业内工资水平并没有突出优势且工作环境艰苦，越来越难吸引大量的劳动力加入，因此使建筑业用工的人工费上涨迅速，也使工程成本中人工成本的占比有了较大提高。图 12-4 为近年建筑业农民工月均收入变化图。

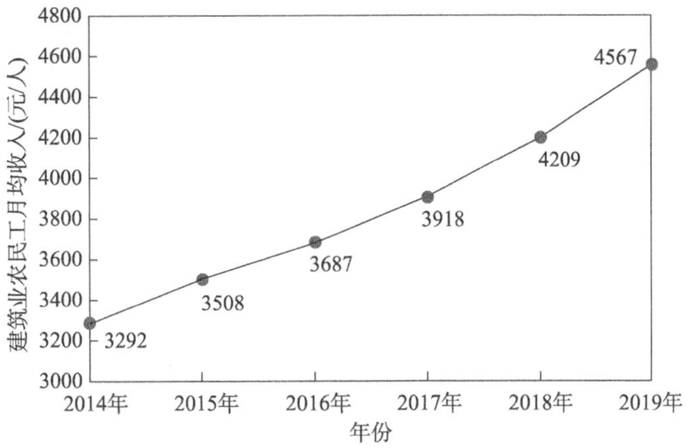

图 12-4　近年建筑业农民工月均收入变化

建筑工程建造成本、建筑企业及工程特征等因素都对人工成本产生不同程度的影响。工程本身的场地条件、施工环境、设备投入，以及企业的战略定位、管理体制等方面，都会影响劳动力的工作效率，进而影响人工成本。所以，从效率工资的角度出发，这些因素在人工成本控制环节也是不可忽视的。

降低建筑行业因素对人工成本的影响并不是毫无解决办法，这不仅需要依靠政府加强监督，而且还需要建筑行业的科学管理、建立鼓励机制、利用现代化专业技术设备等手段来降低人工成本费用。同时，建筑企业自身也需要加快建筑产业优化升级和培养技能型人才，这是建筑行业当前走内涵式发展道路的必然要求。

12.1.3　机械设备与成本

施工机械设备是在工程建设中使用的各种专用机械设备，如挖掘机、铺路机、起重机、混凝土搅拌运输车等。使用施工机械设备可以大大减轻工人的体力劳动，改善劳动条件和环境，大幅度提升施工效率，是建筑业发展水平的重要标志。以土石方工程为例，机械化施工效率是人工效率的 15～20 倍，一台斗容量为 1m^3 的单斗挖土机在挖掘四级以下的土体时，其每个台班的生产效率相当于 300～400 个工人一天的工作量。由于机械的大量使用，现代工程建设中，曾经的使用大量人工、人拉肩扛的人海战术方式已经不存在了。

施工机械设备费用是在工程施工中消耗的施工机械、仪器仪表的使用费用或租赁费，也是工程成本中重要的组成部分。施工机械使用费内容包括折旧费、大修理费、维修费、替换设备工具及附具费、润滑及擦拭材料费、安装拆卸及辅助设施费、管理费、驾驶和操作人员的人工费、动力费、燃料费、施工机械的养路费及车船使用税等。施工机械设备费用占施工成本的比例由于采用施工方式的不同、机械类型的不同差别很大。

施工机械设备与人工之间具有很强的替代关系，因此施工机械设备费用与人工费用之间也有此消彼长的关系，通常施工机械化程度越高，施工机械设备费用占比越高，人工费用占比越低。近年来，建筑施工人工费用上涨很快，而施工机械设备费用增加缓慢甚至下降，从而使得用机械设备施工比用人工更经济。这种趋势未来会越来越明显，也为施工的机械化带来重大契机。某混凝土现场施工采用常规人工操作方式和机械施工方式的造价对比见表 12-2，从中能看出采用两种施工方式施工，机械费和人工费的变化很大而其他各项费用变化不大。

表 12-2 某混凝土现场施工采用常规人工操作方式和机械施工方式的造价对比

项目		人工费	消耗性材料费	装置性材料费	机械费	措施费	间接费	利润	税金	合计
常规施工	费用/万元	12 728	3 689	31 754	3 449	3 728	11 327	3 217	2 383	72 275
	占比	17.61%	5.10%	43.93%	4.77%	5.16%	15.67%	4.45%	3.30%	99.99%
机械施工	费用/万元	6 988	2 872	39 043	11 747	3 185	7 014	2 979	2 157	75 985
	占比	9.20%	3.78%	51.38%	15.46%	4.19%	9.23%	3.92%	2.84%	100%

注：本表数据因四舍五入存在合计不等于 100%的情况

随着建筑行业劳动力成本的不断增加，提升建筑公司的建筑机械和设备水平，是推动建筑业从依赖于劳动力的劳动密集型行业转向依靠科技进步的专业化技术行业的重要途径。利用新的先进的技术提高建筑行业机械施工水平，提高建筑行业劳动生产率，可以有效解决人工费上涨和人工不足等问题，降低建筑业人工成本的费用。机械化施工不仅可以提高劳动生产效率，还可以促进建筑企业的自身发展，但如果全部用机械施工，又会带来人口就业问题。到底是应用人工，还是应用机械，还应综合考虑多层面利益因素，通过科学合理地分析研判，结合建筑业实际，在建筑成本与人工成本、机械成本之间寻求到一个平衡点。

12.2 施工技术方案与成本

施工技术方案是指导工程项目顺利实施的基础性文件，涉及采用的施工方法、施工步骤、工艺技术及施工进度安排等内容，是按照不同的工程特点针对人工、材料、机械来制订的。合理规范的施工技术方案能对项目目标和成本带来有利影响。依据施工对象的不同类型，施工技术方案可分为施工组织设计、专项施工技术方案及安全专项施工技术方案，其中，施工组织设计是指导项目的重要依据，重点解决工程建造中的问题。所以本节将以施工组织设计为例，对施工技术方案进行介绍。

施工组织设计包括工程施工方案、施工准备工作、施工进度计划、资源用量计划、施工现场平面布置等内容。在招投标阶段，投标人选择的施工组织设计一般是根据该项目特点，以符合现行规范为基础，以技术可行、经济合理为原则自行制定的，其在实际的合同履行过程中可能会发生改变。对于承包商来说，不同类型的施工方案对其施工成本有着重要的影响。

工程项目的施工成本主要由直接成本和间接成本两大部分组成。施工组织设计的各个组成部分对工程项目的直接成本和间接成本的影响见表 12-3。

表 12-3　施工组织设计各个组成部分对工程项目成本的影响

成本项目				工程施工技术方案	施工准备工作计划	施工进度计划	资源用量计划	施工平面布置
工程项目施工成本	直接成本	人工费		√	√	√	√	√
		材料费		√	√	√	√	√
		施工机械使用费		√	√	√	√	√
		其他直接费用	安全、文明施工费	√		√	√	√
			夜间施工增加费	√		√	√	√
			二次搬运费	√	√		√	√
			冬雨季施工增加费	√	√	√	√	√
			大型机械设备进出场及安装费	√	√			√
			施工排水费			√		√
			施工降水费	√		√		√
			地上地下设施、建筑物的临时保护设施费	√		√		√
			已完成工程及设备保护费	√		√		√
			专业措施项目	√		√	√	√
	间接成本	规费	工程排污费					√
			社会保障费	√	√	√	√	
			养老保险费	√	√	√	√	
			失业保障费	√	√	√	√	
			医疗保险费	√	√	√	√	
			住房公积金	√	√	√	√	
			危险作业意外伤害保险			√		√
		管理人员工资		√	√	√	√	
		办公费		√	√	√	√	√
		差旅交通费		√	√	√	√	√
		固定资产使用费		√		√		√
		工具用具使用费		√	√	√	√	√
		劳动保险费		√	√	√	√	√
		工会经费		√	√	√	√	√
		职工教育经费		√	√	√	√	√
		财产保险费		√		√		√
		财务费	利息支出	√	√	√	√	√
			汇兑损失	√	√	√	√	√
			调剂外汇手续费	√	√	√	√	√
			银行手续费	√	√	√	√	√
		保函、保险费				√		√
		工程养护费		√		√		√
		税金						
		其他费用	财务费用	√	√	√	√	
			设备及器具购置费	√				√
			无形资产费用	√		√		√
			其他资产费用	√		√		√
			技术转让费	√				
			技术开发费	√				
			业务招待费	√		√		√
			绿化费	√				√
			广告费			√		√
			公证费					
			法律顾问费			√		√
			审计费					
			咨询费			√		√

12.2.1 工程施工方案与成本的关系

工程施工方案是施工组织设计的重要组成部分，是通过技术和经济等方面的比较，以技术先进、施工可行、经济合理为首要目标选择出来的，可以保证施工质量、工程进度和工程成本等目标的实现。工程施工方案主要包括施工方法的确定、施工顺序的安排、施工机具的选择、流水施工的组织等内容。本节重点介绍施工方法及施工顺序两部分内容。

1. 施工方法

施工方法是工程施工方案的关键所在，它的选择对于工程成本具有显著的影响。关键的施工方案、技术路线是在投标阶段确定的，而施工方案的选择与投标的报价直接相关，所以选择技术先进、经济合理的施工方案，对控制项目建设成本有着重要意义。

在某大桥的施工方案中，引桥 32m 后张法预应力箱形梁施工采用现场预制、运输、就位、安装的思路进行编制，这就会涉及现场场地的平整、地面的硬化、起重机械的水平运输及垂直运输等问题，而施工单位采用的是设计梁现场旁边立支架，在支架上进行预制、张拉、养护、再横向移动就位，此种方法在满足施工工期的情况下比较适用，施工难度低，并且节省了预制场地和梁的运输等工序，既缩短了工期，又节约了预制场地建造和预制梁的运输费用，降低了工程成本。

在钻孔灌注桩的杂填土和砂卵石层施工时，采用长螺旋灌浆黏结式护壁施工方法，解决了如掉渣、塌孔及漏浆等诸多问题。该方法降低了工程成本，同时也改善了地层性质，为基础桩的优化设计提供了支持。

某新建公路项目拟对 80 片预制 T 型梁进行安装，设计单位拟定的 T 型梁安装方法为吊车安装的方法，此种方法需要购买成品梁，用 40 吨履带吊配合 40 吨运梁车等机械设备。工程地理位置偏僻以及地势起伏较大等原因，使 T 型梁的运输距离长达 200 千米。最终导致每片梁的最终成本为 12 000 元，工期缩短到 70 天，管理费为 1500 元/天。总计成本为 $12\ 000 \times 80 + 1500 \times 70 = 106.5$ 万元。施工单位提出了采用双导梁法，该方法需要在桥梁旁设 T 型梁预制场，使用双导梁和跨墩门架等工具和机械。制作和架设成本费用为 9000 元/片，管理费为 1500 元/天，工期为 85 天，总成本为 $9000 \times 80 + 1500 \times 85 = 84.75$ 万元。显然第二种施工方法是更优的，可以节约成本 21.75 万元。

在工程设计及建设中，施工方法的选择必须通过工程条件、工程经济和技术经济等方面的比较，才可以选出。当前，科学技术发展迅速，新的施工方法随着工程规模的不断扩大以及设计难度的不断增加而不断出现。在针对某一施工项目选择工程施工方法时，先进的施工方法可以体现企业的技术创新能力，所以施工中使用新工艺、新技术、新方法通常可以让成本降低，并且可以缩短施工工期，使工程的利益最大化，但盲目追求新科技、新技术往往不一定是最优的选择，还要脚踏实地，结合项目特征和施工企业的实际能力来选择合适的施工方法，使先进性、科学性、可行性及经济合理性并行。

2. 施工顺序

施工顺序决定着企业施工现场一切工作是否进行得井然有序，各个工序及排班是否互相影响、相互制约，是否有共用同一资源的工作在同步进行、轮流等候使用资源而降低施工效率等。合理的施工顺序是在保证前面一个环节提供必须工作条件的基础上，开展后一个工作环节，而后一个工作环节又不影响前一个环节的工作，同时不影响工作本身的连续性，可以让企业保证现场的施工秩序，避免混乱，实现文明施工，使工程进度得以按照进度计划进行。优化施工顺序可以在不增加额外投资的同时加快施工进度、减少工期、降低施工成本，同时也可以降低施工成本和机械设备的固定折旧费，相应缩短工期时间内的间接成本。

对于大型复杂的工程施工项目，如某公路工程项目中，一座桥梁的基础设计方案为扩大基础，基坑深度约为 6 米，基坑开挖范围内为淤泥质土，土壤类型为Ⅲ类，地下水位较高，基坑的开挖采用了插打钢筋混凝土桩的施工方法，钢筋混凝土桩的总设计工程数量为 2100 根。设计单位给出的施工方案为先打桩后挖基，施工单位则在施工组织设计编制中提出了先挖基后打桩的施工方案。两种不同的施工顺序中，先挖基后打桩的施工方案比先打桩后挖基的施工方案工艺简单、施工方便，工期可以缩短 4 天，施工成本可降低 109 600 元。

对于主体工程施工项目，如果将工序较少（钢筋、模板、混凝土），但工期压缩潜力大的标准层主体框架施工顺序进行优化，既可使项目工期缩短，还可以达到控制成本的效果。常规施工顺序见图 12-5，优化后的施工顺序见图 12-6。从施工作业面的角度可以看出：在常规施工顺序中，在 A 过程墙柱纵向受力钢筋连接、B 过程墙柱、连梁钢筋绑扎时，梁脚手架施工的作业面有闲置，在合理安排顺序下可以同时进行；而在 C 过程搭设脚手架，D 过程墙柱、连梁模板支设，以及 E 过程顶板模板支设中，钢筋班组存在等待施工作业面的情况，这种施工顺序在不同时间段，对木工班组而言是一种浪费，而对钢筋班组来说由于没有及时的作业面，出现窝工，从而降低施工效率、延长施工时间、加大成本；而在优

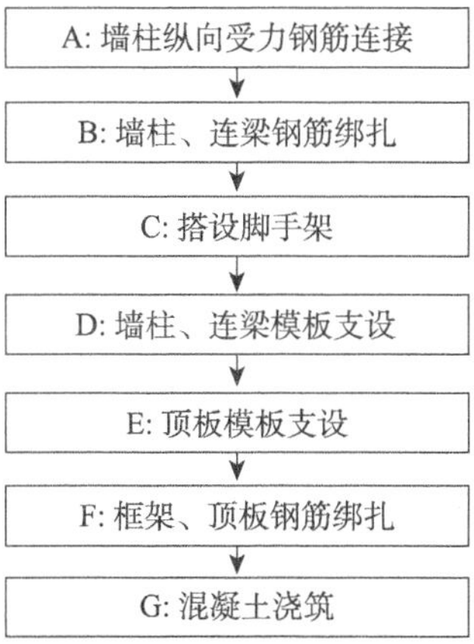

图 12-5　常规施工顺序

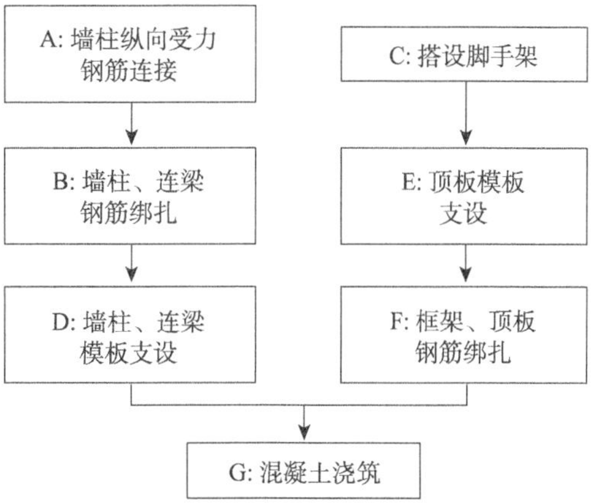

图 12-6　平行施工流程

化后的施工顺序中，墙柱部分A项墙柱纵向受力钢筋连接主要利用约束边缘构件部分作业面，梁板部分C项搭设脚手架主要利用顶板投影部分作业面，两者之间不存在施工作业面冲突的现象，可以充分利用各自作业面进行平行施工。采用平行施工流程，各施工过程的逻辑关系得到简化，且施工工序组织合理，充分、有效地利用和创造了施工作业面，有效压缩了施工时间，避免了钢筋、木工班组窝工的现象，同时降低了成本。

从以上实例可以看出，合理的施工顺序在不影响总工期的情况下，可以通过调整非关键线路上的工序，进行资源的优化，从而达到降低工程成本、合理安排资金使用的目的。

12.2.2 施工准备工作与成本的关系

施工准备工作通常包括现场准备工作、物资准备工作、技术准备工作、组织部门的创建及施工设备的准备工作等，这一系列工作都会对项目的成本产生影响。其中，组织部门的创建对成本的影响最为明显，它通常涉及三方面工作：一是项目管理部门的创建，二是施工组的准备工作，三是施工工作者的岗位分派。创建组织部门的目的是使项目组织中的权利、责任及利益能够比较公平、均等地分派于项目管理部门中的所有人中。项目管理本身就是一个涉及面广、涉及因素多、比较复杂的系统工程，其项目成本费不仅与项目部门有关，也和其各施工小组之间有着密切联系。若其权利、责任及利益无法得以明确，其成本目标基本上就无法顺利达成。

12.2.3 施工进度计划与成本的关系

施工进度计划是施工组织设计的中心内容。它的作用是保证建设工程在合同规定的期限内能够交付使用。施工中的其他工作，必须围绕且适应施工进度计划的要求而安排，实际工程中常用网络进度计划表示。它是各工程完成时限的主要依据。合理地编制进度方案，不仅能够确保各系统工程能够按时保质完成，还有利于获取更多的经济效益。

在实际工程中，业主方往往对工期要求十分紧迫，若不能够科学地安排施工进度，盲目赶工，则会出现质量和安全问题，造成返工，增加施工成本；或者由于进度安排不合理，为完成进度计划，必然要采取增加人力、提高机械化作业时限比率、加大物资供给强度等措施，从而导致项目成本的增加。

项目施工进度计划在编制时，除了要满足合同的工期要求之外，还需对该企业的技术能力、资金能力、既有资源情况和项目合同条件等进行统筹考虑。比如，合同规定工程款是按工程的进度支付，那么在安排工程进度时就应该尽量加快相关单项的施工进度，尽早达到节点付款的条件；如果合同规定工程款是按月支付，那么为了避免巨大资金压力的产生，可以将第一个月的进度适当放缓。

12.2.4 资源用量计划与成本的关系

工程项目所涉及的资源主要由人工、机械及材料三部分组成，如果对这三种资源的进、退场时间进行有效的控制，将减少物资和机械的资金占用、材料仓储和保管费，减少机械的折旧费用分摊，还可以减少人工窝工费用等，从而达到控制工程项目的直接成本和间接成本的目的。

1. 人工用量计划

人工用量计划会对整个项目的成本支出造成影响。如果工人太多，建筑结构没有足够的施工空间，会造成进度缓慢，使得施工项目的成本增加。反之，如果工人太少，会影响工程进度，存在不满足工期要求的风险。在工人进、出场时间点的把控方面，如果工人进场早于计划时间点，将会造成人员闲置和人工成本的额外增加；相反，如果工人进场迟于计划时间点，将会造成工程施工无法按计划开展，必然会导致赶工，使工程成本增加，所以必须要制订合理的人工用量计划。

2. 机械用量计划

机械用量计划也会对项目的工程成本产生重要影响。如果机械设备偏多，势必会使得维修费用、保养费用、人工费用及租赁费用增加，也会使得施工项目的成本增加，但如果机械数量太少，则会影响工期。在机械设备的进场时间节点方面，如果设备进场过早，将会增加项目的维护、保管、折旧摊销及资金占用等的费用；而如果设备进场过晚，施工任务将很有可能无法按计划完成，从而为了赶上进度计划，施工企业必须增加成本投入以达到预期要求，所以制订一套合理的机械用量计划是非常必要和重要的。

3. 材料用量计划

材料应按照进度计划提前 3～7 天进场。如果提前时间过早，则会占用施工场地位置，同时还需要雇用特定人员对材料进行看管，对材料进行防护，这样会使得施工项目的成本增加。反之，如果材料不能按照计划时间进场，则会造成窝工现象，也会增加工程项目的成本。若材料属于季节性材料，还需要考虑季节变化对材料价格的影响，应该对比分析在不同季节时，季节性材料的采购金额和仓储、保管、损耗和资金占用等费用的差异，进而确定各施工阶段的材料采购数量，以实现降低材料成本的目的。

除了上述三部分以外，资源计划的均衡性也会对工程项目的施工成本造成影响。项目施工的各阶段应均衡地利用资源，避免产生资源需求高峰，尤其是对于人工和机械的使用。因此，在编制工程施工的资源用量计划时，应该尽量实现工期不变、资源均衡的目标。

12.2.5 施工平面布置与成本的关系

施工平面布置是研究解决施工场地上所有设施在平面上的合理布置问题，确定施工场地、交通以及各项施工设施的规模、位置和相互关系。合理的施工平面布置可以避免施工设施反复搬迁、地下工程反复开挖、土方往返运输等浪费现象，降低运输费用，保证运输方便，可以减少临时性建筑物的修建费用，减少临时占地，同时降低与临时占地相关的征地及青苗补偿等费用。在公路项目中，桥梁、涵洞都分布在沿线，不可能每座桥涵处都设一座混凝土预制厂。所以，混凝土预制厂位置的选择就须认真考虑，既要靠近现有交通线，又要靠近预制构件需求量大的工程，这样既方便砂、石、钢筋、水泥等材料的进场，又能减少预制构件的运输费用，降低工程成本。

12.3 施工工期、质量与成本的关系

工期、质量、成本有各自的内涵，不能互为替代和等同。工期是工程从开工到完工的全部时间；质量是指满足业主需要，符合国家法律、法规、技术规范标准、设计文件及合同规定的各类特性；成本是工程建设的全部费用。工期、质量、成本是建设项目重要的三个目标。正确处理工期、质量与成本三者之间的辩证关系，使三者达到或接近各个目标的最理想状态，不仅可以增大项目的综合经济效益，而且可以给项目本身带来良好的社会效益。

12.3.1 施工工期与成本

施工工期是工程正式动工到工程竣工所需的时间，是建设双方界定的工程开工到完工的期限，也是工程项目的重要目标。施工工期的长短直接影响着工程项目的经济效果，想要在最短时间内完成，则必须付出最高的成本。

从成本构成看，工程成本可划分为直接费用和间接费用。直接费用是指施工过程中耗费的构成工程实体和有助于工程形成的各项费用，包括人工费、材料费、施工机械使用费。直接费用与工程的实际完成工程量直接相关，是每项工作的费用之和，而每项工作的直接费用与工作的持续时间是反比关系，如图 12-7 所示，就是在正常的工作时间条件下，若为了赶工期而缩短持续时间，势必会为此增加建筑材料、人工工时、机械设备等资源的使用量，从而造成工程成本的增加。

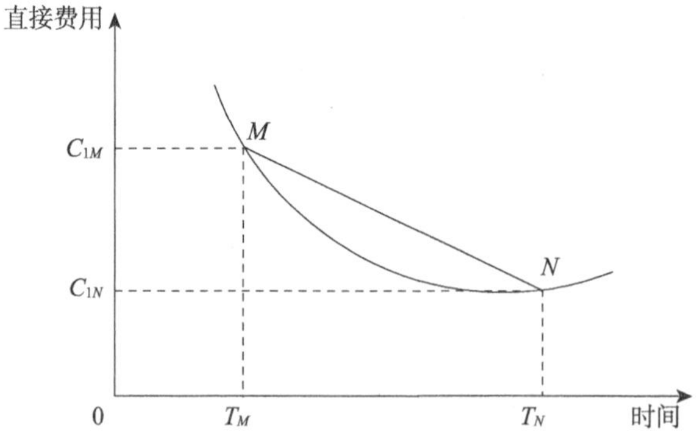

图 12-7 工作持续时间与直接费用关系图

工程的间接费用是施工企业为完成工程而必须支付的现场管理费、临时设施费、企业管理费和财务费用等，这些费用通常与工程持续时间呈线性关系，工期越长，费用越高。

工程的总成本是直接费用和间接费用之和。在正常工期条件下压缩工期会使直接费用

增加而间接费用减少。若增加的直接费用小于减少的间接费用，则总成本减小，反之则总成本增加。可以画出如图 12-8 所示的工期–成本关系曲线图。对于同一工程项目，工程工期被压缩得越短，其需要同时投入的资源就越多，相应的工程直接成本也越高；而工期被拖得越长，人员、机械设备等的保持、消耗及折旧等要摊销的费用也越多，导致间接费用增加，进而会造成工程总成本增加。总成本通常是一条上凹的曲线，其中总成本最低点对应的工期就是最佳工期。

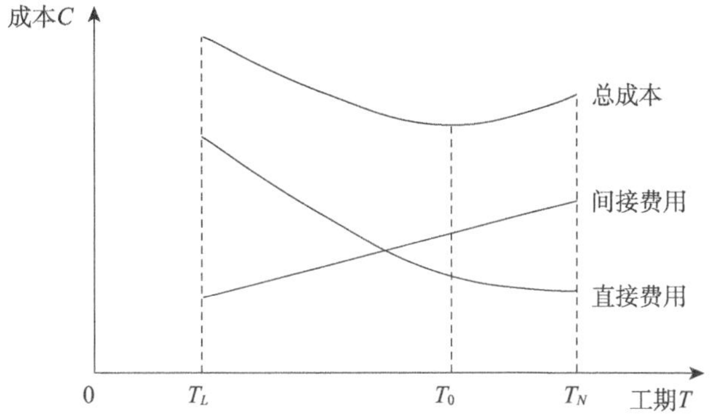

图 12-8　工程工期与成本关系图

T_L 为最短工期；T_0 为最佳工期；T_N 为正常工期

工期与成本的关系告诉我们：工期长短会对项目的成本消耗产生影响，项目施工进度安排应当是合理的、科学的，太快的施工进度计划会增加机械设备和周转性材料的投入，太慢的施工进度计划则会导致管理、摊销等相关费用的大幅增加，总成本都会提高，都不是最佳的进度安排。合理缩短施工工期能使在建项目早日竣工投产，给生产企业带来超前收益，提高项目的经济效益和投资效益，能减少在建工程的自然磨损和无形磨损，能减少建设资金的贷款利息，同时能使施工企业相对降低固定成本。

12.3.2　施工质量与成本

通常高质量是要以高成本为代价的。施工质量和成本之间并不是线性关系，质量到达一定程度后，要再提高一点，所要付出的成本就会非常高，或者说当质量比达到某一水准后，付出再多的成本，得到的质量改善也是非常有限的。要使质量达到完美的程度所付出的代价是惊人的。质量与成本的关系曲线如图 12-9 所示。实际工程中，施工企业往往会选择高于合格质量的某个质量水平（可称为适宜质量）作为质量目标，以这个质量目标对应的成本作为目标成本。在这个目标成本下企业可以获得合理的利润。若目标成本对应的质量水平在合格质量以下，说明目标成本定得过低，利润过高，损害用户利益，这是不允许的；或者签订的合约成本过低，无法达到合格质量。从经济角度，施工企业是没有动力自觉追求极致的产品质量的，而是“合理优质”。

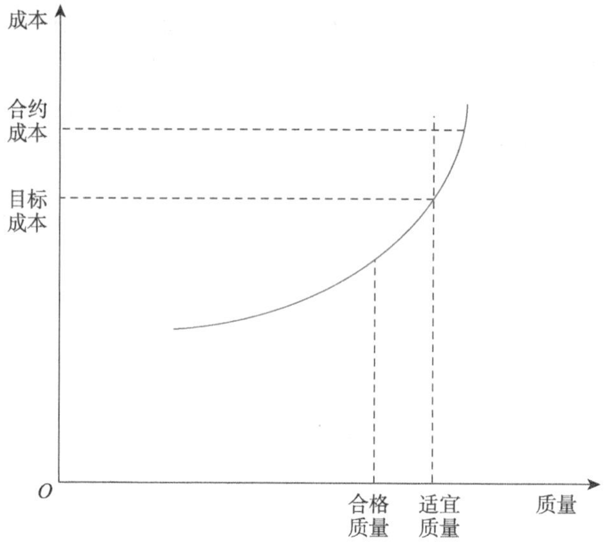

图 12-9　施工质量与成本的关系

从质量成本的角度也可以说明为什么施工企业追求的是合理优质。质量成本是指为保证和提高工程质量而发生的一切必要费用以及因未达到质量标准而蒙受的经济损失，分为预防成本、鉴定成本、内部损失成本和外部损失成本四类，也就是

$$\begin{aligned}质量成本（QC）&=质量保证费用（QC_1）+质量损失成本（QC_2）\\&=预防成本（QC_{11}）+鉴定成本（QC_{12}）\\&\quad+内部损失成本（QC_{21}）+外部损失成本（QC_{22}）\end{aligned}$$

式中，各项指标含义如下。

（1）预防成本 QC_{11}，是指不合格工程与事故所产生的各项费用，如质量培训费、工程评审费、质量改进措施费等费用。

（2）鉴定成本 QC_{12}，是指在评定工程质量是否达到规定要求时所产生的费用，包括设备维修费用、质量检测费用等。

（3）内部损失成本 QC_{21}，是指工程在交付使用过程中由于无法满足规定质量要求而支付的费用，如停工损失、废品损失等。

（4）外部损失成本 QC_{22}，是指工程竣工后未能满足行业技术规范要求而支付的相关费用，如返修损失、索赔费用等。

几种成本之间的关系如图 12-10 所示。$QC_1=QC_{11}+QC_{12}$，与产品的质量成正比，$QC_2=QC_{21}+QC_{22}$，与产品的质量成反比，QC 是以上两个函数之和，是一条上凹曲线，曲线的最低点为最低质量成本，对应的质量水平就是最适宜质量（应该在合格质量以上）。最适宜质量的附近区域称为质量适宜区域。质量适宜区域左边部分表明产品的质量欠佳，说明因产品质量不合格产生了相应费用，需要提高质量；质量适宜区域右边部分表明产品质量过关，但达到这样的质量水平投入过大、成本过高并出现质量过剩现象。

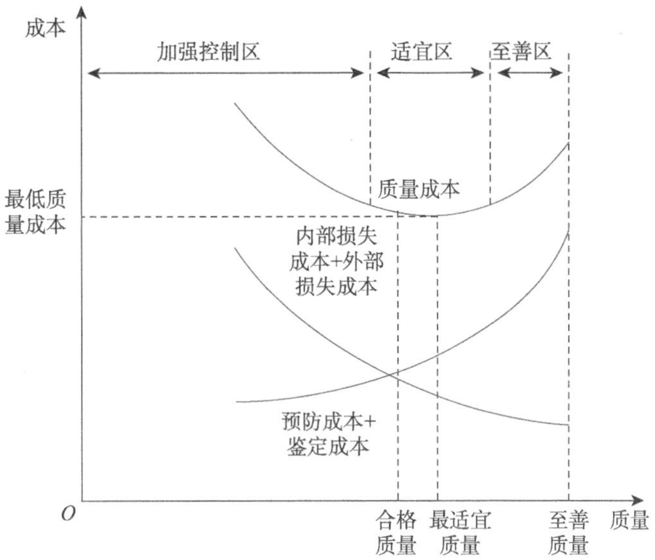

图 12-10　工程质量成本的构成图

对施工企业而言，产品质量达到设计要求，满足使用功能及结构安全即为质量合格。虽然从业主角度来看，质量越高越好，但是从工程整体效益方面考虑，质量过剩会带来成本的巨量增加，以及效益的降低。所以，质量不足和质量过剩都不是施工企业要追求的质量目标，而最适宜的质量目标是“合理优质”。

12.3.3　科学认识质量、工期、成本三者的关系

质量、成本与工期三大目标是对立与统一的。因此，对工程项目三大目标进行控制与管理不能仅仅只关注其中的一个目标，而是要把它们放在相同的位置上。在确定目标值时，不可能同时使三个目标均达到最优，也不可能使每个目标都绝对满意。在确定每个目标时都要考虑其他目标的影响，进行各方面的分析比较，做到目标最优化。做好三大目标的管理工作，要确定好三大目标之间的复杂关系，搞清楚三大目标之间的统一性、对立性和主次性。

1. 施工质量、工期与成本关系的统一性

施工质量、工期与成本三者之间具有一定的统一性，当三者达到一种平衡态时，说明工程项目管理达到了较好的水平。对于工程项目管理来说，为了提高工程项目的质量和缩短项目的工期，需要增加项目的成本（资源）投入；为了减少项目的成本（资源）投入，需要适当延长项目的工期。因此，在确定工程项目管理目标时，要充分考虑多方面的不同要求，不断调整计划来协调它们之间的关系。在项目执行过程中，如果由某些不可控制的因素导致某一目标与既定目标产生了偏差，在进行调整时要同时考虑该目标变化对其他目标造成的影响，保证项目的各个目标都能够与项目的影响因素在整体上保持协调一致。

2. 施工质量、工期与成本关系的对立性

质量、工期、成本是既互为依存又相互矛盾的一组共同体，同时达到工期最优、质量

最优、成本最优这三大目标，实际上是很难实现的。其中的任何一个目标的改变，都会对另外的两个目标造成很大影响，并且受到另外两个目标的制约。过度提高对其中某一个目标的要求，都会相应地降低对另外两个目标的要求，使得原本有三个目标的工程项目管理目标体系变成一个单目标的目标体系了。

通常业主对工程质量有较高的要求，这就需要增加项目的建设成本和施工工期；如果要抢时间，加快施工进度，即将项目的工期目标定得很高，那么就需要相应地增加项目的成本投入，甚至可能有个别企业会以牺牲质量为代价；如果要减少项目的成本投入，节约建设成本，即提高对项目成本目标的要求，则要考虑到其对项目的工期和质量目标的影响。上述分析表明：工程项目管理的三大目标之间具有一定的对立关系，彼此牵制。

3. 施工质量、工期与成本关系的主次性

工程项目建设包含项目决策、设计、施工和竣工等多个阶段，成本、工期、质量等目标贯穿于工程项目建设的全部阶段，而在不同的阶段，每一个管理目标具有不同的地位。

在项目的决策和设计阶段，项目管理人员需要根据项目建议书，对项目进行可行性研究，选定工程设计方案，编制项目投资估算，并据此进行初步设计、技术设计和施工图设计。待完成上述设计工作后，能够进行施工图预算的编制工作，进而形成工程承包的合同价款。国内外资料和工程建设发展情况表明，设计阶段对项目的投资额和成本起到决定性的作用；同时设计阶段是在决策阶段制定的投资管理目标的基础上进行成本的控制。因此，在项目的决策和设计阶段，成本目标占据主导地位，而质量和工期目标的地位则相对较弱。

当项目处于施工阶段时，施工阶段的主要目的是实现在决策阶段和设计阶段确定的质量目标（即在决策阶段和设计阶段确定的项目质量目标和功能使用价值），最终保证形成的工程实体满足质量目标的要求。因此，在施工阶段要重点保证工程项目实体具有较好的质量，确定建成的工程项目满足安全、实用、经济、美观的综合要求，而这些质量目标又恰恰与国民经济持续、快速、健康发展的全局和人民生命财产的安全有着直接的关系。所以，质量目标在施工阶段占据主要地位，而成本和工期目标的地位则相对较弱。

当项目进展到竣工验收阶段时，工程项目实体的成本目标和质量目标已经基本实现，此时要保证项目能够尽快地投入使用，以便项目能够尽早地发挥出它的经济效益。因此，在竣工验收阶段，工期目标占据主要地位，成本和质量目标的地位相对较弱。

从上述分析可以知道：工程项目的质量目标和成本目标都与工期目标有着直接的关系，而且随着正常工期的压缩，工程质量和成本都会受到一定的影响。在合理的工期范围内，随着工期的压缩，工程质量会有所降低，而工程成本会不断增加。在项目的工期、成本、质量三要素构成的项目目标控制系统中，其中一个要素的变化都会引起另外两个要素的变化，它们的关系如图 12-11 所示。质量有“最好”的极限，工期有“最短”的极限，成本有“最低”的极限，但三者不可能同时发生。如果要提高工程质量，成本或者工期就会增加；如果要求缩短项目工期，就要增加人工、机具和材料的投入，同时缩短工期会增

加施工难度，进而对质量带来不良影响；如果要降低成本，就要减少资源的投入，项目的工期就要延长，同时低成本、低资源投入可能会导致施工质量难以保证。

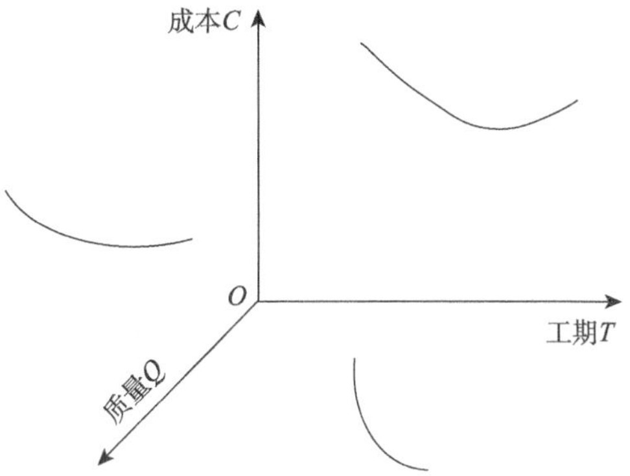

图 12-11　工程项目成本、质量、工期三者之间的关系

12.4　价值工程在工程施工方案优选中的应用

12.4.1　工程概况

以某中学高边坡支护方案价值分析案例来说明价值工程的应用。

某中学工程高边坡系修建该中学时挖掘而成。边坡坡向为 70°～80°，坡角为 45°～75°，长 260m，坡高 20～30m，坡面面积近 6000m^2。坡底为正在施工的该校图书馆、教学楼和学生宿舍楼等教学建筑。建筑群边缘距坡脚平均为 7m，坡后缘为公路。边坡剖面出露的主要地层自上而下为第四系滑坡堆积土石混合体；侏罗系中统紫红色泥岩、褐红色泥质粉砂岩；根据《工程岩体分级标准》（GB 50218—94），边坡岩体类别综合划分为Ⅲ类。由于开挖和雨水的影响，在边坡的中部出现滑塌区，分布长度为 54m，前缘高度为 20～27m。

根据《建筑边坡工程技术规范》（GB 50330—2002）对滑塌区稳定性进行评估，计算的稳定系数为 0.88，小于临界状态稳定系数 1。事实上，边坡的这一部分已经发生了滑动，如果不采取治理措施，将有进一步滑塌的可能，所以必须进行支护，使其达到稳定性要求。

12.4.2　方案创新

边坡加固要完成的基本功能为保证坡体下建筑物的安全以及坡体上附属道路的畅通。具体而言就是通过减载工程、支挡工程、坡面防护工程和排水工程的实施，保证坡体在正常使用条件及规定的设计年限内完成保证坡体下建筑物的安全、坡体上附属道路的畅通的功能，同时通过绿化工程，还能改善坡面环境，为学校创造良好的环境氛围。工程的具体要求如下。

（1）减载工程：通过挖除边坡后缘土体，以减小坡体的自重；通过修整坡面，减缓坡角，以增加坡体的稳定性。在实施这一工程中，还需要考虑坡体上附属功能的实施，即坡体上附属道路的建设和坡面的绿化。

（2）支挡工程：通过在坡体前缘设置抗滑桩、挡土墙、抗滑键等结构，以承受坡体的下滑变形趋势产生的作用力，阻止破坏性变形的发生；或者通过锚杆、锚索等传力构件将坡体下滑变形趋势产生的下滑力传递到变形体后面的稳定体上；或者将锚索等传力构件与坡前的抗滑结构连用，共同承担下滑力，如锚索抗滑桩、锚杆挡墙等。

（3）坡面防护工程：对边坡坡面应做防护，以阻止风化、水流侵蚀等自然力对边坡的进一步破坏。

（4）排水工程：疏浚坡体表面的外来水，以避免水的下渗导致坡体抗剪强度的降低；排出地下水，降低孔隙水压力，以改善岩土体的性质，提高坡体岩土体的抗剪能力。

（5）绿化工程：坡体表面绿化是环境建设的要求，通过绿化弥补由建设对环境造成的破坏，也可为学校创造好的教学环境。

根据上述各工程的特点和所完成的功能要求，结合当地的习惯做法，价值工程小组提出了两个支护方案。

方案 A：锚索抗滑桩结合排水方案。在边坡滑体的前缘设一排抗滑桩，抗滑桩上设锚索，方案具体参数及费用见表 12-4。该方案不需要大量的削坡减载，只是需要对坡面做必要的修整，坡体的下滑力由抗滑桩和锚索共同承担。由于抗滑桩的使用，在坡顶形成了较大的空间，有利于坡顶道路的修建；抗滑桩间距较大，抗滑桩之间的间隙需要设置必要的挡板作为坡面防护，以阻止边坡前缘表面可能的坍塌、掉块等现象的发生。

表 12-4　治理方案及成本

项目	方案 A				方案 B			
	方案做法		成本/万元	成本系数	方案做法		成本/万元	成本系数
减载工程	坡面修整	土石方 956m^3	2.752	0.016	坡面修整	土石方 2441m^3	7.027	0.033
支挡工程	抗滑桩工程	11 根抗滑桩，截面 2m×3m，净间距 3m，平均桩长 23.5m，体积配筋率为 0.90%，砼标号 C30	125.237	0.709	格构梁工程	截面 0.5m×0.5m，纵、横方向间距 2.5m。体积配筋率为 1.37%，砼标号 C25	20.580	0.096
	锚索工程	22 根 7Φ15.2 钢绞线锚索，平均长度 33m	24.563	0.139	锚索工程	184 根 7Φ15.2 钢绞线锚索，平均长度 23m	172.263	0.801
坡面防护工程	桩间的砼面板	板厚 0.3m，体积配筋率为 1.73%	16.138	0.091	坡面防护	采用绿化措施防护，与绿化工程结合	—	—
排水工程	坡面排水孔 坡面排水沟	60 根 PVCΦ45 花管长 1.0m，石砌排水沟 0.4m×0.4m，长 304m	5.785	0.033	坡面排水沟	石砌排水沟 0.4m×0.4m，长 304m	5.497	0.026
绿化工程		221m^2	2.210	0.012		972m^2	9.720	0.044
合计			176.685	1			215.087	1

方案 B：削坡、格构锚索结合排水方案。将坡面进行修整，坡度为 1∶0.3，在坡面布置钢筋混凝土格构梁，在格构梁的交点处设锚索，方案具体参数及费用见表 12-4。该方案需要按照设计的坡度削坡减载，以便于坡面格构梁的放置。坡体的下滑力由锚索承担，而且坡面上的格构梁将位于格构梁结点处的锚索连接成一个整体，可以使它们相互支援，共同发挥作用；同时，格构梁也起着护面的作用。

12.4.3　功能分析

1. 支护结构功能要求

边坡加固措施需要完成的功能如下。

（1）坡体安全：在正常使用条件下，坡体在规定的设计年限内（50 年）安全运行。

（2）道路通行：保证坡体上附属道路的修建空间，路面长度达到 7m。

（3）坡面美化。

在上述三项功能中，第一项最为重要，第二项次之，第三项最不重要。

2. 功能评价

根据方案能够达到各项功能要求的程度，采用定量评价法的直接打分法，按十分制进行打分。

（1）方案 A：能够满足第一项功能的要求；同时，由于抗滑桩是垂直的，削坡量很少，这样就使坡顶上的空地较大，为坡上的公路提供了较大的空间，使坡上的附属功能得以较好地实施；抗滑桩间的坡面是采用混凝土防护的，无法绿化，绿化只能在桩顶、路边实施，因此，坡面的绿化和美化功能基本上就不能够满足，但可以通过增加浮雕等形式提升观感。

（2）方案 B：该方案能够满足第一项功能的要求；由于格构梁的设置需做必要的削坡，这样就减小了坡上的空间，使原本就较小的坡上空间更加狭窄，对坡上公路的建设产生不利影响，不能保证 7m 路面，但可以在设计调整后，达到 5m 的路面；由于坡面格构的实施和坡面有一定的倾斜度，绿化就比较容易实施。

根据上述分析，组织专家对方案满足功能的程度进行打分，取平均值，结果见表 12-5。选择 A 方案。

表 12-5　方案功能、成本评分和价值表

方案	坡体安全	道路通行	坡面美化	成本	价值	方案选择
方案 A	10	10	4	8	3	√
方案 B	10	5	10	10	2.5	

12.4.4　方案优化

1. 方案 A 的成本分析和功能分析

方案 A 的成本构成可以分解为五个方面：减载工程；支挡工程，包括抗滑桩工程和锚

索工程；坡面防护工程；排水工程；绿化工程。根据设计方案计算的各项成本和成本系数见表 12-4。功能分析根据构成成本的五个分项工程在三项功能中的重要程度进行打分，打分结果见表 12-6。

表 12-6 方案 A 的功能分析

评价项目	减载工程	支挡工程		坡面防护工程	排水工程	绿化工程	合计
		抗滑桩	锚索				
重要程度	5%	50%	20%	10%	10%	5%	100%
功能指数（FI）	0.05	0.50	0.20	0.10	0.10	0.05	1
成本系数（CI）	0.016	0.709	0.139	0.091	0.033	0.012	1
价值指数（VI）	3.21	0.71	1.44	1.10	3.06	4.00	

2. 方案 A 的价值分析和方案优化

根据价值分析原理，计算方案 A 各项功能的价值指数，也列于表 12-6 中。对价值指数进行分析发现：锚索和坡面防护两项工程成本投入与满足功能基本匹配，价值指数分别为 1.44 和 1.10，无须改进；排水工程和绿化工程满足的功能要远超于所投入的成本预期应满足的功能，价值指数分别为 3.06 和 4.00，但是由于这两项工程需要经常性修理，年年进行投资，综合起来，其价值指数随着投资的增加而降低，因此，也不需要做调整；减载工程相对于功能来讲，投资偏低，价值指数为 3.21，可适当增加投资，增加削方量；抗滑桩的价值指数为 0.71，表明成本偏高，因此应该结合减载工程将抗滑桩工程优化，减少数量或降低配筋率，使减载工程和抗滑桩工程都达到合理的价值指数。

根据上述评估结论，实际工程中适当加大了削坡工程量，导致了下滑力减小，用以抵抗下滑力的抗滑桩的配筋率自然降低，从而使两者价值都达到了理想的程度。通过上述调整，减载工程投资略有增加，抗滑桩成本下降，综合节约资金 11 万元，取得了良好效果。

复习思考题

1. 简述材料成本在工程施工经济性分析中的重要作用。
2. 当前人工费上涨很快，人员短缺，应该如何认识和解决？
3. 采用机械设备代替人工的基本前提有哪些？
4. 阐述施工技术方案包含的基本内容及其与成本的关系。
5. 简述工期与成本的关系。
6. 简述质量与成本的关系，为什么工程建设不应追求极致的质量？
7. 简要阐述质量、工期、成本三者之间的关系。

习 题

1. 某工程中新型组合桁架梁由以下材料构成（表 12-7），请计算出单跨材料的成本。

表 12-7　某新型组合桁架梁的材料构成

材料	型号	总量/t	单价/（元/t）
钢板	厚 20 mm	10.935	4640
	厚 16 mm	6.857	4640
	厚 10mm	0.340	4640
钢筋	Φ20 mm	0.154	4640
H 型钢	HN700	10.542	5100
	HN900	13.924	5100

2. 某城市一商用办公大楼工程吊顶工程量为 18 000m^2。根据业主的要求，可供选择的吊顶材料为石膏板、硅钙板、PVC（poly vingyl chloride，聚氯乙烯）板。三种材料的总成本现值分别为 224.09 元/m^2、61.18 元/m^2 和 58.12 元/m^2。各材料的功能评分及功能权重见表 12-8。试用价值工程方法分析应选用的吊顶材料。

表 12-8　材料功能评分及功能权重

功能	材料功能评分			功能权重
	石膏板	硅钙板	PVC 板	
F1	8	9	5	0.408
F2	7	9	8	0.122
F3	5	9	6	0.106
F4	8	6	4	0.078
F5	8	10	5	0.091
F6	10	9	8	0.104
F7	10	9	8	0.056
F8	9	8	9	0.035

第 13 章　工程项目后评价

13.1　工程项目后评价的概念

13.1.1　工程项目后评价的含义和目的

狭义的工程项目后评价是指项目投资完成之后对其进行的评价，通过对工程项目的实施过程、结果及其影响进行调查研究和全面系统的回顾，与项目决策时确定的目标，以及技术、经济、环境、社会指标进行对比，找出差别和变化，分析原因，总结经验教训，得到启示，提出对策建议。通过评价信息反馈，改善投资管理和决策，达到提高投资效益的目的。

广义的工程项目后评价还包括项目中间评价，或称中间跟踪评价、中期评价，是指从工程项目开工到竣工验收前所进行的阶段性评价，即在项目实施过程中的某一时点，对建设项目实际状况进行的评价。一般在规模较大、情况较复杂、工期较长的项目中，以及主客观条件发生较大变化的情况下采用。项目中间评价除了总结经验教训以指导下阶段工作外，还应以项目实施过程中出现的重大变化因素为着眼点，并以变化因素对项目实施和项目预期目标的影响进行重点评价。

工程项目后评价的基本目的是通过对项目投资活动的全过程的回顾总结，判别成功度，找出差距及原因，为决策和管理提出经验教训；同时预测项目的前景和发展，提出改进和完善管理的措施，提高项目持续性，从而形成对投资项目全过程评价、监督和控制的管理循环和评价体系，提高决策水平和投资效益，为国家宏观投资计划、政策的制定、调整，以及企业投资决策和项目管理水平的提高积累基础资料，提供科学依据。

我国的项目后评价始于 20 世纪 80 年代中后期，1988 年国家计划委员会正式委托中国国际工程咨询有限公司进行第一批国家重点项目的后评价。2005 年国务院国有资产监督管理委员会印发了《中央企业固定资产投资项目后评价工作指南》，2008 年国家发展和改革委员会印发了《中央政府投资项目后评价管理办法（试行）》，并于 2009 年 1 月起施行。

目前，我国投资项目后评价制度性文件基本形成，按照国务院国有资产监督管理委员会的要求，项目后评价工作已在央企中全面开展；以国家、各省市政府投资为主的项目后评价工作，也正在规范有序地进行。非国有企业投资行为可以参照政府和国有企业已经形成的规范性运作机制开展工作。

13.1.2 工程项目后评价的基本特征

根据工程项目后评价在项目周期中的地位和作用，呈现以下基本特性。

1. 全面性

工程项目后评价，既要总结、分析和评价投资决策和实施过程，又要总结、分析经营过程；不仅要总结、分析和评价项目的经济效益、社会效益，还要总结、分析和评价经营管理状况；不仅要分析和评价过去，还要展望未来，得出持续性分析。因此，项目后评价具有数据采集范围广泛、评价内容全面的特点。

2. 动态性

工程项目后评价主要是对投产 1～2 年后的项目进行全面评价，涉及项目从决策到实施、运营各个阶段不同的工作方面，具有明显的动态性和跨越性。项目后评价也包括项目建设过程中的事中评价或中间跟踪评价、阶段性评价，其有利于及时了解、改正项目建设过程中出现的问题，减少项目建设后期的偏差。项目后评价成果并不是一成不变的，不同阶段的后评价应根据采集到的项目进展最新数据，对前期后评价成果进行修正。

3. 方法的对比性

对比是工程项目后评价的基本方法之一，是将实际结果与原定目标进行同口径对比，将实施完成的或某阶段性的结果，与建设项目前期决策设定的各项预期指标进行详细对比，找出差异，分析原因，总结经验和教训。有无对比方法也常用于项目的后评价。

4. 依据的现实性

工程项目后评价是对项目已经完成的现实结果进行分析研究，依据的数据资料是项目实际发生的真实数据和真实情况；对将来的预测也是以评价时点的现实情况为基础。因此，后评价依据的有关资料，数据的采集、提供、取舍都要坚持实事求是、客观评价，避免因偏颇使用而形成错误结论。

5. 结论的反馈性

工程项目后评价的目的之一是为改进和完善项目管理提供建议，为投资决策或其他相关利益部门提供参考和借鉴。为此，就必须将后评价的成果和结论进行有效反馈，反馈机制使后评价总结出来的经验得到推广、教训得以吸取，防止错误重演，最终使后评价成果变为社会财富，产生社会效益，实现评价的目的。

13.1.3 工程项目后评价的基本原则

1. 独立性和公正性

独立性可以保证后评价的合法性和公正性，即后评价工作应由投资者、业主、受益者以外的第三方——专门的独立机构来执行，避免项目决策者和管理者自己评价自己。例如，有明文规定，中央政府投资项目的后评价必须委托具备相应资质的甲级工程咨询机构承担。国家发展和改革委员会将委托中国工程咨询协会，定期对承担项目后评价任务的工程咨询机构和人员进行执业检查。

2. 可信性和客观性

工程项目后评价的可信性取决于评价者的专业素质和经验水平，取决于资料信息的可靠性和评价方法的精确性。可信性的一个重要标志是同时反映出项目的成功经验和失败教训。应重视各方公众参与，广泛听取意见，收集资料和查明情况，并在工程项目后评价报告中予以客观反映。报告的分析和结论应当具有充分可靠的依据。

3. 透明性和反馈性

工程项目后评价的透明度可以引起公众的关注，以及更有效的社会监督。透明度能促进成果的扩散和增加反馈的效果，有利于更多相关人员借鉴项目经验教训。工程项目后评价的结果需要反馈到决策部门，作为新项目立项和评价的基础，以及调整投资规划和政策的依据，这是工程项目后评价的最终目标。因此，是否具有畅通的信息流系统和反馈机制，以确保信息反馈的畅通和快捷，成为工程项目后评价成败的关键之一，如国家发展和改革委员会建立了项目后评价信息管理系统，专门负责项目后评价的组织管理工作。

4. 可操作性和全面性

工程项目后评价报告要有很强的时效性、针对性，应突出重点，紧紧围绕项目存在的问题和症结所在展开，文字要求简练、针对性强，避免引用过多的专业术语。此外，工程项目后评价报告的建议应与其他内容分开表述，应能提出具体的措施和要求。

全面性是指工程项目后评价要对项目立项决策、设计施工、生产运营等全过程进行系统评价，也就是对项目做出全面评价。这种评价不仅要涉及项目生命周期的各个阶段，还要涉及方方面面，包括经济效益、社会影响、环境影响、项目综合管理等，因此工程项目后评价是比较系统、全面的技术经济活动。

5. 现实性和合作性

工程项目后评价要收集项目实施过程中实际发生的真实数据，把项目建设实施的结果与规划的目标相比较，和国内外同期、同类项目相比较，分析存在的经验和教训，这样才能发现问题和差距，判断决策实施是否正确，衡量项目成败得失，以便于采取对策措施，改善项目建设和管理。工程项目后评价工作涉及范围广，人员多，如项目经理、专职技术经济人员、企业经营管理人员、投资项目管理部门等，这需要各方面的组织机构和有关人员通力合作、齐心协力才能做好。因此，合作性也是工程项目后评价的一个重要原则。

13.1.4 工程项目后评价的类型

随着社会经济活动中投资方式的多样化，工程项目后评价也产生了多种类型。

1. 按评价时点划分

工程项目后评价根据发起的时点不同，可以分为在项目实施中进行的中间评价和在项目完工进入运行阶段后的后评价。

2. 按评价范围划分

根据评价范围划分，可以分为全面后评价和专项后评价。中间评价可以是全面后评价，也可以根据决策需要，选取单一专题进行专项评价。这种评价范围的调整也适用于狭义的后评价。根据不同的评价范围和评价重点，可以分为项目影响评价、规划评价、地区或行业评价、宏观投资政策研究等类型。

3. 按项目类别划分

目前常见的后评价类型包括工程项目后评价、并购项目后评价、贷款项目后评价、规划后评价等。例如，在某支线机场后评价工作中，根据政府委托项目的特点，后评价更加关注项目对社会经济发展和民生的影响，咨询机构在提出项目对策建议时不能仅仅从项目业主视角去考虑，还要针对政府所关心的层面提出自己的意见和建议。

例如，某银行委托的贷款项目后评价。虽然该项目是一个常规的固定资产投资项目，但委托方是为项目提供融资服务的金融机构，最关注资金安全性，因此针对项目的还贷能力进行重点评价。咨询机构评估跳出对项目本身财务能力的调研分析，将目光延伸到项目母公司等其他可能影响项目还贷能力的利益相关方。

13.2　工程项目后评价的基本内容

项目后评价的内容，主要包括项目目标评价、项目过程评价、效益评价、持续性评价、影响评价等，并在此基础上总结经验教训，提出对策和建议。

13.2.1　项目目标评价

项目目标评价主要是将项目目标的实际实现情况与项目可行性研究和评估中制定的项目目标进行对照，讨论项目目标的确定正确与否，找出变化、差距并分析目标偏离的主要原因，判断项目目标是否符合项目进一步发展的要求。必要时，还要对项目预定的目标和目的进行分析与评价，确定其合理性、明确性和可操作性，提出调整或修改目标和目的的意见和建议。

1. 宏观目标

（1）能够满足国民经济或地方经济发展对项目提供产品或服务的需求，推动相关产业和地方，乃至全国经济的发展。

（2）有利于推动国家或地方产业结构的调整，提高现有产业、产品或服务的功能、层次，提高高附加值产品所占的比例，提高产业和产品的经济效益。

（3）增加就业和居民收入，改善居民生活质量，提高居民的健康、教育水平，减少环境污染，改善环境质量，提高生产安全程度，降低或消除事故发生的可能性，加快少数民族和边远地区的经济发展，稳定经济社会的和谐发展。

2. 建设目的

（1）提高产品或服务的产量和质量，增加产品或服务的品种，改善产品结构和性能。

（2）降低对原材料和能源的消耗，从而降低产品成本，努力降低产品或服务的价格，结合良好的售后服务，提高产品在市场上的知名度，增强产品或服务的市场竞争力，提高市场占有率，提高获利能力。

（3）提高产品的财务或经济效益，提高资源投入的产出销量，实现资源的合理配置。

3. 目标实现程度评价

建设项目目标实现程度评价，一般按照项目的投入产出关系，分析层次目标的合理性、实现可能性及实现程度，以定性和定量相结合的方法，用量化指标进行表述，如表 13-1 所示。

表 13-1 项目预定目标和目标达到程度分析表

目标或目的内容名称	预定值	项目建成可能达到值	目标目的实现程度	偏离的原因分析	拟采取的对策和措施

4. 目标合理性评价

项目目标的合理性是指项目原定目标是否符合全局和宏观利益，是否得到政府政策的支持，是否符合项目的性质，是否符合项目当地的条件等。合理的目标是项目目标和目的得以顺利实现的基础。对目标合理性的评价也是对决策效果的分析与判断。

13.2.2 项目过程评价

过程评价应对照项目立项时或可行性研究报告所确定的目标和任务，分析和评估项目执行过程的实际情况，从中找出产生变化的原因，总结经验教训。

1. 前期工作评价

前期工作评价指对立项条件、勘察设计准备工作和决策程序等的评价。主要评价立项条件和决策依据是否正确、决策程序是否符合规定、勘测工作对设计与施工的满足程度、设计方案的优化情况、技术上的先进性和可行性、经济上的合理性等。

2. 建设实施评价

建设实施评价指对设备采购、工程建设、竣工验收和生产准备等工作的评价，包括对施工准备、招标投标、工程进度、工程质量、工程造价、工程监理，以及各种合同执行情况和生产运营准备情况等的评价。

3. 生产运营评价

生产运营评价指对项目从正式投产到后评价期间的运行情况进行评价，包括对项目设计生产能力和实际生产能力的验证、对工程技术经济指标的分析、对项目的生产管理和生产条件的分析、对项目的经营效益的分析等。主要对生产和销售情况，项目竣工验收的情况，资料档案管理的情况，原材料、燃料供应情况，资源综合利用情况，生产能力的利用情况，产品营销与开发情况，生产运营组织管理情况及后续情况预测进行评价。

4. 项目投资评价

项目投资评价指对项目总投资、主要资金来源和融资成本的变化及影响进行评价，包括对项目的资金筹措情况、资金投入情况及变化、工程项目总投资控制情况、主要工程量、独立费用与主要设备价格变化等的评价。

5. 管理水平评价

管理水平评价指对项目管理体制、机制和管理者的工作水平做出评价。主要分析和评价它们能否有效地管理项目的各项工作，是否与政策机构和其他组织建立了必要的联系，人才和资源使用是否得当，是否有较强的责任感等。从中总结出项目管理的经验教训，并就如何提高管理水平提出改进措施和建议。

13.2.3　效益评价

项目的效益评价是对项目实施的最终效果和效益进行分析评价，即对项目的工程技术效果、财务和经济费用效益、投资使用情况和管理效果等，与项目可行性研究和评估决策时所确定的主要指标，进行全面对照、分析与评价，找出变化和差异，分析原因。

1. 项目工程技术效果评价

主要内容包括对工艺、技术和装备的先进性、适用性、经济性、安全性，建筑工程质量及安全的评价，特别要关注资源、能源的合理利用。

2. 项目财务和经济费用效益评价

主要内容包括根据实际已经发生的财务和经济费用效益现金流量，扣除物价上涨和参数变化的影响，分别重新测算项目的财务评价指标、经济费用效益评价指标，并与可行性研究预测的目标对比，分析实现的程度以及产生差异的原因，同时对项目的前景和采取的措施进行分析。

3. 投资使用情况评价

将项目原定的预算和资金投入计划与实际发生的投资进行对比分析，找出发生变化的原因及影响。主要包括检查资金到位的时间和数量是否按照贷款协议计划和原投资计划执行、投资预算是否得到了控制、项目财务执行情况如何、项目资金渠道和贷款条件是否发生了变化等。分析评估投资是否及时到位和使用是否合理，并进行贷款偿还能力分析。

4. 管理效果评价

管理效果评价是对项目建设期和运营期的组织管理机构的合理性、有效性，项目执行者的组织能力与管理水平进行综合分析与评价。通常，项目业主应对项目组织机构所具备的能力进行适时监测和评价，以分析项目组织机构选择的合理性，并及时进行调整。

13.2.4 持续性评价

项目的持续性是指在项目的建设资金投入完成之后，项目可以按既定目标继续执行和发展，项目投资人和项目业主愿意并可能依靠自己的力量继续去实现既定目标。持续性评价即实现上述能力的可能性评价。当前，国内外的许多投资者越来越重视投资项目的持续性，世界银行、亚洲开发银行等组织把项目的持续性视为其援助项目成败的关键之一。

项目的持续性评价要从政府政策、管理组织和社区群众的参与，财务、技术、社会文化、环境和生态等内外部因素各个方面，来评价分析项目在物质、经济和社会等方面的持续性，并指出保持项目持续性的条件和要求。核心是对项目能否持续发挥投资效益、能否持续发挥企业的发展潜力和能否进行内涵式改造的前景等进行考察评价，做出判断，提出项目持续发挥效益必须具备的内外部条件和需要采取的措施。

根据项目持续能力要求，列出制约建设项目持续性的主要因素，分析原因。在要素分析的基础上，分析建设项目持续性发展的主要条件，评价项目的持续性，提出合理的建议和要求，见表 13-2。

表 13-2 项目持续能力分析框架

序号	制约因素名称	内部原因分析	外部条件分析	解决方案
1				
2				
3				

13.2.5 影响评价

对于基础设施项目、农林水利项目、社会事业项目、高技术项目等大中型项目，其影响有可能在较长的时间内才会显现出来，故在项目投产 5～8 年后的完全发展阶段，侧重分析项目对其周围地区在技术、经济、社会和文化环境方面所产生的影响和作用是十分必要的。项目的影响评价应站在国家的宏观立场上，重点分析项目对整个社会发展的影响。其内容包括以下三个方面。

1. 项目经济影响评价

主要评价项目对所在地区、行业、部门和国家经济发展产生的作用与长远影响，如对国民经济结构、分配、就业、技术进步的影响，对项目所使用的国内资源的价值进行测算，为在宏观上判断项目资源利用的合理程度提供依据。

2. 项目环境影响评价

对照前评价重新审查项目对环境产生的实际影响，审查项目环境管理的决策、规定、规范和参数的可靠性及实际效果。项目环境影响评价的主要内容包括项目的污染源控制、区域的环境质量、自然资源的利用、区域的生态平衡和环境管理能力等五个方面。

3. 项目社会影响评价

主要从社会发展的角度分析项目对社会发展目标所做的贡献和产生的影响，包括有形的和无形的。评价的内容主要有项目对社会文化、教育、卫生的影响，对公平分配的影响，对社区生产与生活、社区与群众的参与、社区机构与经济发展的影响，对居民生活条件和生活质量的影响，对民族团结、风俗习惯和宗教信仰等的影响。项目社会影响评价采取定量与定性分析相结合的方法，以定性分析为主，最后做出综合评价。

对于性质不同的投资项目，各部门、机构和单位进行项目后评价的目的不同，具体的后评价的内容也可以各有侧重。应针对项目的具体情况，突出重点进行深入剖析，全面总结经验教训，以便为未来同类项目的决策提供有益的借鉴。

13.3　工程项目后评价的工作要求、工作程序和方法

13.3.1　工程项目后评价的工作要求

开展工程项目后评价对项目决策科学化、管理现代化及提高项目投资效益有着重要的作用，对工程项目后评价工作的要求主要集中在以下几个方面。

1. 建立和完善项目评价体系

目前，我国投资项目的评价工作，主要侧重于项目前评估，这对保证项目决策的正确性和做好建设项目前期工作，都起到了非常重要的作用，但只凭前评估，还远远不能把项目做好。项目建设实施和投产后所发生的问题足以说明仅有前评估还是不够的，还必须有后评价，以建立和完善项目评价体系，即项目评价体系应有前、中、后三个评价，才能对项目实行全过程的控制，保证项目达到预期的效果。

2. 建立和完善工作责任制度

项目投资效益的好坏是项目管理各阶段、各环节、各相关单位和部门综合作用的结果。其中任何一个环节的过失都会给整体带来损失。只有加强各个环节的工作联系，才能够有利于建立和完善项目工作责任制，从而使项目后评价达到预定的效果。

3. 适应市场经济发展需要

我国市场经济体制的建立，投资体制和金融体制的深化改革，使银行贷款管理工作由过去侧重于前评估，向加强后评估、重视企业的偿还能力转移。市场经济体制下，变化因素多而繁，对项目预测数据和实施结果有很大影响。因此，在项目后评价的过程中，必须根据市场的变化和偏离预测目标的程度来对项目进行综合评价，这样才能调整企业的产品结构，从而适应市场需求。

13.3.2 工程项目后评价的工作程序

1. 制订工程项目后评价计划

从项目周期的概念出发，每个项目都应该重视和准备事后的评价工作。国家、部门、地方和企业的年度评价计划是后评价的基础。例如，国家发展和改革委员会每年年初研究确定需要开展后评价工作的项目名单，制订项目后评价年度计划，印发给有关项目主管部门和项目单位。

1）后评价项目的选定

国家、部门、地方和企业可以根据不同的着眼点和需要，选择进行后评价的项目。一般情况下，可以考虑选定以下项目进行后评价：项目运营中出现问题或发生变化的项目；非常规项目，如规模过大、建设内容复杂、带有实验性的新技术项目；具有示范意义的项目；急切需要了解项目作用和影响的项目；可为国家预算、宏观战略和规划原则提供信息的相关投资活动和项目；为投资规划或计划确定未来方向的代表性项目；对开展行业、部门或地区后评价研究有重要意义的项目等。

2）项目后评价范围的确定

由于项目后评价的范围很广，在评价实施前必须明确评价的范围和深度。评价范围通常是在委托合同中确定的，委托者要把评价任务的目的、内容、深度、时间、费用及特定要求，明确交代清楚。受委托者应根据自身条件确定能否按期完成合同。委托合同通常有以下内容：项目后评价的目的、范围，特定的要求；提出评价过程中采用的方法；提出项目评价的主要对比指标；确定完成评价的经费和进度。

3）委托具有相应资质的咨询机构

注意不得委托参加过同一项目前期工作和建设实施工作的工程咨询机构承担该项目的后评价任务。承担项目后评价任务的工程咨询机构在接受委托后，应组建满足专业评价要求的工作组。应重视公众参与，广泛听取各方面意见，并在后评价报告中予以客观反映。

2. 项目单位进行自我评价

列入项目后评价年度计划的项目单位，应当在项目后评价年度计划下达后一定时间内，进行自我评价，并报送项目自我总结评价报告。报告的主要内容如下。

（1）项目概况：项目目标、建设内容、投资估算、前期审批情况、资金来源及到位情况、实施进度、批准概算及执行情况等。

（2）项目实施过程总结：前期准备、建设实施、项目运行等。

（3）项目效果评价：技术水平、财务及经济效益、社会效益、环境效益等。

（4）项目目标评价：目标实现程度、差距及原因、持续能力等。

（5）项目建设的主要经验教训和相关建议。

3. 受委托咨询机构执行后评价工作

承担项目后评价任务的工程咨询机构，应当按照委托要求，根据应遵循的评价方法、工作流程、质量保证要求和执业行为规范，独立开展项目后评价工作，按时、保质地完成项目后评价任务，提出合格的项目后评价报告。

1）资料信息的收集

项目后评价的资料一般包括：项目自我评价报告、项目完工报告、项目竣工验收报告；项目决算审计报告、项目概算调整报告及其批复文件；项目开工报告及其批复文件、项目初步设计及其批复文件；项目评估报告、项目可行性研究报告及批复文件等。

此外，可能还需要项目所在地区的相关资料、国家和地区的统计资料、物价信息等。后评价方法规定的资料应根据委托者的要求进行收集。

2）现场调查

项目后评价现场调查应事先做好充分准备，明确调查任务，制定调查提纲。调查任务一般应回答以下问题。

（1）项目基本情况。项目实施情况如何？目标是否合理？是否实现？是否应该考虑其他目标？

（2）目标实现程度。原定目标的实现程度如何？目标实现的关键因素是什么？从宏观目标考虑，项目目标是否表达清楚？是否还需要对项目的作用和影响做进一步评价？

（3）作用和影响。项目产生了什么样的结果？不仅包括直接的结果，还应包括对社会、环境及其他发展因素的作用和影响。

3）分析和结论

在现场调查之后，应对资料进行全面认真的分析，主要研究以下问题。

（1）总体结果。项目的成功度及形成原因是什么？项目的投入与产出是否成正比？项目是否按时并在投资预算内实现了目标？成功和失败的主要经验教训是什么？

（2）可持续性。项目在维持长期运营方面是否存在重大问题？

（3）方案比选。是否有更好的方案来实现这些成果？

（4）经验教训。项目有哪些经验教训？对未来规划和决策有哪些参考意义？

4）后评价报告

后评价报告是评价结果的汇总，应真实反映情况，客观分析问题，认真总结经验。同时，后评价报告是反馈经验教训的主要文件形式，必须满足信息反馈的需要，要有相对固定的内容格式，以便于分解和计算机录入。

4. 后评价的反馈

反馈是后评价的一个表达、扩散，以及采纳、应用评价成果的动态过程。必须建立明确的反馈机制，以确保评价成果的扩散和应用。

例如，亚洲开发银行除了设有评价局，还设有项目实施评价局和高层次的后评价成果管理委员会。通过出版物（以年报、年报分析、成果摘录、研究报告等多种形式的出版物）、后评价信息计算机系统和数据库、各种成果反馈讨论会，以及内部培训和研讨等方式促进后评价成果的扩散。同时通过加强与董事会的联系，运用行政手段强化后评价成果的应用。

2008 年，国家发展和改革委员会印发了《中央政府投资项目后评价管理办法（试行）》，在后评价成果应用中，对后评价成果信息的反馈和应用提出了要求。

13.3.3 项目后评价的方法

后评价方法应当遵循宏观分析与微观分析相结合、定量分析与定性分析相结合的原则。目前常用的方法主要有以下几种。

1. 对比分析法

对比分析法是项目后评价的基本方法，包括前后对比法和有无对比法。

1）前后对比法

将项目实施前与建成后的实际情况加以对比，测定项目的效益和影响。主要将项目前期可行性研究所预测的建设成果、规划目标、投入产出、效益和影响与建成投产后的实际情况加以比较，从中找出存在的差别及原因。这种方法简单、易于操作，是一种最基础和最常用的科学方法，如油田产能建设后评价中，各专业、各部门主要应用该方法进行“前后对比”，分析实际值与预测值的偏差。

2）有无对比法

此法是将投资项目建设与投产后，在项目所在地区内产生的实际效果和影响，与如果该项目不存在，该地区可能的情况进行对比分析。由于项目的建设需要一定的周期，特别是对于一些大型社会项目，建设周期往往需要几年的时间，在这个过程中，项目建设运营的外部环境（如政策等）可能会发生比较大的变化，简单的前后对比不能得出真正的项目效果的结论，因此，进行项目后评价不仅要考虑项目本身所带来的影响，还要分析项目以外的许多其他因素的作用，这样才能判定项目的真实效果。这种对比方法的关键是要分清项目自身的作用和影响，以及项目以外因素的作用和影响。

2. 逻辑框架法

逻辑框架法（logical framework approach，LFA），全称为逻辑框架结构矩阵，是美国国际开发署（United States Agency for International Development，USAID）在 1970 年开发使用的一种设计、计划和评价工具，它是一种综合、系统地研究和分析问题的思维框架。在国际上已经广泛应用到项目策划设计、风险分析、评估、实施检查、监测评价和可持续分析的实践中。

逻辑框架法是一种概念化论述和分析项目的方法，即用一张简单的框架表清晰地分析一个复杂项目的内涵和关系，使之更容易理解。它将几个内容相关、必须同步考虑的动态因素有机组合起来，从设计、策划到目的、目标等方面来评价一项活动或工作，通过分析各因素相互之间的逻辑关系来评价项目的目标实现程度和项目的效果、作用及影响，并查找原因，从而改进和完善项目的决策立项、项目准备和评估程序。

在项目后评价中采用逻辑框架法分析项目的运作，如项目的目的和目标、进行时间和方式等，这有助于评价者厘清工程项目中的因果关系、目标与手段关系、外部条件制约关系，有助于对关键问题和因素做出系统的、合乎逻辑的分析评价。

逻辑框架法的基本模式是一个矩阵，如表 13-3 所示。

表 13-3　项目后评价逻辑框架表

项目描述	可客观验证的指标			原因分析		项目可持续能力
	原定指标	实现指标	差别或变化	内部原因	外部原因	
项目宏观目标						
项目直接目的						
产出/建设内容						
投入/活动						

资料来源：《中央企业固定资产投资项目后评价工作指南》

3. 成功度评价法

1）成功度评价法的基本概念和原理

成功度是对项目成败程度的衡量标准。成功度评价法通常依靠评价专家或专家组的经验，结合项目运行制定系统标准或评价指标体系，根据项目的执行情况综合评价各项指标，对各项指标打分或评级，最后得到项目的综合评级，对项目实施预期目标的成功程度做出定性的结论。采用该方法时要十分注意项目预期目标的合理性、可行性以及环境条件变化所带来的影响并进行分析，以便更好地根据实际情况评价项目的成功度。成功度评价法的核心在于根据经验建立合理的指标体系。

2）成功度的标准

成功度就是对成败程度的衡量标准。成功度一般可以分为五个等级：完全成功的、成功的、部分成功的、不成功的、失败的，分别用 AA、A、B、C、D 表示。

3）成功度的测定

项目的成功度评价是项目后评价中一项重要的工作，是项目评价专家组对项目后评价结论的集体定性。对于一个大中型项目，一般要对十几个重要的和次重要的综合评价因素进行定性分析，从而断定各项指标的等级（表 13-4）。

表 13-4 后评价项目成功度评价表

评价项目指标	项目相关重要性	评定等级
宏观目标和产业政策		
决策及其程序		
布局与规模		
项目目标及市场		
设计与技术装备水平		
资源和建设条件		
资金来源和融资		
项目进度及其控制		
项目质量及其控制		
项目投资及其控制		
项目经营		
机构和管理		
项目财务效益		
项目经济效益和影响		
社会和环境影响		
项目可持续性		
项目总评		

资料来源：《中央企业固定资产投资项目后评价工作指南》

注：项目相关重要性分为重要、次重要、不重要；评定等级：AA 表示完全成功；A 表示成功；B 表示部分成功；C 表示不成功；D 表示失败

4. 因果分析法

1）因果分析法的概念

由于一些投资项目（如交通、能源、水利等基础设施投资项目）建设周期较长，在此过程中，受社会经济发展变化、国家政策等外部客观因素的影响，以及项目执行或管理单位内部的一些主客观因素的影响，项目的主要技术经济指标和可行性研究阶段以及勘察设计阶段预测的结果会发生一定的偏差，并对项目实施效果产生较大影响。因此，在项目后评价时，为了及时发现问题、分析问题，提出解决问题的对策、措施和建议，就需要运用一定的方式方法，对这些变化进行因果分析，即主要通过对造成变化的原因逐一进行剖析，分清主次及轻重关系，以便于总结经验教训，提出改进或完善的措施和建议。

2）因果分析的对象

主要针对工程项目是否按照国家有关投资项目管理程序进行项目立项决策、勘察设计、资金筹措、项目招投标、施工组织管理、工程监理、竣工验收等工作进行分析，包括对工程技术、质量指标、经营方式、运营管理体制及经济效益指标的变化进行因果分析。

3）因果分析图

因果分析图也可称为鱼刺图或树状图。由于若干因素的共同作用，在项目设计、施工

建设、运营管理过程中，实际指标与前评估阶段预期的目标产生一定的差距，从而影响到项目实施的总体目标或子目标。在这些复杂的原因中，有主要、关键的原因，也有次要的或一般的原因。

从项目中首先要找出或明确所要分析的问题或对象，并画一条从左至右的有箭头的粗线条作为主干，表示要分析的问题。在箭头的右侧写出所要分析的问题或指标，如图 13-1 所示。

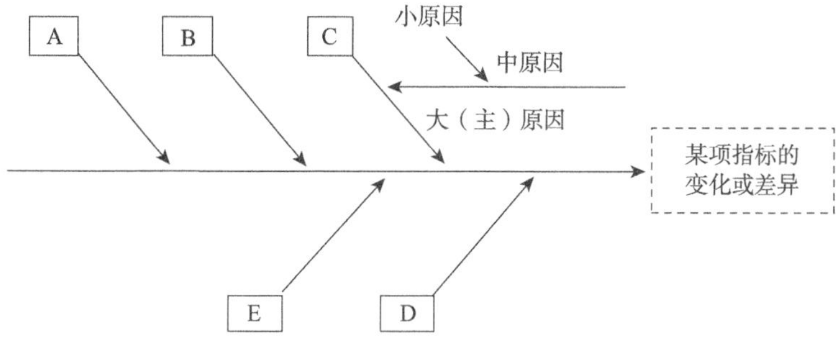

图 13-1　因果分析图（一）

因果分析法除了采取图 13-1 的形式以外，还可以采取图 13-2 的形式。

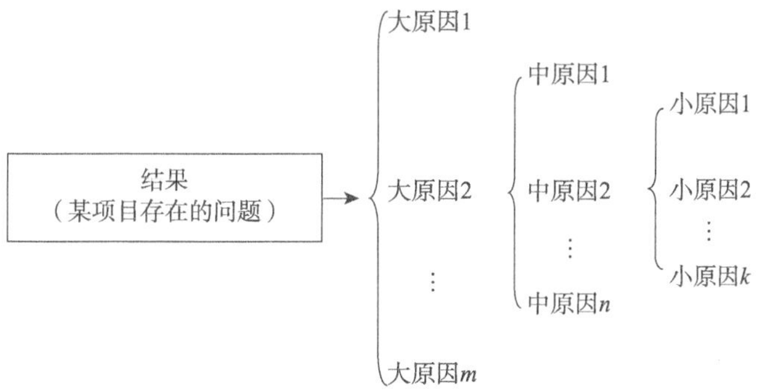

图 13-2　因果分析图（二）

将项目实施情况调查或考察中收集到的信息，或者专家座谈会上大家提出的原因和分析意见进行整理、分类。通常可按照问题的性质或属性进行分类，如人的因素（人员素质及专业构成）、技术条件因素（评估方法及技术、勘测设计技术、工程技术条件、运营管理技术等）、环境因素（社会环境、自然环境、经济环境、相关政策法规环境等）、实施方法因素（项目管理方式及方法，包括立项决策、招投标管理、投融资管理、施工管理、工程监理、审计监督、运营管理等方面）、设备及材料的因素（设备、材料的选型及质量保障等）。

将通过对项目实地考察、调研或其他途径收集到的问题和情况，以及项目评价专家组成员提出的问题和对原因的分析，进行集中整理和分类。一般可以按照“外部因素”和“内部因素”两大类进行划分，也可以按照项目管理的主要环节进行分类，如前期评估论证工作环节、立项审批程序环节、勘察设计环节、融资环节、项目招投标环节、工程建设实施及管理环节、建设资金使用环节、财务管理环节、竣工验收环节及投产后运营管理环节等，然后按照造成上述各环节变化的中原因和小原因依次罗列。

5. 综合评价法

综合评价就是在工程项目的各个部分、各阶段、各层次评价的基础上，谋求工程项目的整体优化，而不谋求某一项指标或几项指标的最优值，从而为决策者提供评价信息。综合评价的程序如下。

1）确定目标

工程项目的具体目标，要根据项目的性质、范围、类型、条件等确定。目标的确定要考虑到眼前、长远，局部、全局。目标的确定本身就是一项评价内容，要通过反复比较、权衡利弊才能决定，目标选错，会影响方案的效果，甚至导致失败。

2）确定评价范围

在目标确定之后，就要调查影响达到目标的各种因素、各因素间的相互制约关系，并找出主要因素，进而了解这些因素所涉及的范围。范围太大，必然增大工作量，却不一定能增加评价的准确性；范围太小，则有可能把需要分析的效果排除在外，影响评价的准确性。

3）确定评价指标和标准

评价指标是目标的具体化，根据目标设立相应的评价指标。评价指标的设立，不仅与工程项目的目标、特点、类型、规模等有关，而且与子目标所处的级别（层次）有关。站在不同的角度，评价的侧重点不同，设置的指标也有所不同。指标的设立要全部科学合理。

4）确定指标的权重

根据评价结果，各分项指标对综合评价的目标的影响程度是不同的，为了能正确地反映各分项指标对评价目标影响的重要程度，通常通过加权予以修正，重要的指标赋予较大的权重，相对次要的指标赋予较小的权重。加权理论在国内外都有广泛的研究和应用，权重的确定主要依靠专家。因此，如何选定专家、如何搜集和处理专家意见，是获得较为客观的权重的关键。

5）确定综合评价的判据

综合评价的单一判据多为定性与定量相结合的评价值，如某一指数、某一百分比。对综合评价值的高低、优劣的判别有两种处理方法：一种是预先规定某一数值 N，大于 N 的为可行方案，小于 N 的为不可行方案；另一种是不预先规定一个临界值，而是以综合评价值的大小排列优先顺序。

6）选择评价方法

根据所评价的类型、内容和具体情况，选择合适的评价方法。评价方法经常是多种方法结合使用，在评价的不同阶段，采用的方法也不同，要在实践中不断探索、改进。

从确定目标、评价范围到确定评价指标权重、选择综合评价方法直至做出评价结论，其中包括预测、分析、评定、协调、计算、模拟、综合等工作，而这些工作又是交叉和反复进行的。

13.4　工程项目后评价的综合结论与报告

13.4.1　后评价的综合评价和结论

后评价报告的最后一部分内容包括项目的综合评价、结论、经验教训、建议和措施等。

1. 对项目的综合评价和结论

综合评价应汇总整个后评价，以便得出项目实施和成果的定性结论。综合评价以如下三张表为主要依据。

（1）项目的逻辑框架表，如表 13-3 所示，评定项目的目标合理性、实现程度及外部条件。

（2）项目效益指标对比表，通过前后对比、有无对比评定项目的投入产出结果。

（3）成功度评价表，如表 13-4 所示，就项目实现预期目标的成败程度给出一个定性的结论。

定性结论可分为成功的、部分成功的和不成功的三个等级。

2. 主要经验教训

经验教训主要是两方面：一是项目本身的重要收获和教训；二是可供其他项目借鉴的经验教训。也可以从项目、企业、行业、宏观四个方面说明。特别是给项目决策者、投资者、债权人、执行者等提供在项目决策、程序、管理和实施中可借鉴的经验教训，可直接为新项目的决策服务。

3. 建议和措施

根据项目的问题、评价和经验教训，提出对应的建议和措施，包括提出使项目今后持续发挥投资效益和企业潜力的建议和措施。

13.4.2　项目后评价报告的格式

下面给出的《投资项目后评价报告》的标准格式，是《中央企业固定资产投资项目后评价工作指南》的附件，供参考。

目录
编制单位资质证书
项目后评价实施单位
参加项目后评价人员名单和专家组人员名单
附图：项目地理位置示意图

报告摘要

一、项目概况

（一）项目情况简述

概述项目建设地点、项目业主、项目性质、特点，以及项目开工和竣工时间。

（二）项目决策要点

项目建设的理由，决策目标和目的。

（三）项目主要建设内容

项目建设的主要内容，决策批准生产能力，实际建成生产能力。

（四）项目实施进度

项目周期各个阶段的起止时间，时间进度表，建设工期。

（五）项目总投资

项目立项决策批复投资、初步设计批复概算及调整概算、竣工决算投资和实际完成投资情况。

（六）项目资金来源及到位情况

资金来源计划和实际情况。

（七）项目运行及效益现状

项目运行现状，生产能力实现状况，项目财务经济效益情况等。

二、项目实施过程的总结与评价

（一）项目前期决策总结与评价

项目立项的依据，项目决策过程和程序。项目评估和可行性研究报告批复的主要意见。

（二）项目实施准备工作与评价

项目勘察、设计、开工准备、采购招标、征地拆迁和资金筹措等情况和程序。

（三）项目建设实施总结与评价

项目合同执行与管理情况，工程建设与进度情况，项目设计变更情况，项目投资控制情况，工程质量控制情况，工程监理和竣工验收情况。

（四）项目运营情况与评价

项目运营情况，项目设计能力实现情况，项目运营成本和财务状况，以及产品结构与市场情况。

三、项目效果和效益评价

（一）项目技术水平评价

项目技术水平（设备、工艺及辅助配套水平，国产化水平，技术经济性）。

（二）项目财务经济效益评价

项目资产及债务状况，项目财务效益情况，项目财务效益指标分析和项目经济效益变化及主要原因。

（三）项目经营管理评价

项目管理机构设置情况，项目领导班子情况，项目管理体制及规章制度情况，项目经营管理策略情况，项目技术人员培训情况。

四、项目环境和社会效益评价

（一）项目环境效益评价

项目环保达标情况，项目环保设施及制度的建设和执行情况，环境影响和生态保护。评价是否符合“绿水青山就是金山银山”的精神。

（二）项目的社会效益评价

项目主要利益群体，项目的建设实施对当地（宏观经济、区域经济、行业经济）发展的影响，对当地就业和人民生活水平提高的影响，对当地政府的财政收入和税收的影响。

五、项目目标和持续性评价

（一）项目目标评价

项目的工程目标；技术目标；效益目标（财务经济）；影响目标（社会环境和宏观目标）。

（二）项目持续性评价

根据项目现状，结合国家的政策、资源条件和市场环境对项目的持续性进行分析，预测产品的市场竞争力，从项目内部因素和外部条件等方面评价整个项目的持续发展能力。

六、项目后评价结论和主要经验教训

（一）项目成功度评价

（二）评价结论和存在的问题

（三）主要经验教训

七、对策建议

（一）对项目和项目执行机构的建议

（二）对中央企业的对策建议

（三）宏观对策建议

复习思考题

1. 项目后评价的含义和目的是什么？

2. 项目后评价的基本原则是什么？

3. 项目后评价的基本内容有哪些？

4. 制订项目后评价计划的工作有哪些主要内容？一般应当选择什么样的项目进行后评价？

5. 简述项目单位进行自我评价的主要内容。

6. 简述受委托咨询机构执行后评价工作的主要内容。

7. 项目后评价反馈的特点和意义有哪些？

8. 项目后评价报告的综合评价和结论部分应当包括哪些内容？

第14章　工程运营维护与更新的经济分析

14.1　工程运营维护与经济性

工程建成后变成了设施，设施运营需要定期进行日常维护和保养，到一定时期需要改造或大修，到寿命后不能再用了需要拆除。设施运维、保养和大修的费用虽然小于建设投资，但由于它是常年必须支出的费用，长期累加起来也是一笔不小的数字，对于工程本身的经济性影响不可小觑。

14.1.1　工程运营维护期的工作和重要性

1. 工程运营维护期的工作内容

在工程运营维护阶段，最主要的工作内容包括运行管理、维修养护管理、信息管理三个方面，是建筑物正常使用阶段的管理。具体内容划分见图14-1。

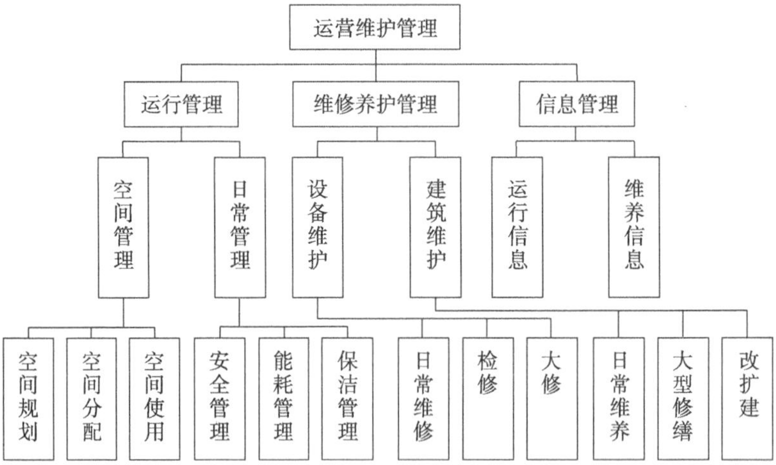

图14-1　工程运营维护管理内容

运行管理包括建筑的空间管理与日常管理两个方面。空间管理主要涉及建筑物的空间规划、空间分配和空间使用，这项工作主要涉及的部门有业主、用户和项目维护方。业主委托物业设施维护方对建筑的空间进行管理，主要是为了满足用户在建筑使用方面的各种需求，合理规划空间，积极响应用户提出的空间分配请求。物业设施维护方需要制定空间分配的基本标准，根据不同用户的各种使用需求，分配空间的使用类型和面积，这样在有新用户进驻建筑场所时可以高效地完成空间分配，以提高效能，当然，物业设施维护方所制定的空间管理标准需要提交业主同意才能实行。日常管理又包括安全管理、能耗管理、保洁管理三个方面。安全管理是在建筑日常维护阶段的一个重要内容，物业设施维护方在保障正常安保工作有序进行的同时应该制定一套安全管理保障体系，来应对火灾、突发自然灾害、重大安全事故等危害用户生命及财产安全的突发事件，从而与用户和业主形成应急联动的报警系统；能耗管理主要是对建筑物中各类设备和人员使用的水、电、气、热等不同能耗数据进行监测、处理、发送等，主要由物业设施维护方进行数据的采集，经过系统分析处理后发送给业主和用户；保洁管理是物业设施维护方或自主或外包给专业人员对建筑日常运行时的公共区域进行卫生保洁工作，以保障建筑整体卫生整洁的运行。

维修养护管理包括设备维护和建筑维护。建筑维护一般分为日常维养、大型修缮和改扩建三个方面，物业设施维护方根据建筑物运行的时间定期对主体结构、门窗、外立面等进行维修检查，制订相关日常维修计划并将执行信息反馈给业主；大型修缮以消除安全隐患、恢复和完善建筑本体使用功能为重点对建筑进行大修；在现有建筑不能满足用户或业主的日常需求时，由用户或业主提出改扩建要求，物业设施维护方负责具体实施。设备维护包括日常维修、检修和大修。建筑的日常维养和设备的日常维修均需要物业设施维护方对房屋易损部位和设备定期开展检查，对于涉及公共安全的承重构件和特种设备委托专业检测机构进行安全鉴定，对接近或达到设计使用寿命的构件和设备，开展详细检查，综合判定其损坏情况和损坏趋势，及时修复可能存在的故障。而当用户在使用过程中发现任何问题时即向物业设施维护方报修，由物业设施维护方委托专业维修方进行维修。

信息管理是建筑运营维护管理内容中的重要部分。在建筑运营维护的每个步骤都会产生相关信息，项目维护方根据实际情况制定的空间分配标准、建筑及设备维护维修方案、专业维修方的维修记录、业主及用户的使用需求等信息均需要及时地存储，以便各方人员查询。信息管理是与运行管理和维修养护管理同时进行的。

2. 工程运营维护管理的重要性

近年来，在国内工程运营维护管理领域，从国外引进了一个新的称谓——设施管理（facility management，FM）。国际设施管理协会（International Facility Management Association，IFMA）对设施管理的定义是：运用多学科专业，集成人员、场地、流程和技术来确保设施良好运行的活动。

工程设施管理是一门跨学科、多专业交叉的新兴学科，它综合运用各学科交叉的技术、方法和手段，通过对人员、空间、过程和技术的集成，来确保建成的空间环境功能的实现。设施管理不仅会影响设施管理单位的收入和运营成本，还会影响管理单位的品牌价值和社会形象。项目进入运营期后，项目的运营维护管理工作往往呈现出规模大、难度大、风险高等特点。因此，如何在设施的运营维护过程中，采取有效的设施管理策略，在保障设施处于高质量服务状态的情况下，又能控制项目全生命周期的整体资金投入，是项目（设施）运营管理单位决策的一项重要内容。

设施管理曾经受我国计划经济时期“建管养”合一运作模式的影响，设施管理单位的运营管理模式比较落后，养护质量较差、资源浪费严重、市场竞争力弱，难以适应现代管理的要求；同时运营养护单位机构臃肿，效率低下，没有合理的绩效管理指标；相关管理人员意识不足，对维护管理工作不够重视，日常维护不到位；部分管理人员缺乏专业性的维修与养护知识、知识更新缓慢、养护理念陈旧；设施管理方法相对落后，预防性养护的可操作性不强；养护管理体制不顺畅，管理技术比较落后。

随着设施管理行业市场化进程的不断深入，我国正在逐步建立起完善的“建管养”分离的养护体制。在这种大背景下，设施管理工作变得日益繁重且复杂，人、财、物的养护资源会严重不足，这将是一个长期的趋势。因此对于设施管理及养护单位来说，需要不断完善管理机制，提升管理效率及水平，建立全面的绩效考核指标体系，保证设施管理计划能够达到预期的管理目标以及维持设施在健康的状态下服役。有效的设施管理方案是节约养护资金、维持项目良好服务性能的重要保障。

运营维护阶段的工程能否长期正常地发挥设计功能，很大程度上取决于维护保养和修缮改造水平。注重使用阶段的维修保养，通常可以使工程设施维持比较好的使用状态，并延续其使用寿命。若不注重维修保养，则工程设施会快速老化，使用功能严重下降，运转不好并快速进入拆除状态。

工程前期建设投入的费用很高，而根据国外的统计，房屋建筑投入使用后，在其全寿命期内运行维护更新的费用是建设费用的 6 倍。假设某住宅建筑的寿命期为 70 年，进行用户使用维修养护费用匡算，见表 14-1。数据表明其运营维护阶段的投入依然很大，如何科学合理地进行工程设施的使用和维修保养对工程的经济性有很大影响。

表 14-1 北方某住宅全寿命期用户使用维修养护费用匡算表

项目	费用额		备注
概况和建设费用	中国北方某高层住宅，建筑面积为 100 平方米。单位建筑面积主体建设费用（毛坯含土建水暖电）为 1800 元，装修 1500 元，共计 3300 元，则 100 平方米建筑面积建设费用为 330 000 元		
投入使用后日常使用和维护费用	采暖费用	每平方米每年 28 元，则 100 平方米 2800 元	未包括物业公司对房屋外部的大修等费用， 未包括停车费用， 未包括财产保险等费用
	物业费用	每平方米每月 3 元，全年 36 元，100 平方米 3600 元	
	用电费	每月 100 元，全年 1200 元	
	燃气费用	每月 30 元，全年 360 元	
	用水费用	每月 30 元，全年 360 元	
	有线电视	全年 300 元	
	宽带费用	全年 600 元	
	日常维修费用	估算平均每年 1800 元	
大修费用	每十年重新装修一次估算平均每次 40 000 元		
累计费用	以上年度费用合计，每年 11 020 元，每十年重新装修加 40 000 元 十年费用累计 150 200 元 20 年费用累计 300 400 元，接近建设费用 30 年费用累计 450 600 元，超过建设费用 40 年费用累计 600 800 元 50 年费用累计 751 000 元 70 年费用累计 1 011 400 元（70 年到寿命期拆除不再装修）		

14.1.2　工程设施的劣化与维护

工程设施投入使用后，受工作磨损、自然力作用和技术进步等因素的影响，逐步丧失使用价值或功能，这个过程就是产品劣化或损耗。这个过程分为有形损耗和无形损耗。

1. 有形损耗

有形损耗又称物理损耗，是可见或可测量的物理性损失或消耗。它是设施由于使用发生的物质损耗或受自然力影响而逐渐发生的某种程度的损耗，包括使用损耗和自然损耗，是计取折旧的主要依据，如道路修建完成后受车辆的磨损属于使用损耗，受风吹日晒的磨损属于自然损耗。有形损耗可以通过维修保养减少或恢复部分损耗。

2. 无形损耗

无形损耗也称精神损耗，是由科技进步而引起的资产价值上的贬值，这在技术进步速度加快时表现尤为明显。

工程设施使用过程中的功能劣化曲线如图 14-2 所示，是一条非线性曲线。

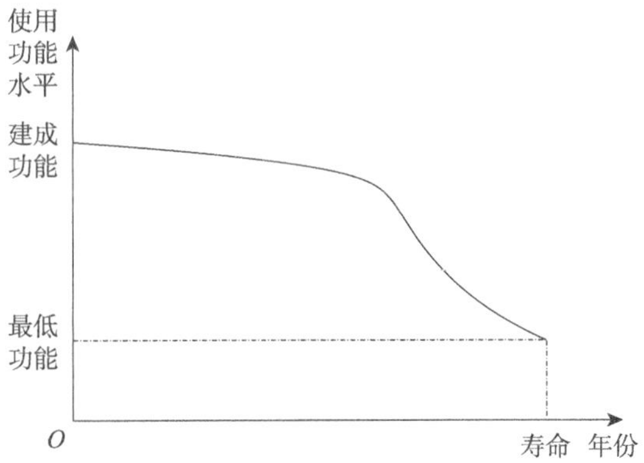

图 14-2　设施功能劣化曲线

由于工程设施使用过程中会产生不可避免的磨损，为维持其正常使用功能，必须进行维修和养护。选择的维修养护方式以及维修养护的质量都对工程设施的寿命有很大的影响。图 14-3 中表示了三种维修养护状况，A 是最好的维修养护，C 则是最差的维修养护。不同的维修养护状况的投入会不同，一般每年投入维修养护的费用越高，工程功能越好，寿命越长。那么采用什么样的维修养护状况是最经济的呢？

假定每年投入的维修养护费用相同，将寿命期 n 年的工程设施日常维养费用投入 C_j、初期投资 P、到寿命期的残值 L 画成一个现金流量图，如图 14-4 所示，则可以针对不同的维修养护方案采用年等额成本法进行对比分析。

不考虑资金时间价值，年等额成本 AC_n 的静态表达式为

$$\mathrm{AC}_n = \frac{P-L}{n} + \frac{1}{n}\sum_{j=1}^{n} C_j = \frac{P-L}{n} + C_j \qquad (14\text{-}1)$$

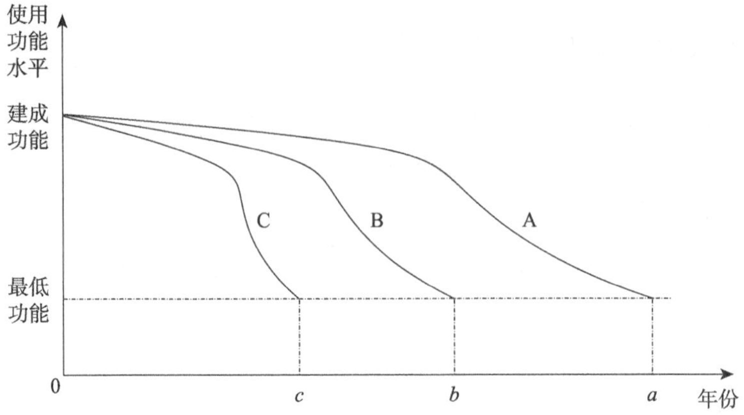

图 14-3　不同维修养护状态下的设施劣化曲线（无大修）

A 表示最好的维修养护；B 表示一般的维修养护；C 表示最差的维修养护

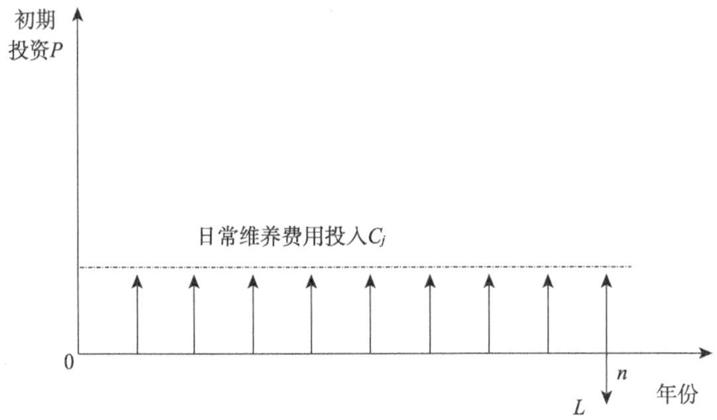

图 14-4　工程设施投资与维修养护的现金流量图

考虑到设施随着使用年限的增加，磨损逐年增加，从而导致维修养护费用逐年增加，如图 14-5 所示。设逐年增加的费用为 λ，则年等额成本的计算式为

$$\mathrm{AC}_n=\frac{P-L}{n}+C_1+\frac{n-1}{2}\lambda \tag{14-2}$$

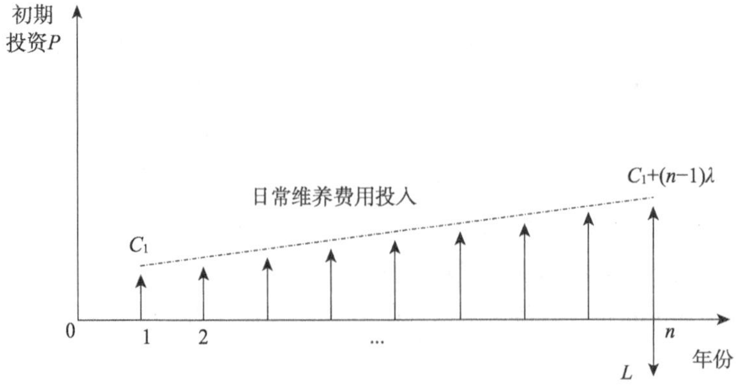

图 14-5　低劣化值法的现金流量图

若考虑资金时间价值（折现率为 i），则年等额成本的一般性动态表达式为

$$\mathrm{AC}_n=\left[P-L(P/F,i,n)+\sum_{j=1}^{n}C_j(P/F,i,j)\right](A/P,i,n) \tag{14-3}$$

不同维修养护方案中年等额成本最低者为最优方案。

【例 14-1】 某条道路投资 1000 万元建成，不考虑大修的维修养护方案有三种。

方案 1：最简单维修养护，年维养费用为 20 万元，使用寿命为 8 年。

方案 2：正常化维修养护，年维养费用为 50 万元，使用寿命为 16 年。

方案 3：最精心维修养护，年维养费用为 80 万元，使用寿命为 25 年。

假定寿命结束的残值为 0，折现率为 8%，问哪个方案最经济?

解：先按静态方式来计算年等额成本 AC_n，用式（14-1）计算。

方案 1：$\mathrm{AC}_8=\dfrac{P-L}{n}+C_j=(1000-0)/8+20=145$（万元）。

方案 2：$\mathrm{AC}_{16}=\dfrac{P-L}{n}+C_j=(1000-0)/16+50=112.5$（万元）。

方案 3：$\mathrm{AC}_{25}=\dfrac{P-L}{n}+C_j=(1000-0)/25+80=120$（万元）。

按此数据，方案 2 的年等额成本最低，是最经济的方案。

再按动态方式计算年等额成本 AC_n，用式（14-3）计算。

方案 1：

$$\mathrm{AC}_8=\left[1000-0+\sum_{j=1}^{8}20(P/F,8,j)\right](A/P,8,8)$$

$$=[1000+20\times5.7466]\times0.174\,01=194.01\text{（万元）}$$

方案 2：

$$\mathrm{AC}_{16}=\left[1000-0+\sum_{j=1}^{16}50(P/F,8,j)\right](A/P,8,16)$$

$$=[1000+50\times8.8513]\times0.112\,98=162.98\text{（万元）}$$

方案 3：

$$\mathrm{AC}_{25}=\left[1000-0+\sum_{j=1}^{25}80(P/F,8,j)\right](A/P,8,25)$$

$$=[1000+80\times10.6746]\times0.093\,68=173.68\text{（万元）}$$

按此数据，方案 2 的年等额成本最低，是最经济的方案。

实际上为了维持工程设施的长寿命，减少或推迟再次建设投资，通常在设施未达到最低功能之前进行大修，从而大幅提高其使用功能，继续使用；在继续使用到最低功能之前再进行一次大修，如此反复多次的大修，可以大大延长其使用寿命。通常大修后的功能达不到上一次大修后的功能。工程设施经多次大修的性能劣化曲线如图 14-6 所示，图 14-7 为对应的工程设施多次保养/大修的现金流量图。若有多种方案，均可以采用年等额成本法选择最优保养/大修方案。

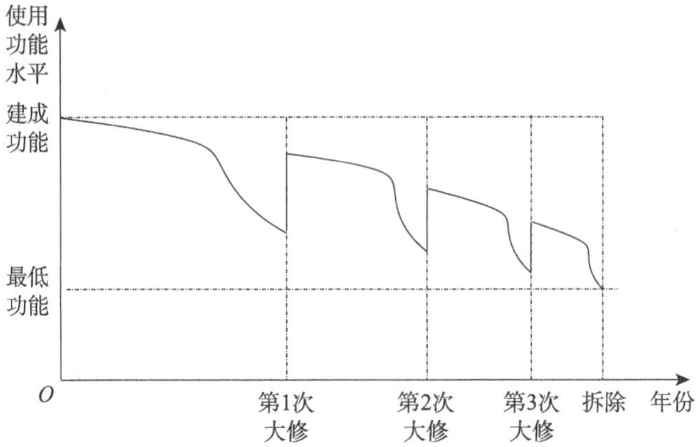

图 14-6　工程设施经多次大修的性能劣化曲线

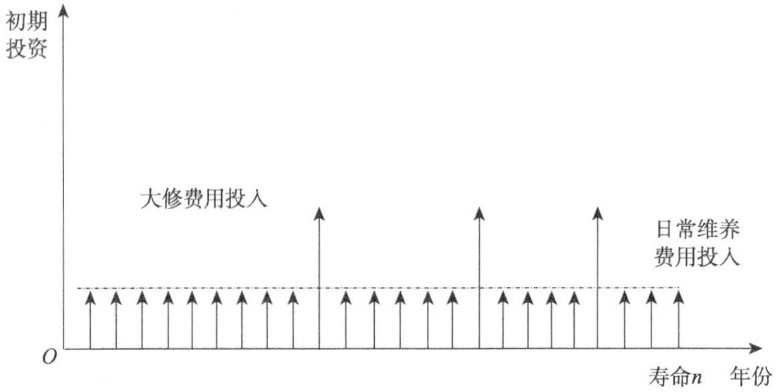

图 14-7　工程设施投资到日常维养/大修的现金流量图

14.1.3　工程设施的寿命

工程设施的寿命一般分为物理寿命、技术寿命、经济寿命和折旧寿命四种。

1. 物理寿命

物理寿命又称自然寿命，是指设施从全新状态投入使用，经过有形磨耗直到不能再使用为止的时间。物理寿命与设施本身的建造质量、使用环境、使用强度和维修养护状态有关。对于工程结构物，通常结构体不能保障结构安全时，表明该工程已经到了物理寿命，应该拆除重建，而非结构体或设备可以通过大修或更换继续维持使用。

2. 技术寿命

技术寿命是指设施以全新状态投入使用后，由社会技术进步而造成原有设施的技术落后，功能不再满足用户需求而被淘汰所经历的时间。技术寿命源于无形损耗，技术进步速度越快，技术寿命就越短。在设施未达到物理寿命之前，技术寿命可以通过技术改造升级来延续。

3. 经济寿命

经济寿命是指设施从全新状态投入使用开始，经过有形损耗和无形损耗，技术上仍能继续使用但在经济上不划算而被更新所经历的时间。经济寿命取决于设施维护费用的提升和使用价值的降低，是设施合理更新的依据。例 14-1 也说明设施不是寿命越长越好，是有经济寿命的。

计算经济寿命是为了确定设施在运营期的问题筛查阶段，设施在达到其经济寿命的时期，需要考虑是否应该进行设施的更新工作，所以在考虑大修之前，计算设施的经济寿命是非常重要的。工程经济中，常用的方法为低劣化值法。工程设施性能低劣化是指设施在使用过程中，由零部件磨损、疲劳或环境造成的变形、腐蚀、老化等原因，使原有性能逐渐降低的现象。设施性能的低劣化会导致设施运营和维修费用的增加。因此，将每年维持设施性能的费用称为低劣化值。

在设施的全生命周期中，设施年平均使用成本主要由设施平均每年低劣化值和设施年度摊销额组成，表现为先下降后上升的一条曲线，如图 14-8 所示。设施的经济寿命就是设施年平均使用成本的最低点对应的年限。因此，要计算设施的经济寿命就需要分别计算设施平均每年低劣化值和设施年度摊销额。

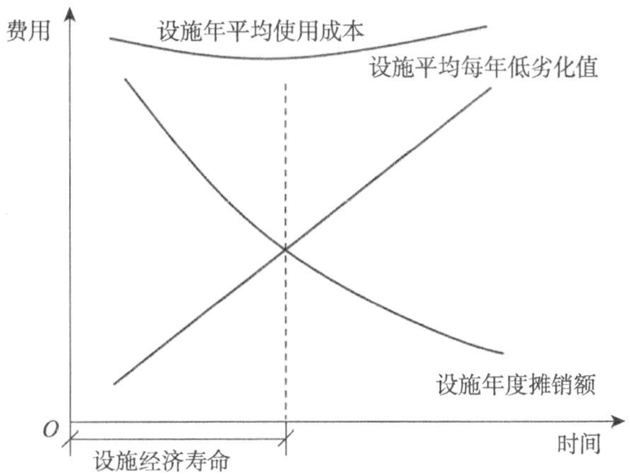

图 14-8　设施年平均使用成本

（1）设施平均每年低劣化值。假设设施每年低劣化值的增加额为定值 λ ，则第 T 年设施的低劣化值应为 $T\lambda$ ， T 年中平均每年的低劣化值应为 $(T+1)\lambda/2$ 。

（2）设施年度摊销额。假设设施经过使用后的残值为零，并以 K_0 代表设施原值，T 代表设施使用年限，则设施的年度摊销额为 K_0/T。

设施年平均使用成本可表示为

$$Y=\frac{\lambda}{2}(T+1)+\frac{K_0}{T} \tag{14-4}$$

式中，Y 为设施年平均使用成本；λ 为年低劣化增加值；T 为设施使用年限；K_0 为设施原值。

由式（14-4）可见，设施年平均使用成本 Y 是设施使用年限 T 的函数。为了求得设施年平均使用成本最低时的年限，对式（14-4）进行求导，并令其结果等于零，可求出设施的经济寿命 T_0。

$$T_0 = \sqrt{\frac{2K_0}{\lambda}} \tag{14-5}$$

对于房屋、桥梁等工程设施来说，由于这些设施往往具有城市文化传承等功能，当功能劣化到一定程度时需要通过大修来延长其使用寿命，而经济寿命对设施更新的作用常常不明显。因此工程设施考虑其可持续性，往往不能单纯地依靠经济分析来确定其寿命，但对其中的机械设备可以利用经济性确定其寿命。

4. 折旧寿命

折旧寿命是指设施自投入使用起，将其投资按国家有关规定或企业自行制定的折旧率，通过折旧方式全部收回所需要的时间。到达折旧寿命的设施并不影响其继续使用。

14.2 工程运营维护的费用效果分析

14.2.1 工程运营期的收入

工程运营期的收入是指项目运营管理单位在为项目的使用者提供服务的日常活动中获得的主营业务收入。对于不同类型的项目，其主营业务收入的来源也有所不同。

对于纯公共项目，由于所有人员都可以享受该类项目提供的服务，这类项目可以向被服务人收取一定的费用，这类费用就是这类项目的主要收入，但是由于往往没有直接的现金流入，民营企业一般会避开这类项目。该类项目主要包括医院、学校等服务类建设项目，收入主要来自诊疗费和学费等。

对于准公共项目，其产出一般具有较强的竞争性和排他性。该类项目主要包含两大类：一类是如桥梁、隧道、公路等的基础设施类项目，该类项目的收入往往来自交通运输行业的收费；另一类为公共事业项目，如供电、给排水、供气等项目，该类项目虽然能够因为产出一般会用于满足人们的基本需求而向人们收取一定的费用，但是这些收费往往很难在收益端发挥较大的作用。因此，政府往往会加大对该类项目的投入，由于具有一定的垄断属性和社会公益性，项目需要政府等授权经营。

对于战略性或政策性项目，该类项目是指对国家具有重要战略意义的特大型的，或有较大风险但有重大前景的，或者自愿性的项目。该类项目主要由政府投资承担建设任务，因此，项目运营期的收入也往往来自政府和社会公益方的资助。

对于居住区项目，通常通过收取物业费来维持物业管理的运营。

14.2.2 工程运营期的费用

项目的运营期往往时间较长，在项目运营期间，项目的运营管理单位通过一系列的技术手段和管理方法保证项目处于正常的运营状态。为实现这个目的消耗的各类人力、物力等，统称为项目的运营费用，也称为运营成本。项目的运营费用贯穿于项目运营期的整个过程，会存在许多内部因素和外部因素对项目运营费用产生影响，确定项目运营费用是一项较为复杂的工作，费用的确定过程具有较强的不确定性。从经济学角度来看，项目运营期的费用指在一定会计期间发生的与生产经营没有关系和关系不密切的管理费用、财务费用、维修养护费用及其他费用之和。运营费用不计入产品的生产成本，直接体现为当期损益。项目的运营费用具有层次性，可以根据运营工作的内容而被分为多个子项目和阶段，汇总项目运营期的全部费用消耗，即可得到项目的总运营费用。

项目运营费用一般由项目的管理费用、财务费用、维修养护费用、其他费用等组成，见表 14-2。

表 14-2　项目运营期费用构成表

费用名称	分项费用名称	分项费用名称
管理费用		
财务费用		
维修养护费用	土建养护费用	日常维修养护费用
		中修及大修维修养护费用
	设备养护费用	日常维修养护费用
		中修及大修维修养护费用
	绿化及其他费用	
其他费用	专项养护费用	
	特种检测费用	
	应急抢险及其他预留费用	

管理费用是指项目运营管理单位为管理和保证项目正常运营状态而发生的各项费用。通常由人工费用（包括管理人员的基本工资、福利费和劳务费用等）和管理费用（包括管理时在办公方面产生的费用、公务接待费、能源消耗费、出差费等）组成。

财务费用一般指为保证资产的价值而购置的保险费用；按照国家有关政策要求，根据一定比例计提的税费等。

维修养护费用主要指项目运营管理单位为保证项目保持完好而消耗的费用。从项目运营对象的角度来看，维修养护费用可以分为土建养护费用、设备养护费用、绿化及其他费用三个主要组成部分，其中包括日常巡检费用、维修养护工作费用、安全消防费用、监控专项费用等。对于土建、设备及绿化等系统的养护费用来说，又可细分为日常维修养护费用、中修及大修维修养护费用。

土建养护费用主要包括对隧道、桥梁等主体结构，道路路面，主体结构的附属设施等进行养护，以保证其处于正常运营状态所花费的维修费用。设备养护费用主要包括保证供配电设施、照明设施、通风设施、给排水及消防设施、监控与通信系统正常工作所花费的费用。由于主体结构及各类设备等所处环境因素的复杂变化，维修养护过程又可以分为日常维修养护、中修及大修维修养护。因此，各运营对象的维修养护费用也可分为日常维修养护费用、中修及大修维修养护费用。

日常维修养护费用指在保证项目运营维护对象整体性能良好，仅存在轻微病害或小面积损坏的情况下，对其进行修补所产生的费用。该费用的发生主要用于保证运营维护对象保持良好的运营状态，防止项目性能的过快衰减，延长项目的使用寿命。日常维修养护一般具有预防性、频繁性、周期性等特点。在日常维修养护过程中能够及时发现新问题，所以也具有较强的随机性和时效性。针对道路路面及其沿线设施的经常性磨损和小部分损坏，项目运营管理单位要及时开展加固和维修工作，有针对性地进行维修养护，以恢复其原状，保证其能够满足项目正常运营的要求。日常维修养护所产生的费用跟项目的运营情况、项目承受的荷载、建设时期的技术水平、施工水平、材料及养护管理水平有关，该费用具有定期性、非应急性等特征，通常按照管养部门的计划支出。

随着项目运营时间的延长，土建结构的情况可能会不断恶化，甚至可能会出现沉陷等病害。例如，随着车辆荷载的不断增加，路基及道路路面可能会出现严重的裂缝、沉陷、龟裂、块裂等现象，甚至发生较大的损坏。此时需要对路基工程、路面工程、桥涵隧道工程等土建结构的周期性损坏进行大型综合修理，进行全面的加固和病害处理，使得其恢复到原设计标准。同时，项目的通信及监控设施、水电设施、供配电设施等设备系统的构成相对较为复杂，一部分设备属于易消耗设备，另一部分设备属于大型机械设备。随着项目运营年限的不断增加，易消耗设备需要以更换的方式进行大修以保证其功能的正常发挥。对于大型机械设备，随着环境等因素对其能力的不断消耗，高频次的小修已经不能够保证其继续发挥性能，需要对其进行大修。对于各系统也要进行相应的升级以保证其正常发挥作用。在这一过程中产生的费用称为中修及大修维修养护费用。

绿化及其他费用主要指针对绿化系统花费的费用，同时也要考虑日常清洁以及雪天的除雪工作的花费等。

其他费用主要指除上述几类费用外的所有费用支出，一般包括专项检查活动等造成的费用，如专项养护费用、特种检测费用、应急抢险与处置费用、大型活动保障费用及其他预留费用等。

由表 14-2 及上述分析可以看出：项目的运营费用组成较为复杂，包含多个组成部分，且费用的发生与周边环境、技术水平等因素相关，具有较强的不确定性。因此，项目运营费用的核算是一项复杂的工作。在项目的实践应用中，需要综合考虑各项因素，认真核算项目的运营费用，为运营维护方案的经济分析（费用–效果分析）提供可靠、准确的数据资料。

14.2.3 运营期的费用–效果分析

费用–效果分析(cost-effectiveness analysis)是一种避开不能或难以用货币量化的效益，直接通过费用的比选或用适当的实物效果指标反映项目目标的实现程度，通过效果和费用比较不同项目方案的方法框架，是一类实物量与货币量相结合的经济分析方法。该方法可以通过比较项目预期的效果与所支付的费用，判断项目费用的有效性或经济合理性。项目运营维护的经济性评价是在项目运营期前，采用一定的方法，根据一定的程序，确定最佳的运营维护方案，以保证项目实现最佳的维修养护效果。因此，可以使用费用-效果分析，按照资源配置的效率准则，对项目运营维护方案的经济性进行比选，确定最佳的项目运营维护方案。

1. 运营维护方案的含义及重要性

设施运营维护管理是项目运营维护管理工作的重要任务之一。针对不同设施的具体情况，不断更新维修养护的理念和知识，学习新技术和技能，改进设施运营维护管理的制度、模式、方式等，根据实际情况选择不同的运营维护方案，确保设施运行满足管理要求。在不同的设施维护模式下，项目运营维护管理单位可以采取不同的方式以控制运营维护成本和提高运营维护的质量。比如，在定期维护模式下，应充分考虑设施的实际情况，准确把握维修养护的时间间隔，充分发挥预防维护的作用；在状态维护模式下，应增加培训以提高维护人员开展状态监测和故障诊断工作的技术水平，及时发现初期故障，主动实施维护方案，避免质量问题的发生；在故障维护模式下，排除故障、恢复生产运行的快捷、迅速是降低质量成本的关键，也是提升项目运营维护管理单位服务信誉、培育服务品牌的策略。为保证设施系统能够提供安全、可靠、经济的运行服务，甚至延长设施的使用寿命和提升设施的价值，需要对正在使用中的设施开展高质量和有效的运营与维护管理，这是提高设施使用效率、延长设施使用年限、节约成本和减少能源消耗的关键。

2. 运营维护方案的主要内容

在项目运营期，项目运营维护单位根据项目的使用目的及养护要求等，会针对项目各运营维护主体、资产、设施进行一系列与控制、管理和修理有关的决策和活动。这些决策和活动是项目运营维护单位做出的科学决策，目的在于采用行之有效的运营维护策略，使得项目各运营维护对象在运营过程中始终处于或接近于最佳性能状态。运营维护方案一般可以分为主体土建结构的运营维护方案及设备系统的运营维护方案两大类。

主体土建结构的运营维护方案一般包括主体结构的检查评价和维修养护两个部分。检查评价主要通过日常巡查、定期检测、特殊检测等方法和手段，全面获取项目主体土建结构的运营状态数据，并根据相关数据，对主体土建结构做出技术状况评价，为后续确定具体的运营维护方案提供数据支持。日常巡查主要以目测为主，对土建主体结构的外观结构变化等情况进行检查，对在巡检过程中发现的问题，应及时采取相应的措施。定期检测包括常规检测和专项检查。常规检测指根据检测标准的有关要求，使用特定设备，按照规定的频率对主体土建结构的有关性能指标进行检查。专项检查主要指根据有关检查的结果，对需要进一步查明病害详细情况的主体土建结构进行更加深入的专门检测与分析。在完成专项检查后，应全面掌握病害的详细资料，为确定其是否需要实施处治以及采取何种处治措施等提供技术依据。通过定期检测，系统掌握主体土建结构的技术状况和功能状况。特殊检测是指在项目出现不明原因导致的可能会对主体土建结构的性能产生较大不良影响的情况下开展的检测，对原因进行彻查并提出相应的维护或加固意见。运营维护方案部分主要是针对各主体土建结构的实际情况，确立相应的养护对策，这里包括预防性养护策略、保养小修策略、中修策略、局部大修策略、大修及工程扩建策略等方面。同时也会对主体土建结构常出现的问题及其部位提出相应的维修养护具体做法。

设备系统的运营维护方案主要指通过对各设备系统进行日常巡查，做出设备系统的技术状况评定，并提出相应的养护措施及检修方法，同时要阐述各设备的清洁方案。日常巡查是指在巡视车上或通过步行目测，以及其他手段对各设备系统的外观和运行状态进行一般巡视检查，检查各设备系统是否处于正常工作状态和存在故障隐患，计算各设备系统的功能状况。根据各设备系统的分项技术状况评定情况采取相应的养护措施。在日常维修养护中，要根据各设备系统的养护等级、污垢对各设备系统功能的影响程度、清洁方式和环境条件等因素，确定清洁方法与频次，对各设备系统做好清洁维护工作。

3. 设施功能及使用年限的评定

设施功能是指在项目运营期间，项目的各运营维护对象发挥的能够满足项目使用者某种需求的有利作用和效能。建造某个（类）工程项目的目的不是向民众提供一种产品，而是通过这个工程项目向使用者提供他们所需的功能，即实现工程项目的使用价值。当工程项目处于运营期时，工程项目为使用者提供功能的前提是其处于较好的运营状态，该状态能够使用项目各运营维护对象的技术状况评定结果来进行衡量。一般可分为土建结构、机电设备、其他工程设施的技术状况评定三类。

土建结构的功能可以使用土建结构技术状况评定结果来进行表征，土建结构技术状况的评分按式（14-6）计算得到。

$$\mathrm{JGCI}=100\left[1-\frac{1}{4}\sum_{i=1}^{n}\left(\mathrm{JGCI}_i\times\frac{\omega_i}{\sum_{i=1}^{n}\omega_i}\right)\right] \tag{14-6}$$

式中，ω_i 为分项权重；JGCI_i 为分项状况值，值域为 0～4，数值越小表明状况越好。

隧道洞口技术状况评定标准如表 14-3 所示。

表 14-3 隧道洞口技术状况评定标准

状况值	技术状况描述
0	完好，无破坏现象
1	山体及岩体、挡土墙、护坡等有轻微裂缝产生，排水设施存在轻微破坏
2	山体及岩体裂缝发育，存在滑坡、崩塌的初步迹象，坡面树木或电线杆轻微倾斜，挡土墙、护坡等产生开裂、变形，土石零星掉落，排水设施存在一定裂损、阻塞
3	山体及岩体严重开裂，坡面树木或电线杆明显倾斜，挡土墙、护坡等产生严重开裂、明显的永久变形，墙角或坡面有土石堆积，排水设施完全堵塞、破坏，排水功能失效
4	山体及岩体有明显而严重的滑动、崩塌现象，挡土墙、护坡断裂、外倾失稳、部分倒塌，坡面树木或电线杆倾倒等

资料来源：《公路隧道养护技术规范》（JTGH12—2015）

分项状况值应按式（14-7）计算：

$$\mathrm{JGCI}_i = \max(\mathrm{JGCI}_{ij}) \tag{14-7}$$

式中，JGCI_{ij} 为各分项检查段落的状况值；j 为检查段落号，按实际分段数量取值。

设备的功能可以使用机电设备的技术状况进行表示，设备完好率是设备技术状况评定的主要指标，按照式（14-8）进行计算：

$$设备完好率 = \left(1 - \frac{设备故障台数 \times 故障天数}{设备总台数 \times 日历天数}\right) \times 100\% \tag{14-8}$$

要注意：当机电设备各分项中任一关键设备的设备完好率为该分项各类设备完好率最低时，该分项技术状况按该关键设备的设备完好率评定。

机电设备技术状况评分的计算公式为

$$\mathrm{JDCI} = 100\left(\frac{\sum_{i=1}^{n} E_i \omega_i}{\sum_{i=1}^{n} \omega_i}\right)$$

式中，JDCI 为机电设备技术状况评分，值域为 0～100；E_i 为按照规范判定的各分项的设备完好率，值域为 0～100%；ω_i 为各分项权重。

其他工程设施一般指项目的一些附属设施（如绿化、消音设施等），它们的功能也可使用技术状况评分的方式进行表征，计算公式如下：

$$\mathrm{QTCI} = 100\left[1 - \frac{1}{2}\sum_{i=1}^{n}\left(\mathrm{QTCI}_i \times \frac{\omega_i}{\sum_{i=1}^{n}\omega_i}\right)\right]$$

式中，QTCI_i 为各分项设施的状况值，值域为 0～2；ω_i 为各分项设施的权重。

项目竣工后进入运营期，设施在使用过程中，物理作用（如外力撞击、扭转、摩擦等）、化学作用（如腐蚀、氧化等）等的存在，导致设施不能维持良好的工作性能和取得预期的工作效果，这种逐渐发生、不可避免且需要采取一定的技术手段和经济手段进行修补的损耗或损坏被称为设施的磨损。设施的综合磨损是指设施在使用期内同时存在的有形磨损和无形磨损，会对设施的使用价值产生不同程度的影响。如何尽可能地减少设施在使用过程中的磨损，及时采取补偿措施对设施的磨损进行修复，维持设施应有的良好工作性能，是制订和实施项目运营维护方案的主要目的。

4. 运营维护成本与设施功能的费用–效果分析

建设项目的运营阶段包括从项目投产到项目生命期末的全过程。在项目运营阶段，运营管理单位要根据项目的实际运营状况，适时做出管理决策。确定恰当且合理的项目运营维护方案，有益于提高项目的运营管理水平和管理效率，是促进技术进步和提高经济效益的一种十分重要的手段。运营维护方案的不同会导致项目的维修养护费用有所不同，这将直接影响到项目的运营成本，进而对项目的经济性产生影响。如果项目的运营维护方案不佳或决策失误，则不但会达不到预期的目的和经济效果，还会给项目的运营带来较大的负担，影响项目的营收和经济效益。因此，项目运营管理单位在制订运营维护方案的过程中，要对各备选方案的经济性开展分析和研究工作，力争在维持项目能够为项目使用者提供基本功能的前提下，实现项目运营维护成本的最小化，追求项目经济效益的最大化。

费用–效果分析中的费用指为实现项目预定目标所付出的财务代价或经济代价，一般采用货币计量。项目的运营费用可以根据项目的运营维护方案按照前述的运营费用组成进行核算，得到在某种运营维护方案下对工程项目进行运营维护管理所需的成本。

费用–效果分析中的效果是项目目标的实现程度（即项目功能的维持性），其可以使用项目的技术评价结果进行量化。对道路工程项目功能维持性进行量化的计算方法如下。

对于城镇道路来说，城镇道路的功能可以使用城镇道路综合完好率 λ_z 来衡量，其计算公式为

$$\lambda_z = \sum_{i=1}^{4} \lambda_{bi} \cdot \mu_i$$

式中，λ_{bi} 为道路各类设施的合格率，计算公式见式（14-9）；μ_i 为各类设施综合比例系数，一般按照规范推荐系数或专家经验确定。

$$\lambda_{bi} = \frac{m_i}{n_i} \times 100\% \tag{14-9}$$

式中，m_i 为各类设施的优、良、合格单元数；n_i 为各类设施的总检查单元数；$i = 1\sim4$，分别表示车行道、人行道、路基与排水、其他设施。

对于较为复杂的公路隧道工程项目，在进行功能维持性量化时，应采用分层综合评定与单项控制指标相结合的办法，即除了要对项目总体的技术状况进行评定外，还要对其所包括的土建结构、机电设施、其他工程设施进行技术状况评价。

在完成对项目运营成本的计算和项目功能维持性结果的量化后，以费用效果比为主要指标，即可进行费用–效果分析，进而得到经济性效果最好的运营维护方案。

【例 14-2】 某项目即将建设完成，进入项目的运营期。项目运营管理单位组织有关专家进行专家研讨，以制订较好的项目运营方案。经讨论，确定采用项目的技术评价结果作为项目效果（项目功能维持性）的评价指标，即通过项目运营维护方案的执行，项目在运营期内某次例行检查中，合格设施占项目总设施的比重。项目的建设成本为 3000 万元，项目的残值预计为 0。综合专家意见，项目确定三个方案作为备选方案，方案的有关情况见表 14-4。试分析应该选择哪一种运营维护方案？（假设折现率 i 为 10%）

表 14-4 项目运营维护方案备选方案情况简表

方案名称	土建养护维修费用/万元	设备养护维修费用/万元	绿化系统及其他费用/万元	项目的运营维护成本/万元	运营年限/年	项目的技术评价结果
A 方案	100	150	50	350	10	0.94
B 方案	120	175	65	450	30	0.99
C 方案	120	140	60	400	18	0.96

解：由式（14-3）计算得到 A 方案的年等额成本值为

$$AC_A = \left[3000 - 0 + \sum_{j=1}^{10} 350(P/F,10\%,j)\right] \times (A/P,10\%,10)$$

$$= [3000 + 350 \times 6.1445] \times 0.1627 = 838.00\text{（万元）}$$

同理，可得 B 方案的年等额成本为 728.37 万元，C 方案的年等额成本为 735.60 万元。

计算得到 A 方案的费用效果比指标结果为$(R_{C/E})_A = 0.838/0.94 = 0.891$。

同理可得：$(R_{C/E})_B = 0.736$，$(R_{C/E})_C = 0.766$。

综合上述计算结果，可知：应选择 B 方案作为可行的决策方案。

这里还要注意一点：除了从费用效果比角度进行考虑外，在工程实践具体应用过程中，还应注意分析增量效果与增量费用的比值，即要明确增加一定的费用额去提高一定百分比的效果是否合适。如果认为增量比是值得的，那么在方案的取舍过程中，应选取费用较低的方案。由于该类分析的效果指标是各不相同的实物量，无法设定通用的判别标准，只能根据行业的实践经验和项目类型制定具体的标准。

14.3　工程运营期的更新与拆除

14.3.1　大修

1. 大修的定义

大修是指凡需牵动或拆换部分主体构件，但不需要全部拆除的修缮活动。大修后的工程必须符合基本完好或完好标准的要求。在工程项目中，大修的定义及界限根据工程项目的类型确定。设施大修是通过对设施全部解体，修理耐久的部分，更换全部损坏的零部件，修复所有不符合要求的零部件，全面消除缺陷，使设施在生产率、精度、可靠性等方面达到或者基本达到原有标准。

2. 大修时期的选择

确定正在使用的设施什么时候应该以及是否应该用更经济的设施来代替或者更新现有设施，应该根据设施损耗的客观规律和设施在使用过程中费用变化的经济规律，对设施更新进行经济分析，由此确定设施的经济寿命，并为组织的设施更新以及更新时机提供决策依据。

与建设新设施相比，大修能够利用原设施保留下来的零部件并在一定程度上恢复原设施的效能水平，这具有很大的优越性。但是，由于设施性能劣化曲线的存在，大修的次数会越来越频繁，大修的费用会越来越高，大修的经济性也会越来越差，最终采用设施整体更新的措施。因此，设施大修经济与否，通常要与设施拆除新建的经济效果进行比较。

常用的大修决策方法一般依据以下两个基本经济条件。

依据条件一：任何一次大修费用不能超过重建同种新设施所需费用，否则该次大修不具有经济合理性，而应考虑设施拆除重建。这是大修经济合理性的起码条件，或称最低经

济界线，即

$$R \leqslant K_1 - L_t \tag{14-10}$$

式中，R 为该次大修费用；K_1 为同种设施的重置价值；L_t 为设施使用 t 年后的残值，即原有设施被整体替换时的净变现值。大修费用 R 小于同种设施的重置价值扣除残值 L_t 的费用，则大修合理。

当然，条件一成立的前提是设施在大修之后的生产技术性能与同种新设施没有区别。事实上，设施在大修后，综合质量等都有所下降，有可能致使生产单位产品的成本比同种新设备的还高。此时即使满足依据条件一也不能做出大修的决策，故还需要另外一条依据条件。

依据条件二：设施经过任何一次大修后的单位产品生产成本不能高于同种新设施的单位产品生产成本，否则大修不具有经济合理性，而应考虑设施拆除重建，即

$$C_{zoj} \leqslant C_{zn} \tag{14-11}$$

式中，

$$C_{zoj} = (I_{rj} + \Delta V_{oj})(A/P, i_c, T_j)/Q_{Aj} + C_{oj} \tag{14-12}$$

$$C_{zn} = \Delta V_n (A/P, i_c, T_n)/Q_{An} + C_{gn} \tag{14-13}$$

式中，C_{zoj} 为第 j 次大修后设施生产单位产品的生产成本；C_{zn} 为同种新设施单位产品的生产成本；I_{rj} 为原设施第 j 次大修的费用；ΔV_{oj} 为原设施第 $j+1$ 个大修周期内的价值损耗现值；Q_{Aj} 为原设施第 $j+1$ 个大修周期的年均产量；C_{oj} 为原设施第 j 次大修后生产单位产品的经营成本；T_j 为原设施第 j 次大修到第 $j+1$ 次大修的间隔年数；ΔV_n 为新设施第 1 个维修周期内的价值损耗现值；Q_{An} 为新设施第 1 个大修周期的年均产量；C_{gn} 为新设施的生产单位产品的经营成本；T_n 为新设施投入使用到第 1 次大修的间隔年数。

大修后的单位产品成本不大于使用新设施的单位产品成本，则大修合理。

14.3.2 改扩建

1. 改扩建的定义

改建是指不增加建筑物或建设项目体量，在原基础上，为增加生产效率，改进产品质量或改变产品方向，或改善建筑物使用功能，改变使用目的，对原有工程进行改造的建设项目。例如，建筑工程改建是指将建筑转变为另一种类型设施的过程，这种转变包括功能、流线、平面、形体造型、结构、设备等诸多方面。

扩建是指在既有设施的基础上，为增加产品的生产能力或经济效益对原设施、工艺条件进行扩充性建设的项目。它是在保留原有建筑的规模、功能和形式的基础上增加另外的规模、功能和形式，是新增建筑与原有建筑有相关性，功能和形式上可保持一致，也可以不同。

对于绝大多数工程设施而言，其物理寿命都要大于其技术寿命，如果处理得当，可以根据使用要求稍加改造改变其功能，满足人们新的使用要求，而且可以节省大量的资金，如将一个街道小厂厂房改造成一个特色餐饮娱乐场所，这比拆除重建要划算得多。尤其是

对于那些采用先进技术建造的、结构复杂的旧设施，其拆除重建的成本可能比改造大得多。

2. 改扩建的费用与效益

1）费用与效益的识别

在改扩建工程中，效益和费用要由分析人员自己去识别，之所以出现这样的情况，是因为“工程本身”与“业主”既有联系又有区别，而效益和费用都是相对业主而言的。改扩建工程主要分析增量效益和增量费用，而增量效益并不完全来源于新增投资，其一部分来自原有固定资产（即沉没费用）潜力的发挥。从“有工程”和“无工程”对比的观点来看，没有工程，原有的潜力并不能产生效益，改扩建的主要优势之一就是能利用沉没费用，以取得比新工程更大的经济效益。可以说沉没费用起源于过去的决策行为，与现行的可行性方案决策无关，在计算增量费用和新增费用时不应计算这部分费用。

2）增量效益和增量费用的计算方法

增量效益和增量费用的计算有两种方法，如果改扩建工程的效益和费用可以与业主原有的效益和费用分开计算，则新增部分为改扩建工程的增量效益和增量费用；如果难于与原有业主的分开计算，则需要分别计算改与不改两种情况下的总量效益和总量费用，两者之差为增量效益和增量费用。

14.3.3　拆除

1. 拆除的定义

拆除工程是指对已建成或部分建成的建筑物或构筑物等进行拆除的工程，是对现有建筑物或构筑物及其附属设施进行拆除，以消除安全隐患、腾空建筑物场所，使既有建筑物转变功能的过程。任何建筑物或构筑物及其附属设施都有各自的寿命，建（构）筑物由于自身老化、功能过时、规划不合理、耗能污染等原因，都需要对原建筑进行拆除。机械设备由于磨损也要对其进行更新或更换。

2. 拆除的时期选择

不同的建筑有不同的寿命，如何确定建筑的寿命是很困难的，通常认为用建筑物的耐用寿命或设计使用年限来衡量其寿命较为科学。《建筑结构可靠度设计统一标准》（GB 50068—2017）对建筑结构的设计使用年限做了规定，将不同的建筑物分为四个等级，如表 14-5 所示。

表 14-5　建筑结构设计使用年限分类

等级	设计使用年限	建筑类别
1	5	临时性结构
2	25	易于替换的结构构件
3	50	普通房屋和构筑物
4	100	纪念性建筑和特别重要的建筑结构

需注意建筑结构设计使用年限并不等于建筑的实际寿命，设计年限到了，建筑物不一定要拆除。

3. 拆除费用

拆除费用是指对报废的设施进行拆除、搬运、清理现场和变价处理等所发生的费用之和。首先应根据国家有关规定预测建筑物报废拆除及搬运的费用，然后根据废弃物的性质计算其残值以及设施拆除产生的环境恢复费用，将三者相加即可得到拆除费用。

1）拆除、搬运、清理现场费用

通过对一些工程实例进行分析总结，对于住宅项目拆除至地面时，现浇混凝土结构住宅的拆除、现场清理及垃圾运输费用估计为建设期费用的 10%。利用预制构配件进行吊装、组合形成的装配式混凝土结构住宅，其拆除简单，周期短，拆除、现场清理及垃圾运输的费用约为建设期费用的 5%。

2）环境恢复费用

环境恢复费用是指设施拆除后为了将设施周围环境恢复至原来的状态需要花费的费用。

3）残值

残值是指设施寿命终了、报废清理时可以回收的残余价值，主要是指设施丧失使用价值以后，经过拆除清理所残留的、可供出售或利用的构配件、废旧材料等的价值，是建筑物寿命期结束时残存的有关费用或效益。

14.3.4 再利用

1. 再利用的定义

再利用是指对工程拆除的废旧材料采取一定的技术措施使之资源化，从中回收能源及物质的活动，如将拆除的旧路面沥青和混凝土通过粉碎、筛选、回收等方式重新作为路基材料来使用。再利用根据废旧建筑材料的物质形态是否发生改变可以分为两类。一是建筑拆除过程中产生的废旧建筑材料回收后经分类、粉碎或融化后作为建筑材料生产环节的原材料，生产新的建筑材料和新构件，其物质形态已经发生改变，针对的主要是不能直接利用，必须要经过再次投入生产设备进行生产的材料。其材料特点是损坏严重，不可直接利用，多为废旧建筑材料中的废材。二是建筑拆除过程中产生的未受损或受损较小的旧建筑材料，在能满足使用要求的情况下，通过对其采用拆解、切割、去污和加固的方法进行加工后，直接用于建筑建造，材料保持了原有的物质形态，只需要进行简单的清理和再加工就可使用。其材料特点是损坏不严重，材料性能基本完整。

2. 再利用的意义

废旧建筑材料的再利用可以减少向自然界排放废弃物的数量，一定程度上可以直接或间接地减少不必要的材料生产。长期实践证明，利用得当的废旧材料具有满意的使用性能和优良的环境协调性——对资源能源消耗少、对生态环境污染小，是建筑业发展循环经济的重要体现之一。

建筑拆毁后的废旧材料的循环利用，可以减少工程上对新材料的需求，从而减少资源开采、生产耗能与生产污染。每回收利用 1 吨旧钢材，就可降低能耗 1.66 吨标准煤，减少开采 8 吨矿石；每回收利用 1 吨渣土作生态水泥原料，就可降低能耗 0.178 吨标准煤，约减少开采 1 吨石灰石。

3. 再利用的节约性分析

1）物质形态发生改变的废旧建筑材料的经济分析

建筑拆除后的废旧材料再生利用的整个过程中，从经济投入角度分析，运输阶段、破碎阶段、生产阶段都需要经济的投入，暂且将其分别量化为经济投入 T1、经济投入 T2、经济投入 T3；最终的再生建筑材料是一个经济产出的过程，其经济效益量化为 C（图 14-9）。对这一过程的经济效益进行分析，存在三种情况。

（a）$T1 + T2 + T3 > C$

（b）$T1 + T2 + T3 = C$

（c）$T1 + T2 + T3 < C$

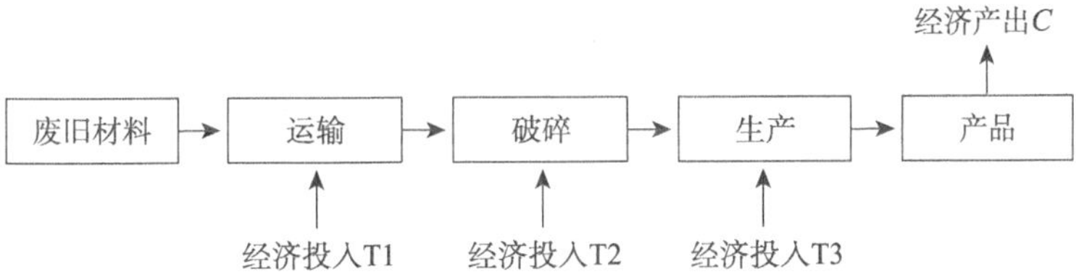

图 14-9　建筑拆除后的废旧材料再生利用经济分析

单纯考虑再生材料的经济投入产出，上述情况（c）有明显的经济效益，（b）没有明显的经济效益，（a）经济上入不敷出，无效益，但将废旧材料当作建筑垃圾处理，导致的不合理占用土地资源、破坏生态自然等问题带来的经济损失纳入到计算范围内时，就能明显地看出建筑拆除后的废旧材料再生利用所带来的经济效益。

2）物质形态未发生改变的废旧建筑材料的经济分析

对于再利用的废旧建筑材料和构件，在拆除过程中并未受到损坏或损坏较少的，其市场价格明显低于新材料或构件，在性能相近的情况下，使用旧材料能大大节约建筑造价，带来可观的经济效益；同时考虑到废旧建筑材料通过再利用，减少了破坏环境引起的处理费用，其再利用综合经济价值明显。

复习思考题

1. 建筑工程运营维护的工作内容有哪些？

2. 什么是设施的劣化?
3. 什么是设施的寿命? 包括哪几种寿命?
4. 项目在运营期的收入主要有哪些来源?
5. 项目运营期的费用组成是什么?
6. 费用–效果分析是如何应用于项目运营期的经济分析的?
7. 针对一个工程，怎样确定其是否需要大修?
8. 什么是工程设施的改扩建?
9. 工程设施的拆除再利用都有哪些意义?

习题

1. 某道路工程设计时对投资和运营维护有三种方案，残值均为 0。按静态和动态分别计算。考虑资金的时间价值时，年折现率为 10%。试比较三种方案何者成本最低。

A 方案：建设投资为 3000 万元，寿命为 10 年，每年维护费用为 20 万元。

B 方案：建设投资为 3000 万元，寿命为 20 年，每年维护费用为 50 万元。

C 方案：建设投资为 4000 万元，寿命为 30 年，每年维护费用为 80 万元。

2. 某设施的原值为 8000 元，每年低劣化增加值为 320 元，分别在不考虑资金的时间价值和考虑资金的时间价值的情况下计算该设施的经济寿命。考虑资金的时间价值时，年折现率为 10%。

3. 某项目运营管理单位计划采用费用–效果分析方法选择最佳运营方案。根据公司制定的目标，确定项目的运营可靠性为效果指标，即项目在运营期内维持其正常运营状态的概率。经专家组讨论，给出四种可行方案，各方案的年度动态等额成本计算结果见表 14-6。试分析项目运营管理单位应该选择哪一种运营方案。

表 14-6 项目运营方案情况表

方案	费用/万元	可靠性
A 方案	240	0.98
B 方案	220	0.95
C 方案	260	0.99
D 方案	200	0.92

4. A 设施可继续使用 3 年，其目前价值为 7000 万元，继续使用的年运营维护费用、年收入和残值如表 14-7 所示。

如果立即将该设备大修，可用 7 年，大修费用为 12 000 万元，各年运营维护费用、收入、残值如表 14-8 所示。

表 14-7　继续使用旧设备的数据　单位：万元

继续使用年数	残值	年运营维护费用	年收入
1	5000	3000	8000
2	3000	4000	8000
3	2000	6000	8000

表 14-8　大修后使用的数据　单位：万元

使用年数	残值	年运营维护费用	年收入
1	16 000	750	8 000
2	13 000	1 000	8 000
3	10 000	1 500	8 000
4	7 000	2 500	8 000
5	5 000	3 000	8 000
6	3 000	4 000	8 000
7	2 000	6 000	8 000

若延期 1 年大修将多支出大修费用 3000 万元；若延期 2 年，大修费用将多支出 5000 万元。如果基准收益率 $i = 5\%$，试根据下述条件决定大修策略。

（1）根据市场需求预测和设施产品寿命周期分析，该设施只需使用 2 年。

（2）需要使用 3 年。

参考文献

成其谦. 2003. 投资项目评价[M]. 北京: 中国人民大学出版社.

方磊. 2020. 投资项目评估与管理[M]. 成都: 西南财经大学出版社.

国家发展改革委, 建设部. 2006. 建设项目经济评价方法与参数[M]. 3 版. 北京: 中国计划出版社.

侯龙文. 2016. 房地产·建筑: 设计成本优化管理[M]. 北京: 中国建材工业出版社.

黄有亮. 2021. 工程经济学[M]. 4 版. 南京: 东南大学出版社.

李开孟, 邱志青, 蔚林巍. 2020. 工程项目财务评价理论方法及应用[M]. 北京: 中国电力出版社.

李南. 2021. 工程经济学[M]. 5 版. 北京: 科学出版社.

李伟. 2015. 价值工程在房屋建筑工程设计方案优选中的应用研究[D]. 兰州: 兰州交通大学.

李文平. 2016. 建筑结构优化设计方法及案例分析[M]. 北京: 中国建筑工业出版社.

刘长滨. 2015. 建筑工程技术经济学 [M]. 4 版. 北京: 中国建筑工业出版社.

刘晓君, 张炜, 李玲燕. 2020. 工程经济学[M]. 4 版. 北京: 中国建筑工业出版社.

刘新梅. 2017. 工程经济学[M]. 2 版. 北京: 北京大学出版社.

刘云月, 余剑英. 2019. 建筑经济[M]. 3 版. 北京: 中国建筑工业出版社.

戚安邦. 2018. 项目论证与评估[M]. 北京: 机械工业出版社.

邵颖红, 黄渝祥, 邢爱芳, 等. 2015. 工程经济学[M]. 5 版. 上海: 同济大学出版社.

宋维佳, 王立国, 王红岩. 2020. 可行性研究与项目评估[M]. 5 版. 大连: 东北财经大学出版社.

孙继德. 2010. 建设项目的价值工程[M]. 2 版. 北京: 中国建筑工业出版社.

王立国, 韩国高, 鞠蕾. 2019. 项目评估理论与实务[M]. 5 版. 北京: 首都经济贸易大学出版社.

王玮. 2018. 建筑项目设计阶段的成本控制研究[D]. 西安: 长安大学.

项勇, 徐姣姣, 卢立宇. 2018. 工程经济学[M]. 3 版. 北京: 机械工业出版社.

杨晓冬. 2021. 工程经济学[M]. 北京: 机械工业出版社.

朱昭, 李艳蓉 , 陈辰. 2018. 绿色建筑全生命周期节能增量成本与增量效益分析评价[J]. 建筑经济, 39(4): 113-116.

Blank L, Tarquin A. 2010.工程经济学[M]. 胡欣悦, 李从东, 汤勇力, 译. 北京: 清华大学出版社.

Sullivan W G, Wicks E M, Koelling C P. 2019. Engineering Economics[M]. 北京: 机械工业出版社.

附录（复利系数表）

附表 1　复利系数表（$i=1\%$）

n	$(F/P,i,n)$	$(P/F,i,n)$	$(F/A,i,n)$	$(A/F,i,n)$	$(A/P,i,n)$	$(P/A,i,n)$	$(F/G,i,n)$	$(A/G,i,n)$
1	1.0100	0.9901	1.0000	1.0000	1.0100	0.9901	0	0
2	1.0201	0.9803	2.0100	0.4975	0.5075	1.9704	1.0000	0.4975
3	1.0303	0.9706	3.0301	0.3300	0.3400	2.9410	3.0100	0.9934
4	1.0406	0.9610	4.0604	0.2463	0.2563	3.9020	6.0401	1.4876
5	1.0510	0.9515	5.1010	0.1960	0.2060	4.8534	10.1005	1.9801
6	1.0615	0.9420	6.1520	0.1625	0.1725	5.7955	15.2015	2.4710
7	1.0721	0.9327	7.2135	0.1386	0.1486	6.7282	21.3535	2.9602
8	1.0829	0.9235	8.2857	0.1207	0.1307	7.6517	28.5671	3.4478
9	1.0937	0.9143	9.3685	0.1067	0.1167	8.5660	36.8527	3.9337
10	1.1046	0.9053	10.4622	0.0956	0.1056	9.4713	46.2213	4.4179
11	1.1157	0.8963	11.5668	0.0865	0.0965	10.3676	56.6835	4.9005
12	1.1268	0.8874	12.6825	0.0788	0.0888	11.2551	68.2503	5.3815
13	1.1381	0.8787	13.8093	0.0724	0.0824	12.1337	80.9328	5.8607
14	1.1495	0.8700	14.9474	0.0669	0.0769	13.0037	94.7421	6.3384
15	1.1610	0.8613	16.0969	0.0621	0.0721	13.8651	109.6896	6.8143
16	1.1726	0.8528	17.2579	0.0579	0.0679	14.7179	125.7864	7.2886
17	1.1843	0.8444	18.4304	0.0543	0.0643	15.5623	143.0443	7.7613
18	1.1961	0.8360	19.6147	0.0510	0.0610	16.3983	161.4748	8.2323
19	1.2081	0.8277	20.8109	0.0481	0.0581	17.2260	181.0895	8.7017
20	1.2202	0.8195	22.0190	0.0454	0.0554	18.0456	201.9004	9.1694
21	1.2324	0.8114	23.2392	0.0430	0.0530	18.8570	223.9194	9.6354
22	1.2447	0.8034	24.4716	0.0409	0.0509	19.6604	247.1586	10.0998
23	1.2572	0.7954	25.7163	0.0389	0.0489	20.4558	271.6302	10.5626
24	1.2697	0.7876	26.9735	0.0371	0.0471	21.2434	297.3465	11.0237
25	1.2824	0.7798	28.2432	0.0354	0.0454	22.0232	324.3200	11.4831
30	1.3478	0.7419	34.7849	0.0287	0.0387	25.8077	478.4892	13.7557
35	1.4166	0.7059	41.6603	0.0240	0.0340	29.4086	666.0276	15.9871
40	1.4889	0.6717	48.8864	0.0205	0.0305	32.8347	888.6373	18.1776
45	1.5648	0.6391	56.4811	0.0177	0.0277	36.0945	1148.1075	20.3273
50	1.6446	0.6080	64.4632	0.0155	0.0255	39.1961	1446.3182	22.4363

附表 2 复利系数表（$i=2\%$）

n	$(F/P,i,n)$	$(P/F,i,n)$	$(F/A,i,n)$	$(A/F,i,n)$	$(A/P,i,n)$	$(P/A,i,n)$	$(F/G,i,n)$	$(A/G,i,n)$
1	1.0200	0.9804	1.0000	1.0000	1.0200	0.9804	0	0
2	1.0404	0.9612	2.0200	0.4950	0.5150	1.9416	1.0000	0.4950
3	1.0612	0.9423	3.0604	0.3268	0.3468	2.8839	3.0200	0.9868
4	1.0824	0.9238	4.1216	0.2426	0.2626	3.8077	6.0804	1.4752
5	1.1041	0.9057	5.2040	0.1922	0.2122	4.7135	10.2020	1.9604
6	1.1262	0.8880	6.3081	0.1585	0.1785	5.6014	15.4060	2.4423
7	1.1487	0.8706	7.4343	0.1345	0.1545	6.4720	21.7142	2.9208
8	1.1717	0.8535	8.5830	0.1165	0.1365	7.3255	29.1485	3.3961
9	1.1951	0.8368	9.7546	0.1025	0.1225	8.1622	37.7314	3.8681
10	1.2190	0.8203	10.9497	0.0913	0.1113	8.9826	47.4860	4.3367
11	1.2434	0.8043	12.1687	0.0822	0.1022	9.7868	58.4358	4.8021
12	1.2682	0.7885	13.4121	0.0746	0.0946	10.5753	70.6045	5.2642
13	1.2936	0.7730	14.6803	0.0681	0.0881	11.3484	84.0166	5.7231
14	1.3195	0.7579	15.9739	0.0626	0.0826	12.1062	98.6969	6.1786
15	1.3459	0.7430	17.2934	0.0578	0.0778	12.8493	114.6708	6.6309
16	1.3728	0.7284	18.6393	0.0537	0.0737	13.5777	131.9643	7.0799
17	1.4002	0.7142	20.0121	0.0500	0.0700	14.2919	150.6035	7.5256
18	1.4282	0.7002	21.4123	0.0467	0.0667	14.9920	170.6156	7.9681
19	1.4568	0.6864	22.8406	0.0438	0.0638	15.6785	192.0279	8.4073
20	1.4859	0.6730	24.2974	0.0412	0.0612	16.3514	214.8685	8.8433
21	1.5157	0.6598	25.7833	0.0388	0.0588	17.0112	239.1659	9.2760
22	1.5460	0.6468	27.2990	0.0366	0.0566	17.6580	264.9492	9.7055
23	1.5769	0.6342	28.8450	0.0347	0.0547	18.2922	292.2482	10.1317
24	1.6084	0.6217	30.4219	0.0329	0.0529	18.9139	321.0931	10.5547
25	1.6406	0.6095	32.0303	0.0312	0.0512	19.5235	351.5150	10.9745
30	1.8114	0.5521	40.5681	0.0246	0.0446	22.3965	528.4040	13.0251
35	1.9999	0.5000	49.9945	0.0200	0.0400	24.9986	749.7239	14.9961
40	2.2080	0.4529	60.4020	0.0166	0.0366	27.3555	1020.0992	16.8885
45	2.4379	0.4102	71.8927	0.0139	0.0339	29.4902	1344.6355	18.7034
50	2.6916	0.3715	84.5794	0.0118	0.0318	31.4236	1728.9701	20.4420

附表 3　复利系数表（$i=3\%$）

n	$(F/P,i,n)$	$(P/F,i,n)$	$(F/A,i,n)$	$(A/F,i,n)$	$(A/P,i,n)$	$(P/A,i,n)$	$(F/G,i,n)$	$(A/G,i,n)$
1	1.0300	0.9709	1.0000	1.0000	1.0300	0.9709	0	0
2	1.0609	0.9426	2.0300	0.4926	0.5226	1.9135	1.0000	0.4926
3	1.0927	0.9151	3.0909	0.3235	0.3535	2.8286	3.0300	0.9803
4	1.1255	0.8885	4.1836	0.2390	0.2690	3.7171	6.1209	1.4631
5	1.1593	0.8626	5.3091	0.1884	0.2184	4.5797	10.3045	1.9409
6	1.1941	0.8375	6.4684	0.1546	0.1846	5.4172	15.6137	2.4138
7	1.2299	0.8131	7.6625	0.1305	0.1605	6.2303	22.0821	2.8819
8	1.2668	0.7894	8.8923	0.1125	0.1425	7.0197	29.7445	3.3450
9	1.3048	0.7664	10.1591	0.0984	0.1284	7.7861	38.6369	3.8032
10	1.3439	0.7441	11.4639	0.0872	0.1172	8.5302	48.7960	4.2565
11	1.3842	0.7224	12.8078	0.0781	0.1081	9.2526	60.2599	4.7049
12	1.4258	0.7014	14.1920	0.0705	0.1005	9.9540	73.0677	5.1485
13	1.4685	0.6810	15.6178	0.0640	0.0940	10.6350	87.2597	5.5872
14	1.5126	0.6611	17.0863	0.0585	0.0885	11.2961	102.8775	6.0210
15	1.5580	0.6419	18.5989	0.0538	0.0838	11.9379	119.9638	6.4500
16	1.6047	0.6232	20.1569	0.0496	0.0796	12.5611	138.5627	6.8742
17	1.6528	0.6050	21.7616	0.0460	0.0760	13.1661	158.7196	7.2936
18	1.7024	0.5874	23.4144	0.0427	0.0727	13.7535	180.4812	7.7081
19	1.7535	0.5703	25.1169	0.0398	0.0698	14.3238	203.8956	8.1179
20	1.8061	0.5537	26.8704	0.0372	0.0672	14.8775	229.0125	8.5229
21	1.8603	0.5375	28.6765	0.0349	0.0649	15.4150	255.8829	8.9231
22	1.9161	0.5219	30.5368	0.0327	0.0627	15.9369	284.5593	9.3186
23	1.9736	0.5067	32.4529	0.0308	0.0608	16.4436	315.0961	9.7093
24	2.0328	0.4919	34.4265	0.0290	0.0590	16.9355	347.5490	10.0954
25	2.0938	0.4776	36.4593	0.0274	0.0574	17.4131	381.9755	10.4768
30	2.4273	0.4120	47.5754	0.0210	0.0510	19.6004	585.8472	12.3141
35	2.8139	0.3554	60.4621	0.0165	0.0465	21.4872	848.7361	14.0375
40	3.2620	0.3066	75.4013	0.0133	0.0433	23.1148	1180.0420	15.6502
45	3.7816	0.2644	92.7199	0.0108	0.0408	24.5187	1590.6620	17.1556
50	4.3839	0.2281	112.7969	0.0089	0.0389	25.7298	2093.2289	18.5575

附表 4 复利系数表（$i=4\%$）

n	$(F/P,i,n)$	$(P/F,i,n)$	$(F/A,i,n)$	$(A/F,i,n)$	$(A/P,i,n)$	$(P/A,i,n)$	$(F/G,i,n)$	$(A/G,i,n)$
1	1.0400	0.9615	1.0000	1.0000	1.0400	0.9615	0	0
2	1.0816	0.9246	2.0400	0.4902	0.5302	1.8861	1.0000	0.4902
3	1.1249	0.8890	3.1216	0.3203	0.3603	2.7751	3.0400	0.9739
4	1.1699	0.8548	4.2465	0.2355	0.2755	3.6299	6.1616	1.4510
5	1.2167	0.8219	5.4163	0.1846	0.2246	4.4518	10.4081	1.9216
6	1.2653	0.7903	6.6330	0.1508	0.1908	5.2421	15.8244	2.3857
7	1.3159	0.7599	7.8983	0.1266	0.1666	6.0021	22.4574	2.8433
8	1.3686	0.7307	9.2142	0.1085	0.1485	6.7327	30.3557	3.2944
9	1.4233	0.7026	10.5828	0.0945	0.1345	7.4353	39.5699	3.7391
10	1.4802	0.6756	12.0061	0.0833	0.1233	8.1109	50.1527	4.1773
11	1.5395	0.6496	13.4864	0.0741	0.1141	8.7605	62.1588	4.6090
12	1.6010	0.6246	15.0258	0.0666	0.1066	9.3851	75.6451	5.0343
13	1.6651	0.6006	16.6268	0.0601	0.1001	9.9856	90.6709	5.4533
14	1.7317	0.5775	18.2919	0.0547	0.0947	10.5631	107.2978	5.8659
15	1.8009	0.5553	20.0236	0.0499	0.0899	11.1184	125.5897	6.2721
16	1.8730	0.5339	21.8245	0.0458	0.0858	11.6523	145.6133	6.6720
17	1.9479	0.5134	23.6975	0.0422	0.0822	12.1657	167.4378	7.0656
18	2.0258	0.4936	25.6454	0.0390	0.0790	12.6593	191.1353	7.4530
19	2.1068	0.4746	27.6712	0.0361	0.0761	13.1339	216.7807	7.8342
20	2.1911	0.4564	29.7781	0.0336	0.0736	13.5903	244.4520	8.2091
21	2.2788	0.4388	31.9692	0.0313	0.0713	14.0292	274.2300	8.5779
22	2.3699	0.4220	34.2480	0.0292	0.0692	14.4511	306.1992	8.9407
23	2.4647	0.4057	36.6179	0.0273	0.0673	14.8568	340.4472	9.2973
24	2.5633	0.3901	39.0826	0.0256	0.0656	15.2470	377.0651	9.6479
25	2.6658	0.3751	41.6459	0.0240	0.0640	15.6221	416.1477	9.9925
30	3.2434	0.3083	56.0849	0.0178	0.0578	17.2920	652.1234	11.6274
35	3.9461	0.2534	73.6522	0.0136	0.0536	18.6646	966.3056	13.1198
40	4.8010	0.2083	95.0255	0.0105	0.0505	19.7928	1375.6379	14.4765
45	5.8412	0.1712	121.0294	0.0083	0.0483	20.7200	1900.7348	15.7047
50	7.1067	0.1407	152.6671	0.0066	0.0466	21.4822	2566.6771	16.8122

附表 5　复利系数表（$i=5\%$）

n	$(F/P,i,n)$	$(P/F,i,n)$	$(F/A,i,n)$	$(A/F,i,n)$	$(A/P,i,n)$	$(P/A,i,n)$	$(F/G,i,n)$	$(A/G,i,n)$
1	1.0500	0.9524	1.0000	1.0000	1.0500	0.9524	0	0
2	1.1025	0.9070	2.0500	0.4878	0.5378	1.8594	1.0000	0.4878
3	1.1576	0.8638	3.1525	0.3172	0.3672	2.7232	3.0500	0.9675
4	1.2155	0.8227	4.3101	0.2320	0.2820	3.5460	6.2025	1.4391
5	1.2763	0.7835	5.5256	0.1810	0.2310	4.3295	10.5126	1.9025
6	1.3401	0.7462	6.8019	0.1470	0.1970	5.0757	16.0383	2.3579
7	1.4071	0.7107	8.1420	0.1228	0.1728	5.7864	22.8402	2.8052
8	1.4775	0.6768	9.5491	0.1047	0.1547	6.4632	30.9822	3.2445
9	1.5513	0.6446	11.0266	0.0907	0.1407	7.1078	40.5313	3.6758
10	1.6289	0.6139	12.5779	0.0795	0.1295	7.7217	51.5579	4.0991
11	1.7103	0.5847	14.2068	0.0704	0.1204	8.3064	64.1357	4.5144
12	1.7959	0.5568	15.9171	0.0628	0.1128	8.8633	78.3425	4.9219
13	1.8856	0.5303	17.7130	0.0565	0.1065	9.3936	94.2597	5.3215
14	1.9799	0.5051	19.5986	0.0510	0.1010	9.8986	111.9726	5.7133
15	2.0789	0.4810	21.5786	0.0463	0.0963	10.3797	131.5713	6.0973
16	2.1829	0.4581	23.6575	0.0423	0.0923	10.8378	153.1498	6.4736
17	2.2920	0.4363	25.8404	0.0387	0.0887	11.2741	176.8073	6.8423
18	2.4066	0.4155	28.1324	0.0355	0.0855	11.6896	202.6477	7.2034
19	2.5270	0.3957	30.5390	0.0327	0.0827	12.0853	230.7801	7.5569
20	2.6533	0.3769	33.0660	0.0302	0.0802	12.4622	261.3191	7.9030
21	2.7860	0.3589	35.7193	0.0280	0.0780	12.8212	294.3850	8.2416
22	2.9253	0.3418	38.5052	0.0260	0.0760	13.1630	330.1043	8.5730
23	3.0715	0.3256	41.4305	0.0241	0.0741	13.4886	368.6095	8.8971
24	3.2251	0.3101	44.5020	0.0225	0.0725	13.7986	410.0400	9.2140
25	3.3864	0.2953	47.7271	0.0210	0.0710	14.0939	454.5420	9.5238
30	4.3219	0.2314	66.4388	0.0151	0.0651	15.3725	728.7770	10.9691
35	5.5160	0.1813	90.3203	0.0111	0.0611	16.3742	1106.4061	12.2498
40	7.0400	0.1420	120.7998	0.0083	0.0583	17.1591	1615.9955	13.3775
45	8.9850	0.1113	159.7002	0.0063	0.0563	17.7741	2294.0031	14.3644
50	11.4674	0.0872	209.3480	0.0048	0.0548	18.2559	3186.9599	15.2233

附表 6 复利系数表（$i=6\%$）

n	$(F/P,i,n)$	$(P/F,i,n)$	$(F/A,i,n)$	$(A/F,i,n)$	$(A/P,i,n)$	$(P/A,i,n)$	$(F/G,i,n)$	$(A/G,i,n)$
1	1.0600	0.9434	1.0000	1.0000	1.0600	0.9434	0	0
2	1.1236	0.8900	2.0600	0.4854	0.5454	1.8334	1.0000	0.4854
3	1.1910	0.8396	3.1836	0.3141	0.3741	2.6730	3.0600	0.9612
4	1.2625	0.7921	4.3746	0.2286	0.2886	3.4651	6.2436	1.4272
5	1.3382	0.7473	5.6371	0.1774	0.2374	4.2124	10.6182	1.8836
6	1.4185	0.7050	6.9753	0.1434	0.2034	4.9173	16.2553	2.3304
7	1.5036	0.6651	8.3938	0.1191	0.1791	5.5824	23.2306	2.7676
8	1.5938	0.6274	9.8975	0.1010	0.1610	6.2098	31.6245	3.1952
9	1.6895	0.5919	11.4913	0.0870	0.1470	6.8017	41.5219	3.6133
10	1.7908	0.5584	13.1808	0.0759	0.1359	7.3601	53.0132	4.0220
11	1.8983	0.5268	14.9716	0.0668	0.1268	7.8869	66.1940	4.4213
12	2.0122	0.4970	16.8699	0.0593	0.1193	8.3838	81.1657	4.8113
13	2.1329	0.4688	18.8821	0.0530	0.1130	8.8527	98.0356	5.1920
14	2.2609	0.4423	21.0151	0.0476	0.1076	9.2950	116.9178	5.5635
15	2.3966	0.4173	23.2760	0.0430	0.1030	9.7122	137.9328	5.9260
16	2.5404	0.3936	25.6725	0.0390	0.0990	10.1059	161.2088	6.2794
17	2.6928	0.3714	28.2129	0.0354	0.0954	10.4773	186.8813	6.6240
18	2.8543	0.3503	30.9057	0.0324	0.0924	10.8276	215.0942	6.9597
19	3.0256	0.3305	33.7600	0.0296	0.0896	11.1581	245.9999	7.2867
20	3.2071	0.3118	36.7856	0.0272	0.0872	11.4699	279.7599	7.6051
21	3.3996	0.2942	39.9927	0.0250	0.0850	11.7641	316.5454	7.9151
22	3.6035	0.2775	43.3923	0.0230	0.0830	12.0416	356.5382	8.2166
23	3.8197	0.2618	46.9958	0.0213	0.0813	12.3034	399.9305	8.5099
24	4.0489	0.2470	50.8156	0.0197	0.0797	12.5504	446.9263	8.7951
25	4.2919	0.2330	54.8645	0.0182	0.0782	12.7834	497.7419	9.0722
30	5.7435	0.1741	79.0582	0.0126	0.0726	13.7648	817.6364	10.3422
35	7.6861	0.1301	111.4348	0.0090	0.0690	14.4982	1273.9130	11.4319
40	10.2857	0.0972	154.7620	0.0065	0.0665	15.0463	1912.6994	12.3590
45	13.7646	0.0727	212.7435	0.0047	0.0647	15.4558	2795.7252	13.1413
50	18.4202	0.0543	290.3359	0.0034	0.0634	15.7619	4005.5984	13.7964

附表 7 复利系数表（$i=7\%$）

n	$(F/P,i,n)$	$(P/F,i,n)$	$(F/A,i,n)$	$(A/F,i,n)$	$(A/P,i,n)$	$(P/A,i,n)$	$(F/G,i,n)$	$(A/G,i,n)$
1	1.0700	0.9346	1.0000	1.0000	1.0700	0.9346	0	0
2	1.1449	0.8734	2.0700	0.4831	0.5531	1.8080	1.0000	0.4831
3	1.2250	0.8163	3.2149	0.3111	0.3811	2.6243	3.0700	0.9549
4	1.3108	0.7629	4.4399	0.2252	0.2952	3.3872	6.2849	1.4155
5	1.4026	0.7130	5.7507	0.1739	0.2439	4.1002	10.7248	1.8650
6	1.5007	0.6663	7.1533	0.1398	0.2098	4.7665	16.4756	2.3032
7	1.6058	0.6227	8.6540	0.1156	0.1856	5.3893	23.6289	2.7304
8	1.7182	0.5820	10.2598	0.0975	0.1675	5.9713	32.2829	3.1465
9	1.8385	0.5439	11.9780	0.0835	0.1535	6.5152	42.5427	3.5517
10	1.9672	0.5083	13.8164	0.0724	0.1424	7.0236	54.5207	3.9461
11	2.1049	0.4751	15.7836	0.0634	0.1334	7.4987	68.3371	4.3296
12	2.2522	0.4440	17.8885	0.0559	0.1259	7.9427	84.1207	4.7025
13	2.4098	0.4150	20.1406	0.0497	0.1197	8.3577	102.0092	5.0648
14	2.5785	0.3878	22.5505	0.0443	0.1143	8.7455	122.1498	5.4167
15	2.7590	0.3624	25.1290	0.0398	0.1098	9.1079	144.7003	5.7583
16	2.9522	0.3387	27.8881	0.0359	0.1059	9.4466	169.8293	6.0897
17	3.1588	0.3166	30.8402	0.0324	0.1024	9.7632	197.7174	6.4110
18	3.3799	0.2959	33.9990	0.0294	0.0994	10.0591	228.5576	6.7225
19	3.6165	0.2765	37.3790	0.0268	0.0968	10.3356	262.5566	7.0242
20	3.8697	0.2584	40.9955	0.0244	0.0944	10.5940	299.9356	7.3163
21	4.1406	0.2415	44.8652	0.0223	0.0923	10.8355	340.9311	7.5990
22	4.4304	0.2257	49.0057	0.0204	0.0904	11.0612	385.7963	7.8725
23	4.7405	0.2109	53.4361	0.0187	0.0887	11.2722	434.8020	8.1369
24	5.0724	0.1971	58.1767	0.0172	0.0872	11.4693	488.2382	8.3923
25	5.4274	0.1842	63.2490	0.0158	0.0858	11.6536	546.4148	8.6391
30	7.6123	0.1314	94.4608	0.0106	0.0806	12.4090	920.8684	9.7487
35	10.6766	0.0937	138.2369	0.0072	0.0772	12.9477	1474.8125	10.6687
40	14.9745	0.0668	199.6351	0.0050	0.0750	13.3317	2280.5016	11.4233
45	21.0025	0.0476	285.7493	0.0035	0.0735	13.6055	3439.2759	12.0360
50	29.4570	0.0339	406.5289	0.0025	0.0725	13.8007	5093.2704	12.5287

附表 8 复利系数表（$i=8\%$）

n	$(F/P,i,n)$	$(P/F,i,n)$	$(F/A,i,n)$	$(A/F,i,n)$	$(A/P,i,n)$	$(P/A,i,n)$	$(F/G,i,n)$	$(A/G,i,n)$
1	1.0800	0.9259	1.0000	1.0000	1.0800	0.9259	0	0
2	1.1664	0.8573	2.0800	0.4808	0.5608	1.7833	1.0000	0.4808
3	1.2597	0.7938	3.2464	0.3080	0.3880	2.5771	3.0800	0.9487
4	1.3605	0.7350	4.5061	0.2219	0.3019	3.3121	6.3264	1.4040
5	1.4693	0.6806	5.8666	0.1705	0.2505	3.9927	10.8325	1.8465
6	1.5869	0.6302	7.3359	0.1363	0.2163	4.6229	16.6991	2.2763
7	1.7138	0.5835	8.9228	0.1121	0.1921	5.2064	24.0350	2.6937
8	1.8509	0.5403	10.6366	0.0940	0.1740	5.7466	32.9578	3.0985
9	1.9990	0.5002	12.4876	0.0801	0.1601	6.2469	43.5945	3.4910
10	2.1589	0.4632	14.4866	0.0690	0.1490	6.7101	56.0820	3.8713
11	2.3316	0.4289	16.6455	0.0601	0.1401	7.1390	70.5686	4.2395
12	2.5182	0.3971	18.9771	0.0527	0.1327	7.5361	87.2141	4.5957
13	2.7196	0.3677	21.4953	0.0465	0.1265	7.9038	106.1912	4.9402
14	2.9372	0.3405	24.2149	0.0413	0.1213	8.2442	127.6865	5.2731
15	3.1722	0.3152	27.1521	0.0368	0.1168	8.5595	151.9014	5.5945
16	3.4259	0.2919	30.3243	0.0330	0.1130	8.8514	179.0535	5.9046
17	3.7000	0.2703	33.7502	0.0296	0.1096	9.1216	209.3778	6.2037
18	3.9960	0.2502	37.4502	0.0267	0.1067	9.3719	243.1280	6.4920
19	4.3157	0.2317	41.4463	0.0241	0.1041	9.6036	280.5783	6.7697
20	4.6610	0.2145	45.7620	0.0219	0.1019	9.8181	322.0246	7.0369
21	5.0338	0.1987	50.4229	0.0198	0.0998	10.0168	367.7865	7.2940
22	5.4365	0.1839	55.4568	0.0180	0.0980	10.2007	418.2094	7.5412
23	5.8715	0.1703	60.8933	0.0164	0.0964	10.3711	473.6662	7.7786
24	6.3412	0.1577	66.7648	0.0150	0.0950	10.5288	534.5595	8.0066
25	6.8485	0.1460	73.1059	0.0137	0.0937	10.6748	601.3242	8.2254
30	10.0627	0.0994	113.2832	0.0088	0.0888	11.2578	1041.0401	9.1897
35	14.7853	0.0676	172.3168	0.0058	0.0858	11.6546	1716.4600	9.9611
40	21.7245	0.0460	259.0565	0.0039	0.0839	11.9246	2738.2065	10.5699
45	31.9204	0.0313	386.5056	0.0026	0.0826	12.1084	4268.8202	11.0447
50	46.9016	0.0213	573.7702	0.0017	0.0817	12.2335	6547.1270	11.4107

附表 9　复利系数表（$i=9\%$）

n	$(F/P,i,n)$	$(P/F,i,n)$	$(F/A,i,n)$	$(A/F,i,n)$	$(A/P,i,n)$	$(P/A,i,n)$	$(F/G,i,n)$	$(A/G,i,n)$
1	1.0900	0.9174	1.0000	1.0000	1.0900	0.9174	0	0
2	1.1881	0.8417	2.0900	0.4785	0.5685	1.7591	1.0000	0.4785
3	1.2950	0.7722	3.2781	0.3051	0.3951	2.5313	3.0900	0.9426
4	1.4116	0.7084	4.5731	0.2187	0.3087	3.2397	6.3681	1.3925
5	1.5386	0.6499	5.9847	0.1671	0.2571	3.8897	10.9412	1.8282
6	1.6771	0.5963	7.5233	0.1329	0.2229	4.4859	16.9259	2.2498
7	1.8280	0.5470	9.2004	0.1087	0.1987	5.0330	24.4493	2.6574
8	1.9926	0.5019	11.0285	0.0907	0.1807	5.5348	33.6497	3.0512
9	2.1719	0.4604	13.0210	0.0768	0.1668	5.9952	44.6782	3.4312
10	2.3674	0.4224	15.1929	0.0658	0.1558	6.4177	57.6992	3.7978
11	2.5804	0.3875	17.5603	0.0569	0.1469	6.8052	72.8921	4.1510
12	2.8127	0.3555	20.1407	0.0497	0.1397	7.1607	90.4524	4.4910
13	3.0658	0.3262	22.9534	0.0436	0.1336	7.4869	110.5932	4.8182
14	3.3417	0.2992	26.0192	0.0384	0.1284	7.7862	133.5465	5.1326
15	3.6425	0.2745	29.3609	0.0341	0.1241	8.0607	159.5657	5.4346
16	3.9703	0.2519	33.0034	0.0303	0.1203	8.3126	188.9267	5.7245
17	4.3276	0.2311	36.9737	0.0270	0.1170	8.5436	221.9301	6.0024
18	4.7171	0.2120	41.3013	0.0242	0.1142	8.7556	258.9038	6.2687
19	5.1417	0.1945	46.0185	0.0217	0.1117	8.9501	300.2051	6.5236
20	5.6044	0.1784	51.1601	0.0195	0.1095	9.1285	346.2236	6.7674
21	6.1088	0.1637	56.7645	0.0176	0.1076	9.2922	397.3837	7.0006
22	6.6586	0.1502	62.8733	0.0159	0.1059	9.4424	454.1482	7.2232
23	7.2579	0.1378	69.5319	0.0144	0.1044	9.5802	517.0215	7.4357
24	7.9111	0.1264	76.7898	0.0130	0.1030	9.7066	586.5535	7.6384
25	8.6231	0.1160	84.7009	0.0118	0.1018	9.8226	663.3433	7.8316
30	13.2677	0.0754	136.3075	0.0073	0.0973	10.2737	1181.1949	8.6657
35	20.4140	0.0490	215.7108	0.0046	0.0946	10.5668	2007.8973	9.3083
40	31.4094	0.0318	337.8824	0.0030	0.0930	10.7574	3309.8049	9.7957
45	48.3273	0.0207	525.8587	0.0019	0.0919	10.8812	5342.8748	10.1603
50	74.3575	0.0134	815.0836	0.0012	0.0912	10.9617	8500.9284	10.4295

附表 10 复利系数表（$i=10\%$）

n	$(F/P,i,n)$	$(P/F,i,n)$	$(F/A,i,n)$	$(A/F,i,n)$	$(A/P,i,n)$	$(P/A,i,n)$	$(F/G,i,n)$	$(A/G,i,n)$
1	1.100 0	0.909 1	1.000 0	1.000 0	1.100 0	0.909 1	0	0
2	1.210 0	0.826 4	2.100 0	0.476 2	0.576 2	1.735 5	1.000 0	0.476 2
3	1.331 0	0.751 3	3.310 0	0.302 1	0.402 1	2.486 9	3.100 0	0.936 6
4	1.464 1	0.683 0	4.641 0	0.215 5	0.315 5	3.169 9	6.410 0	1.381 2
5	1.610 5	0.620 9	6.105 1	0.163 8	0.263 8	3.790 8	11.051 0	1.810 1
6	1.771 6	0.564 5	7.715 6	0.129 6	0.229 6	4.355 3	17.156 1	2.223 6
7	1.948 7	0.513 2	9.487 2	0.105 4	0.205 4	4.868 4	24.871 7	2.621 6
8	2.143 6	0.466 5	11.435 9	0.087 4	0.187 4	5.334 9	34.358 9	3.004 5
9	2.357 9	0.424 1	13.579 5	0.073 6	0.173 6	5.759 0	45.794 8	3.372 4
10	2.593 7	0.385 5	15.937 4	0.062 7	0.162 7	6.144 6	59.374 2	3.725 5
11	2.853 1	0.350 5	18.531 2	0.054 0	0.154 0	6.495 1	75.311 7	4.064 1
12	3.138 4	0.318 6	21.384 3	0.046 8	0.146 8	6.813 7	93.842 8	4.388 4
13	3.452 3	0.289 7	24.522 7	0.040 8	0.140 8	7.103 4	115.227 1	4.698 8
14	3.797 5	0.263 3	27.975 0	0.035 7	0.135 7	7.366 7	139.749 8	4.995 5
15	4.177 2	0.239 4	31.772 5	0.031 5	0.131 5	7.606 1	167.724 8	5.278 9
16	4.595 0	0.217 6	35.949 7	0.027 8	0.127 8	7.823 7	199.497 3	5.549 3
17	5.054 5	0.197 8	40.544 7	0.024 7	0.124 7	8.021 6	235.447 0	5.807 1
18	5.559 9	0.179 9	45.599 2	0.021 9	0.121 9	8.201 4	275.991 7	6.052 6
19	6.115 9	0.163 5	51.159 1	0.019 5	0.119 5	8.364 9	321.590 9	6.286 1
20	6.727 5	0.148 6	57.275 0	0.017 5	0.117 5	8.513 6	372.750 0	6.508 1
21	7.400 2	0.135 1	64.002 5	0.015 6	0.115 6	8.648 7	430.025 0	6.718 9
22	8.140 3	0.122 8	71.402 7	0.014 0	0.114 0	8.771 5	494.027 5	6.918 9
23	8.954 3	0.111 7	79.543 0	0.012 6	0.112 6	8.883 2	565.430 2	7.108 5
24	9.849 7	0.101 5	88.497 3	0.011 3	0.111 3	8.984 7	644.973 3	7.288 1
25	10.834 7	0.092 3	98.347 1	0.010 2	0.110 2	9.077 0	733.470 6	7.458 0
30	17.449 4	0.057 3	164.494 0	0.006 1	0.106 1	9.426 9	1 344.940 2	8.176 2
35	28.102 4	0.035 6	271.024 4	0.003 7	0.103 7	9.644 2	2 360.243 7	8.708 6
40	45.259 3	0.022 1	442.592 6	0.002 3	0.102 3	9.779 1	4 025.925 6	9.096 2
45	72.890 5	0.013 7	718.904 8	0.001 4	0.101 4	9.862 8	6 739.048 4	9.374 0
50	117.390 9	0.008 5	1 163.908 5	0.000 9	0.100 9	9.914 8	11 139.085 3	9.570 4

附表 11　复利系数表（$i=12\%$）

n	$(F/P,i,n)$	$(P/F,i,n)$	$(F/A,i,n)$	$(A/F,i,n)$	$(A/P,i,n)$	$(P/A,i,n)$	$(F/G,i,n)$	$(A/G,i,n)$
1	1.120 0	0.892 9	1.000 0	1.000 0	1.120 0	0.892 9	0	0
2	1.254 4	0.797 2	2.120 0	0.471 7	0.591 7	1.690 1	1.000 0	0.471 7
3	1.404 9	0.711 8	3.374 4	0.296 3	0.416 3	2.401 8	3.120 0	0.924 6
4	1.573 5	0.635 5	4.779 3	0.209 2	0.329 2	3.037 3	6.494 4	1.358 9
5	1.762 3	0.567 4	6.352 8	0.157 4	0.277 4	3.604 8	11.273 7	1.774 6
6	1.973 8	0.506 6	8.115 2	0.123 2	0.243 2	4.111 4	17.626 6	2.172 0
7	2.210 7	0.452 3	10.089 0	0.099 1	0.219 1	4.563 8	25.741 8	2.551 5
8	2.476 0	0.403 9	12.299 7	0.081 3	0.201 3	4.967 6	35.830 8	2.913 1
9	2.773 1	0.360 6	14.775 7	0.067 7	0.187 7	5.328 2	48.130 5	3.257 4
10	3.105 8	0.322 0	17.548 7	0.057 0	0.177 0	5.650 2	62.906 1	3.584 7
11	3.478 5	0.287 5	20.654 6	0.048 4	0.168 4	5.937 7	80.454 9	3.895 3
12	3.896 0	0.256 7	24.133 1	0.041 4	0.161 4	6.194 4	101.109 4	4.189 7
13	4.363 5	0.229 2	28.029 1	0.035 7	0.155 7	6.423 5	125.242 6	4.468 3
14	4.887 1	0.204 6	32.392 6	0.030 9	0.150 9	6.628 2	153.271 7	4.731 7
15	5.473 6	0.182 7	37.279 7	0.026 8	0.146 8	6.810 9	185.664 3	4.980 3
16	6.130 4	0.163 1	42.753 3	0.023 4	0.143 4	6.974 0	222.944 0	5.214 7
17	6.866 0	0.145 6	48.883 7	0.020 5	0.140 5	7.119 6	265.697 3	5.435 3
18	7.690 0	0.130 0	55.749 7	0.017 9	0.137 9	7.249 7	314.581 0	5.642 7
19	8.612 8	0.116 1	63.439 7	0.015 8	0.135 8	7.365 8	370.330 7	5.837 5
20	9.646 3	0.103 7	72.052 4	0.013 9	0.133 9	7.469 4	433.770 4	6.020 2
21	10.803 8	0.092 6	81.698 7	0.012 2	0.132 2	7.562 0	505.822 8	6.191 3
22	12.100 3	0.082 6	92.502 6	0.010 8	0.130 8	7.644 6	587.521 5	6.351 4
23	13.552 3	0.073 8	104.602 9	0.009 6	0.129 6	7.718 4	680.024 1	6.501 0
24	15.178 6	0.065 9	118.155 2	0.008 5	0.128 5	7.784 3	784.627 0	6.640 6
25	17.000 1	0.058 8	133.333 9	0.007 5	0.127 5	7.843 1	902.782 3	6.770 8
30	29.959 9	0.033 4	241.332 7	0.004 1	0.124 1	8.055 2	1 761.105 7	7.297 4
35	52.799 6	0.018 9	431.663 5	0.002 3	0.122 3	8.175 5	3 305.529 1	7.657 7
40	93.051 0	0.010 7	767.091 4	0.001 3	0.121 3	8.243 8	6 059.095 2	7.898 8
45	163.987 6	0.006 1	1 358.230 0	0.000 7	0.120 7	8.282 5	10 943.583 6	8.057 2
50	289.002 2	0.003 5	2 400.018 2	0.000 4	0.120 4	8.304 5	19 583.485 4	8.159 7

附表 12　复利系数表（$i=15\%$）

n	$(F/P,i,n)$	$(P/F,i,n)$	$(F/A,i,n)$	$(A/F,i,n)$	$(A/P,i,n)$	$(P/A,i,n)$	$(F/G,i,n)$	$(A/G,i,n)$
1	1.150 0	0.869 6	1.000 0	1.000 0	1.150 0	0.869 6	0	0
2	1.322 5	0.756 1	2.150 0	0.465 1	0.615 1	1.625 7	1.000 0	0.465 1
3	1.520 9	0.657 5	3.472 5	0.288 0	0.438 0	2.283 2	3.150 0	0.907 1
4	1.749 0	0.571 8	4.993 4	0.200 3	0.350 3	2.855 0	6.622 5	1.326 3
5	2.011 4	0.497 2	6.742 4	0.148 3	0.298 3	3.352 2	11.615 9	1.722 8
6	2.313 1	0.432 3	8.753 7	0.114 2	0.264 2	3.784 5	18.358 3	2.097 2
7	2.660 0	0.375 9	11.066 8	0.090 4	0.240 4	4.160 4	27.112 0	2.449 8
8	3.059 0	0.326 9	13.726 8	0.072 9	0.222 9	4.487 3	38.178 8	2.781 3
9	3.517 9	0.284 3	16.785 8	0.059 6	0.209 6	4.771 6	51.905 6	3.092 2
10	4.045 6	0.247 2	20.303 7	0.049 3	0.199 3	5.018 8	68.691 5	3.383 2
11	4.652 4	0.214 9	24.349 3	0.041 1	0.191 1	5.233 7	88.995 2	3.654 9
12	5.350 3	0.186 9	29.001 7	0.034 5	0.184 5	5.420 6	113.344 4	3.908 2
13	6.152 8	0.162 5	34.351 9	0.029 1	0.179 1	5.583 1	142.346 1	4.143 8
14	7.075 7	0.141 3	40.504 7	0.024 7	0.174 7	5.724 5	176.698 0	4.362 4
15	8.137 1	0.122 9	47.580 4	0.021 0	0.171 0	5.847 4	217.202 7	4.565 0
16	9.357 6	0.106 9	55.717 5	0.017 9	0.167 9	5.954 2	264.783 1	4.752 2
17	10.761 3	0.092 9	65.075 1	0.015 4	0.165 4	6.047 2	320.500 6	4.925 1
18	12.375 5	0.080 8	75.836 4	0.013 2	0.163 2	6.128 0	385.575 7	5.084 3
19	14.231 8	0.070 3	88.211 8	0.011 3	0.161 3	6.198 2	461.412 1	5.230 7
20	16.366 5	0.061 1	102.443 6	0.009 8	0.159 8	6.259 3	549.623 9	5.365 1
21	18.821 5	0.053 1	118.810 1	0.008 4	0.158 4	6.312 5	652.067 5	5.488 3
22	21.644 7	0.046 2	137.631 6	0.007 3	0.157 3	6.358 7	770.877 6	5.601 0
23	24.891 5	0.040 2	159.276 4	0.006 3	0.156 3	6.398 8	908.509 2	5.704 0
24	28.625 2	0.034 9	184.167 8	0.005 4	0.155 4	6.433 8	1 067.785 6	5.797 9
25	32.919 0	0.030 4	212.793 0	0.004 7	0.154 7	6.464 1	1 251.953 4	5.883 4
30	66.211 8	0.015 1	434.745 1	0.002 3	0.152 3	6.566 0	2 698.301 0	6.206 6
35	133.175 5	0.007 5	881.170 2	0.001 1	0.151 1	6.616 6	5 641.134 4	6.401 9
40	267.863 5	0.003 7	1 779.090 3	0.000 6	0.150 6	6.641 8	11 593.935 4	6.516 8
45	538.769 3	0.001 9	3 585.128 5	0.000 3	0.150 3	6.654 3	23 600.856 4	6.583 0
50	1 083.65 7	0.000 9	7 217.716 3	0.000 1	0.150 1	6.660 5	47 784.775 2	6.620 5

附表 13　复利系数表（$i=20\%$）

n	$(F/P,i,n)$	$(P/F,i,n)$	$(F/A,i,n)$	$(A/F,i,n)$	$(A/P,i,n)$	$(P/A,i,n)$	$(F/G,i,n)$	$(A/G,i,n)$
1	1.200 0	0.833 3	1.000 0	1.000 0	1.200 0	0.833 3	0	0
2	1.440 0	0.694 4	2.200 0	0.454 5	0.654 5	1.527 8	1.000 0	0.454 5
3	1.728 0	0.578 7	3.640 0	0.274 7	0.474 7	2.106 5	3.200 0	0.879 1
4	2.073 6	0.482 3	5.368 0	0.186 3	0.386 3	2.588 7	6.840 0	1.274 2
5	2.488 3	0.401 9	7.441 6	0.134 4	0.334 4	2.990 6	12.208 0	1.640 5
6	2.986 0	0.334 9	9.929 9	0.100 7	0.300 7	3.325 5	19.649 6	1.978 8
7	3.583 2	0.279 1	12.915 9	0.077 4	0.277 4	3.604 6	29.579 5	2.290 2
8	4.299 8	0.232 6	16.499 1	0.060 6	0.260 6	3.837 2	42.495 4	2.575 6
9	5.159 8	0.193 8	20.798 9	0.048 1	0.248 1	4.031 0	58.994 5	2.836 4
10	6.191 7	0.161 5	25.958 7	0.038 5	0.238 5	4.192 5	79.793 4	3.073 9
11	7.430 1	0.134 6	32.150 4	0.031 1	0.231 1	4.327 1	105.752 1	3.289 3
12	8.916 1	0.112 2	39.580 5	0.025 3	0.225 3	4.439 2	137.902 5	3.484 1
13	10.699 3	0.093 5	48.496 6	0.020 6	0.220 6	4.532 7	177.483 0	3.659 7
14	12.839 2	0.077 9	59.195 9	0.016 9	0.216 9	4.610 6	225.979 6	3.817 5
15	15.407 0	0.064 9	72.035 1	0.013 9	0.213 9	4.675 5	285.175 5	3.958 8
16	18.488 4	0.054 1	87.442 1	0.011 4	0.211 4	4.729 6	357.210 6	4.085 1
17	22.186 1	0.045 1	105.930 6	0.009 4	0.209 4	4.774 6	444.652 8	4.197 6
18	26.623 3	0.037 6	128.116 7	0.007 8	0.207 8	4.812 2	550.583 3	4.297 5
19	31.948 0	0.031 3	154.740 0	0.006 5	0.206 5	4.843 5	678.700 0	4.386 1
20	38.337 6	0.026 1	186.688 0	0.005 4	0.205 4	4.869 6	833.440 0	4.464 3
21	46.005 1	0.021 7	225.025 6	0.004 4	0.204 4	4.891 3	1 020.128 0	4.533 4
22	55.206 1	0.018 1	271.030 7	0.003 7	0.203 7	4.909 4	1 245.153 6	4.594 1
23	66.247 4	0.015 1	326.236 9	0.003 1	0.203 1	4.924 5	1 516.184 3	4.647 5
24	79.496 8	0.012 6	392.484 2	0.002 5	0.202 5	4.937 1	1 842.421 2	4.694 3
25	95.396 2	0.010 5	471.981 1	0.002 1	0.202 1	4.947 6	2 234.905 4	4.735 2
30	237.376 3	0.004 2	1 181.881 6	0.000 8	0.200 8	4.978 9	5 759.407 8	4.873 1
35	590.668 2	0.001 7	2 948.341 1	0.000 3	0.200 3	4.991 5	14 566.705 7	4.940 6
40	1 469.771	0.000 7	7 343.857 8	0.000 1	0.200 1	4.996 6	36 519.289 2	4.972 8
45	3 657.262	0.000 3	18 281.309 9	0.000 1	0.200 1	4.998 6	91 181.549 7	4.987 7
50	9 100.438	0.000 1	45 497.190 8	0	0.200 0	4.999 5	227 235.953 8	4.994 5

附表 14 复利系数表（$i=25\%$）

n	$(F/P,i,n)$	$(P/F,i,n)$	$(F/A,i,n)$	$(A/F,i,n)$	$(A/P,i,n)$	$(P/A,i,n)$	$(F/G,i,n)$	$(A/G,i,n)$
1	1.250 0	0.800 0	1.000 0	1.000 0	1.250 0	0.800 0	0	0
2	1.562 5	0.640 0	2.250 0	0.444 4	0.694 4	1.440 0	1.000 0	0.444 4
3	1.953 1	0.512 0	3.812 5	0.262 3	0.512 3	1.952 0	3.250 0	0.852 5
4	2.441 4	0.409 6	5.765 6	0.173 4	0.423 4	2.361 6	7.062 5	1.224 9
5	3.051 8	0.327 7	8.207 0	0.121 8	0.371 8	2.689 3	12.828 1	1.563 1
6	3.814 7	0.262 1	11.258 8	0.088 8	0.338 8	2.951 4	21.035 2	1.868 3
7	4.768 4	0.209 7	15.073 5	0.066 3	0.316 3	3.161 1	32.293 9	2.142 4
8	5.960 5	0.167 8	19.841 9	0.050 4	0.300 4	3.328 9	47.367 4	2.387 2
9	7.450 6	0.134 2	25.802 3	0.038 8	0.288 8	3.463 1	67.209 3	2.604 8
10	9.313 2	0.107 4	33.252 9	0.030 1	0.280 1	3.570 5	93.011 6	2.797 1
11	11.641 5	0.085 9	42.566 1	0.023 5	0.273 5	3.656 4	126.264 5	2.966 3
12	14.551 9	0.068 7	54.207 7	0.018 4	0.268 4	3.725 1	168.830 6	3.114 5
13	18.189 9	0.055 0	68.759 6	0.014 5	0.264 5	3.780 1	223.038 3	3.243 7
14	22.737 4	0.044 0	86.949 5	0.011 5	0.261 5	3.824 1	291.797 9	3.355 9
15	28.421 7	0.035 2	109.686 8	0.009 1	0.259 1	3.859 3	378.747 4	3.453 0
16	35.527 1	0.028 1	138.108 5	0.007 2	0.257 2	3.887 4	488.434 2	3.536 6
17	44.408 9	0.022 5	173.635 7	0.005 8	0.255 8	3.909 9	626.542 7	3.608 4
18	55.511 2	0.018 0	218.044 6	0.004 6	0.254 6	3.927 9	800.178 4	3.669 8
19	69.388 9	0.014 4	273.555 8	0.003 7	0.253 7	3.942 4	1 018.223 0	3.722 2
20	86.736 2	0.011 5	342.944 7	0.002 9	0.252 9	3.953 9	1 291.778 8	3.766 7
21	108.420 2	0.009 2	429.680 9	0.002 3	0.252 3	3.963 1	1 634.723 5	3.804 5
22	135.525 3	0.007 4	538.101 1	0.001 9	0.251 9	3.970 5	2 064.404 3	3.836 5
23	169.406 6	0.005 9	673.626 4	0.001 5	0.251 5	3.976 4	2 602.505 4	3.863 4
24	211.758 2	0.004 7	843.032 9	0.001 2	0.251 2	3.981 1	3 276.131 8	3.886 1
25	264.697 8	0.003 8	1 054.791 2	0.000 9	0.250 9	3.984 9	4 119.164 7	3.905 2
30	807.793 6	0.001 2	3 227.174 3	0.000 3	0.250 3	3.995 0	12 788.697 1	3.962 8
35	2 465.19 0	0.000 4	9 856.761 3	0.000 1	0.250 1	3.998 4	39 287.045 3	3.985 8
40	7 523.16 3	0.000 1	30 088.655 4	0	0.250 0	3.999 5	120 194.621 5	3.994 7
45	22 958.8 7	0	91 831.496 2	0	0.250 0	3.999 8	367 145.984 6	3.998 0
50	70 064.9 2	0	280 255.692 9	0	0.250 0	3.999 9	1 120 822.771 5	3.999 3

附表 15　复利系数表（$i=30\%$）

n	$(F/P,i,n)$	$(P/F,i,n)$	$(F/A,i,n)$	$(A/F,i,n)$	$(A/P,i,n)$	$(P/A,i,n)$	$(F/G,i,n)$	$(A/G,i,n)$
1	1.300 0	0.769 2	1.000 0	1.000 0	1.300 0	0.769 2	0	0
2	1.690 0	0.591 7	2.300 0	0.434 8	0.734 8	1.360 9	1.000 0	0.434 8
3	2.197 0	0.455 2	3.990 0	0.250 6	0.550 6	1.816 1	3.300 0	0.827 1
4	2.856 1	0.350 1	6.187 0	0.161 6	0.461 6	2.166 2	7.290 0	1.178 3
5	3.712 9	0.269 3	9.043 1	0.110 6	0.410 6	2.435 6	13.477 0	1.490 3
6	4.826 8	0.207 2	12.756 0	0.078 4	0.378 4	2.642 7	22.520 1	1.765 4
7	6.274 9	0.159 4	17.582 8	0.056 9	0.356 9	2.802 1	35.276 1	2.006 3
8	8.157 3	0.122 6	23.857 7	0.041 9	0.341 9	2.924 7	52.859 0	2.215 6
9	10.604 5	0.094 3	32.015 0	0.031 2	0.331 2	3.0190	76.716 7	2.396 3
10	13.785 8	0.072 5	42.619 5	0.023 5	0.323 5	3.091 5	108.731 7	2.551 2
11	17.921 6	0.055 8	56.405 3	0.017 7	0.317 7	3.147 3	151.351 2	2.683 3
12	23.298 1	0.042 9	74.327 0	0.013 5	0.313 5	3.190 3	207.756 5	2.795 2
13	30.287 5	0.033 0	97.625 0	0.010 2	0.310 2	3.223 3	282.083 5	2.889 5
14	39.373 8	0.025 4	127.912 5	0.007 8	0.307 8	3.248 7	379.708 5	2.968 5
15	51.185 9	0.019 5	167.286 3	0.006 0	0.306 0	3.268 2	507.621 0	3.034 4
16	66.541 7	0.015 0	218.472 2	0.004 6	0.304 6	3.283 2	674.907 3	3.089 2
17	86.504 2	0.011 6	285.013 9	0.003 5	0.303 5	3.294 8	893.379 5	3.134 5
18	112.455 4	0.008 9	371.518 0	0.002 7	0.302 7	3.303 7	1 178.393 4	3.171 8
19	146.192 0	0.006 8	483.973 4	0.002 1	0.302 1	3.310 5	1 549.911 4	3.202 5
20	190.049 6	0.005 3	630.165 5	0.001 6	0.301 6	3.315 8	2 033.884 9	3.227 5
21	247.064 5	0.004 0	820.215 1	0.001 2	0.301 2	3.319 8	2 664.050 3	3.248 0
22	321.183 9	0.003 1	1 067.279 6	0.000 9	0.300 9	3.323 0	3 484.265 4	3.264 6
23	417.539 1	0.002 4	1 388.463 5	0.000 7	0.300 7	3.325 4	4 551.545 0	3.278 1
24	542.800 8	0.001 8	1 806.002 6	0.000 6	0.300 6	3.327 2	5 940.008 6	3.289 0
25	705.641 0	0.001 4	2 348.803 3	0.000 4	0.300 4	3.328 6	7 746.011 1	3.297 9
30	2 619.995	0.000 4	8 729.985 5	0.000 1	0.300 1	3.332 1	28 999.951 6	3.321 9
35	9 727.860	0.000 1	32 422.868 1	0	0.300 0	3.333 0	107 959.560 3	3.329 7
40	36 118.86	0	120 392.882 7	0	0.300 0	3.333 2	401 176.275 6	3.332 2

附表 16 复利系数表（$i=35\%$）

n	$(F/P,i,n)$	$(P/F,i,n)$	$(F/A,i,n)$	$(A/F,i,n)$	$(A/P,i,n)$	$(P/A,i,n)$	$(F/G,i,n)$	$(A/G,i,n)$
1	1.3500	0.7407	1.0000	1.0000	1.3500	0.7407	0	0
2	1.8225	0.5487	2.3500	0.4255	0.7755	1.2894	1.0000	0.4255
3	2.4604	0.4064	4.1725	0.2397	0.5897	1.6959	3.3500	0.8029
4	3.3215	0.3011	6.6329	0.1508	0.5008	1.9969	7.5225	1.1341
5	4.4840	0.2230	9.9544	0.1005	0.4505	2.2200	14.1554	1.4220
6	6.0534	0.1652	14.4384	0.0693	0.4193	2.3852	24.1098	1.6698
7	8.1722	0.1224	20.4919	0.0488	0.3988	2.5075	38.5482	1.8811
8	11.0324	0.0906	28.6640	0.0349	0.3849	2.5982	59.0400	2.0597
9	14.8937	0.0671	39.6964	0.0252	0.3752	2.6653	87.7040	2.2094
10	20.1066	0.0497	54.5902	0.0183	0.3683	2.7150	127.4005	2.3338
11	27.1439	0.0368	74.6967	0.0134	0.3634	2.7519	181.9906	2.4364
12	36.6442	0.0273	101.8406	0.0098	0.3598	2.7792	256.6873	2.5205
13	49.4697	0.0202	138.4848	0.0072	0.3572	2.7994	358.5279	2.5889
14	66.7841	0.0150	187.9544	0.0053	0.3553	2.8144	497.0127	2.6443
15	90.1585	0.0111	254.7385	0.0039	0.3539	2.8255	684.9671	2.6889
16	121.7139	0.0082	344.8970	0.0029	0.3529	2.8337	939.7056	2.7246
17	164.3138	0.0061	466.6109	0.0021	0.3521	2.8398	1284.6025	2.7530
18	221.8236	0.0045	630.9247	0.0016	0.3516	2.8443	1751.2134	2.7756
19	299.4619	0.0033	852.7483	0.0012	0.3512	2.8476	2382.1381	2.7935
20	404.2736	0.0025	1152.2103	0.0009	0.3509	2.8501	3234.8864	2.8075

附表 17 复利系数表（$i=40\%$）

n	$(F/P,i,n)$	$(P/F,i,n)$	$(F/A,i,n)$	$(A/F,i,n)$	$(A/P,i,n)$	$(P/A,i,n)$	$(F/G,i,n)$	$(A/G,i,n)$
1	1.4000	0.7143	1.0000	1.0000	1.4000	0.7143	0	0
2	1.9600	0.5102	2.4000	0.4167	0.8167	1.2245	1.0000	0.4167
3	2.7440	0.3644	4.3600	0.2294	0.6294	1.5889	3.4000	0.7798
4	3.8416	0.2603	7.1040	0.1408	0.5408	1.8492	7.7600	1.0923
5	5.3782	0.1859	10.9456	0.0914	0.4914	2.0352	14.8640	1.3580
6	7.5295	0.1328	16.3238	0.0613	0.4613	2.1680	25.8096	1.5811
7	10.5414	0.0949	23.8534	0.0419	0.4419	2.2628	42.1334	1.7664
8	14.7579	0.0678	34.3947	0.0291	0.4291	2.3306	65.9868	1.9185
9	20.6610	0.0484	49.1526	0.0203	0.4203	2.3790	100.3815	2.0422
10	28.9255	0.0346	69.8137	0.0143	0.4143	2.4136	149.5342	2.1419
11	40.4957	0.0247	98.7391	0.0101	0.4101	2.4383	219.3478	2.2215
12	56.6939	0.0176	139.2348	0.0072	0.4072	2.4559	318.0870	2.2845
13	79.3715	0.0126	195.9287	0.0051	0.4051	2.4685	457.3217	2.3341
14	111.1201	0.0090	275.3002	0.0036	0.4036	2.4775	653.2504	2.3729
15	155.5681	0.0064	386.4202	0.0026	0.4026	2.4839	928.5506	2.4030
16	217.7953	0.0046	541.9883	0.0018	0.4018	2.4885	1314.9708	2.4262
17	304.9135	0.0033	759.7837	0.0013	0.4013	2.4918	1856.9592	2.4441
18	426.8789	0.0023	1064.6971	0.0009	0.4009	2.4941	2616.7428	2.4577
19	597.6304	0.0017	1491.5760	0.0007	0.4007	2.4958	3681.4400	2.4682
20	836.6826	0.0012	2089.2064	0.0005	0.4005	2.4970	5173.0160	2.4761